Sigi Sommer · Die Stadt ist voller Geheimnisse

Sigi Sommer

Die Stadt ist voller Geheimnisse

Mit 10 Zeichnungen von Ernst Hürlimann

Süddeutscher Verlag München

Gestaltung von Kassette und Umschlag:
Design Team, München, und Traudl und Walter Reiner

1.–10. Tausend März 1978
11.–15. Tausend September 1980
16.–20. Tausend Januar 1984

Satz und Druck: Presse-Druck Augsburg
Bindearbeit: Klotz, Augsburg
ISBN 3-7991-6009-4

Inhalt

Probesitzen unter Kastanien

Wie die winzigen Patschhändchen der kleinen Grünen Männer vom Mars winken da und dort schon die ersten Kastanienblätter vom Himmel zu jenen hartnäckigen Freiluftsäufern herab, die es einfach nicht erwarten können. Nämlich bis sie im Wartezimmer beim Pfeiferldoktor Kment sitzen. Weil sie halt die alte Bauernregel nicht glauben wollen: ›Erst Kunigund macht warm von unt.‹ Darum kriegen sie natürlich auch in diesem Jahr wieder ein tief gekühltes Bläschen und machen den bekannten Stafettenlauf zum nahen Entwässerungshäuschen. Worauf sie dann lächelnd zueinander sagen: »I glaub, es is g'scheiter, wir bleib'n glei auf da Toilett'n drauß'n und genga dann zum Dringa an Tisch, wia umkehrt.« Doch der unverdrossene Maßkrugbußler Gaggi kichert trotzdem fröhlich: »Imma no besser im Augustiner Keller Probesitz'n ois im Ostfriedhof Probelieg'n.«
Die jungen Spitzen der alten Esche sind immerhin schon genauso prall wie die Knospen der neuen Küchenhilfe Dunja aus Dubrownik, die beinahe ihre billige Ausverkaufsbluse sprengen. Während die Kellnerinnen noch ihre leeren Geldtaschen, die unter der Schürze direkt auf dem Gleisdreieck hängen, leise tätscheln und ihre Prognosen für die kommende Saison aufstellen: »A Kaisawetta kriag'n ma heia«, sagt die uralte Urschl, die noch ›Willem Zwo‹ gekannt hat. »Mei Witwenring is nämlich scho seit vierzehn Tog o'glaffa.« Während die Maria behauptet: »Unsa Hausmeista hod bei seim Dackl an Floh g'fund'n, do rengt's uns garantiert in

Kriag nei.« Die Martha indes zeigt allen Kolleginnen die neuen Ringkämpferstiefel, handgemacht und mit eingebauten Frostbeulen. Sie geht aber noch ein bißchen wackelig damit, wie der Muhammed Ali nach seiner Niederlage gegen Ken Norton. Sie sagt: »De Fiaß san hoid unsa Kapital.« Und schaut dem zeckerlfetten Hausmeister Stefanovič zu, der schon wieder zwanzig Pfund Winterspeck angesetzt hat, wie die wilden Saubären in seiner fernen Balkanheimat. Er kiest den Leidenspfad aller Kassiererinnen zur entfernten Küche auf. Und die fromme Sofie meint: »Kocha soid man hoid könna den Kies. Wia der oane Wallfahra, der wo der schwarz'n Mutter Gottes verschprocha hod, er duad si für sein Bittgang extra no Erbs'n in d'Schuah nei. Dann aba hod er sie vorher g'sott'n.« Nachher kommt die Rede wieder einmal darauf, ob das berühmte Noagerlparadies der Backpulver-Baron Ötker, der amerikanische Hotel-Heini Hilton oder der Scheich Zimbra Bimba unter seinen öligen Nagel reißen wird. Blasius jedoch hat verbindlich erfahren, daß den Münchner Bierdimpfeln ihr geliebtes Drei-Quartel-Mallorca auch noch die nächsten Jahre erhalten bleibt und so wenig verkauft wird wie das linke Isarufer oder der Schatten der Frauenkirche.

Die fröstelnden Stammtischler haben indes wieder einmal die alte Erfolgsplatte »Woaßt as no?« neu aufgelegt. »Schad is es scho um den Kraus Sepp. Des war hoid no oana von dene g'schtandenen Mannsbuida, wo ma ohne weiteres sei Radl hod o'loahna könna«, meint der eine. Ein anderer erwidert: »Der junge Rudi is aba doch aa ned schlecht. Imma frisch, fromm, fröhlich und frei. De Brauerei soid doch froh sei, daß sich no oana um des oide Graffe kümmert. Des oanzige, wos de no für den Gart'n dean, is doch bloß, daß im Frühjahr die Kastanienbäume blühn lass'n.«

Und weiter geht's: »Woaßt as no, wia der Strauße oft a Viertlschtund seiba um den Limburger Kaas o'gschtand'n is. Oder da Vogel Hanse beim Maßkruagschwoabn boid in Bottich neig'foin war. Jessas und de ehemalige Kaiserin Soraya is doch aa oft mit so am Oidmetall-Händler herauß'n g'sess'n, daß d'Leit g'sagt ham, a schöne Karriere is des , vom Pfauenthron auf den Marmeladenkübl.«

Und auch der unvergessenen Rettich-Maschinistin und Rollmops-Dompteuse Lina vom Kalten Büfett wird noch einmal gedacht. Das ›Schwäbele‹, wie sie allgemein genannt wurde. War sie doch ein Musterbeispiel für den schönen Spruch: »Schaffa, schaffa, Häusle baua, Hund vakaffa, selber bella.«

Das Erstere hätte sie schon bald gekonnt. Aber mit dem Bellen hatte sie immer Schwierigkeiten. Und mit dem Schwanzwedeln natürlich auch. »Sonst hätt die Lina doch net Lina g'hoaß'n. Sondern Ludwig«, fügt der vorlaute Gaggi noch zwinkernd hinzu.

Blasius auf Freiersfüßen

In München gibt es etwa ein Dutzend Heiratsbüros, die im Jahr nach eigenen Angaben rund 2000 Ehesüchtige von ihrem Einsamkeitskoller befreien und so deren Markstücke in handlichere Fuchzgerl umwechseln. Blasius, der früher seine Asphaltponys nur auf freier Wildbahn jagte, wollte sich schon immer gerne so ein sanftes Heiratskälbchen aus einem lizenzierten Gestüt verpassen lassen. So meldete sich also der Spaziergänger ordnungsgemäß als Hochzeiter in einem bekannten Büro für neue und gebrauchte Bräute an, um sich probeweise einmal verheiraten zu lassen, und das ging so vor sich:
Nachdem Blasius im Vorraum des Eheinstitutes – um die Wartezeit auszufüllen – die sämtlichen Abschußdaten von den aufgehängten Hirschgrandln auswendig gelernt, den Gasometer abgelesen und in den Falten des ehrwürdigen Sofas umsonst nach dem geheimen Lageplan des Reichsbankgoldes gesucht hatte, bat man ihn einzutreten. Eine butterblonde Dame warf einen blitzschnellen Musterungsblick auf Blasius wie seinerzeit der Stabsarzt an der kv-Maschine und fragte nach den Wünschen des Spaziergängers. Blasius erzählte, daß er stark bräutele und deshalb gerne einmal die Kollektion des Unternehmens besichtigt hätte.
Da legte man ihm ein dickes Album mit vielen Bildern auf den Tisch. »O grundgütiger Sankt Macco, Schutzpatron aller Unterhosenträger« – was da nicht alles unter die Hauben und Steppdecken kommen wollte! Da boten sich an Rübezahls sämtliche Töchter, die gute alte Blaubandresi, tödlich entschlossene Endvierzigerin-

nen, raketenköpfige Lehrerinnen, den nackten Ringfinger unkeusch dargeboten, und strapazierfähige Witwen mit mächtigen Lawinenbusen.
Aber Blasius muß, um der Wahrheit die Ehre zu geben, auch gestehen, daß doch mancher Luxusapparat unter den feilgebotenen Geräten war, bei dessen Anblick die Speicheldrüsen des Spaziergängers zu arbeiten begannen. Da waren schöne glatthäutige Modelle mit Hundertwattlampen unter dem Pullover, aerodynamischen Heckteilen und Windkanalfiguren darunter.
Auch die Baumuster ›Bastlerstolz‹ fehlten nicht und nette goldige Trotzköpfchen, den Blick züchtig in die eigenen Strickkleider verwickelt, lagen auf. Blasius entschloß sich nach längerem Wühlen für ein knalliges Rotschwanzl, angeblich 30 Jahre alt, ›auf eigenen Beinen stehend, mit kleinen Schönheitsfehlern, aber vielseitig interessiert‹, und die Vermittlungsdame versprach dem Spaziergänger für den nächsten Tag eine Konferenz mit diesem Kleinod. Sie hieß Ida Marie.
Blasius war am andern Tag pünktlich zur Stelle, den Blick auf die Tür gerichtet, unter der Punkt 4 Uhr Marie erschien. Das Auffallendste an ihr war ihr Hut. Einer von jener Sorte, die hinten im Bayerischen Wald zum Preislbeerbrockn hergenommen werden oder bei den Wilhelm-Tell-Aufführungen die Hauptrolle spielen. Idas Kopf war dabei gar nicht einmal unflott, nur der Hals war zu dünn und länger als ein Staubsaugerschlauch. Dazu baumelte der Ida zwischen ihren harten Schlüsselbeinen ein Amulett hin und her, wie die Plombe im Lenkgestänge eines Volkswagens.
Blasius wurde von der Ehekommissionärin vorgestellt und schien trotz seines Schlechtwetterkopfes Gnade vor

den Scheinwerferaugen des roten Fahrgestells gefunden zu haben. Man ging gemeinsam in ein Café nebenan. Dort packte Ida Marie dann aus, aber keine Wurstsemmeln, sondern ihre Ansichten über die Ehe. Nach einer halben Stunde war sich Blasius darüber im klaren, daß er lieber weiter solo durchs Leben wandeln wollte, als Ida Marie gehören.

Eines aber wollte der Spaziergänger doch gerne noch herausbringen — wie es denn wäre —, also da habe es doch oft schon Leute gegeben, die hätten eine Stange Amizigaretten gekauft, ohne den Inhalt zu prüfen, und da war dann Sägemehl drin. Ob die Ida das verstehen könne, denn so ganz auf Treu und Glauben, sozusagen auf Verdacht heiraten — —?

Aber da wurde die eingetragene Braut schön böse. Ehelichen wollte sie, verstanden. Das andere käme überhaupt nicht in Frage, da habe sie schon ihre Erfahrungen gemacht — und Mariechens Amulett begann vor sichtlicher Entrüstung in ihrem Halsausschnitt laut zu scheppern. Der Spaziergänger aber bezahlte beschämt die drei Holländer Kirschtorten von Ida, machte einen altmodischen Kratzfuß und warf beim Hinausgehen noch einen letzten Blick auf die Braut nach Maß, die gerade mit dem nassen Zeigefinger die Kuchenbrösel auf dem Marmortisch zusammentupfte.

Speisen-Karten

Daran, daß in vielen Münchner Speiselokalen das Blaukraut ›Rotkohl‹ heißt, die Soß ›Tunke‹ oder die Fleischsuppe ›Kraftbrühe‹, hat sich auch Blasius schon längst gewöhnen müssen. Und daß man im Kaiserschmarrn nicht nach den warm gesottenen Uniform-Knöpfen der alten Habsburger suchen soll und in der Königin- Pastete die eingebackenen Kronjuwelen der Juliane erwarten darf, ist wohl rechtens. Was aber den Spaziergänger, wenn er wieder einmal länger warten muß, weil irgendetwas ›frisch‹ kommt – als ob ein Gast was Altes haben möchte – jedenfalls amüsiert bis ärgert, ist das Studium der sogenannten Magenfahrpläne. Und er möchte deshalb die vereinigte Gastronomie eindringlich um etwas mehr Aufklärung ersuchen. Natürlich gibt es auch ein paar ausgekochte Kenner dieser speicheltreibenden Lektüre, doch der simple Endverbraucher frägt sich halt immer wieder nach dem Dichterwort: »Erkläret mir, Graf Örindur.«

Deswegen bittet Blasius seine mitverärgerten Leser mit Genehmigung der längst vergessenen Militärregierung, über dieses Thema wenigstens ein bisserl blödeln zu dürfen.

Nun, das beginnt meist schon mit den Vorspeisen. ›Original Hamburger Muschelsuppe‹ heißt es da zum Beispiel ganz einfach. Handelt es sich dabei um ein besonders pikantes Gericht aus weichgekochten Telefonmuscheln der H. H. Oberpostdirektion? Und was wird wohl in dem so dringend empfohlenen ›Töpfchen Margerete‹ sein? Vielleicht der gestürzte Gaul der königli-

chen Margerete, der von Goethes Gretchen so ersehnte Ringfinger des Dr. Faustus, oder ist das angepriesene Töpfchen bloß das Nachtgeschirr der reizenden Märchenkinder Hänsel und Gretl? Auch bei den ›Russischen Eiern‹ hätten die Wirte längst ein bißchen schneller schalten können und dieselben wenigstens als ›Sowjet-Eier‹ oder noch besser als ›UdSSR-Eier‹ auszeichnen dürfen.
Bei den ›Hausgemachten Leberknödeln‹ bewegen den Leser gewiß manchmal ein paar berechtigte Zweifel, daß sie wirklich im eigenen Gaststättenbetrieb geschliffen wurden und nicht etwa als Heimarbeit vergeben oder gar in einem Freuden-Haus ihre sympathische Form erhielten. ›Verlorene Eier‹ hingegen soll ein hungriger Schlucker, besonders wenn er nur eine halbe Stunde Mittagszeit hat, erst gar nicht bestellen. Denn bis die Bedienung diese ›Gaggerl‹ wieder gefunden hat, könnte es leicht sein, daß dann schon ein lustiger Kükenschnabel aus der Schale herausschaut. Und bei den vielen ›Ochsenschwänzen‹, bei denen es sich doch fast immer um eine präparierte Kuhquaste handelt, möchte Blasius inständig bitten: »Sagt's die Wahrheit!«
Einen geläufigen kleinen Trick, um ihren einseitigen Speisekatalog etwas zu verlängern, benutzen seit vielen Jahren die winzigen Leberkäs-Stationen ›Zum schäbigen Teller‹ oder ›Zur öden Pfanne‹. Da stehen nämlich in ehrbarer Charakterschrift säuberlich folgende Spezialgerichte untereinander: ›Regensburger mit Senf‹, ›Regensburger mit Brot‹ oder ›Regensburger mit Kraut‹. Der Spaziergänger möchte empfehlen, diese Polonaise noch etwas zu verlängern. Vielleicht mit dem Sonderangebot: ›Regensburger mit Bedienung‹, ›Regensbur-

ger mit Besteck‹, ›Regensburger mit Rückenwind‹ oder auch ›Regensburger mit Mundstück‹.

Sehr gerne wird auch für Spezialgerichte die ungeheuer aufschlußreiche Bezeichnung ›Bärenbräu-Geheimnis‹ verwendet. Dem erstaunten Besteller wird dabei dieses kulinarische Rätsel so ehrfürchtig in einer silbernen Terrine serviert wie weiland der Kopf des Johannes. Wenn er aber dann seine spitze Nase über den Topf beugt, so findet er lediglich ein Krautblatt, das verdrossen im warmen Wasser schaukelt. Erst bei der Bezahlung wird dann das eigentliche Geheimnis gelüftet. Und der völlig ruinierte Zecher erfährt, daß es sich dabei um das gedünstete Werktags-Feigenblatt der Elke Sommer gehandelt hatte.

Bei den zum Magenschließen empfohlenen ausländischen ›Fromages‹ und ›Cheeses‹ sollte man eigentlich auch die einheimischen Produkte berücksichtigen. Vielleicht mit dem schönen Slogan: ›Eßt deutschen Käse vom Fuße — der Alpen!‹ Und statt der faden ›Birne Helene‹, die doch immer nur an die ermatteten Verdruß-Gurken der gleichnamigen Wilhelm-Busch-Figur erinnert, könnte doch die Bezeichnung ›Stehobst Hannelore Elsner‹ viel eher die schlaffen Speicheldrüsen anregen. Wenn aber bei den Hauptgerichten eine ›Bayerische Schlachtplatte mit Puffer‹ empfohlen wird, so meint Blasius, der dieses versalzene Picasso-Gericht einmal aß, dann statt diesem Puffer schon gleich eine Portion saftige Prügel. Dem Koch nämlich fürs gekonnte Verhunzen.

Fast zu jeder Aufstellung von Spezialitäten müssen hierzulande auch die wackeren Ökonomen mit ihrem guten Ruf herhalten. So liest der Spaziergänger in der gleichbleibenden Kategorie einer großen Bräuhaus-

Karte immer wieder: ›Bauernschmaus‹, was ein pfiffiges Resterl-Ragout ist, ›Bauernseufzer‹, von denen niemand recht weiß, wer sie einmal ausgestoßen hat, und ›Bauernschinken‹. Bei welchem die Frage offenbleibt, ob es sich dabei um das Hinterteil eines Landwirts handelt oder um die vorderen Wadl.

Nachts, wenn der Hakim kommt

Wenn es Blasius wieder einmal irgendwo zwickt oder zwackt, malt er sich manchmal akustisch aus, daß das wohl ein Geheule gäbe wie bei dem berühmten Taifun ›Rosa‹, wenn man das Stöhnen der Gequälten, Geplagten, Geprellten, Gebrannten, Gefallenen oder Geschnittenen in unserer Stadt zu einem einzigen Ton zusammenfassen könnte. Tag und Nacht ist doch der ›Wehdam‹ unterwegs, denn der Schmerz kennt keine Uhr und keine Pause. Und deshalb rennen ihm Tausende von Samaritern, Sanitätern, Schwestern und Ärzten mit Pinzetten, Pulvern, Pillen und Penizillin hinterher, um ihm aufs hydraköpfige Haupt zu schlagen oder ihm wenigstens ein Bein zu stellen. Eine ganz bestimmte Sorte dieser Weißkittel sind dabei die diensthabenden Notärzte. Und Blasius hat sich einmal von einem rasenden Jodonkel allerhand erzählen lassen, was sich so alles tut, nachts wenn der ›Hakim‹ kommt. Denn die verehrte Kundschaft wünscht, daß der Onkel Doktor nicht nur so kleine andere Dienste versieht, wie Haferl ausleeren, Hosenträger einknöpfen, Essen warmmachen, Semmelbrösel aus dem Bett herausschütteln oder Kreuzworträtsel lösen helfen, sondern auch noch ganz andere Extras.

›Doktorchen‹, beginnen beispielsweise jene Patienten, denen ausgerechnet um vier Uhr morgens ihre Happy-Pillen ausgegangen sind, die aber dringend eine kleine süße Reise ins ›Tal der Puppen‹ machen möchten. »Doktorchen, wie wär's denn mit Valium 10? Was, die führen Sie nicht! Na, aber so einen kleinen Zahn voll

Neodorm könnten Sie doch ausspucken. Auch nicht? Na, dann werden Sie doch wenigstens mit ein paar strammen Kapseln Captagen herüberkommen, wenn Sie sich schon keine Tranquillizer aus Ihren schäbigen Rippen reißen wollen . . .« Und dann gehen sie schließlich erfolglos das ganze Alphabet der kleinen falschen Freunde durch. Und sie werden fast immer ein bißchen ordinär und meinen: »Ja, Sie miserabler Nillen-Flicker. Warum glauben Sie, haben wir Sie wohl für unser Steuergeld studieren lassen? Vielleicht wollen Sie dann wenigstens kreuzweise . . .« Aber für die vierzehn Mark, was die Kasse für so einen Nachtbesuch bezahlt, tut das halt fast nie einer von den wackeren Enkeln Äskulaps.

Immer wieder werden die gehetzten Medizinmänner auch dann alarmiert, wenn die dumme Liebe irgendwo ausgebrochen ist. Da öffnet dann eine Dame, deren Gesicht verpflastert ist wie das Knie eines Hallenfußballers, die Wohnungstür. Und dann beginnt sie unter ihrer Leukoplast-Maske zu singen: »Oh Herr Professor, mein Oller hat mir wieder eine ins Zahnfleisch gelangt, was er am Freitag immer so gern macht, wenn er die Speiseröhre voll hat. Jetzt schläft er ja gerade nebenan, aber wenn er dann seine blauen Augen wieder aufschlägt und es steht kein Bommerlunder in Reichweite, wird er erneut tückisch. Nu ja, leihen Sie mir schon so ein kleines grünes Scheinchen mit 'ner Geige darauf.«

Manchmal platzt der gerufene Aspirin-Engel auch direkt in eine filmreife Dreigroschen-Szene hinein. Und der schwer schnaufende Ehemann deutet nur stumm hinter sich auf den Boden und sagt lakonisch: »Do liegt's, d'Wuidsau«, als hätte er einen Veterinär gerufen. Doch schon springt das schwer schweißende Schwarzwild schneller hoch als eine frisch angebohrte Ölquelle und bearbeitet dem frechen Waidmann unter voller Mißachtung der Genfer Vereinbarungen mit der spitzen Seite eines Bügeleisens die Rückenpartie.

Ach, und da warten auch immer wieder gewisse Hinterlader auf einen hübschen jungen Notdienst-Mediziner. Oder einsame Fräulein, die ihr Leiden etwa so schildern: »Mei, i hob an soichan Schüttlfrost, Herr Doktor, daß i mit'm Zittern kaum mehr nachkomm. I brauchad hoid schnellst'ns a Wärmflasch'n mit Schnurrbart. Kannt'n Sie mir denn gor koa soichane vaordnen?«

Die Episoden und Stories des Erzählers reißen nicht ab. Und sie reichen von der Unverschämtheit über die traurige Komik bis an die Grenze jenes makabren Ausspruchs, den ein sterbender Wermutbruder getan haben soll, der in keinerlei Krankenkasse war, als man diesen nämlich fragte, ob er denn nicht wenigstens in einem Begräbnis-Verein sei. Er erwiderte ganz gelassen: »Nein, zu was denn, ich verlaß mich ganz einfach aufs Stinken.«

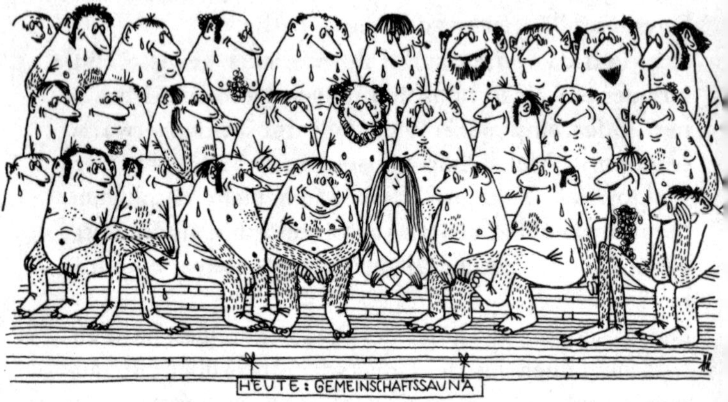

Gemischte Sauna

Es gab einmal eine Zeit, wo der winzige Spaziergänger mit den ebenso lächerlichen Schneewittchen aus den nahen Zinskasernen nackert am grünen Strand der Isar zusammen mit Wind, Sand und Steinen spielte. Und wenn die wurlende Buzlware abends dann von ihren Tanten und Großmüttern wieder angezogen wurde, stellte Blasius schließlich erstaunt von seinem Spielkameraden fest: »Ja, du bist ja a Madl!« Er hatte den kleinen Unterschied nämlich erst dann bemerkt, als dem anderen Nackedei ein Röckerl angezogen wurde.

Daran mußte der Spaziergänger lächelnd denken, als er eine der zwölf Gemeinschaftssaunas betrat, welche die Justizherren ein bißchen räuspernd und brillenputzend schließlich auch in unserer Stadt duldeten. Nun, gleich neben dem Eingang lag etwas auf einer Ruhepritsche, das den Blutdruck von Blasius keineswegs anhob. Es war ein weiblicher Riesenwecken, der langsam, bleich und zäh über den Holzrost herrunterrann, wie das verpfuschte Gesellenstück eines Bäckers. Nun, so mußte der Spaziergänger denken, wenn da einem normalen Mannsbild das Handtuch, das er vielleicht verschämt um die eigenen Hüften geschlungen hatte, herunterfiel, so blieb es ganz bestimmt nirgends hängen.

Im Innern des eigentlichen Grillraumes traf er dann fünf recht interessante Figuren an. Blasius muß dabei vorausschicken, daß für ihn nackte Leute fast immer so unerotisch sind wie eine Fuhre Blumenkohl. Jedoch können sie zweifellos interessant sein. Da kauerte beispielsweise ein bekannter Jockey auf der obersten Bank. Er hatte Schenkel, die waren so dünn und gebogen wie die Klammern einer mathematischen Gleichung Albert Einsteins. Und seine Rippenpartie erinnerte eindringlich an den Schellenbaum, der bei einer Militärkapelle immer vorangetragen wird. Sicher könnte man etwas sehr Hübsches auf dem Torso dieses Rennbuben spielen. Vielleicht etwas von Leoncavallo. Daneben dünstete eine stämmige, mannschaftsdienende Walküre aus dem Alpenvorland vor sich hin. Schön gemütlich ausgedehnt wie ein Fußballplatz der Landesliga C. Und ihr Strafraum war auch überall stark abgetreten. Wahrscheinlich wurden halt doch schon recht viele Elfmeter

darauf geschossen. Doch der Spaziergänger hätte auf ihm gewiß jeden verstolpert.
Dann war da noch eine mollige blonde Barfrau, die ruhelos hin und her ging und dabei schwer mit ihren Liegenschaften haderte. Während sie ihre hintere Partie, die sichtlich stark zur Mattenflucht neigte, ständig mit kleinen Ohrfeigen bedachte, nörgelte sie im schönsten Schwäbisch dazu: »Ja, was moinsch denn du, wer ons zwoi in zwoi Joar no aagugge will, wenn mir so weidermached.« Ihre vorderen noch recht strammen Kameraden nickten zu dieser Selbstkritik bei jedem Schritt energisch dazu.
Der vierte Schmorbraten war ein alter Bierdimpfl, der — wie er selbst gestand — für den abendlichen Dämmerschoppen jeden Tag auf Vorrat schwitzte. Dazu zählte er die mit leisem Platschen auf den Fußboden fallenden Perlen. Denn er hatte ausgerechnet, daß ein solcher Wassertropfen genau ein Gramm wiegt. So daß also fünfhundert glitzernde Kügelchen ein halbes Bier ausmachen. Danach bemißt er dann das Quantum Gerstensüpplein, das ihm abends zusteht.
Der fünfte im Bunde war schließlich eine ausgesprochene Frohnatur. Er trug sein pralles Bäuchlein kichernd vor sich her wie ein Hochzeitsgeschenk. Dabei erklärte er der blonden Martini-Lady ohne Aufforderung: »Wissn's Fräulein, bis zum Augnblick der Wahrheit kon i mei Wamperl imma no einziag'n. Und wenns dann mei Auserwählte amoi siecht, dann is ja sowieso scho z'schpät.«
Etwas später ging dann die Türe zu Beelzebubs Vorzimmer erneut auf und herein kam ein unwahrscheinlich schöner Bubi. Er schwänzelte mit seinem Heckteil

wie der zweite Anhänger der Straßenbahnlinie 25. Dem Spaziergänger schien er hinreichend verdächtig. Blasius hatte nämlich das Gefühl, daß er einer von jener Sorte Jüngling war, die sich beim ›Wisi-Wisi‹ verschämt hinsetzen. Und danach kam einer angetanzt, der hatte gleich gar ein kleines Bikini-Höschen an. Alle Anwesenden schauten sich entrüstet an. Denn so ein Keuschheitsfutteral in einer Gemeinschaftssauna wirkt doch etwa genauso deplaciert, wie wenn sich einer in einem Friseur-Salon beim Haareschneiden die Hose herunterlassen würde. Aber so dachten wohl fast alle von den versammelten Transpirierern. Womöglich befürchtete der seltsame Gast, daß ihm sein Amüsier-Quasterl in der Sauna wegschmelzen würde. So wie ein Eiszapfen beim Brunnenbuberl, wenn der Föhn kommt.
Wenn man aber nun abschließend Blasius fragen wollte, ob es sehr reizvoll in so einer Gemeinschafts-Selcherei sei, so würde er sicherlich mit den Worten seines zeitweiligen Dampfbad-Genossen Manfred Schreiber sagen: »Mitnichten, Schweiß ist halt eine Männersache.« Und bestimmt glaubt der Spaziergänger sagen zu können: Besonderen Appetit kann man sich in einem solchen Etablissement als Otto Normalverbraucher wahrscheinlich nicht holen. Denn das ist halt etwa genauso, wie wenn jemand zum Weißwurstessen geht. Und er besucht vorher noch rasch den Städtischen Schlachthof.

Warme Luft

Mag sein, daß Blasius vielleicht doch ein Eck im Auge hat und einen Knopf im Hirn. Denn sonst wäre er wohl nicht auch dieses Mal wieder in die Große Münchner Kunstausstellung gegangen. Eigentlich hätte er die nämlich auch im Rückspiegel seiner Erinnerung auswendig beschreiben können. Doch auch diesmal muß der Spaziergänger bestätigen, daß sein Besuch den freien Eintritt, den man ihm gewährte, gut dreifach wert war.

Gleich am Eingang zum Beispiel hängt ein schwerer Schinken eines gewissen Herrn Scharl, um den sich immer besonders viele Neugierige »scharln«. Er heißt ›Cosa nostra‹ und zeigt ein ›Mitglied der ehrenhaften Gesellschaft‹ mit Sternenbanner-Orden, grüner Brille, Stahlrute und einer ungemein schmierigen Olio-Sasso-Visage. Der Kerl sitzt auf einem Stuhl, aber leider nicht auf einem elektrischen.

Schräg gegenüber hat ein gewisser Herr Bayrle einen durch seine Rundfunkwerbung weithin bekannten Konfektions-Kalifen mit lauter Hosenknöpfen dargestellt. Nun, diese unerhörte Kunst wird ihm für seinen Teil bestimmt wenigstens eine neue Hose eintragen. Nicht weit weg davon verglimmt eine zerlutschte Havanna auf einer Komposition von Paul Wunderlich, und neben dem qualmenden Lungentorpedo krabbelt ein widerliches dickbäuchiges Hörnervieh. »Stilleben mit Zigarrenrauch« heißt der Einfall, und Blasius meint, darunter fehlte eigentlich nur noch der Zweizeiler für alle Raucher, nämlich: »Und das Krebserl mit der Scher / kommt dann ganz geschwind daher.«

Dagegen ist der Spaziergänger mit einem Weiberstück von Hans Dumler gar nicht recht einverstanden. Eigentlich besteht es nur aus einem riesigen Hintern, und von vorne aus zwei Verdruß-Zitzen. Wobei das passende Motto vermißt wird: »Laß die Frau, die du liebst, öfters baden« (und ersäuf sie dabei möglichst unauffällig).

Die qualligen Frauenakte nebenan aber sollte man vielleicht baldmöglichst dem mitteltalterlichen Deggendorfer Sozi-Landrat Walter Fritsch zeigen. Dann wäre der gewiß auch rasch für den Paragraphen 218.

Sei noch ein Herz-Solo mit Eichel-Spatzen, eine Reise-Illusion von Richarda Dietz, die sehr zum Daheimbleiben ermuntert, und ein schwarzer Fleck erwähnt, der ausschaut, als hätte der Hersteller einfach seiner Freundin den Arsch mit Stiefelwichse angestrichen, auf ein leeres Blatt gedeutet und dazu höflich gesagt: »Bitte nimm doch Platz.« Und das wäre dann auch schon alles.

Abgesehen von den Erzeugnissen der zahlreichen Schelme, Schlitzohren und Scharlatane. Zu ihnen gehört auch eine Pacht- und Leihgabe, die sich ›Warme Luft‹ oder so ähnlich betitelt. Vergeblich aber beugte sich Blasius zu dem eingerahmten Handtuch hin und suchte darauf vielleicht wenigstens eine Föhnstimmung oder, zum allermindesten, ein paar sündige Verlobungsflekken zu entdecken. Doch nein, es war eben gar nichts drauf. Und das Ding sollte auch noch freche fünftausend Mark kosten. Da regte sich wirklich der Unwille des Spaziergängers. Und er fragte sich, warum dieses Genie gar so hartnäckig seine warme Luft in viereckiger Form an den Mann bringen wollte.

Blasius möchte dem simplen Musenjünger dazu doch wenigstens den kostenlosen Tip geben, er solle lieber danach trachten, jetzt – im Zeichen des Riesen-Fußballgeschäftes –, die lederne Endspielkugel zu ergattern. Und die Luft, die da drin ist, in kleine Fläschchen abfüllen und sündteuer verkaufen. Dann wäre er wenigstens ein anerkannter ›Luftikus‹ und nicht nur ein unbekannter Einfallspinsel.
Im übrigen sind natürlich bei so einer Bilderschau nicht nur die aufgehängten verschmierten Frühstückstablette oder die parzellierten, verunreinigten Bettücher sehenswert, sondern auch die Zuschauer selber. Denn von zehn sind elfe völlig verunsichert. Sie schauen ständig scheu um sich, was die andern für Gesichter machen, und von Zeit zu Zeit ziehen sie erschreckt die bleichen Köpfe ein wie Weinbergschnecken, die ein kurzhaariger Hund angebieselt hat. Erst nach einiger Zeit fahren sie dann die Gesichter auf langen Hälsen wieder aus und spielen ihre Statistenrolle weiter in dem bekannten Film ›Die Leute im Münchner Kunstbahnhof völlig ratlos.‹
Nun, zusammengefaßt, möchte Blasius schon auch sagen, daß ihn manches, was die wirklichen Maler hier ausdrücken wollten, auch stark beeindruckt hat. Aber viele von den Anlieferern für die Münchner Kunstausstellung sollten ihre Aussagen lieber nicht auf Leinen oder Pappe im Haus der Kunst machen. Sondern auf Krankenschein bei einem guten Psychotherapeuten.

Vergessenes Atelier

Sanft lächelt die mürbe Sandstein-Madonna auf Schwabings vergessene Straßen hinab. Sie steht in einer Nische im zweiten Stock des alten Mietshauses, auf dem die Jahreszahl 1882 zusammen mit einem verblichenen Familienwappen lautlos verbröselt. Es ist eines jener übriggebliebenen Gebäude, von dessen Giebelgeschoß die halberblindeten Scheiben eines Malerateliers matt herunterschimmern.

Ein alter Mann mit einer Nickelbrille und einem grünen Einkaufsnetz geht jetzt die saubere, frisch geölte Treppe hinauf. Verschnaufend bleibt er stehen und grüßt die runde Hausmeisterin. Dann schließt er die schnörkelverzierte Türe im fünften Stock auf, tritt ein in seinen Ölfarbenhimmel und sperrt die Welt hinter sich aus.

Von den Wänden schauen seine Werke herab. Gerahmt und ungerahmt, frühvollendete und späte Versuche. Ein Mädchen mit Stopsellocken und gesunden Tomatenwangen lächelt auf den erloschenen Kachelofen hin. Es war die Tochter des Hausherrn — bestellt als Andenken an die heilige Firmung, aber nie abgeholt, weil der Hausvater gläubig in das Inflationsgeschäft einstieg und bankrott ging.

»Einsamer Baum bei Daigstetten« nannte der eigenwillige Künstler eine Studie in Sepia. Daneben hängt sein erstes Selbstbildnis. Ein blondlockiger Brausekopf mit fernem Leuchten im Siegerblick. Nun, die Farbe für die blonden Haare könnte sich der Alte heute leicht sparen. Und immer wieder ist da ein ganz bestimmtes Frauengesicht. Eine Rothaarige. Am Schwabinger Meer, die Schwäne fütternd, und mit Sonnenschirm an den Rosenbeeten im königlichen Hofgarten. Auch eine Rückansicht ist zu bestaunen, das Blaß der Haut im schwülen Kontrast mit dem Sonnenuntergang, Schimmern der Revolutionsmähne. Am besten getroffen ist sie aber wohl als »Jungfrau mit Rosen im März«.

Doch auch viele Bilder aus dem Vorgestern Münchens grüßen stumm. Eine weißblaue Trambahn bimmelt gemütlich durch einen stillen Sonntagnachmittag in der Ludwigstraße. Über dem Friedensengel schwebt ein gefirnißter Sommerhimmel in den schönen Landesfarben Bayerns. Alt-Nymphenburg lebt wieder auf, das Schloß und die Damen des Hofes, flankiert von Simplicissimus-Gecken und entschwundener Königsherrlichkeit.

Auf dem großen Zeichentisch aber liegen Skizzen, Pinsel, leere Tuben und ein halbvollendeter Entwurf für eine Obststranitze, an welcher der winzige Lenbach gerade arbeitet. Eine leise Bitternis befällt ihn trotz aller Lebensklugheit immer wieder, wenn er solche Aufträge übernehmen muß. Hingen nicht drei seiner Bilder einmal sogar im Glaspalast? Und bestimmt würde man ihn auch heute noch in eine Jury holen, wenn er nur wollte. Die dunkelweiße Gipsbüste in der Fensterecke sagt gar nichts zu solchen Gedanken. Sie stand einmal im Gartenhaus des Anwesens, wo damals das kleine Musenreich des Malers war. Und sie hatte sogar die verschwiegenen Faschingsfeste noch miterlebt, zu welchen die jungen Schwabinger als Dominos und Bajazzos kamen und die Damen als Frou-Frou-Mädchen. Aber das Salettl fiel später einem einzigen Phosphorstab zum Opfer, und nur die unbekannte griechische Göttin blieb übrig. Rauchgeschwärzt.

Der Alte hat jetzt sein Netz ausgepackt und verschwindet hinter der spanischen Wand. Hinter der aber kein züchtiges Modell mehr steht, sondern ein wackeliger Spirituskocher und eine zerkratzte Palette mit einem Restchen Preußischblau. Er will ja auch gar nichts malen diesmal. Außer einem Kaffee. Denn bald muß die Margaret kommen, die Freundin seiner späten Tage.

Und da schlurft es auch schon ein wenig an der Tür, und ein Alt-Mütterlein tritt ein. Fast fünfzig Jahre gehen die zwei nun schon miteinander. Manchmal wollten sie schon, aber jetzt geht mit einer Hochzeit auch nichts mehr. Weil sie doch die kleine Rente kriegt von ihrer kurzen Kriegsehe her, als er selber jahrelang vermißt gemeldet war. — Na ja, sie ist es schon, die rote Dame am See und die Jungfrau mit Rosen im März. Nur heute könnte sie natürlich für so was nicht mehr Modell stehen. Höchstens noch für ein altes Blumenweiberl. Im November.

Dr. Crippens Heimkehr

Niemals wird Blasius diese Szenen vergessen. Da wird ein Mensch zum Köpfen geführt. Und dem Menschen hat man die halbnackten Arme nach hinten gedreht und die Hände mit eisernen Klammern gefesselt. Und dann gellt ein Glöckchen, der Kopf rumpelt in die Kiste und der Mensch rinnt aus.

In der grindigen Zelle aber verraucht die letzte Zigarette, die er gerade noch vorher im blutleeren Munde hatte, wie es die Hinrichtungsordnung erlaubte. Langsam frißt sich die Glut des Glimmstengels in den Dekkel der leeren Schachtel hinein. Und draußen vor dem Kino standen die Menschen. Und der Titel des Films hieß ›Im Namen des Volkes‹.

Und nun steht dieser Mensch neben dem Spaziergänger. Es ist Rudolf Fernau, der silberhaarige Komödiant aus der Münchner Vorstadt Haidhausen, von der er vor mehr als fünfzig Jahren auszog, um das Mimen zu lernen. Und jetzt ist ›Dr. Crippen‹, wie seine berühmteste Leinwandgeschichte hieß, ›von Bord gegangen‹ und wieder heimgekehrt in die bucklige Kopfsteinstraße seiner Kinderzeit und in das gleiche Haus, wo er seine armselige, glückhafte Jugend erlebte.

Das Zimmer, von dem er und Blasius hinabschauen auf die paar schmalen Spielzeughäuser, die noch stehen und auf denen vor etlichen Jahren noch das Cholera-Kreuz zum Dank für die Verschonung verwitterte, sieht aus wie eine Stummfilm-Attrappe von Nestroy. Ein Ohrenbackensessel ist da, den der unsterbliche Kainz von König Ludwig geschenkt bekam, ein Sekretär, der dem genialen Metternich als Schreibpult diente, und ein traumschönes Bild eines Schauspielers, das ihm der Berliner Senat verehrte und das wohl mit spätem Septembernebel und Abendsonnen-Strahlen gemalt wurde. Am Fensterbrett aber liegt jene Geige, auf der sich der grundbrave Bub einmal bis zum Konzert-Direktor emporkratzen sollte, meinte die gute Mutter. Deshalb heißt das Lebensbuch vom alten Rudi, das Carl Zuckmayer, Friedrich Luft und Martin Held so rühmen, auch ›Mit einem Lied begann‹.

Und dann geht der Spaziergänger an der Seite seines berühmten September-Freundes noch einmal durch jene Straßen und Gegenden, die den 76jährigen in der Zeit der Kirschen noch schussern und drallern sahen. Nicht aber ohne zuerst das Haidhauser Kircherl aufzusuchen, wo der alte Kulissen-Lord neben dem wundgebeteten Christus ein paar verbröselnde Runen sucht. Und er hat sie sehr schnell gefunden, die zwei großen F ›wie Fernau‹, die er mit dem Hausschlüssel vor über fünfzig Jahren in den Mauerputz ritzte mit der knieend vorgetragenen Bitte, daß er, wenn sich der Kreis schließen sollte, wieder in sein unvergeßliches Glasscherben-Viertel zurückgeführt werden möchte.

So wird denn die kleine Reise in die Vergangenheit, die Blasius da mitmacht, zu einem einzigen Nostalgie-Kreuzweg in die unwiederbringliche Kinderzeit. Im Friedhof, zwischen dem Metzgermeister Alois Auer, der immer so gute Leberwürste machte, und einem klotzigen, dicken Marmorstein hat der stille Mann bereits ein Platzerl belegt, weil er einstmal einen ehrlichen Isarkies auf der Brust haben möchte.

»Grüß Gott Herr Doktor, ganz frische Kohlrabi ham

ma heit«, sagt gleich darauf der Gemüsehändler, dem irgend jemand einmal von Dr. Crippen erzählt haben mag. Und dieser akademische Grad wird ihm auch von allen jenen zuerkannt, die ihm da und dort freundlich zunicken. Aber der Herr Fernau selbst sagt zum Begleiter: »Am liebsten schieb ich mein Gesicht immer in die Tasche beim Spazierengehen.«

Nachher steht er lange vor einer schmutzig grauen Zinsburg und erzählt die kleine Geschichte vom Türken-Max, der hier gehaust hatte, und der Marie. Und weil den Buben die Marie so gut gefiel und weil sie halt auch neugierig waren, taten sie oft dasselbe, was jedes Kind in diesem Alter tut. Sie lurten ein bißchen. Aber als sie dann sahen, was da geschah, waren sie plötzlich für immer aus dem Paradies ihrer Vorstellungswelt vertrieben und ganz ganz traurig. Acht Tage später trugen sie die Marie auf einem breiten Brett aus dem Haus. Sie war mit einem alten Mantel verhüllt und blutete sehr. Der Türken-Max hatte sie aus Eifersucht erstochen.

Im selben Hof steht auch heute noch ein warziger hoher Baum, in dessen Geäst sich der winzige Paganini früher mit einer Wolldecke ein kleines Nest gebaut hatte und darin manche Sommer-Nachmittagsstunde dem süßen Vogel seiner Jugend nachflog. Und wie das halt manchmal so ist, versucht gerade jetzt wieder ein ›Hoadhauser‹-Früchterl diesen ehrwürdigen Patriarchen zu bekraxeln. Da schreit eine Frau vom zweiten Stock herunter: »Gibst jetzt net endlich amoi a Ruah, Rudibua, konnst du denn net aa mit de andern schpuin!« Und da muß der Mann mit der Rauhreif-Frisur und den großen Augen, die wohl auch noch dann gläubig staunen, wenn er sie zumacht, einfach still vor sich hinlächeln. Denn er wird auch in seiner Vaterstadt ›koa Ruah‹ geben und weiter ›mit de andern schpuin‹.

Das Wunder und Ärgernis Weib

Es gibt kein Thema auf der Welt, das öfter diskutiert, abgehandelt, verfilmt, beschrieben, verflucht, gepriesen, bedichtet und besungen wurde wie das Mirakel und Problem, das Wunder und Ärgernis ›Weib‹. »Wenn der liebe Gott eine Frau wäre, hätten die Frauen nichts zu lachen«, heißt ein altes Sprichwort. Der Dichter Oskar Wilde wiederum meinte: »Ein junges Mädchen ist der Knalleffekt der Natur.« Ein Weiberfeind hingegen prägte den lapidaren Satz: »Unglück, dein Vorname ist Eva.« Und ein bayerisches G'stanzl heißt: »Wia da Acka so d'Ruam / wia da Vadda so d'Buam / wia d'Muadda so d'Töchter / bloß allawei no a bißerl schlechter.« Auch sagt man noch gerne von den Schönen des Landes: »Ein Mädchen, das nicht lachen kann, hat entweder häßliche Zähne oder ein häßliches Herz.«

Ebenso umfangreich wie der Zitatenschatz sind auch die Bezeichnungen, die für die Vertreterinnen des schwachen Geschlechts in verschiedenen Situationen, Zeiten oder Umgebungen geprägt werden. So heißt ein und dasselbe Baumuster beim Kaiser ›Favoritin‹, beim Künstler ›Muse‹, beim Herrscher ›Mätresse‹, beim Playboy ›Gespielin‹, im Filmgeschäft ›Starlet‹, hinter den Kulissen vielleicht auch ›Hurlet‹, beim Twen ›Zahn‹, beim Rocker ›Schwester‹, beim Bayer ›Gschpusi‹, beim Heiratsschwindler ›Braut‹ und im Polizeibericht ›Gunstgewerblerin‹.

Doch selbstverständlich geht ein Mädchen nicht nur gerne mit einem Mann, sondern auch mit der Zeit. Früher hatten die Jungfern und die höheren Töchter, die

Debütantinnen und Trotzköpfchen eigentlich nur ein einziges Ziel, auf das sie schnurstracks zumarschierten. Nämlich die lizenzierte Traumschublade oder das Ehebett. Von kompromißlosen Müttern mit Ratschlägen und Adressen der besten Scheidungsanwälte reich versehen. Und selbstverständlich auch mit allen Schlechtigkeiten dieser Welt, angefangen von der Sache mit Esaus Linsengericht bis zu dem Zugewinn-Paragraphen bestens vertraut gemacht. Es gab damals bei den Herrn auch einen feststehenden Begriff, wie die ideale Frau sein sollte. Nämlich: in der Küche eine Köchin, im Salon eine Dame und im Bett ein Engel. Allerdings gingen dann manchen Freiern die Augen auf wie der Schlitzverschluß einer Rolleiflex bei Blende acht. Wenn es sich nämlich nach der ersten Probefahrt herausstellte, daß da ein kleiner Irrtum im Getriebe sein mußte. Und der eheliche Beiwagen in der Heia leider eine Köchin war. Weshalb natürlich auch die anderen Schaltungen nicht stimmen konnten.

Später kam dann die Zeit der Suffragetten, und die Mädchen bekamen plötzlich alle so harte Gesichter wie altes Klosterbrot. Im Ehestand wurden sie dann gleichberechtigte ›Bett-Genossinnen‹, die beim Manne strikt auf dem zweimaligen wöchentlichen Ablieferungssoll bestanden.

Langsam aber entwickelte sich aus dem Flintenweib und der ›Revoluzzerin‹ dann doch noch ein mittelsanftes Gebrauchsmodell, das sich zu der Devise herabließ: ›Getrennt marschieren und gemeinsam schlafen.‹ Und wie bestellt tauchten zu gleicher Zeit auch eine Menge neuer Verwendungsmöglichkeiten und Berufe für das reizende Unterrock-Geschwader auf. Ein Zyni-

ker allerdings meinte zu dem neuen Gleichberechtigungsfimmel und der Beschäftigungstherapie ziemlich hart: »Selbst ist der Mann, sagte das Mädchen. Und war keine Jungfrau mehr.«
Heute jedoch sind die Maiden mit der Lohntüte in der arbeitsamen Hand von allen Herren recht gern gesehene Erscheinungen. Ob sie nun ihre Brötchen mit dem flinken Bleistift in der Rechten als Reporterin verdienen, als Visagistin, Lockenarchitektin und Beraterin für zeitgemäßes Wimperngeklimper. Vielleicht auch im ehrsamen Berufsstand des Fräulein Lehrerin, als unbestechliche technische Assistentin, als Karbol-Mäuschen bei einem guten Jod-Onkel oder gar als Bordmamsell bei der Fluggesellschaft ›Angst & Bang‹. Überall steht das moderne Schneewittchen einfach mitten drin. Meistens ›mit‹, doch oft auch ›ohne‹. Nicht ›ohne‹ Hemmungen oder Moral natürlich. Auch wenn es sich um eine der viel ersehnten Modebeschäftigungen handelt wie beim Top-Star oder gar beim Filmnackedei. Denn auch das komplizierteste Vorführmädchen und der verlockendste Nackedei haben längst erkannt, daß das begehrteste Bekleidungsstück für ein junges Mädchen zu allen Zeiten nicht der Nerz oder der Zobel und weder Samt noch Seide war. Sondern immer noch der schlichte kleine kühle Ehering.

Blutiges Gansjung

Nein, es handelt sich hier nicht um ein blutiges Drama der Volksschauspieler in der Max Emanuel-Brauerei, sondern nur um eine bürokratische Komödie auf dem Viktualien-Markt. Weil dort nämlich wieder einmal durch behördliche G'schaftlhuberei ein heiß geliebtes bayerisches Schmankerl verschwunden ist. Das blutige Gansjung. Ein gaumendienlicher Knödeltauch nicht nur der Münchner. In norddeutschen Gefilden auch ›Schwarzsauer‹ genannt. Voraussetzung zu dem

g'schmackigen Familienessen war dazu immer das im Ganskragen abgebundene, gestockte Blut.
Und da haben also nun das Bezirksinspektorlein Wichtelmann und ein Kollege von der diensteifrigen Lebensmittel-Aufsicht ein Gesetz von 1933 wieder ausgegraben, in dem es so schön human heißt: »Es ist verboten, ein Wirbeltier ohne ausreichende Betäubung und unter Zuführung von Schmerzen zu töten.«
Als ob jemand schon einmal einen Metzger erlebt hätte, der einem Schlachtochsen so lange schlechte Witze erzählt, bis sich dieser totlacht. Oder gibt man den jungen Kälbchen vielleicht immer ein paar Luminal-Tabletten, bevor ihnen der böse Bolzen zwischen die treuherzigen Spiegeleier-Augen gejubelt wird? Auch braucht man einem Lebewesen beim Töten kaum noch irgendwelche Schmerzen ›zuzuführen‹. Die werden nämlich bekanntlich schon gratis mitgeliefert. Wozu also dieses Pharisäertum von jenen Muckern und Heuchlern, die sich selbst liebend gern einen zarten Lammrücken, ein halbes Dutzend Froschschenkel oder ein unschuldiges, weich gedünstetes Kitzlein ›mäh, hä, hä‹ zwischen die mahlenden Kiefer schieben. Dann müßten sie in ihrer abgründigen Tierliebe doch zuerst einmal dafür sorgen, daß überhaupt kein Viehzeug mehr auf die Speisenkarte kommt.
Doch auch auf anderen Gebieten ist gerade auf dem ›Grünen Markt‹ wieder allerhand im Gange. Seit geraumer Zeit ist es gewiß nicht nur dem Spaziergänger aufgefallen, daß die bodenständigen Sellerie-Walküren ihr Angebot zusehends mehr und mehr in Gläser, Tütchen und Plastikgefäße abfüllen müssen. Nun ist ihnen auch noch die Auflage gemacht worden, hohe Glas-

aufsätze über ihr Sortiment zu stülpen. So daß beispielsweise die Oliven dann ausschauen wie die einbalsamierten Hühneraugen des Pharaos Tut Ench Amon. Die Beflissenheit und die Sorge der hohen Behörden um Bürger und Bazillen treibt Blasius glatt die Tränen der Rührung in die rotumränderten Augen. Und er denkt, er müßte vielleicht selber auch noch ein paar passende Anregungen zu diesem Thema geben. Wie wäre es denn, wenn man die Bananen mit Polyester-Schalen überziehen würde? Mit Reißverschluß selbstverständlich. Die Petersilien-Wurzeln würden auch gewiß in so ähnliche Hülsen passen wie die ganz teuren Zigarren. Und bestimmt würden sich die gelben Rüben freuen, wenn man ihnen die bekannten Nahkampf-Pullover überstülpte, die im Zeitalter der Pille sowieso Absatzschwierigkeiten haben werden. Für krumme Gurken wären eventuell Knie-Schützer ein tauglicher Bakterienschutz und das bekannte Faßl, aus dem der Sauerkraut-Ingenieur an der Markt-Ecke seit einem halben Jahrhundert sein saftiges Surhax'l-Seegras verkauft, sollte wenigstens dreimal im Jahr den TÜV machen lassen.

Die Suppengrün-Suffragetten selbst aber könnte man ja zum Zwecke absoluter Sterilität jeden Morgen einmal in einem großen Bottich mit Chlor-Kalk schwenken.

Doch Spaß ohne, möchte der Spaziergänger allen Ernstes fragen, was ist denn das noch für ein Viktualien-Markt, auf dem der Spargel nicht mehr schießen darf, der Meerrettich nicht mehr beißen und der Kaas nicht mehr stinken. Und wo es dann bei all den Konserven, die vorgeschrieben werden, nicht mehr nach Weißkraut riecht, sondern nach Weißblech. Wissen denn diese Bazillen-Hysteriker nicht, daß die Nase einer Kundschaft auch mitkauft? Und weil doch heute bereits jeder Kopfsalat mit E 605 besprayt wird und die Äpfel in einem chemischen Nieselregen groß werden, möchte der Spaziergänger wenigstens einmal für seine Person feststellen, wenn er schon in seinem Leben die ihm zugeteilte Portion Dreck fressen muß, dann doch noch viel lieber den von der Natur als den von der BASF. Erstere nämlich stellt denselben schon viele Jahrtausende her und kann dies deshalb mit großer Wahrscheinlichkeit auch viel besser als ein Anilin- oder Soda-Werk.

Dem übereifrigen Inspektor Schnüffelberger aber möchte Blasius wünschen, daß er auf jeden Fall für seine reifen Leistungen baldmöglichst entsprechend befördert wird. Nämlich in den Ruhestand.

Nachtwache

Die Blutegel im kleinen Aquarium hinter der dunklen Auslagenscheibe schlafen. Nur manchmal schmatzen sie im Traum ganz leise vor sich hin. Wahrscheinlich glauben sie bei einem schlagflüssigen Charcutier zu Gast zu sein. Im Hintergrund der Apotheke schimmert ein fahles Licht. Es kommt aus einem kleinen Nebenraum, in dem der weißgeschürzte Jodonkel vom Dienst auf einem mürb gelegenen Sofa halb wach vor sich hindöst. Oder vielleicht auch einen Brief schreibt. An seine ferne Geliebte aus Fallingbostel in der Lüneburger Heide. Oder er denkt an die kleine Blonde vom Wurstimbiß. Daß die nicht so übel wäre. Wenn sie nicht so arg nach Schaschlik riechen würde. Draußen auf dem eisernen Sicherheitsgitter mit dem kleinen winzigen Guckloch aber spielt der dunkle Mitternachtswind mit einem widerwilligen Pappschild: »Heute Nachtdienst«.

Da trällert die kleine vernickelte Schwachstromlerche über der Tür zum ersten Mal. Mit einer gekonnten Hüftrolle erhebt sich der träumende Aspirin-Bewahrer. Ein sehr ernster Kunde mit einem zerkritzelten Sorgenkopf hält ein Rezept durch das Notstandsguckerl, und der Medizinmann liest es langsam mit brummelnden Lippen. Dann schaltet er großes Licht ein, geht an die Gläser, auf denen die gekreuzten Schienbeine aufgemalt sind, und beginnt zu hantieren. Milligrammweise stupft er ein weißes Pulver auf die dünne Messingschale der Giftwaage. Und zögernd senkt sich der matt funkelnde Meßbalken. Die Brücke ins Jenseits.

Der Weißkittel geht nun wieder in sein Kämmerlein zurück und arbeitet an einem angebissenen Kreuzworträtsel weiter. Einen persischen Adelstitel mit vier Buchstaben braucht er. »Emir«, »Schah« oder »Scheich«. Es bimmelt von neuem. Mit einem wollenen Kopftücherl, auf dem viele springende Hirsche abgebildet sind, naht ein Zahnwehbruder. »I bin schon ganz damisch vor lauter Tabletten«, röchelt er. »Aba morg'n kimmt a raus.« Das sagt er nun schon die dritte Nacht. Und jedesmal zeigt er dem Apotheker mit weit aufgerissenem Rachen auch noch seinen schmerzhaften Untermieter. »Aeia.« »Da, des is a«, soll das heißen. Der Tabletten-Onkel blickt mit abgewandter Nase durch den sperrangelweiten Mund auf die Reste vom alten südlichen Friedhof.

›Berg in Zentralafrika‹ kann nur der Kilimandscharo sein. Man hat doch seinen Hemingway gelesen. Halt, aber dann stimmt der weibliche Vorname nicht. Muß also ›Barbara‹ heißen, nicht Monika. Wie heißt denn eigentlich die kleine Schaschlik-Schönheit von nebenan? Sicher Emma oder Finni. Adolfini höchstwahrscheinlich.

»Brrr.«

Ein sonderbarer Heiliger steht diesmal draußen. Seine lange runzelige Nase erinnert irgendwie an eine erkaltete Pfälzer Wurst. Er war schon am Nachmittag einmal da, erinnert sich der Wachhabende. Nun hält er einen langen Vortrag, mit vielen Schnalz- und Zischlauten untermischt, und möchte die Saugblättchen für sein Gebiß wieder umtauschen. Als er erfährt, daß das nicht geht, ist er sehr enttäuscht und murmelt irgend etwas von betrügerischer Garantie.

Hinter ihm steht ein ähnlicher Kauz. Nach seinem Begehren befragt, hält er lächelnd einen Zehnmarkschein durch das Fenster und bittet: »Geh, Herr Nachba, bittschön z'reißens man. I möcht ma nämlich Zigarett'n rausschmeiß'n vom Automat.« Der Mann am kleinen Türl wechselt tatsächlich, meint aber dann doch: »Nerven haben Sie schon, lieber Mann.« Da entgegnet der nächtliche Gaudibursch fröhlich: »Ja, da ham's recht. An die Nerven hat ma no nia was g'fehlt. Da kannt a Apothek'n nix vadeana an mia.«

Dann ist wieder eine lange Pause, und die weißen Rätselfelder werden immer weniger. Später wird noch dreimal hintereinander geklingelt. Kopfwehtabletten sollen's sein. Und schließlich kommt ein stadtbekannter Morphinist und versucht es auf die ebenso bekannte Tour, indem er sich unter angeblichen Kolik-Schmerzen krümmt. Als der Apotheker abwinkt, spuckt er vor die Ladentüre.

Als eigentlich nur noch eine »siebenbürgische Charaktereigenschaft« fehlt in dem Kreuzwortnetz und ein »Aztekenkaiser«, kommt der letzte Kunde. Er hat einen gewaltigen Hätscher und will ihn medizinisch behandeln. Der Mann hinter dem Guckloch aber lächelt und sagt: »Nein, dagegen habe ich leider nichts. Aber vielleicht versuchen Sie dreimal zu schlucken, ohne zu schnaufen.« Der Bittsteller tut's, und siehe da, es hat ihm geholfen. »Was macht das?« strahlt er glücklich und langt in die Tasche. »Das kost' nix«, erklärt lächelnd der Nothelfer. »Dann sog i hoid Dank — — — schön«, freut sich der Passant. Und schnackelt beim Weggehen schon wieder in schönen gleichmäßigen Abständen weiter.

Der Eselsmist

Blasius hat sich den Film ›Der Exorzist‹ angesehen. Und er meint, das müßte wohl ein Druckfehler sein. Denn diese Rülps- und Furz-Orgie von Warner Brothers unter Mißbrauch von hervorragenden Schauspielern, Maskenbildnern und Trickaufnahmen ist ein Geisterbahn-Klamauk, den sich nicht einmal die Kiefersfeldener Ritterspiele auf Abonnement blau oder Rainer Werner Faßbinder leisten könnten. Dabei ist die Handlung ebenso simpel wie lächerlich. Zwei Taglöhner des lieben Gottes versuchen, aus einem winselnden Balg den bösen ›Wuwu‹ auszutreiben. Und enden nach vollbrachter Tat selber tot auf dem erfolgreichen Brachfeld. Der ›Gott-sei-bei-uns‹ aber ist nachher spurlos verschwunden. Und manche Zuschauer fragen sich bange: »Ist er im Himmel, ist er in der Höll? Wo ist der schwarze Pimpernell?« Und weil sie es nicht genau wissen, kneifen sie nachher den Mund und alle anderen Öffnungen fest zu, damit der Sparifankerl nicht auch vielleicht in sie hineinfährt.

Nun, der Spaziergänger hat vor Jahrzehnten einmal den Film vom Frankenstein gesehen, in dessen schaurigem Kitsch-Tango es dann heißt: »Auf der Suche nach Laster habe ich Kakteen geküßt, Mostrich habe ich mir aufs Haar geschmiert und mit Salzsäure gegurgelt.« Das war seinerzeit wohl ungeheuer verrucht. Doch heute ist das als Filmmotiv sicherlich genauso lächerlich und unwirksam wie einem angreifenden Rokker die Zunge herauszustrecken. Das haben auch die Amis längst gemerkt. Und nachdem sie ›auf der Suche nach Neuland‹ eine Zeitlang auf dem dunklen dreieckigen Strafraum der Weiberleut drehten und dabei manche Mark anschaffen konnten, wagten sie sich nachher in den Weltraum. Wobei sie allerdings ihre Fantasie in Grenzen halten mußten, weil ja dieser Sektor schon nicht mehr ganz unbekannt war. Denn sie selber und die neugierigen Russen, die mit kühler Stirn sogar vermeldeten, sie hätten nicht einmal den lieben Gott dort oben gesehen, brachten allerhand Bilder und Nachrichten aus dieser Gegend mit. Deshalb schwenkten sie wohl jetzt mit ihren Kameras ab ins Reich der Geister. Denn weil es von dort keine Wiederkehr und deswegen auch keinen Widerspruch gibt, sind diese Jagdgründe wahrscheinlich unerschöpflich. Und Blasius selber möchte darum prophetisch ausrufen: »Es werden finstere Zeiten kommen für das Volk der Glotzer!«

Wie ungemein natürlich indes die jüngeren Kinogänger bei dieser Vorstellung reagierten, konnte der Spaziergänger sofort feststellen. Als nämlich zu Beginn der gar schaurigen Ballade die Hausbesitzerin das Gerumpel auf dem Speicher für einen Ratten-Tumult hielt und eine Falle aufstellte, sagte so ein junges Ding in der zweiten Reihe in die erwartungsvolle Stille hinein ganz traurig: »Miau«. Und in dem aufkommenden Lachsturm ertrank dann auch die ganze unappetitliche Geschichte für den Rest der Story. Und die bestand im Detail daraus, daß ein Pummelkind, dem man zwar eine brave Schluckimpfung zugetraut hätte, aber nie das Inhalieren so eines wacholder-geräucherten Höllenfürsten, mit der Stimme eines anginakranken Baß-Buffos abscheuliche Sachen sagte. Und weil die ärztlichen Weiß-Kittel alle nicht helfen konnten, versuchten es dann die

Kollegen von der Fakultät der Schwarz-Kittel mit Kreuz und Weihwasser-Fläschchen, das allerdings aussah wie eine Leihgabe von Madame Rochards. Doch als sie ihm zu Leibe rückten, da schüttelte der erzürnte Sparifankerl, der sich in dem molligen Quartier scheinbar recht wohl fühlte, mit einem Mal die Bettstatt, daß sie im Zimmer herumzuspringen begann wie ein Olympia-Kandidat beim Aufwärmen. Und das arme Kind mußte auch noch seine Speiseröhre zur Verfügung stellen und im Namen des satanischen Klaubauf den wackeren Priestern eine grüne Mastik-Speise ins Gesicht kotzen statt dem Regisseur. Auch in Bandscheiben-Fragen erwies sich der teuflische After-Mieter als absolute Kapazität, denn er drehte verschiedenen Leuten das Gesicht mitsamt ihren fürwitzigen Nasen einfach nach hinten. Schließlich, als ihm die beiden göttlichen Mechaniker zu sehr zusetzten, versuchte der seltsame Doppeldekker gleich gar in dem kleinen Zimmer einen tadellosen Senkrechtstart. Doch mit Hilfe ihres himmlischen Instrumentariums zwang das gesegnete Bodenpersonal den röchelnden zweimotorigen Bomber doch zu einer glatten Landung. Das geplagte Jüngferlein suchte, endlich erlöst und mit ein paar Hautabschürfungen noch gut bedient, mit einem Mercedes 600, einem braven Butler, der Frau Mama und ohne jede Erinnerung an das Vorgefallene das keimfreie Weite. Blasius aber suchte ganze zwei Sekunden nach dem Sinn der Geschichte. Und er glaubte daraufhin, solche Probleme seelischer Verstopfung lassen sich wohl kaum mit ein paar Eßlöffeln Weihwasser lösen, sondern schon eher mit ein paar Löffeln voll Rizinus-Öl. Dann könnte solcher Seelen-Käse wohl auch mühelos mitsamt dem Produzenten hinuntergespült werden. Dahin, wo sie eben hingehören. Nämlich in die Abwässer-Kanalisation. Und auf den weißen Porzellan-Griff der Klosett-Kette würde der Spaziergänger auch noch die passenden Worte draufmalen: »Ziehet fest an!«

... und der Kardinal

Blasius kennt eine ganze Anzahl Menschen, die glauben überhaupt nichts mehr. Höchstens noch, daß fünf Pfund Fleisch eine gute Suppe geben. Und das braucht man nicht glauben, meint der Spaziergänger. Das weiß man. Nun war zwar Blasius als Ministrant schon einmal beim katholischen Fußlappen-Geschwader. Aber ein Engel bei der heiligen Dreifaltigkeits-Staffel war er noch nie. Drum glaubt er für seinen Teil auch nicht, daß er sofort ins Halleluja-Land kommt. Sondern die ersten hunderttausend Jahre wird er wohl zuerst dahin kommen, wo die ewige Seligkeit mit Brettern vernagelt ist. Oder noch ein Stückchen weiter hinten. Dort wo die Nägel umgeschlagen sind. Wohl schon deshalb, weil er der Christlich Sozialen Regierung ein paarmal den Vogel gezeigt hat. Und einem preußischen Pfarrer einmal den falschen Weg ins Hofbräuhaus.

Aber irgendwas muß doch da wohl noch sein. Wer würde denn beispielsweise nachts die vielen Vögel aufziehen, damit sie anderntags wieder singen und zwitschern können. Und zwar nicht ›Coca Cola‹. Sondern halt ›Kuckuck‹ oder ›Tirili‹. Und wer hängt ferner die handverlesenen Tautropfen morgens in das zitternde Gras? Welcher Ordnungsdienst öffnet die Blütenkelche und knipst die Milliarden Sterne aus? Die Wach- und Schließgesellschaft tut es nicht. Der Spaziergänger hat sie gefragt. Da glaubt Blasius schon noch eher den zahlreichen Filialleitern des lieben Gottes, daß der das arrangiert. So einem wie dem Stadtpfarrer Betzwieser zum Beispiel. Der auch nach dem Beichten wegen der Buße immer noch ein bißchen mit sich reden läßt. Und bis zu zehn Prozent Mengenrabatt gibt. Oder einem Mann von prächtigen Eigenschaften, wie sie der Kardinal Ratzinger besitzt. Schon deshalb, weil dieser Kirchenfürst einem schlichten ›Loawe-Schmied‹-Geschlecht entstammt. Und weil er Ratzinger heißt und nicht Schlieferl, Kneese oder Gscheidle. Nicht daß der Spaziergänger einen chronischen Respekt vor solchen Purpur-Köpfen hätte. Obwohl er natürlich weiß, daß so ein Mensch zu den ganz großen Zampanos gehört. Etwa in die Kategorie eines Feldmarschalls oder Nobel-Preisträgers. Und in der protokollarischen Rangfolge rangiert er in manchen Ländern noch vor dem Ministerpräsidenten. Also bitte meine Herren, nicht vordrängeln und schön brav anschließen!

Nun gab es in Bayern auch schon ein paar großartige Recken unter diesen Schwarzkitteln. Beispielsweise den Pater Rupert Mayer oder den unvergeßlichen Kardinal Faulhaber. Den die SS einmal abholen wollte. Worauf er dann bat, sich noch schnell umziehen zu dürfen, um schließlich in vollem Ornat zur Verhaftung zu erscheinen. Da zogen diese Aasgeier aber flink ihre gierigen Krallen wieder zurück. Weniger gefiel dem Spaziergänger allerdings dann später eine andere Eminenz. Der ehrwürdige Kardinal Döpfner nämlich, Gott hab ihn selig. Weil dieser niemals lachte und immer dreinsah, wie der Billettl-Zwicker für die Eintrittskarten zum Jüngsten Gericht.

Hingegen der ausersehene Josef aus Marktl am Inn. Es muß übrigens schon immer etwas Besonderes an ihm gewesen sein. Nicht nur, weil ihn der »Ver-Führer« einmal dringend um Beistand ersuchte. Damals als die

Luft über Deutschland wieder eisenhaltig wurde. Und wo die Leute dann den Schlager sangen: »Auf dem Dach der Welt – steht eine Flakbatterie.« Da kamen doch die bösen Flieger ausgerechnet aus Engel-Land, um eine Teufelslast über Bayern abzuladen. Und der Ratzinger Bub sollte auf diese fliegenden Festungen zielen. Doch leider traf er halt nicht sehr viele davon. Weil ihm der viel zu große Stahlhelm immer über die viel zu kleine Rotznase rutschte. Auch deshalb genießt der hohe Herr viel Respekt beim einfachen bayerischen Volk, weil er neben den vier Kardinals-Tugenden Klugheit, Gerechtigkeit, Maßhaltung und Tapferkeit, auch genauso gut die vier ›Hax'n‹ beim Schafkopfen kennt. Und weil er, wenn es draußen regnet, nicht gleich einen Heiligenschein aufsetzt, sondern einfach einen alten Hut der Größe 52. Jedenfalls glaubt der Spaziergänger, daß die erzdiözesische Oberliga München und Freising mit diesem christ-katholischen Libero prächtig eingekauft hat. Sicher wird man noch viel von ihm zu hören kriegen.

Doch weil Blasius gerade bei der Karriere von Kirchenfürsten und großen Glaubenskündern ist, fällt ihm noch eine kleine Geschichte ein, die seiner Eminenz aber nicht in die grantige Werktags-Kehle rutschen soll. Da fragt also ein jüdischer Amtsbruder einen deutschen Pfarrer, wie es denn bei ihm mit der Beförderung weitergehe. Der Pfarrer meint: »Nun ja, theoretisch könnte ich sogar Bischof werden.« »Und dann?« will der Rabbiner wissen. »Na, mit der Gunst des Allmächtigen vielleicht auch einmal Kardinal.« »Ja, und weiter?« frägt der Kaftan-Träger. »Wenn der liebe Gott ein Wunder geschehen läßt, könnte ich es womöglich sogar zum Heiligen Vater bringen.« Darauf der Rabbi: »Aber lieber Gott könntest du wohl nicht werden?« »Nein«, antwortet der Hochwürden, »das natürlich nicht.« »Siehst du«, trumpft der Kollege mit freundlichem Lächeln auf, »aber von insere Leit hat's einer geschafft!«

Wo die Freiheit endet

»Die lautlos mit der Zech verduften,
die den Banktresor beharken,
die mit dem Eisenstangerl schuften,
die leichten, mittleren, schweren Marken,
Haderlumpen, Halsabschneider, Leutbetrüger, Zuawitreiber
finden jederzeit ein Bett
in der stillen Straße Ett.«

So etwa hätte vielleicht der berühmte Schwabinger Poet und Weltenbummler Hans Reiser in seinem ›Gesang aus der Vorstadt‹ gedichtet. Und gemeint ist damit das alt eingesessene Übernachtungsheim ›Manfred-Ruh‹. Denn nicht in der Pension ›Daheim‹ oder im Touristenhotel ›Morgenstern‹ werden in München die meisten Einquartierungen gebucht, sondern in jenem Durchgangs-Bunker in der Löwengrube, in dem sich jährlich etwa achtzehntausend ›Buben des Spitzes‹ die dunklen Stunden um die stark verdächtigen Ohren schlagen. Nun ja, es stimmt natürlich, daß nicht alle von ihnen freiwillig in dieses Nobel-Hotel kommen, obwohl es mindestens drei Sterne hat. Diese tragen allerdings die diensttuenden Polizisten an ihren Kragenspiegeln. Nein, manchmal werden die Gäste auch mit der stählernen ›Schreiber-Brez'n‹, dem Polizei-Achter, eingeliefert. Das aber haben sie alle gemeinsam: Nämlich, daß es sich bei ihnen durchwegs um ausgesprochene Justiz-Irrtümer handelt. Denn wenn sich die 45 internationalen und stadtbekannten Asphalt-Traveller, die täglich in Knasthausen befragt werden,

zu den Anschuldigungen äußern, so sind wenigstens 47 davon unschuldig.
Der Spaziergänger aber hat sich mit allerhöchster Erlaubnis auch einmal einen halben Tag in dem schlecht gekalkten Empfangsraum des Münchner Polizeipräsidiums, dort wo die Freiheit endet, aufhalten dürfen und ein bißchen gekiebitzt.
Soeben betritt eine giftige rote Schönheit das nüchterne Foyer. Und eine stille Beamtin nimmt nach Vorschrift ihre mitgebrachten Schätze auf. Wobei die verdächtigte Schnallen-Dame, die als Parterre-Akrobatin hinreichend bekannt ist, heftig mit schriller Weckerstimme protestiert: »Was woll'n S' eigentlich von einer ehrsamen Hausfrau?« Aber als dann aus ihrer Handtasche auch ein halbes Dutzend jener kleinen Gummischlafsäcke für Engel herausgeholt werden, wird sie schnell etwas ruhiger und meint nur noch verwundert: »Ja, wie kommen jetzt die da hinein?«
Gleich hernach erscheint ein robuster Saufaus, dessen Kopf mit Leukoplast verpflastert ist wie der eines frisch kupierten Dobermann-Rüden. Er erklärt dem vollkommen ungerührten Blaukittel seinen Sachverhalt folgendermaßen: »Oiso, i sog zu dem Vogl, hau blos ned her. Denn die Würde des Menschen ist unantastbar, schteht im Grundgesetz, daßd'as woaßt. Do ziagt mia der Saukerl mit am Schlagring pfeigrod mein Scheitl nach. Jetzt frag ich Ihnen, Herr Wachtmeister, ob der des derf. Indem er es nämlich ned derf, hob i ebn zur Selbstjustiz griff'n und eahm aa oane g'langt. Mit wos?, wern Sie vielleicht frag'n. Daraufhin kon ich Ihnen nur antwort'n: mit Recht.« Der weitere Diskurs verliert sich auf dem Wege zur Ausnüchterungszelle.

Etwas später kreuzt ein seltsamer Kavalier auf, den sie überall den ›Herrn Baron‹ nennen. Blasius hat schon öfter solche Typen gesehen. Ein schräger Gentleman ist das, mit großen runden Augen, die ausschauen wie schwarze Spiegeleier in Plüsch gebacken. Und riechen tut dieser Edelmann. Genau wie ein fünfstöckiges Freudenhaus. Bei der Bestandsaufnahme kommt dann aus seiner Brieftasche auch ein kleines flaches Papierpäckchen zum Vorschein. Der ›Herr Baron‹ erklärt mit süßer hoher Stimme, da wäre lediglich Sacharin für den Morgenkaffee drin. Die Beamten aber wissen es besser. »Es ist der Stoff, aus dem die Träume sind.« Und sie beruhigen den aufgebrachten Lord außerdem mit dem Hinweis, daß der Ett-Straßen-Mokka sowieso gesüßt geliefert würde.

Danach kommt eine Zenzi aus dem nahen Frühlokal angezockelt. Und sie hadert mit dem ungerührten Chef vom Dienst: »Wenn i bis Mittag um zwölfe ned dahoam bin, dann kommt mei Alisi selber rei' und richt Eahna d'Wadl nach vorn.« Doch auch diese orthopädische Drohung kann einen alten bayerischen Schandi nicht erschüttern.

Uhren, Kämme, Ledergürtel, halbsteife Taschentücher und schmierige Dokumente häufen sich in den Aufbewahrungsschalen. Auch Füller und Kugelschreiber müssen dableiben, wenn auch mancher Besitzer glaubhaft machen will, er würde diese Instrumente zum Führen seines Tagebuches benötigen. Denn es hat sich doch schon erwiesen, daß statt der Pelikanmine auch kleine Sägen in den Hülsen drin waren, so daß man mit so einem Ausbruchsgriffel auch auf Eisen schreiben konnte.

Ein lustiger Schnapsbruder schließlich renommiert etwas später mit seinen guten Beziehungen zur Polizei und erzählt den versammelten Ordnungshütern: »Ihr müaßts doch an Himsl Hermandl aa kenna. Der is doch aa oana von Eich, der war nämlich im Kriag mit mia beianand und i hob eahm imma mein Rauch geb'n, dann hod er mia aa verschprocha, des vagißt er mia nie. Geh, sans doch so guad, Herr Hauptwachtmeister, und holns amoi den Hermandl. A so a Nasada is. Sie kenna eahm leicht an seim Zinkn.«
Endlich passiert auch noch ein Rocker ein. Einer mit der Jackenaufschrift: ›Bullbreaker‹. Doch hier bricht er leider keine Bullen mehr, sondern bloß noch in lausige Reuetränen aus. Der ganze Stolz von Sendling ist jetzt auf einmal so winzig und klein, daß er zum Erdbeerpflücken direkt eine Staffelei brauchen würde.
Der Spaziergänger aber empfiehlt sich nun wieder. Doch als er die Pforte zur Freiheit öffnen will, bemerkt er, daß daran der Griff fehlt. Ein lächelnder Hilfssheriff jedoch entläßt ihn schnell in den Großstadtstraßenwind. Und da empfindet Blasius wieder einmal, wie herrlich doch die Luft schmecken kann, wenn sie nicht vergittert ist und durch viereckige Quadrate eingeschnauft werden muß. Dabei fällt ihm auch die späte Erkenntnis ein, die ihm einmal ein alter Häuslbruder übermittelte. Er meinte nämlich: »Hüte dich vor Menschen mit zwei Zungen und vor Türen, die nur eine Klinke haben.«

Grün ist Trumpf

Bereits zu der Stunde, da der Tag gerade in seine grauen Unterhosen geschlüpft ist, ist Blasius unterwegs, um vielleicht doch noch einen Quadratmeter Heimatboden zum Rasten und Ruhen zu entdecken. Aber am Gestade des Ausflug-Sees stehen die Autos schon so dicht aneinander, daß die Besitzer sicher nur noch durch den Auspuff ins Innere ihres Wagerls schlüpfen können. Längst tummeln sich auf der sauren Uferwiese des reichen Bauern keine Kühe mehr, sondern nur noch die blechernen Kinder Gottfried Daimlers. Und keine lustige Gänseliesl hütet hier ihre Kirchweih-Adler oder die Buntscheckigen. Statt dessen geht ein mürrischer Dorfknecht umher, der als Zeichen seiner Macht eine Schirmmütze auf hat und rigoros die Parkgebühren eintreibt. Er kann zwar kaum bis hundert zählen, aber auf die achtzig Pfennig Maut, die es hier kostet, gibt es natürlich nichts mehr raus. Und wehe dem Stadtfracken, der das vielleicht monieren möchte. Gewiß: die Autonummer eines solchen Geizhalses wird sich der grimme Bauern-Schelch wohl nicht merken können, dafür aber sicherlich dessen Nase. Und wenn der lausige Zehnerl-Rebell dann am nächsten Wochenende wieder zum Baden anrollt, kann er sein schäbiges Schäserl gleich mit ins Wasser nehmen. Denn ein Abstellplatzerl gibt's in Zukunft für ihn genausowenig wie auch nur den winzigsten Grüß-Gott-Blick. Bei diesem Gemeinde-Büttel kriegt er jedenfalls sein Leben lang keinen Stich mehr. Denn für den ist längst wie überall in Gottes freier Natur ›Grün Trumpf‹. Und sicher ist die Zeit nicht mehr fern, wo alle Gemeinden auf jedes grasige Fleckerl, und mag es auch nur so groß sein wie der Verstand des zweiten Bürgermeisters, sogenannte ›Rastometer‹ aufstellen, ähnlich wie die Parkuhren in der Großstadt. Und das Überschreiten der Erholungszeit löst dann bei der freiwilligen Dorf-Feuerwehr sofort Großalarm aus, worauf der betreffende Landfriedensbrecher mit zwei C-Rohr-Schläuchen resolut weggewaschen werden kann.

Nun ist es trotzdem der Ehrgeiz nicht nur des Spaziergängers, sondern gewiß jedes Ausflüglers, doch noch ein stilles idyllisches Platzerl ausfindig zu machen. Denn wenn er dann am Sonntagabend bei der Rückkehr von seinen Maßkrug-Spezln gefragt wird: »Sag amoi, du schaust ja aus wia da Negus. Warst du vielleicht in Locarno?«, so möchte er gern stolz und ein bißchen geheimnisvoll darauf erwidern: »Na, na, bloß in der Näh von Leoni.« Und wenn ihn sein Besitzerstolz und das Mitteilungs-Bedürfnis vielleicht übermannt, dann ist er so dumm und erzählt der lauernden Tafelrunde haargenau, wo dieses Paradies-Fleckerl ist. Und dann hat er ›den Salat im Schachterl‹, wie die Münchner früher sagten. Denn dann geschieht mit Bestimmtheit folgendes:

»Soso«, sagt der liebe Stammtisch-Spezl Siebenbiß zu ihm, »oiso, wia fahrt ma nachat da? Über des kloane Bruckerl, den großn Ameisenhaufa links liegnlassn, und nachat über den Zaun kraxln, unter der Wegschrankn durchschlupfa und auf d'Schtarkschtromleitung aufpassn. O mei, des find' ja a Blinder mi'm Hacklschteckn. Da hob i schon ganz was anders gfundn. Mei Oide, zum Beischpiel. Hahaha. Oiso, vielleicht kimm i dann am Sonntag friah. Aba naa, natürlich erzähl i des niemand andern net.«

Nichts Gutes ahnend, liegt der Naturfreund am nächsten Ausflugstag auf dem bißchen Erde, das ihm neben der vielbesungenen Rasenbank das zweitliebste geworden ist. Und er denkt sich vielleicht, so schlimm wird das mit dem Siebenbiß schon nicht werden. Da juckt ihn die Nase. Prustend versucht er die greusliche Fliege zu verscheuchen. Und wer steht da schenkelklatschend und johlend um ihn herum? Die Siebenbißler. Und die wird er nimmer vertreiben. »Oiso da vareckst, des is ja wirklich a Märchenplatzerl«, erklärt die fünfköpfige

Sippe nahezu einstimmig. »Gell, ihr ruckts scho a wengerl«, fordert der fröhliche Besuch und drängt die Rastenden mühelos in die mannshohen Brennesseln. Aber die Überraschungen gehen noch weiter. Gerade will sich der Heimgesuchte seine Thermosflasche holen, die im seichten Wasser zur Kühlung steht, da sieht er entzückt, wie der kecke Siebenbiß-Sprößling Fritz ihren Inhalt in den See entleert, um ein paar schnell gefangene Kaulquappen in dem kleinen Kaffeeboiler einquartieren zu können.

Abends heißt es dann am Stammtisch anerkennend: »Oiso, so a Fleckerl wia mia am See ham, da is ja Capri a Fuaßabschtreifa dagegn. Mia frein uns schon aufn nächstn Sonntag.« Der unvorsichtige Herbergsvater aber nickt nur mit bangem Ahnen dazu. Und wie er am nächsten Wochenende wieder eintrifft auf seiner Insel des Friedens, da tönt es ihm aus vierzehn schlecht gewaschenen Hälsen auch schon entgegen: »Ja grüaß eich, seids ihr aa scho da.« Und Freund Siebenbiß kichert munter dazu und meint: »Ja woaßt, du kennst ja selber des oide Schprichwort: Wer zerscht kommt, der mahlt zerscht. Übrigens, derf i dir mein Schwager vorschtelln? Am Nachmittag kommt na no mei Schwägerin mit de Kinder, und für sovui Leit is unsa Platzerl natürlich sauber z'kloa. Woaßt wos, ihr seids ja bloß zwoa Leit. Und da find ma ja kinderleicht wieda so a Örterl. Schaug, mir daadn di ja gern zu uns herlegn lassen. Aber siechst as ja selber. Oiso nachat, pfüad die hoid. Und an recht an scheena Sonntag no.«

Gästebücher

Wenn Blasius manchmal so sinniert, kommt er zu der Überzeugung, daß es wahrscheinlich zu den Eigenheiten jeder Kreatur gehört, sich in irgendeiner Form für kurze oder längere Zeit zu verewigen. So hebt der Hund, wenn er in eine neue Umgebung kommt, zuerst einmal das Bein. Der frisch gewählte Minister jedoch das Glas zum Trinkspruch. Die Wanze hinterläßt nach ihrem Besuch einen Biß und der Manöver-Soldat ein lediges Kind. Der Jüngling schneidet ein Herz in die Rinde eines Baumes und der Winnetou eine Kerbe in den Schaft der Silberbüchse. Boshafte Damen hinterlassen gerne ein lüsternes Wäschestück unter dem Kopfkissen des rasch besuchten Eheknechtes und eifersüchtige Rivalinnen Kratzspuren auf dem Buckel des Freundes ihrer besten Freundin. Der Bergfex haut seinen ›Friedrich-Wilhelm‹ in die verwitterte Gipfel-Schwarte und der Staatsmann trägt sich in das Goldene Buch ein, das aber meistens nicht mehr Goldgehalt hat als ein Goldbarschfilet, sondern häufig nur aus dem gegerbten Arsch einer Wildsau besteht. Der Kaiser ritzt schließlich seinen Namenszug mit dem Solitär des Zeigefingers in die Scheiben des Schlosses von Versailles, während sich der mindere Besucher lediglich im sogenannten Gästebuch eintragen darf.

Nun, der Spaziergänger hat das auch schon häufig getan, wobei ihm allerdings manchmal derart schmierige Wälzer unter die gekräuselte Nase gehalten wurden, daß er die rege Vorstellung hatte, diese verseuchten Nachschlagewerke würden überhaupt nur noch durch

die abgelagerten Bazillen notdürftig zusammengehalten. Hin und wieder aber blättert Blasius auch mit sichtlichem Vergnügen in einem sauberen Renommier-Lexikon. Wie beispielsweise im Gipfelbuch des Nockherbergs. Oder in dem Anwesenheits-Album vom Münchner Bratwurstglöckl. Denn immer wieder stößt er da außer auf berühmte Schriftzüge und originelle Zeichnungen auch auf recht geistreiche oder witzige Gedankensplitter und Bemerkungen. So schrieb der unvergessene Wimmer Dammerl beispielsweise in die Sauf-Bibel des Salvators einst den herzhaften Satz: »Gott erhalte meinen Durscht, alles andre ist mir wurscht.« Für den Oberbürgermeister einer Millionenstadt immerhin ein recht offenherziges Bekenntnis, meint der Spaziergänger. Ein unbekannter Zecher wiederum machte über seinen Besuch auf dem ›Monte Sure‹ zum Beispiel folgende Meldung: »G'essn, g'suffa, g'raucht und g'schpiebn, Kellnerin dipfet, schuidig bliebn.«
Häufig findet Blasius aber auch jenes sanft idiotische Poem, das in stiller dämlicher Bescheidenheit besagt: »Ich bin nur ein kleines Zwiebelchen, nehmt mir das nicht übelchen.« Gar nicht so unflott liest sich andererseits das Geständnis eines Wonnepfropfens, der der Adresse nach aus Berlin stammt. Es lautet: »Bei jeder Viecherei bin ich dabei — doch bin ich niemals locker, ich bin die Lulu Stocker.« Der verblichene Münchner Spaßmacher Adolf Gondrell gab in einem Zweizeiler zu bedenken: »Iß und trink solang 's da schmeckt, denn zwoamoi is schon 's Geld verreckt.« Und Oberbürgermeister Karl Scharnagl selig, von Beruf gelernter Bäkker, machte ein bißchen Schleichwerbung für die befreundete Käsehandlung in seinem Haus nebenan, in-

dem er dichtete: »In vino veritas – zum Bier gehört a Kas.«

Von allen solchen Nachschlagwerken aber ist der Preßsack-Brockhaus vom Bratwurstglöckl wohl das umfangreichste und eine wahrhafte Fundgrube für jeden Graphologen.

Der gewaltige Renommier-Bajuware aus dem Kriegsfilm ›Westfront 1918‹, Fritz Kampers, eröffnet mit einer Widmung, die ausschaut wie ein Stück zerschossener Drahtverhau. Nuschel-Weltmeister Mosers Eintragungen erinnern irgendwie an die Gehversuche einer betrunkenen Reblaus, der man die Füßchen in Tinte getaucht hat. Auch einen echten Kokoschka findet Blasius auf Seite 24. Gleich neben dem ›Servus‹ vom Granit-Fexen Louis Trenker. Es folgen ein galoppierendes Dankeschön des Karriere-Gauls Hildegard Knef, dann ein disziplinierter Buchstaben-Aufmarsch des Generalobersten Halder, ein königlicher Namenszug der ›Herrin von Atlantis‹, Brigitte Helm, das beschwipste Hopsassa der Marika Rökk, ein Selbstporträt der Bettschönheit Karl Schönböck und die Intelligenz-Schriftzüge Jean Cocteaus. Zarah Leander wartet mit nordischer Stemmbogenschrift auf, Gary Coopers Namenszug wirkt, als hätte er ihn mit der Mündung eines rauchenden Revolvers geschrieben, und daneben schwebt ein Hauch von Asta Nielsen über die Seite. Auch Eduard, Herzog von Windsor, und seine Besitzerin, die Wallis Simpson, fehlen nicht. Kirk Douglas mit abenteuerlich gutem Deutsch und Ted Kennedy mit etwas zum Umfallen geneigten Millionärs-Zinken beschließen die bisherige Sammlung.

Von all den dazugehörigen Verserln, Danksagungen

und Lobhudeleien jedoch gefiel dem Spaziergänger die Warnung eines verheirateten englischen Filmschauspielers am besten, der in ehelicher Hinsicht wohl stark überfordert wurde. Allerdings gehören diese sinnlichen Zeilen weniger in ein Gästebuch. Sondern eher in ein Vademekum für Verkehrsratschläge. Sie lauten nämlich ins Deutsche übersetzt schlicht: »Mach keine Liebe am Samstag, es könnte am Sonntag regnen.«

Aufmarsch der Walküren

Blasius steht vor der riesigen Scharlatan-Scheune und betrachtet schmunzelnd den Aufmarsch der herbeiströmenden Musenmenge. Denn es ist wieder einmal Festspielzeit in der Münchner Oper und da kommen die seltsamsten Typen, Tunten und tragischen Tristessen, um sich von einem Marathon-Quäler vom Wagner Richardl sieben Stunden freudig schinden zu lassen. Doch nicht nur nach der Götterdämmerung strebt der flinke Hochglanzschuh der lechzenden Schar. Denn es sind auch manche Kunstfreunde darunter, die ihren Gesamtbedarf an Kunst bisher ausschließlich mit Kunsthonig deckten. Aber heute so herablassend von der Tebaldi oder der Fassbaender reden, als hätten sie ihr immer schon das Städtische Brausebad bezahlt. Und diese Banausen werden auch noch häufig von ihren schrill kreischenden Fischweibern begleitet, die in kostbare Kreationen von Schiaparelli hineingefüllt wurden statt in alte Säcke der Pfistermühle. Auch sind sie zusätzlich, wo die müde Pelle durchschimmert, mit reinen Kohlenstoffstückchen garniert. Womöglich hoffen vielleicht die Besitzer dieser Okkasionen, der grimme Hagen würde doch noch sein letztes Auge auf sie werfen. Oder wenigstens seinen frisch geschliffenen Speer.
Ach ja, und warum wallen denn bloß die zahlreichen Trockenrasierer ausgerechnet in den Barbier von Sevilla. Ja schau mal an, da kommt doch auch tatsächlich Bayerns größter Glühlampen-Gigant mit einer Eintrittskarte für die Oper »Elektra« daher. Na ja, schließlich muß man doch auch wissen, was die Konkurrenz macht. Und viele

Mütter schleppen ihre bräutelnden Töchter, die zum Zeichen ihrer Unverdorbenheit noch appetitliche Schweißblätter unter den Achseln tragen, in Figaros Hochzeit. Damit es die spiegeleieräugigen Trampelinchen endlich einmal lernen, wie man ein Mannsbild niederschmust. Und verbitterte, heimlich schon fast zum Vorschlaghammer entschlossene Eheknechte hoffen in der ›Widerspenstigen Zähmung‹ ein legales Rezept für die Lösung ihres gordischen Schicksalsknotens zu finden. Bevor sie tatsächlich zum eisernen Bengel am hölzernen Stengel greifen werden.
Nun gäbe es natürlich auch bei den Herren der Schöpfung genug zu kritisieren, aber der Spaziergänger möchte diesmal hauptsächlich von den vorüberziehenden Walküren berichten. Sieh, da naht gerade eine ländliche Brunhilde mit versilberten Pfarrer-Kneipp-Sandalen, und man sieht ganz deutlich, wie die schaufelartigen Zehennägel mit den Spitzen der Nylonstrümpfe kämpfen. Vielleicht hat diese Schönheit aus Schneizlreuth ihre waffenscheinpflichtigen Krallen aber auch nur deshalb nicht beschnitten, weil sie Angst hat, auf dem glatten Asphalt auszurutschen. Dabei sollte sie aber doch wissen, daß solche Spikes auch in der Stadt schon längst verboten sind. Hingegen gleich nachher die Lady Windermere. Sie schwebt in unendlichen Höhen mit schwer beleidigtem Näschen vorüber, so als würde sie eine Gratwanderung auf den Kläranlagen von Großlappen machen. Und auf dem Gesicht ihres Begleiters ist ebenfalls ganz deutlich ein vielzitiertes Wort mit sechs Buchstaben zu lesen (Sch gilt als einer). Dann das schwäbische Ehepaar Bürzele. Er im Frack und sie im Schürzele. Und das dralle Weiberl schwenkt

auch noch ganz ungeniert eine Milchwerbungstüte mit den bequemen Reserveschuhen in der stattlichen Rechten.
Anschließend rauscht eine blaue Woge heran. Nur ein bleiches Jopa-Köpferl schaut oben heraus. Wie die Spitze eines Eisberges. Das ungeheure Fundament aber wird schamhaft umspült von einem Kilometer azurfarbenen Tüll. Und wie's darunter aussieht, geht niemand was an.
Und schließlich trifft sie selber ein: Madame Schikanös. Sie hat eine Angabe und ein Aussehen, als müßte sie persönlich die wichtigste Nebenrolle in den Nibelungen spielen. Nämlich den Lindwurm. Und ihr Mann führt diesen Drachen auch noch liebevoll an der Hand statt an der Leine. Blasius aber muß beim Anblick dieses Reptils wieder einmal daran denken, daß die wirklichen Tragödien nicht im Theater stattfinden, sondern schon lange vorher. Denn bis Madame einzieht in Walhall, bleiben auf der Strecke zurück: eine völlig vernichtete Friseuse, eine wundgeweinte Schuhverkäuferin, die mit Fußtritten behandelte Badewaage sowie drei neue Magengeschwüre des Chauffeurs. Und auf Madames Toilettentisch: ein leerer Topf mit Placentubex, ein angebrochenes Röhrl Valium und ein Fläschchen mit Warzenvertilgungsmittel. Aber leider nie ein Abschiedsbrief.

Klassisches Ballett

»Na, was woll'n Sie denn hier?« fragt ein gut durchwachsener Kritiker vom geistigen Hochparterre herab den Spaziergänger, als sich dieser anschickt, die klassische Ballettaufführung im Münchner Prinzregententheater in Augenschein zu nehmen. Blasius muß es gleich vor seiner Berichterstattung erwähnen, daß so ein Ballett nichts für den Kunsthunger des einfachen Mannes ist, der glaubt, es würden ihm geistige Ripperl oder eine saftige Schlachtschüssel serviert, weil er statt dessen eine Paranuß bekommt mit steinharter Schale, wo er sich drei-, viermal auf den Daumen haut, bis er auf den Inhalt kommt, und auch dann nur einen überspannten Kern findet, der den kränklich zarten Magen der Intellektuellen schon schmecken mag, aber nichts ist für den herzhaften Appetit der Isartaler Ureinwohner. Also in der ersten Abteilung des Balletts sieht Blasius durch ein eigens gemietetes Fernglas das stumme Schauspiel ›Schwanensee‹. Zuerst wird über die düstere Bühne ein Schwan gezogen, bei dem man die Radl einmal ölen sollte, damit sie nicht so pfeifen und damit der Schwan nicht wie eine gemästete Weihnachtsgans über die Bretter wackelt. Dann kommt eine Tänzerin auf Spitze und springt in die Höhe und in die Breite und stößt den Kopf herausfordernd von unten nach oben, also wollte sie sagen: »Waar scho recht!«

Hierauf erscheint ein Armbrustschütze, dem die Tänzerin zur Begrüßung den Fuß geben will, was er mit Recht ablehnt. Aus Rache zielt er dann lange und innig mit seinem Gerät auf das tanzende Mädchen und drückt

mehrmals ab. Er scheint aber nicht getroffen zu haben, denn die Ballerina springt höhnisch weiter.
Nun kommen gleich ein Dutzend zum Äußersten entschlossene Balletteusen auf die Bühne. — Sie springen hin, sie springen her, sie haben keine Heimat mehr. — Auch die Jäger vermehren sich und legen an und geben lautlos Feuer und merken erst nach einiger Zeit, daß sie gar keine Schießprügel in den Händen haben, aber das muß sich der Zuschauer dazu denken, sonst ist er fehl am teuren Sitzplatz. Dazwischen übt das Ballett Wäscheaufhängen und den anstrengenden Schmetterlingsstil eines Rekordschwimmers. Einige probieren sogar wie der Schneider von Ulm den Schwingenflug, doch — es geht nicht, es geht nicht — und sie kommen keinen Zentimeter in die Lüfte. Zum Schluß legt der Oberjäger einen Spagat aufs Parkett, die Musik spielt tschingbum und tingelingeling, und die Tänzerinnen machen Lockerungsübungen an ihren Rennfahrerwadln. Ein Wogen geht durch ihre Busen und ein Kaassemmelgebrösel durch die Zuschauer, die in ein übersinnliches Lächeln ausbrechen.
In der zweiten Abteilung wird eine stark besetzte Hamletaufführung zum besten gegeben. Alles auf Spitze, mein Lieber! Acht Mädchen im Hemd und ein König ganz in Wachstuch springen und tanzen wild durcheinander, als ob es kein Vorfahrtsrecht gäbe, machen Kniebeuge, Liegestütz und Kopfrollen. Am Ende verliert der König seine Krone und dieselbe kugelt bis an den Bühnenrand und fällt bei einem Haar dem daruntersitzenden Tenor der Singgemeinschaft, der ahnungslos und vom Blatt weg die Begleitung von sich gibt, auf den kahlen Osterkopf.

Als drittes und letztes Ballettspiel kommt der 13. Juli zur Aufführung, ebenfalls auf Spitze. Damit schlägt dem Ballett die eigentliche Spezialstunde, und alle verfügbaren Glieder werden hemmungslos entfesselt. Es hüpft der Soldat, die Modesaloninhaberin grätscht über einen Hausknecht und die gesamte Gruppe Himmelstoß ›macht einen Sprung‹. Sogar der Kellner hopst vor Feude hoch in den Äther, obwohl er nicht ein einziges Kracherl verkauft hat, und das ist doch mindestens unwahrscheinlich.

»Schreibt's eich zwoa«, sagt Blasius halblaut nach dem Schlußgong und ist überzeugt, daß ihn nach diesem Bericht die Kunstspezialisten und Gehirnakrobaten in ohnmächtigem Zorn zwischen ihren Gebißgaumenplatten und Porzellanbrücken zermalmen werden.

Die Käfer-Käfer

Kurz bevor die ›Säufersonne‹ aufgeht, der ›Gustav Mond‹, ist ›Käfer-Time‹ beim Käfer, Münchens berühmtestem Gaumen-Kitzler und Speicheldrüsen-Masseur. Da versammeln sich dann jene bunten Orchideen zu einem schillernden Strauß, von denen es schon in der Schrift so schön heißt: »Sie säen nicht, sie ernten nicht, und dennoch sind sie schöner als Salomon im Kleide.« Denn dort wird keine alleinstehende Dame, und wäre sie selbst manchmal so waagrecht wie der große Zeiger einer Kirchturmuhr um Viertel nach Zwölf, am Eingang abgewiesen oder von einem kontrollierenden Geigerzähler abgetastet. Höchstens vielleicht noch von den klebrigen Blicken eines abgeschlafften Früh-Eunuchen. Und die Stolzen des Landes genießen deshalb hier auch besonders gerne einen Zahn voll Martini oder einen dünnen Hochachtungspfiff durch die unbezahlten Jacketkronen der Herren hinter sich. Von dem halben Hundert verruchter Salatsorten ganz zu schweigen.

Nun sind es natürlich nicht lauter brave, biedere Marienkäferl, die zum Käfer kommen. Blasius unterscheidet ganz klar auch ein paar verspätete Maikäfer, denen man wohl noch nicht gesagt hat, daß es schon längst Oktober ist. Dann auch den gefürchteten Borkenkäfer, der tief unter die Rinde des Befallenen geht und mühelos ganze Wälder abschmarotzen kann. Ferner die Kartoffelkäfer, die meistens vom flachen Land stammen und zu jener Gattung gehören, die man nie wieder los wird. Sie sind so pelzig, daß sie nicht einmal mehr auf E 605 ansprechen. Geschweige denn auf ein Estragon-Mixed-Pickles. Und vereinzelt sind auch die gemeinen Hirschkäfer, die auch als Saugrüssler bekannt sind, hier anzutreffen. Diese nehmen ihren Freier zwischen die von der überhitzten Phantasie der jeweiligen Beute reichlich übertrieben ausgemalte Nylon-Schere und schleppen ihn in ihr stilles Kämmerlein ab. Dortselbst wird dann so ein ›Mister Notwendig‹ nach Art des Hauses bis aufs letzte Markerl ausgesaugt. Denn davon lebt halt so ein Cocktail-Insekt auch einen ziemlich gepflegten Tag.

Und was sind nun die Lieblings-Schmankerl dieser lieben Krabbel-Bienen? Lauter Sachen natürlich, die nicht dick machen. Und da hat halt jede ihr besonderes Schmackaduzchen. Außer einem Stammgericht, das sie alle einheitlich zu sich nehmen. Nämlich jenes winzige weiße Minne-Kügelchen, ohne das sie das ganze Jahr über bestimmt so rund und gefüllt wären wie der ›Lungerl‹-Hafen vom Mathäser. Werden diese spanischen Fliegen dann von einem Gentleman tatsächlich zu Tisch gebeten, so schlingen sie mit Gewißheit zuerst einmal eine Kohlenschaufel voll Canpaccio, das ist geschabte Stierlende, hinunter. Worauf alsbald auch eine gediegene Unterhaltung anhebt. Denn mit vollem Mund ist leicht geistreich sein. Immerhin hat sich aber der geistige Horizont der Feinkost-Fannis, was der Spaziergänger mühelos feststellen kann, entschieden erweitert. Denn längst wissen sie, daß man beispielsweise zu der braunen Nobel-Sauce nicht mehr ›Worschester‹ sagt, sondern ›Whuster-Sauce‹, und daß ein Coco nut ice cream Lopez de antilla Brasada nicht eine ausgedehnte mexikanische Schweinerei ist, sondern ein

Kokosnuß-Eis. Ganz überzüchtete Retorten-Geschöpfe, die mindestens fünf Reagenzgläser in ihrer Ahnenreihe nachweisen können und die dem Spaziergänger schon immer ein genetisches Rätsel waren, kommen auch manchmal in die Schenke. Sie sind fast immer allein und zahlen für sich selber. Als Lieblingsgetränk rotzen sie besonders gern eine ›Prärie-Auster‹ aus flachen Kristall-Kelchen, die so dünn und kostbar sind wie die Hirnschalen von Nobel-Preisträgern. Ferner gehört fast täglich eine Art Geier-Walli zum lustigen Inventar der Luxus-Tränke. Sie ist ganz in besticktes Hirschkalb gewickelt und heißt wegen ihres einfältig freundlichen Gesichtes bei den bösen Barbuben auch heimlich: ›Die Kuh, die lacht‹. In diese Zirlermirl tappen unweigerlich alle Wanderer vom hohen Norden hinein. Und deshalb seufzt diese magenknurrende Rehleder-Lady meistens auch schon um fünf Uhr nachmittags den berühmten Feldherrn-Ausspruch vor sich hin: »Ich wollt, es wäre Nacht und die Preußen kämen.« Sollte aber einer der Schenken-Schönheiten gar keine blaue Stunde schlagen, dann kann sie ja immer noch ins kleine Telefon-Kabinchen gehen und ein kleines Nümmerchen wählen und vielleicht ein ebensolches ›für später‹ vereinbaren.

Der Hunderter im Uhrentascherl

Fast jeder Mensch hat bekanntlich irgendein System, um seine Finanzen in Ordnung zu halten, Rücklagen zu machen oder für ganz bestimmte Zwecke ein Scherflein auf die ›hohe Kante‹ zu legen. Da gibt es beispielsweise altmodische aber brave Mütter, die werfen jeden einzelnen Kupferpfennig in einen selbsgehäkelten Sparstrumpf oder auch in eine alte Blumenvase, um mit den gesammelten kleinen Grünspan-Freunden später einmal die Brautschuhe ihrer Tochter zu kaufen. Damit diese nicht mit völlig nackten Sohlen in den heiligen Stand der Ehe treten muß. Blasius hatte auch einmal einen alten Saufkumpanen, der das ganze Jahr aufs Oktoberfest sparte und zwar auf eine höchst seltsame Weise. Er sägte nämlich das mittlere Rohr aus einem alten Fahrradrahmen heraus, lötete es vorn und hinten zu und stemmte einen kleinen Schlitz hinein, durch den er dann jedes Markstückl, das er beim Einkaufen zurückbekam, einwarf. Empfing er irgendeinen Spezl auf Besuch, so drückte er diesem sofort seine sonderbare Sparkasse in die Hand und ließ ihn den Inhalt schätzen. Am ersten Wiesensamstag wurde die prächtige Rakete entschärft und der Inhalt sofort verflüssigt.
Damals kannte man hauptsächlich in der Klasse der Dreiviertel-Reichen auch noch den Begriff der sogenannten ›Büchselmadame‹. Meistens etwas überkandidelte Beamtenfrauen, die mit den Bezügen ihres Mannes nie ganz auskamen und deshalb sein Gehalt gleich am Ersten in viele Einzelbeträge aufteilten, die sie in jenen ›Büchseln‹ verwahrten, die eigentlich als Gewürzgarni-

tur ihren heimischen Herd zierten. Da war dann in dem Haferl mit der Aufschrift ›Zimt‹ das Geld für den Sterbeverein drin, im ›Muskatnuß‹-Töpfchen dämmerte das Klavierstundengeld für klein Susi vor sich hin und unter dem Ingwerdeckel nistete der Lesezirkelbeitrag. Und auch der Spaziergänger ist ein bißchen ein Anhänger eines solchen Rücklagen-Systems und benützt dazu hauptsächlich verhutzelte Briefkuverts als Reserve-Safes. Diese Umschläge werden mit geistreichen Inhaltsangaben versehen wie ›Zahn plombieren‹, ›Eiskaffee für Urlaub‹, ›Unvorhergesehene Bekanntschaften‹. Auch eine Briefhülle mit der Bezeichnung ›Gute Werke‹ befindet sich darunter. Weil nämlich Blasius dem Heiligen Vater in Rom nicht mehr länger zumuten wollte, daß er sich auch noch um die Verwendung und Verteilung seiner Kirchensteuer Gedanken machen muß, trat der Spaziergänger gar schon vor langer Zeit aus der ›Weihwasser-Liga‹ aus und gibt seitdem das gesparte Scherflein selber direkt an den Endverbraucher. Vielleicht sogar deshalb, weil das Schenken halt auch ein bißchen Egoismus ist. Und weil die alte gestorbene Kellnerin Betty zu Blasius öfters sagte: »Man soll nur mit warmen Händen schenken und nicht mit kalten.« So lud der Spaziergänger auch einmal 40 kleine Schlüsselkinder auf die Auer Dult ein und ließ sie in einen Sack mit Silbermünzen greifen und soviel herausgrabschen, wie sie mit ihren Händchen fassen konnten. Allerdings mit der Auflage, dieses Kapital am gleichen Nachmittag noch restlos zu verjubeln. Ein andermal sah er hinter den hohen Mauern eines Kinderheimes ein Rudel Buben auf einen unsäglich verwahrlosten Plastikball ›draufhauen‹, worauf er in das nächste Sportgeschäft

eilte, eine wunderschöne Bundesliga-Nudel kaufte und sie über die Anstaltsmauer warf.
Dies schreibt nun aber Blasius hauptsächlich deshalb, damit der liebe Gott auch weiß, was er mit der einbehaltenen Kirchensteuer angefangen hat und ihm nicht als Säumniszuschlag auf seinen Zahlungsrückstand ein Dutzend hochkarätiger Gichtknollen schickt.
So weit so gut bzw. schlecht. Denn hat der Zeitungsleser nicht schon des öfteren vernommen, daß dieses Finanzgebaren und das falsche Sparsystem manchmal heftig ins eigene Auge gehen kann. Weil der gehortete Mammon, in alten Matratzen, Schuhschachteln oder sogar im erloschenen Zimmerofen verwahrt, öfter schon verschenkt wurde, verschimmelte oder gar verbrannt wurde, wie das Ende dieser kleinen Betrachtung, das gewiß nach Gartenlauben-Erzählung schmeckt, gleich beweisen wird. Als nämlich Blasius vor wenigen Tagen die uralte Silberuhr vom reichen, aber etwas schrulligen Großvater, die jetzt wieder so modern wird, aus dem weichen Hirschleder-Uhrentascherl nahm, fühlte er im zweiten Fach auch noch etwas Papierenes drin. Und siehe da, was kam zum Vorschein? Ein blauer Hundertmarkschein mit dem Ausgabedatum von 1898 und ein kleiner Zettel, auf dem in verblaßter, unmoderner Schrift zu lesen war: ›Dem Finder dieses wünscht recht guten Appetit I. A. Sommer.‹
Immerhin bekam Blasius dann für diesen Hunderter, der bereits zwei Inflationen erfolglos unterwandert hatte, beim Münzhändler zwei Mark in bar, die er flugs in einer Knöcherlsülze anlegte. Um zu verhindern, daß das Erbe der Väter nicht auch noch ein drittes Mal verfällt.

Reden in Rimini

»Jetz schau nur grod Wally, wia uns die blaue Adria wieda o'lacht. Grod ois wia wenn 's uns vom vorig'n Jahr her no kenna dad. Ja griaß di hoid, zeams Laggerl. Bona sera, sog i. Woaßt Oide, do häng i jetz glei amoi meine verschwitzt'n Untermänner nei. Komm Frau, fahr deine Schtampferl aa aus, dann nehma a gepflegt's Fuaßbad. Schöne Griaß aus Hindelang, mecht i sog'n. Ha, ha, ha. Pronto. Jetzt do schau naus, wos do für a g'wampata Dampfer vorbeischwimmt. Der is ja mindestens im acht'n Monat wia de Glasl Finni vom Haus Nummer vierzehn vorn. Woaß ma eigentlich schon, wer des feine Fräulein angebrütet hod? Hostas übrig'ns g'seng im Hotel, der Hausl Tschortscho muaß befördert worn sei, denn in da letzt'n Saison hod er Briefmark'n von de Gäst' no immer abschlegga miassn und heier derf er s' o'schpeim.

Jessas, do kommt ja pfeigrod unsa Gelativakäufa, da Cesare daher. Ja hawediehre, oida Bandit! Brauchst doch ned glei so z'sammzucka, wenn i dir zur Begrüßung a bißerl auf d'Schulta klopf. Jetz den schaug o, weng de zwoa Karateschläg gang der glei in d'Knia. Geh her, san ma wieda guad, Azzurri, greislicha. Gib uns glei amoi zwoa Portionen Tutti Frutti. Woaßt as scho, drei Weiba, sechs Tutti. Mehehehehe.

Oh jemine, do komma doch tatsächlich de Schesls daher. Huift nix mehr Oide, konnst dein Kopf scho wieda aus dem Schwoafsand doa, ham uns scho g'seng. Menschenskind, de Scheslin werd wirklich jed's Jahr no greislicha. Aba heier schauts direkt aus wia im Jahr 82.

Maledetto. Tschau Schesl, oida Schofwascha. Du schaust aba guad aus, warst krank? Malade, woit i sog'n. Bei unds zwoa hoaßt's aa so schee: Griaß di God, jetz san wir wieda doda. San so g'schert wia unsa Voda. Paß auf, mei Wally und i drehn jetzt no a Kontrollrund'n, dann lass ma uns a bißerl vom Mittlmeer umschmeichln. De italienischen Wellen soin aa amoi wos G'scheits schaukeln derfa. Ned blos imma de langweilig'n NATO-Zerschtörer. Gehst ned a bißerl mit auf Brautschau, Schesl? Woaßt, a piccolo Maß nehma konnt ned schad'n. Kommt ja blos unsere zwoa Ragazze zu gute. Gell Wally, du woaßt ja, wias bei uns hoaßt, auswärts Appetit hoin, aba g'ess'n werd dahoam. Gell, Bambino, zacha. He, he, he. Z'lang derf de Parad' natürlich ned dauern, dann muaß i schaun, daß i ins Wassa komm, weil i mein Bauch doch ned so lang eiziagn kon.

Jetz sog amoi seiba Wally, san de Itaka ned schöne Mensch'n? So frei und so schtoiz, wia de echt'n Römer war'n. Und überall dasselbe G'rücherl. Nach Pisa und Pizza. A Mischung zwisch'n Minestrone und Mastroianni. Und der Rhododendron erscht. Da Schiller hod scho recht g'habt: Rimini seng und dann schterm.

Komm jetz endlich rei, Wally, ins Mare. Avanti. Blaues Süpperl unbandig's. Dos is no schöner, ois wenn mia oana mit am dreckig'n Schteck'n nochlafft. Woaßtas Fraule, den Untaschied zwisch'n dera Cot Azzurra und unserm muffig'n Deitschland mecht i Klavier schpuin kenna. Jetz schau amoi sowas o, do schwimmt doch tatsächlich a hoibata Leberknödl daher. Do muaß irgendwo a deitscher Camping-Platz sei.

Grande Misere. Wos host g'sagt, Wally? In an See-Igl bist neig'schtieg'n. Ja is dir denn de Küst'n ned

lang gnua, ausg'rechnet in so a Sauviech dappst nei. Aba wos sog i imma, man soi hoid ned a Weib heirat'n mit so große Fiaß. Jetz is natürlich aus mit'm Asti Schpumante und der Zuppa de Kozz. Des frißt jetz ois da Medico, da Dottore vaschtehst. Weil de Jodonk'l do herunt ham nämlich an Bleischtift so groß und so dick wia a Mortadella-Wurscht. Sacramente bankrotte. Ganz Italien laßt jahraus jahrein olle vier grod sein und schtreikt. Nur so a kommunistischer See-Igl stellt seine Stachln auf und schticht damit de deitschn Wohltäter in d'Fers'n.
Scheiß Makkaroni-Land!«

Der Schläger war vergiftet

Rührige Unternehmer des Tennissports haben aus Angst, daß sie auf den zahllosen Schlägern die ›Kantate vom kläglichen Konkurs‹ zupfen müssen, überall im Land jene Talent-Farmen angelegt, in denen sie den Nachwuchs züchten wie andere die Stuben-Küken. Deshalb sieht man auch in den Wochen, wo der ›weiße Wahn‹ wieder einmal ausgebrochen ist, überall ungemein wichtige Schmetterball-Flamingos auf den roten Blamage-Plätzen herumwippen. Und der Laie sagt sich wohl zwangsläufig: »Da muß doch irgendwo ein Nest sein.«

Doch nicht jede von diesen weißen Bräuten, die sich dem luftgeräucherten Tennislehrer verschrieben haben, ist auch eine Bettschönheit. Manche dieser hopsenden Figuren schauen nämlich auch bloß aus wie ein weher Finger zu Fuß. Tatsache aber ist es, daß auf den fünfzigtausend Quadratmetern Ziegelstaub, die allein ein Münchner Fitneß-Pascha gepachtet hat, mancher Mini-Meiler und manche Westentaschen-Hösl bis zur Turnierreife hinaufgebrezelt wird. Und Blasius, der bereits seit seiner Kinderzeit dem kleinen Stückchen runder Luft, das in ein wollenes Gummikleid eingewickelt ist, nachläuft wie ein alter Narr einer verlorenen Semmel, schaut sich auf einem Tennisplatz immer wieder ein paar Schmankerl vom Zwerchfell auf- und abwärts heraus.

Zuerst aber stellt er jedoch leise seufzend fest, wie sich auch hier wieder einmal seit seinen ›Bamhackl‹-Tagen die Zeit geändert hat. Denn damals spielten die winzigen Kniehosen-Träger, neben denen ein Tennisschläger fast so riesig wirkte wie ein Firmpate, nicht mit dem Ball, sondern sie hoben ihn auf. Für dreißig Pfennig Stundenlohn, wovon ein Mafia-Zehnerl an einen grimmigen Ober-Wuko abgegeben werden mußte. Und wenn so ein barfüßiger kleiner Feierabend-Kuli vielleicht Mist machte, schoß ihm der Tennislehrer aus jeder Entfernung eine beißende Kugel an die Wadl. Und diese Geschoße trafen immer.

Heute trifft der Spaziergänger auf jeder dieser Purpur-Wiesen drei ganz bestimmte Typen. Da ist einmal die Miß Skandal, bei der ihm sogleich der alte Schlager einfällt: »Und wenn sie sich mal bückt / ganz ungeschickt /

Oh! / Dann sieht man ganz genau . . .« Ja was wohl? Nämlich bis zum Kehlkopf hinauf, an dem noch ein graues verirrtes Kaviarkörnchen vom Abend vorher nistet. Dann den Staranwalt, einen Nobel-Sportler, dessen Racket mit den C-Saiten von Yehudi Menuhins Stradivari bespannt ist. Und der beim Remis nicht Einstand sagt, sondern Einspruch. Seine gefürchteten Aufschläge jedoch sind keineswegs so stark wie seine Plädoyers. Sondern sie gleichen eher einem Einwurf aus der Rheumatismus-Abteilung rechts der Isar. Und wenn er dann verloren hat, murmelt er in sein Kaschmir-Handtuch: »Der Schläger war vergiftet.«

Ferner blühen auch hier wie überall die Mauerblümchen. Jene Geschöpfe, die glauben, vom Tennis-Court zum Standesamt wäre nur ein Katzensprung. Doch was sich da manchmal unter den Pullis dieser Maiden versteckt, sind verkümmerte Früchte des Zorns, was Blasius anmutet, als würden zwei sowjetische Kleidermotten unter einem Trikothemdchen eine Faust machen.

Und einmal erlebte der Spaziergänger auch eine echte kleine Tragödie im Tennis-Stadion. Da schaukelte nämlich ein Kohlweißling immer mit den Dunlop-Vettern übers Netz hin und her. Dieser Falter war wohl sehr einfältig. Vielleicht war es halt einer von jener Sorte, die den ganzen Sommer lang mit den Kirchweihgänsen geflogen sind, bis sie es merkten. Und plötzlich traf ihn schließlich ein wuchtiger Vorhand-Cross, so ganz aus Versehen. ›Der Tod am Nachmittag‹, hätte wohl der Dichter Hemingway darüber geschrieben. Die Musikbox im Klublokal aber spielte genau in diesem Moment das sentimentale Schicksalslied dazu: ›Schmetterlinge weinen nicht . . .‹

Die fünfte Kolonne

»Ein Auge ist, das alles sieht, auch was in finstrer Nacht geschieht«, heißt ein altes Katechismus-Gedicht. Blasius aber meint, es ist nicht bloß ein Auge, sondern es sind viele Hunderttausende. Allein in unserer Stadt schauen nämlich nachts schätzungsweise zehntausend Brüder der Dunkelheit und Valium-Schwestern schlaflos aus den Fenstern ihrer Wohnungen. Weil es halt nicht alle so gut haben wie die Frau jenes tätowierten Seemanns, von dem der Vers sagt: »Wenn sie des Nachts nicht schlafen kann, dann sieht sie sich die Bilder an.« Auch der Spaziergänger gehört manchmal zu den armen Teufeln, die sich eine ganze Nacht oder wenigstens ein Stück davon um die Ohren schlagen müssen. Um aber einmal die Gedanken, Gefühle und Situationen dieser ›fünften Kolonne‹ nachzuempfinden, hat sich Blasius, mit dem Blick nach oben zu den Hausgiebeln und Fensterkreuzen, zwischen Mitternacht und Morgen in den Vorstädten herumgeschlichen.
Da hängt direkt über einer mäßig befahrenen Straßenkreuzung der pensionierte Wiegemeister Schnüffelmann, ein mussolini-köpfiger Riese, über das Fensterbrett. Der Mann ist so wuchtig, daß er bestimmt schon vor Baubeginn seines Hauses da war, das man dann um ihn herumgebaut hat. Und der nahen Polizeiwache hat er gewiß schon an die zweihundert Rot-Sünder, Gelbsüchtige, Fahrerflüchtige und Blechschäden gemeldet. Er ist ein unbestechlicher Chronist der kleinen Misere. Für je fünf ›Abschüsse‹ macht er vier Stricherl und einen Schrägstrich durch. So wie er es einst bei

der Heimatflak gelernt hatte. Das ganze Fensterbrett ist von seinen Denunziationen bereits übersät. Der Schnüffelmann hätte bestimmt einen hundertprozentigen NS-Blockwart abgegeben. Er war es übrigens auch.
Fünf Häuser weiter vorne hat der Kuttler Maultasch, der aus seiner Mansarde blinzelt, wieder einmal zu viel gefressen. Alles Blut ist von seinem Kopf in den Bauch abgewandert, um beim Verdauungskampf mitzuhelfen. Darum ist sein Antlitz wohl auch so käsig und bleich wie die Kehrseite einer Sennerin, die bei Vollmond rasch einmal vor die Tür ging. Auf und ab wogt das verschlungene Rehragout. Doch schließlich entscheidet es sich für die Dachrinne. Traurig schaut Herr Maultasch den Knödelbrocken nach, die er wieder hergeben mußte. Es sind sieben.
Siebenmal in einer Woche betrachtet der magenkranke Witwer Kringlein auch die dicke Frau von Hausnummer vierzehn, wie sie ihren Mopsen dazu animiert, genau auf den Eingangstreppen der Reinigungsanstalt Schmierig eine kunstvoll gezirkelte Schnecke zu setzen. Nachher stochert die besorgte Hundemama mit einem Steckerl auch noch in dem Verdauungs-Kreisel herum. Sie sucht nach Würmern, die jedoch nicht da sind. »Brav, brav, brav«, lobt sie ihre viel zu fette Bellmaschine und putzt sie mit einem Papierl, auf dem viele Blumen blühen, ab. Natürlich hätte der Herr Kringlein dem Herrn Schmierig auch sagen können, wer da jede Nacht sein Unternehmen so verunziert. Aber er ärgert sich schon lange über die rote protzige Reklameschrift, die weithin verkündet: ›Schmierig reinigt alles‹. Nun dann soll er eben auch seinen eigenen Treppenabsatz reinigen.

Wie ein versteinerter Wasserspeier stößt das scharfe Profil der ledergesichtigen Hausmeisterin Miesgang in die schlafende Welt. Immer wieder muß sie mit lebenslänglichem Hosentürl-Neid beobachten, wie so ein junger Stehgeiger mit der Susi Flock in ihrem Hausgang verschwindet. Bös und stutenbissig murmelt sie deshalb zischend vor sich hin: »De Flitschn kriagt woi ihran Kroagn überhaupt nimma voi.« Dabei meint sie doch genau das Gegenteil bei der Susi. Denn das sündige Stöhnen der jungen Schönheit kommt wohl kaum von einer Mandeluntersuchung. Und in ohnmächtiger Wut versucht sie dieses Seufzen wenigstens nachzumachen. Doch das hört sich schauerlich an. Weil sie schon als Mauerblümchen bei ähnlichen Gelegenheiten immer nur gekeift hat. Eine beichtstuhlreife Schweinerei ist das, was da jeden Tag stattfindet. Da muß sie morgen wieder ganz genau aufpassen, daß ihr ja nichts entgeht.

Still und brav schaut dagegen die gute Frau Hummel aus ihrem Ausguck. Sie trägt eine uralte Wilhelm-Busch-Schlafmütze, ein Katzenfell um die längst verwaisten Hüften und die Erinnerung an ihren Sebastian tief im Herzen. Einundzwanzig Jahre kam er um diese Zeit immer von der Wirtschaft ›Zum leeren Flaschl‹ heim. Und nur ein einziges Mal hat sie damals den Aufstand geprobt und zum Wastl gesagt: »Du b'suffanes Wagscheitl.« Das tut ihr jetzt so leid. Und wegen diesem Frevel muß sie wohl auch zur Geisterstunde von oben hinunter schauen, ob er nicht doch bald kommt. Wenn die Frau Hummel bloß wüßte, daß der Sebastian genau dasselbe wegen ihr tut. Nämlich von der kleinen Wolke siebzehn aus.

Mit vier Minuten Verspätung biegt der gelbe VW end-

lich um die Ecke. Der Beleuchter Simon war schon etwas unruhig, ob er heute nicht kommen würde. Doch dann kann er wieder einmal schmunzelnd vor sich hinträllern: »O la la la, der Zirkus fängt schon wieder an.« Denn in schönem Rhythmus hebt sich das Heckteil des Schäserls auf und ab. Morgen, so überlegt der Herr Simon, hängt er dem jungen Stoßer vielleicht ein kleines Täfelchen, wie sie es im Geiselgasteiger Atelier benutzen und worauf steht ›Bitte nicht stören, Aufnahme‹, an seine fleißige Stoßstange. Dann nach einiger Zeit kommt der unbekannte Sportsmann aus seinem Käfer geklettert und schreibt mit dem Zeigefinger etwas in den Schnee. Es ist immer ein weiblicher Vorname. ›Lola‹ lautet der schon die vierte Nacht.
Und Gott sei Dank geht dem Beleuchter Simon in dunkler Nacht kein Licht auf. Daß seine Tochter, die jetzt immer so emsig Abendkurse besucht, nämlich mit dem Vornamen auch Lola heißt.

Suff im Morgengrauen

»Da Summa is umma, jetzt müassma hoid wartn, bis d'Schwoim wieda kumma«, hätte wie alle Jahre Bartl Schultes, des Spaziergängers treuester Stammtischfreund, der jetzt schon bald hundertjährig wäre, sicher gesagt. Und Blasius blickt deshalb wieder einmal zurück auf diese Brausebad-Saison, leider sogar etwas im Zorn. Denn es ist nicht mehr viel Liebe unter dem Bierkeller-Volk. Da sind neuerdings einmal die vielen jungen Dachse, die mit ihren schwer vernickelten Feuerstühlen so nahe an die Tische heranfahren, daß ihre heißen Auspuff-Stutzen fast wie Bierwärmer in den Maßkrügen parken. Und das ranzelt, raucht und röchelt in einem Maße, daß der Spaziergänger direkt feststellen muß, früher hat man halt seinen weißen Preßsack mit Essig und Olivenöl angemacht, heute aber wird er dagegen mit Esso- und Diesel-Öl gewürzt.
Auch das Überhandnehmen der protzigen Luftlack-Stammtische gefällt ihm gar nicht sehr. Vierundzwanzig solcher Leberkäs-Pisten gibt es bereits. Und viele sind mit grellen Enzian-Blumen und Contergan-Edelweiß bemalt und verziert. Auch die Namen von den Abonnenten der einzelnen Stammplätze stehen darauf. ›Jo‹ und ›Mädi‹, ›Jerry‹ und ›Lo‹. Blasius erkennt dabei manche waagrechte Sparkasse wieder und auch einige prominente Liebes-Ingenieure und Sexual-Techniker. Manchmal allerdings sitzen die nur einen Sommer lang hier. Im Winter sitzen sie nämlich bereits woanders.
Ganz unheimlich aber hat sich die Gilde der sogenannten ›Stadtstreicher‹ vermehrt. Bei diesen Fusel-Figuren han-

delt es sich allerdings nicht um lustig zwinkernde, mundharmonika-spielende Tippelbrüder, wie sie der Högfeld malte, sondern um ausgesprochene Schmuddel-Schmarotzer, Penner und Diebs-Geburten, die nur durch ihre fanatische Arbeitsscheu und jene Edel-Patina, die man hierzulande ›Grind‹ nennt, noch notdürftig zusammengehalten werden. Sie kommen regelmäßig am frühesten Morgen so gegen fünf Uhr, schütten die übriggebliebenen Bierreste zusammen, brechen die Hendl-Braterei oder die Vorrats-Schränke auf und feiern mit der Beute und ein paar Wermut-Schwestern, bei denen sich jede Gurkenzange sträuben würde sie anzufassen, ihre traurigen Feste. Wohl an die fünfzig säuerliche und lallende Gestalten aus Gorkis Nachtasyl versammeln sich da manchmal. Zusammen haben sie allerdings meistens nur zwölf Zähne, doch mit den verbliebenen Grabstein-Nagern tun sie sich gütlich an den geklauten Hühnern oder den stibitzten Schweinswürstln.

Jetzt werden vermutlich mehrere Leser sagen, das sind doch ganz arme Schweine, die Blasius in Ruhe lassen sollte. Und da muß ihnen der Spaziergänger sogar auch noch Recht geben. Allerdings nur, wenn sie das ›arme‹ weglassen würden. Denn weil diese Gammel-Ganoven wahrscheinlich auch noch die Vorstellung haben, da wo sie stehen und liegen, sind auch ihre Toiletten, schaut das Gelände, das sie heimsuchen, nachher fast immer aus wie nach der Schlacht bei Durchfall. Und weil schon das alte Bier nichts kostet, nehmen sie wenigstens zum Dank auch noch die leeren Krüge mit, die Arbeitsschuhe der Kellnerinnen, das Werkzeug des Wurst- und Hendlbraters, die Holzkohlen, die deponierten Regenschirme,

Bestecke, Handtücher oder die Schürzen des Bedienungs-Personals. Manchen von diesen Typen ist das Klauen wohl angeboren, weil sie ihrem Fräulein Mutter als Embryo bereits die Seife in der Badewanne stahlen. Freilich wäre da auch ein großer Schäferhund nachts für den weiten Garten vorhanden. Er hört auf den Namen ›Ado‹, sollte aber besser ›Niedo‹ heißen. Denn er ist längst so sattgefüttert, daß sein Schwanz allein vierzehn Pfund wiegen mag. Und beim Gehen zieht das arme Vieh seinen hängenden Wackerstein-Bauch im Kies nach wie ein Krokodil auf Landurlaub. Wenn ihm dann vielleicht wirklich eine Maus begegnet, die ihn frech anschaut, macht er sofort mit den Vorderpfoten ›Hände hoch‹. Sein Herrchen aber, der jugoslawische Hausmeister, hat in seiner langjährigen Tätigkeit im Augustiner-Keller ebenfalls so angesetzt, daß er wohl nie mehr heimkehren kann. Weil er mit seiner Leibesfülle unmöglich durch die Schluchten des Balkans kommt.

Die eingeschaufelte Antigonae

Blasius liest in der Zeitung die Beschreibung einer Vorstellung im Prinzregententheater, und darin heißt es: »Ist hier nicht eine Integrierung des Phänomens Theater ... das völlige Einschmelzen der antiken Metren ... den Grundton melismierend umspielende Koloraturen ... die immensen Ostinati sich als rhythmische Klangformen ... vom rhythmisch fixierten Sprechgesang über das Rezitativ bis zur melodisch-ariosen Phrase.«

»Aaha, ja ja freilich«, denkt sich der Spaziergänger, das muß man schließlich gesehen haben, wenn man nicht sein Leben lang als künstlerischer Hundsfott gelten will. Durch das schneidige Entgegenkommen eines Herrn Doktors bekam Blasius einen bevorzugten Platz im Theater, ganz vorn, wo man in die Orchesterschlucht hinabsehen konnte und zwischen zwei todernsten naphthalinduftenden Damen.

Blasius muß die Handlung des Stückes, das Antigonae heißt, und das er im Lexikon nachgelesen hat, vorwegnehmen. Da war also früher einmal eine griechische Prinzessin, die hatte ihren gefallenen Bruder ohne Genehmigung des königlichen Bestattungsamtes eingegraben. Dafür wurde sie dann auf Befehl und bei lebendigem Leibe selbst auch eingeschaufelt. Diese altertümliche Methode des Strafvollzugs wurde im Prinzregententheater (Haltestelle Flurstraße der Linie 19) zweieinhalb Stunden lang in den höchsten Tönen besungen und nach einem neuen Plan des Musikingenieurs Carl Orff modern begleitet. Von dieser Begleitung möchte nun der Spaziergänger berichten:

Da standen also im Orchesterraum ein halbes Dutzend Klaviere, den Saitenkastendeckel offen und mit leicht verstaubten Innereien. Fünf Harfen waren neben den Klavieren in Stellung gegangen, und acht Männer hatten ihren Fiedelbogen blankgezogen, jederzeit bereit, den Baß zu geigen. Dann saßen da zwölf Ohrenbläser mit ihren Flöten, die schoben eine ungemein ruhige Kugel, denn Blasius beobachtete einen, der gab während der ganzen Handlung nur einen einzigen langgezogenen Ton von sich, dann packte er seine musikalische Fahrradpumpe wieder ein. Schade, daß Karl Valentin diesen Virtuosen nicht mehr erleben durfte, er hätte ein pfundiges Gegenstück zu seinem ›Springbrunnenaufdreher‹ abgegeben.
Hinten in der Ecke hingen eine Anzahl Gongs wie die Deckel von Mathäsers Lunglhafen, und daneben standen ein halbes Dutzend Hektoliterbanzen mit Eselshaut bespannt: sobald der Schenkkellner mit seinem Filzschlegel das erste Trommelfaßl mit dumpfem Ton angezapft hatte, begann das Schauspiel. Im ersten Abschnitt der Handlung war die Kapelle anscheinend auf Kurzarbeit gesetzt, und nur ein Klavierspieler begleitete das Entwarnungsgeheul der Sängerin, indem er den geöffneten Flügel am Zwölffingerdarm etwas kitzelte. Langsam fingen dann aber auch die Geigen an zu sägen, und als die Königstochter Antigonae ihr Nürnberger Urteil entgegennahm, jammerten die Bässe immer mit derselben Saite mindestens zehn Minuten lang: »Auweh-Auweh-Auweh.«
Dann mußte jemand an das Tragl mit dem Brotzeitbier gestoßen sein, denn auf einmal setzte ein Splittern, Scheppern und Klirren ein wie in der Flaschenbierabtei-

lung beim Thomasbräu. Gleichzeitig machten die Trommler einen Artillerieüberfall, die Harfen imitierten das Zwitschern von Querschlägern, und ein Bläser ließ das Geräusch eines hängengebliebenen Hupenknopfes ertönen. Dann trat wieder eine kleine Schnaufpause ein.

Als aber der Kapellmeister auf dem Podium den ermatteten Musikern mit dem Stock drohte, legten die Trommler erneut Sperrfeuer, und die Klaviere ahmten täuschend das rumpelnde Geräusch einer Schiffsmaschine nach. Vielleicht wollte Carl Orff damit das Blaue Band vom Hinterbrühler See gewinnen. Dann wurde die Szenerie auf der Bühne vorübergehend wieder friedensmäßig, und die Geräusche auch. Es war zu vernehmen, wie ein Radfahrerverein klingelnd einen gluckernden Odelwagen überholte und den Vorortszug nach Geiselhöring. Der Pauker aber schlug seine Trommel schnell und jähzornig wie ein Kind, das das Biergeld verloren hat.

Auf einmal hörte der Spaziergänger ein eigentümliches Geräusch, das klang, als ob Installateure eine Dampfheizung abmontierten. Sicher hatte sich ein Trupp Spengler in die Kapelle geschwindelt. Schließlich forderte der Kapellmeister noch einmal zu einer Großoffensive auf und versuchte den Übergang über den Don mit aller Gewalt zu erzwingen. Alle Musiker hieben verzweifelt auf ihre Klangkörper ein, als handle es sich bei ihren Instrumenten um die Nachhut von störrischen Gebirgsmulis mit den Marketenderwaren. Auch die Dampfheizungsmonteure schienen Verstärkung erhalten zu haben. Mit einem dumpfen Knall endete schließlich die Antigonae.

Beim Hinausgehen sagten die beiden Sitznachbarinnen mit einem bösen Blick auf Blasius: »Schade, die ganze Vorstellung hat dieser Mensch da (Blasius) gehustet, da konnte man ja kaum etwas von der Musik hören.«

Das Motten-Mausoleum

Blasius sieht wieder einmal vor der Endstation ›Bargeld‹, dem städtischen Leihamt. Und er muß daran denken, wie er vor vielen vielen Jahren manchmal mit einem kleinen Heuwagerl hier vorfuhr. Dann nämlich, wenn ihn die liederliche Frau Liedl, die auch die ›Bettschönheit der Vorstädte‹ genannt wurde und im Hochparterre des Spaziergängers Kindheitshauses wohnte, mit leisem ›Pst‹ an ihr Fenster lockte. Das war meistens kurz vor dem Ersten. Und da mußte Blasius dann die Plumeaus und die Kopfkissen der schönen Frau Liedl ins Pfandhaus fahren zum ›Studieren‹, wie die anderen Hausbewohner zu diesem Sachverhalt mit schrägem Lächeln auch sagten. Jedesmal gab es dann großen Krach, wenn der Herr Liedl, der tagtäglich neben seinen schwarzen Schnürstiefeln auch noch eine Lebensversicherung vertrat, heimkam. Nach Einbruch der Dunkelheit jedoch wurde das Poltern und das Murren des fleißigen Handlungsreisenden dann von sündigen Seufzern abgelöst, die fast alle Hausinwohner hörten. Wozu sie wieder den Mund schief verzogen und einander zuflüsterten: »Des geht oiso scheinbar aa ohne Bett.« Es war ganz klar, die schönen Beine der Souterrain-Lady waren wieder einmal Sieger geblieben.

Nun, die hübsche Frau Liedl hat ihr wunderschönes Fahrgestell wohl auch längst schon eingezogen. Die Leihhaus-Kundschaft im ›Motten-Mausoleum‹, wie das Gebäude in der Augustenstraße auch gerne genannt wird, gibt es aber immer noch. Der garstige Spitzname jedoch ist längst völlig unzutreffend, denn im ganzen alten Jahr wurde dort nur eine einzige Kleidermotte entdeckt. Und nach vorheriger Besichtigung durch die jungen Beamten, die so einen Kammgarn-Schmarotzer noch nie gesehen hatten, in einer Streichholzschachtel feierlich beigesetzt.

Nachdem der Spaziergänger in Erfahrung brachte, daß tatsächlich noch täglich bis an die dreihundert Kunden die Leihe heimsuchen, und daß besonders einige Autohändler, Wohnungsmakler und Bauunternehmer die Klunkern und Kleinodien ihrer Damen im Zeichen der Energiekrise hier in rasches Geld umgewechselt haben, besucht er zuerst einmal, und weil sich's gerade trifft, den Versteigerungsraum der Pfandanstalt. Und immer wieder betrachtet er schmunzelnd dieses ergötzliche Pfänderspiel, das besonders für viele alte Rentner und Pensionisten zu einer Leidenschaft ihrer späten Jahre geworden ist. Das Interessanteste spielt sich dabei wie immer in der Abteilung Kleider, Schuhe und Wäsche ab. Da kämpfen gerade zwei ältere Mädchen erbittert um eine gestreifte Männerhose, und zwar mit solcher Inbrunst, als ob der ehemalige Besitzer noch in den Hosenbeinen stecken würde und mit versteigert werden sollte. Im Hintergrund stößt indessen ein anderer Kunde blitzschnell und vom Auktionär unbemerkt einen spitzen Bleistift in den Rücken einer zur Besichtigung freigegebenen Tweed-Jacke. So wie weiland der grimme Hagen seinen Speer zwischen die Schulterblätter des Nibelungen-Helden. Eine bewährte und beliebte Gewebeprobe.

Und mehrere betagte Feierabendgäste des Lebens haben ihren Oberkörper schon gierig bis auf die Hosenträger entblößt, weil jetzt doch gleich die Sakkos zum

Aufruf kommen. Und bereit sein heißt doch bei einer Versteigerung alles.

In der Gemischtwaren-Abteilung findet der Spaziergänger auch noch einen jener vergessenen Hochfrequenz-Apparate, die früher als todsicheres Allerwelts-Heilmittel galten. Und die sogar nach Meinung ihrer Besitzer ›dem Kamm auf die Butter und dem Vater wieder auf die Mutter‹ halfen. Auch einen der garantiert letzten Dornen-Auszieher aus Gips, die wie ein Bumerang dutzendmal zurückkamen, wenn ihre Inhaber glaubten, sie hätten sie endlich in einer Weihnachts-Tombola oder einem Sommerfest-Glückshafen losgebracht. Und im Dunkeln kauert ein düsterer Steinadler ratlos vor sich hin. In seinen Krallen hält er nämlich einen kleinen Repetier-Wecker. Wahrscheinlich möchte er diesen mit nach Hause in seinen Horst nehmen, damit die jungen Adler-Kinder ja früh genug die Uhrzeiten kennenlernen. Aber der Schlüssel zum Aufziehen ist leider verlorengegangen.

Am schönsten aber ist es immer wieder in der großen Annahmestelle selbst. Soweit diese kleine Misere halt überhaupt lustig oder schön sein kann. Es riecht hier wie seit einem halben Jahrhundert immer noch nach schlechtem Gewissen, nach Naphthalin und verschwitztem Papiergeld. Und am Preziosen-Schalter kommt der Spaziergänger gerade dazu, wie eine schnelle Braut einen rotgoldenen Armreif anbietet. »Tut mir leid, Fräulein, leider eine Kupferzinn-Legierung«, tönt es dabei aus dem Schalterfenster zurück. »Hoffentlich haben's net zuviel ausgeb'n dafür.« Und prompt erwidert die hochbeinige wilde Orchidee: »Wos hoit unseroans hergeb'n kon. Wenn's sonst nix hod.«

Verachtet mir den Landmann nicht

Es gab einmal eine feldgraue Zeit, da stieß es wohl manchem Stadtfracken bitter auf, wenn er das Wort Landmann hörte. Denn es waren da wohl manche darunter mit Herzen härter als das Hitzeschild einer Weltraumkapsel. Denn der ausgemergelte ›Schtooderer‹ bekam von den Butterbewahrern der Nation auf dem Tauschwege für einen echten Frans Hals vielleicht einen gnädigen Löffel Schmalz und für einen schäbigen Defregger vielleicht überhaupt nur ein paar mit dem ›Hacklschtegga‹. Freilich muß Blasius auch zugeben, daß viele Landstriche von den Hamsterern auch genauso brutal heimgesucht wurden wie Ägypten von den biblischen Heuschrecken. So daß die Ökonomen bereits selber so arm waren, daß sieben zusammen nurmehr einen einzigen Kropf besaßen. Deshalb war es wohl auch nicht gerecht, wenn die berufsmäßigen Kartoffelschnorrer die ausgeplünderten Häuslleute und Odelbarone auch noch mit dem Spottvers belegten: »Bauer bleibt Bauer, kochst'n siaß oder sauer.«

Nun, dieses psychologische Sittengemälde von einst hat sich heute grundlegend gewandelt. Das konnte der Spaziergänger wieder einmal feststellen, als er das Bayerische Zentral-Landwirtschaftsfest auf der Wies'n besuchte. Längst ist nämlich nicht mehr der sagenhafte Josef Filser das Aushängeschild der vereinigten Klauenhuf-Farmer. Die können sich nämlich bereits einen echten Baron als ihren Verbandspräsidenten halten. Und vergeblich suchte der kritische Blick des Spaziergängers auf dieser Musterschau nach den typischen Ansichtskarten-Figuren. Verschwunden ist längst der ›Hachten‹ aus Unterhaching, der ›Waldschrat‹ aus Waldmünchen oder der ›grimme Schelch‹ aus Schelching. Und dort, wo die meisten Heugabel-Recken früher einmal jenen charakteristischen Ring um den Hals trugen, der die verwitterten bronzefarbenen Köpfe scharf von dem ganzjährig verhüllten Großteil eines Landmannes trennte, zieren mittlerweile durchwegs rosarote Nobelkrawatten von jener Sorte, wie sie die Elferräte der Narrhalla tragen, den ländlichen Adamsapfel. Und wenn eine alte Sage berichtet, in der notigsten Oberpfalz gab es einmal Dörfer, wo die Uhr ein unbekanntes Wesen

war, so daß die Bäuerin einfach einen nassen Putzlumpen aus dem Fenster hing, und wenn der trocken war, war's zwölfe, so hält Blasius das für eine arge Übertreibung. Heute jedenfalls hat der fortschrittliche Silo-Befehlshaber eine Quarzuhr lässig am haarigen Handgelenk baumeln.
Als der Spaziergänger die Hälfte der Schau gesehen hatte, stellte sich bei ihm ein völlig neues Gefühl über das Leben unserer Flachlandtiroler ein. Und er sah im Geiste den ehemaligen Brennessel-Millionär, der einst seiner Alten aus dem Altöttinger Liebfrauenboten mit dem Zeigefinger voller Entsetzen vorlas: »Bluadsaure Marie, d'Sei san scho wieda g'sunkn«, wie er in unseren Tagen bei dieser Nachricht seinen Taschencomputer hervorzieht und damit fest verzinsliche Werte ordert. Während Afra, die brave Tochter, nach Feierabend längst nicht mehr beim Mitterknecht im Heustadel liegt, sondern statt dessen auf der Couch eines Psychotherapeuten, der sich seit Monaten bemüht, ihr das böse Kindheitstrauma, sie wäre in einem früheren Leben einmal eine Runkelrübe gewesen, auszureden.
Auch die Futter- und Geräteindustrie hat inzwischen Ungeheures geleistet. Beispielsweise empfiehlt da eine Firma das Geflügelfutter ›Rendit‹, nach dessen Verzehr die Hühner bereits fertige Spiegeleier legen. Jene mit roten Federn liefern dabei auch noch das Ketchup dazu. Und mit Semmelbröselzusatz kommen aus den Eierdrüsen dieser gescheiten Viecherln die Ochsenaugen sogar auf Toast heraus. Auch die Schweine werden durch die Fütterung mit ›Mastavit‹ auf eine Länge von 32 Rippen statt bisher auf 16 gestreckt. Und sie sind so schlank und genormt, daß man das Gerippe nach dem Abfieseln

ohne weiteres sogar als Küchenstaffelei weiterverwenden kann. Lange bleibt der Spaziergänger zum Schluß der Schau noch vor einer seltsamen Maschine stehen, an der ein paar Teenager kichernd herumzupfen. Es handelt sich dabei, wie man ihm erzählt, aber lediglich um eine hölzerne Kuh mit einem mehrstriezeligen Gummieuter. Und Blasius mit seiner ausschweifenden Fantasie hat sich dabei tatsächlich vorgestellt, daß dieses seltsame Modell ein Trainingsgerät für einen niederbayerischen Jungfernbund wäre.

König Salomons Diamanten

Im Königssaal des prächtigen Palais Montgelas fand ein glanzvolles Happening und ›Angaffads‹ statt. Nämlich der Deutsche Edelsteintag. Blasius hat aus diesem Anlaß einmal das brave Ehepaar Pirzele begleitet und ihre Kommentare und Zwiegespräche über König Salomons Diamanten und das Thema Gold und Silber flüchtig aufgezeichnet.

Lange stehen die zwei zuerst vor einem Glaskäfig mit der ersten deutschen Kaiserkrone. Bis er endlich sagt: »Jetzt, i woaß net, mia duad so jemand leid, der an solch'n Regierungskübl aufsetz'n muaß. Abg'seng davo, daß ma doch da mindestens zwanzig Schäferhund zum Aufpass'n braucht. Oiso ehrlich, wenn i den Schturzhelm mit dene eig'faßt'n Eukalyptus-Guatl aufsetz'n müassad, dad i liaba so lang laffa, bis i'n verlierad. Da is mir mei Tracht'n-Ditsche scho bedeutend liaba. Denn wenn i moan, es wui man oana nehma, dann hock i mi einfach drauf.«

Sie: »Ui, Alois, schaug dir bloß de Trümmer Karate o von dene Diamanten. Aba als roher schaugn de fei ziemlich greislich aus.«

Er: »Oide, du bist manchmal dümma ois wia da Kilometer-Schtein sechzehn von Putzbrunn. Erschtens hoaßt des Karat und net Karate. Weil des a Handkant'nschlag is. Und zwoatens san die Rohdiamanten genauso greislich wia a Gansjung, bevor es herg'richt is. Aba was ham de Leit scho, de solchane Edelschtoa-G'schwüre mit rumschleppa müassn. Net amoi sovui wia von am Furunkel. Weil des wenigstens amoi aufgeht. Aba de

berühmt'n Schtoana bringa doch alle blos a Unglück. Schaug dir amoi die englische Queen an mit ihr'm Hobby Diamanten im Oberhaus-Barett. Ihre Schwester is von dem Fotograf'n Armstrong doch vom erscht'n Moment o blos blitzt worn. 's Annerl, ihr Tochter, is total verwuidert, sonst hätt's doch zum Rittmeister Mark neilich, wia'sn vom Gaul owadrosch'n hod, net g'sagt: ›Du dumme Sau.‹ Des is doch eigentlich net de feine englische Art. Und der Bua, der Charles, hängt seine Breeches-Hos'n aa scho am Bettpfost'n von jedem Mannequin auf. Oder de Liz Taylor. Trotzdem sie überoi behängt is wia a Christbaum, is ihr ihr Nikolaus doch no endgültig auf und davo.
Übrigens de Räuber vom Krupp-Schmuck ham sich ollerhand Knast raustaucht, gei. Acht Johr glei. Bei uns am Schtammtisch ham's g'sagt, lang san's ja net acht Johr, aba breit halt. Dabei war'n de no recht höflich aa. Aba vielleicht hod des da Schtaatsanwalt net blos als Raub, sondern aa no als Sittlichkeitsdelikt betrachtet. Weil wenn ma so ana ehrwürdigen Lady ihr'n Schmuck nimmt, mit dem sie doch ihre Blöß'n bedecka muaß, dann is des praktisch net blos a Raub, sondern aa no a Sittlichkeitsverbrech'n. Weil sie doch dann nackad rumlaffa muaß. Und d'Leit kenna sie dann nur mehr vom Wegschaugn.«
Sie: »Du Oida, wenn de Brillant'n doch alle aus reinem Kohlenschtoff san, dann müassad'ns doch eigentlich schwarz sei wia Murakl?«
Er: »Ja siehgst Wally, deshalb san sie ja so teuer. Weil sie eben schtatt schwarz weiß san. Oda host du no nia wos g'hört von weiße Neger? Übrigens muaß i bei ana solchen Ausschtellung aa drodenga, wos für viele

Ausschprüch' es gibt über's Gold. Do sagt ma zum Beischpui, wenn oana guad singa kon, er hat ein Gold in der Kehle. Im Gegensatz zu mia, i hob blos an Raucher-Huast'n. Und do foit mia aa wieda ei, daß mei Muadda selig am liabst'n des Lied g'hört hod: ›Gold und Silber lieb ich sehr . . .‹ I hob ihr zum Geburtstag na de Platt'n g'kauft. Hinten war des Großmuaddal drauf. Und dann hod sich der Schwager Ferry drauf-g'setzt. Und hi war's. Na, natürlich net d'Großmuadda. Neilich hob i g'les'n, daß wenn man des ganze Gold, wo es auf der Welt gibt, oiso aa des, wos d'Leit im Mai rumtrag'n und des, wos no in da Erd'n is, zu einem Würfel z'sammaschmelz'n dad, na war der net größer ois wia de Münchner Hauptpost.«
Sie: »Und i hob vor kurzem im Fernsehen aus Gaudi an Boxschport o'gschaugt, da ham's so an Mordstrumm schwarz'n Lackl zoagt, Jack Johnson, und der hod si in seine Zähn' vorn lauter Brillanten eisetz'n lass'n. Desweg'n san seine Gegner glei alle umg'fall'n, weil's geblendet war'n. Aba a Surhaxl beim Franziskaner hätt der vermutlich nia ess'n könna, sonst hätt er sich seine Blitzer ausbiss'n wia neilich der Ziegldrum Toni seine Jacketkronen.«
Er: »Jetz Oide, geh doch amoi weiter. Wos schaugst'n solang den Kast'n mit dene Riesenperlen o. Du woaßt doch, Perlen bedeut'n Tränen. Und du host aa scho ganz feichte Aug'n. Überhaupt i wui dir amoi wos sag'n. Für a solide Frau is des begehrteste und schönste Schmuckschtück von da Welt imma no a massiver Ehering. Wos vaziagst denn jetz auf amoi dei Mai a so. Wally, is wos?«

Der Lo ist los!

Als die Fernseh-Kommissare leer und ausgelaufen waren wie undichte Bierflaschen, die man mit dem Hals nach unten transportiert, rauschte es im dichten Blätterwald vernehmlich: Laßt den Lowitz los! Er soll der nächste Ganovenfresser vom Dienst sein.
Ich kenne ihn persönlich recht gut. Weil er an meiner Seite sitzt. Am Stammtisch. Deshalb möchte ich versuchen, ihn einmal nicht so zu zeigen, wie ihn das Volk mit den viereckigen Milchglasköpfen von der geschwätzigen Mattscheibe her kennt. Sondern so wie's bei ihm dahinter aussieht. Dort wo die Drähte alle zusammenlaufen.
Der Siegfried Lowitz heißt schon lange der Lo. Diesen Namen hat er mit einer anderen bekannten Persönlichkeit gemeinsam. Mit der Lo Sachs. Aber sonst hat er nichts mit ihr gemeinsam. Außer, daß er auch gerne schläft.
Der Lo ist eine geglückte Mischung zwischen dem Lohengrin und dem Ton-Poeten Karl Loewe. Der auch das schöne Lied ›Die Uhr‹ vertont hat. Doch dieser Vergleich hinkt wohl ein wenig. Denn der Schauspieler Lowitz wird nicht von einem Schwan gezogen wie der Lohengrin, sondern von den 130 PS eines Renault. Und die Uhr von ihm ist auch nicht von Loewe, sondern vom Fachgeschäft Huber. Der Lo sagt, es sei die gescheiteste Uhr der Welt, weil sie kein einziges Radl im Gehäuse habe, sondern nur Quarz. Seine Freunde aber sagen, das wäre die allerdümmste Uhr, denn man bräuchte zwei Hände, um die Zeit abzulesen. Die eine,

um sie am Gelenk zu tragen, und die andere, um auf ein kleines Knöpfchen zu drücken, weil erst dann die Zahlen aufleuchten.
Ich finde, der Lo hat ein Pokerface. Es ist nämlich genauso wenig aufzulösen wie ein Kreuzworträtsel ohne Felder. Einige meinen, der Lowitz hätte immer versucht, dem großen Winston ähnlich zu sehen. Die Schmeichler sagen aber: »Umgekehrt, der Churchill hat immer den Lowitz gedoubelt, aber schlecht.« Der Lo ißt gerne gut. Wenn er etwas von Eisbein mit Erbsenpüree hört, steht ihm sofort die Zunge. Zu Frauen ist er galant und küßt die Hand, hält aber nichts von schriftlichen Kaufverträgen. Am liebsten sind ihm die Frauen anderer. Denn die haben schon alles. Er hält es eben mit Karl Valentin, der auch einmal inserierte: »Suche Zugehfrau, die auch wieder weggeht.«
Der Lo ist auch sehr gebildet und kennt alle Philosophen. Auch den letzten Ausspruch von Goethe kennt er besser. Der hat nämlich nach seiner Meinung nicht gelautet: »Mehr Licht‹. Sondern er war auf das harte Sterbebett des Dichterfürsten bezogen. Demnach soll er im Frankfurter Dialekt gesagt haben: »Mer liecht hier so schlecht.«
Wer aber den Lo für einen Weichmann hält, ist selber einer. Denn er kann kalt sein wie der Arsch eines toten Eskimos im Schatten. Das bewies er auch einmal bei einem Zusammentreffen mit einem russischen Panzer, von dem nur der Lo übrigblieb. Dafür nadelte ihm sein Kommandeur schon 1941 das EK I an seine graue Kluft, links wo das Herz ist.
Wenn der Lo auf Reisen geht, schreibt er immer zweierlei Ansichtskartentexte. Der eine lautet: »Hoch die

Gläser, hoch die After, hoch die deutschen Burschenschafter.« Und der andere: »I bin der Bua vom Loisachtal.« Das ist leider ein kleiner geographischer Irrtum, denn das Flüßchen, wo seine ersten Windeln geschwenkt wurden, heißt ganz schlicht: Spree.

Der Lo ist Jungfrau. Obwohl er weder Busen noch Unschuld besitzt. Er kann auch sehr böse sein. Zum Beispiel, wenn er sagt: »Der Bayern-Manager Schwan schaut aus wie der Goethe, vom Fuchsberger gespielt.« Autogramme gibt er sehr ungern. Und ich habe zu ihm gesagt, da kann er ja, wenn er ›Den Alten‹ verkörpert, sein Gesicht gleich in die Hosentasche stecken.

Und zum guten Ende ist der Siegfried Lowitz auch noch ein Frohwitz. Denn er hat sein Lieblingsgedicht vom Massenmörder bereits auf seine zukünftige Rolle als Gangster-Grabscher umgedichtet. Und nun summt er es viele Male auf seinem täglichen Rollenweg isarabwärts mit etwas unrasierten Stimmbändern. Der Song heißt jetzt: »Fernsehkriminaler hat kein leichtes Leben / wie so mancher denkt / Erstens muß er auf die Gage obacht geben / Zweitens, daß er jeden fängt!«

Sicherer Letzter

Im Sport redet man von Gold, Lorbeer und von zerquetschten Sekunden. Wer aber, so möchte Blasius fragen, redet schon vom sicheren Letzten? Dem Letzten kräht doch nicht einmal der Sir Henry nach. Der Kurzwellengockel von Bayern III. Für so einen interessiert sich höchstens noch die Feuerbestattung ›Alpenglühn‹. Oder das Kreiskrankenhaus als Eintänzer für die Rheumatismusabteilung. Deshalb hat der Spaziergänger einmal versucht, sich in die Situation eines restlos vernichteten Langstreckenläufers hineinzudenken.
Medardus Miesgang hat die Startnummer siebzehn gezogen. Seine Glückszahl. Und in der Tat, nach siebzehnhundert Metern ist er auch bereits stolzer Vierundzwanzigster. Und bei Kilometer siebzehn allein auf weiter Flur. Fröhlich grüßen die Berge zu ihm herunter und Medardus grüßt freundlich zurück. Immer wieder stößt er dazu einen frohen Juchzer aus und seine Skistöcke tief ins verschneite Tiroler Erdreich.
Doch dann, nach einem beschaulichen Anstieg, fährt er urplötzlich hinein in eine sanfte Mulde, die ihn an seine heimatliche Bettstatt erinnert und auch gleich in das große Verzagen. Ist der weiße Schnee nicht auf einmal so zäh wie ein niederbayerischer Strudelteig? Und klebt er nicht an seinen schmalen Spreizfußleisten wie einst die Schrazenbacher Mirl, die er auch nimmer losbrachte? Und es kommt ihm erschauernd zum Bewußtsein, daß eigentlich alle anderen Teilnehmer längst an ihm vorbeigehuscht sind wie die Telegraphenstangen an einem Schnellzugfenster. Oh, liabs Herrgottle von Fischamend!

Läuft denn tatsächlich keiner mehr hinter ihm her? Außer dem Spott, der Schande und der Schadenfreude.
Dem einsamen Schneepflüger fallen jetzt allerhand Aussprüche ein. Wie: »Der Letzte muß alles bezahlen.« »Heiliger St. Ulrich«, denkt er, wenn das auch auf ihn zutreffen sollte! Er hat doch selbst überall gehört, wie teuer dieses Mal das Anlegen der Loipe war. Für soviel Geld würde sein altes Mutterl daheim wohl sehr lange stricken müssen.
Jetzt wechselt endlich der Schnee. Jetzt ist er nur noch so klebrig wie weiß angestrichener Honig. Sofort zieht es ihm die Hammelbeine lang und die Hose herunter. So daß sein bleiches Hinterteil verlegen und dämlich aus den Textilien grinst, wie ein ertappter Hausfreund aus dem Kleiderschrank. Da fällt ihm auch noch Walburga ein. Sein Feinsliebchen, das er im fernen Schwabenland zu stehen hat. Immer war sie so geizig mit dem ›Jetzala‹ und sagte: »Des wellet mir ons älles bis nach der Goldmedallje aufheba. Na lohnt sichs mee.« Und diese ganze angestaute Zärtlichkeit würde jetzt dann einem wildfremden Mann zugute kommen.
Aber wie konnte er auch als Medardus Miesgang Langläufer werden! Das war doch höchstens ein Name für den Hausmeister einer Orthopädischen Klinik. ›Miesgang‹, wie hieß es doch schon immer so deutlich: Nomen est Omen. Und dann auch die blöde Werbeaufschrift auf seinem Rücken: »Siege durch Gigantenschmaus«, stand dort zu lesen. Und in ohnmächtigem Zorn dichtete er dazu: »Beiß hinein und schpeibs aus.«
Bis er auf einmal vor einem Wegweiser steht: ›5 km nach Mantua‹. Also hatte er sich auch noch ein bißerl verlaufen. Übrigens Mantua: Da hatten sie doch schon

einmal einen erschossen. Schon glaubt der Medardus auch ganz deutlich das Knacken von Gewehrhähnen zu hören. Galt das etwa ihm? Ach nein, er war doch nicht einmal einen Schuß Pulver wert. Sie würden wohl höchstens mit ihren Stutzen voller Verachtung nach ihm werfen.

Durch das Fenster eines Bauernhauses sieht der Abgeschlaffte jetzt, wie eine alte Frau gerade den Kalender abreißt. Was — ein rotes Blattl? Dann ist er also schon den vierten Tag unterwegs. Doch endlich taucht die Silhouette des Stadions vor ihm auf. Durch den mürben Bretterzaun grüßen ihn bereits die ersten Frühlingsboten. Akelei und Anemone. Und an einem verwaschenen Fahnenmast flattert ein vergilbter Zettel. Aha, wahrscheinlich für ihn. Tatsächlich steht darauf: »Konnten leider nicht mehr länger warten wegen Erreichung der Altersgrenze.

Ihr Mantel hängt am Patscherkofel.

Ski Heil!

Gerlinde Gletscherbeiß. Olympiahostess.«

Brillenschlangen

Blasius hat in irgendeiner Statistik gelesen, daß die Deutschen nicht nur die größten Seifenverbraucher sind, weshalb sie vielleicht im Wohlstand wie auch im Zorn so schnell überschäumen, sondern daß sie auch die meisten Vereinsnadeln, Abzeichen und Plaketten auf ihren Revers, den grünen Plüschhüten oder auf den Spazierstecken tragen würden. Außerdem hat dieses Umfrageinstitut, weil es wohl nicht gerade den Popularitätsgrad von Franz Josef ermitteln mußte, auch noch festgestellt, die Westgermanen verwendeten von der gesamten Erdbevölkerung die größte Anzahl von Hosenträgern. Zusammengeknüpft würden diese eine Länge von 22 000 Kilometern haben. Und in den letzten Jahren wären die Teutonen auch noch ein Volk von Brillenschlangen geworden, weil auf jedes deutsche Augenpaar eineinhalb Spekulier-Maschinen treffen.

Diese ungemein notwendigen Forschungsergebnisse haben natürlich auch den Spaziergänger zu tiefsinnigen Betrachtungen über Brillen und Brillenträger angeregt. Nun, die erste Erinnerung an so ein ›Nasenfahrrad‹, wie diese Apparate in seiner Kindheit auch genannt wurden, war der Zwicker seines strammen Herrn Lehrers, den dieser besonders häufig polierte, wenn das pfropfige Fräulein Meisel hereinkam, das immer recht stark nach Landleberwurst roch und auch zwei Wachstuchblätter unter den Achseln trug. Dabei zeigte es sich beim Herrn Lehrer ganz deutlich, daß ihm das minderwertige Material, aus dem sein Kneifer-Bügel bestand, in absehbarer Zeit wahrscheinlich den Nasenrücken durchgefressen haben würde. Auch die Winterfenster des Trompetertöchterchens Mausi Maul fallen Blasius wieder ein. Dieser kleine Antizahn besaß nämlich zwei ›Zuaweziaga‹, deren Gläser so dick waren wie die Linsen von der Taschenlampe eines Briefträgers.

Der Hausmeister-Kurti hatte dafür auch eine bitterböse Erklärung und sagte, das wäre, damit man den Silberblick der Mausi nicht sehe. Weil die nämlich so stark schielte, daß ihr beim Weinen die Tränen über den Rücken herunterliefen.

Ferner fällt dem Spaziergänger auch noch eine gewisse Sorte von Stummfilm-Lustspielen ein. Wo dann einem meckernden Rittmeister bei der Begrüßung einer Gnädigen sein Monokel in deren Busenschlucht hineinfiel. Worauf der tolldreiste Kavalier unter dem Juchzen der vorderen Dreißig-Pfennig-Gäste sofort nachfaßte, und seine Hand schließlich aus dem unteren Saum des Abendkleides wieder herausfuhr. Dieselben vertrottelten Stabsoffiziere sah er dann später in den fliegenden Theatern wieder, wie sie sich abgehalftert mit Einglas und einem strammen Diener vorstellten: »Gestatten, von Kneese, Vertreter von Schmelzkäse.«

Wer aber die Brillen hat erfunden, niemand weiß es ganz genau. Manche DKP-Angehörige behaupten mit großem Stolz, der Russe Spekulatius Lurewitsch wäre es gewesen. Patriotische Vorstädter wiederum behaupten, der Optiker Richter in der Weißenburger Straße hätte das getan. Während sich die Society einig ist, es wäre dem Konsul Söhnges zuzuschreiben.

In einem spanischen Museum hingegen existiert ein Bild, auf dem der Azteken-Kaiser Montezuma den Eroberer Cortez mißbilligend durch einen goldenen Reifen betrachtet, den er wie ein Lorgnon vor sein erhabenes Auge hält. Dieser naive Monarch war nämlich der Meinung, alles, was er durch diesen Ring sehe, wäre von ihm eingefangen. Ein kleiner Irrtum, wie es sich bald erwies. Als er nämlich selber dann von dem spanischen Caballero gefangen und nach Art des Hauses gegrillt wurde.

Doch was hat die Quarzveredelungs-Industrie seit dieser grausamen Vorzeit doch für eine Entwicklung durchgemacht. Da gibt es heute Colourmatics, Brillen, die ganz von selber hell werden, wenn es dunkel ist, und dunkel, wenn die Sonne scheint.

Oder so schmale sündige Blinzelschlitze, die wie heiße Höschen für die Augen wirken. Ganz zu schweigen von den Riesenrädern aus Schildpatt. Wulstig, aber doch auch wieder so appetitlich wie niederbayerische Kirchweihnudeln. Oder jene Sonnenbrillen, die schwarz und drohend in den kapitalistischen Himmel starren wie die Mündungen von Stalinorgeln. Auch unanständige nackte Nickelgestelle, die sogar einem städtischen Oberinspektor noch das Aussehen eines Nobelpreisträgers verleihen, werden fabriziert. Dann aber erst die fantastischen Haftschalen. Die bei weiterer Gesundschrumpfung des weiblichen Buseninhalts wohl bald auch als Büstenhalter Verwendung finden könnten.

Rätselhaft jedoch erscheint es dem Spaziergänger immer noch, warum ungezählte Schönheiten ihre Scharfmacher von der Nase hoch über die Stirne hinaus ins toupierte Haar hineinschieben. Womöglich deshalb, weil dabei auch ihr Verstand noch durchschauen kann und damit die verruchten Absichten der Männer noch deutlicher erkennt.

Ob nun eine Brille auch sexy sein kann, haben die ewigen Freier wohl längst eindeutig durch den Ausspruch geklärt: »Mein letzter Wille, eine Frau mit Brille.« Und natürlich haben dieses Thema auch die fortschrittlichen Sowjets auf ihre Weise behandelt. Da kam doch neulich tatsächlich eine dringende Anfrage an den berühmten Sender Eriwan. Diese lautete: »Darf russisch Weib, wenn mit Mann in Bett geht, Brille aufbehalten.« Und die Antwort: »Im Prinzip ja, doch wird nicht viel nützen. Weil wenn russisch Frau Liebe macht, Glas so heiß wird, daß Brille sofort beschlägt.«

Tanz der späten Kavaliere

Das saubere schummelige Lokal zwischen den kalten Gemischtwarenbunkern von Woolworth und von Kaufhof draußen auf der Hochsprung-Prärie des Olympia-Geländes heißt nicht ›Ball der einsamen Herzen‹ oder ›Café zur lustigen Witwe‹, sondern in Anlehnung der unstillbaren Südsee-Romantik ›Café Maratonga‹. Dieser Name kommt wohl ein wenig von den paar stacheligen Hostalin-Palmen und dem sanft nach Naphtalin und Zweitfrisuren riechenden Hauch von Fernweh, der täglich von 14 bis 18 Uhr durch die kleinen Nischen und die Rüschen williger Witwen zieht. »Darf ich bitten zum Tanz am Nachmittag«, fordern rüstige Rentner mit angedeutetem Kratzfuß die zögernden Spätschönheiten auf. Wobei die anwesenden Herren durchwegs zu dem bekannten Baumuster gehören: »Alter Hund wird wieder jung«, während sich die September-Röslein wohl leise sagen mögen: »Alter schützt vor Tango nicht.«
Ein gemütlicher Patina-Sachse, der sich Platten-Jockey nennt, aber wahrscheinlich außer einem Schaukelpferd nie irgendeinen Cavallo bestiegen hat, sondern halt als Fußgänger bei der großen Völkerwanderung zurückgeblieben ist, legt die schwarzen Schlacht-Omeletts auf. Und dann erklingen so rührende Weisen wie das ›Glühwürmchen‹, die unsterbliche ›Valencia‹, der ›freche Vetter Nick‹ oder sogar der ›Bummel-Petrus‹. Doch auch nach den Klängen von ›Ei ei ei Maria‹ und ›Vaya con dios‹ wird hier nicht nur das rührige Bein bewegt, sondern auch noch der Mund. Wobei die mitsingenden

Tanzpaare tatsächlich die Lippen so verziehen, als könnte jeden Augenblick ein ›Gaggerl‹ herausfallen.
Blasius aber sitzt mitten drin in dieser Runde, und ein friedliches Schmunzeln, sowie ein Zahn voll leiser, schmerzender Nostalgie füllen ihn irgendwie aus. Ihm zur Seite hat sich ein völlig ungebetener Einflüsterer gesellt, der sich aber in der Folge von der Pfiffigkeit des ›Wirtssepperl z'Garching‹ erweist und die späten Kavaliere, die Lady Wimmerforce sowie die einzelnen Pärchen sehr treffend schildert. Zwar meint er, er hätte früher selber nie irgendwas anbrennen lassen, gesteht aber gleichzeitig auch, daß er in seinen späten Jahren schon eine arge Maulhure geworden ist. Und da hat er gar nicht so unrecht.
Dann zeigt er auf einen alten Galan, der noch immer jene Gamaschen an den Stiefeln trägt, die man früher einmal ›Hundedeckerl‹ nannte, sowie eine Blume im Knopfloch präsentiert. Den nennen sie den ›Balsam-Bene‹, erfährt der Spaziergänger, denn er kennt den ganzen Pfarrer Heumann auswendig und gilt als großer Spezialist für alle Wehwehchen bei den Women. Dabei empfiehlt er hauptsächlich ein Allheilmittel, das Tiger-Balsam heißt und unter anderem einen herrlichen Frischobst-Busen macht. Wenn dann eine der gläubigen Tänzerinnen am anderen Tage weithin nach Melissengeist duftet, aus dem dieses Elixier hauptsächlich besteht, dann stoßen sich die alten Lustmolche alle wispernd in die Seiten und meckern höhnisch: »Der Bene hat wieder einmal zugeschlagen.«
Oder dort die süße Susi. Auch eines von jenen dummen Heide-Blümlein, die früher immer hauchten: »Knabe wart, ich steche dich, daß du ewig denkst an mich.«

Nunmehr aber längst zu den reumütigen Ludern gehört, von denen man sagt: »Seht doch dort die Witwe Bolte, die jetzt plötzlich auch noch wollte.« Sie bekocht ihre Freier angeblich mit allen süßen Schmankerln dieser Welt. Aber nach dem dritten Pfannenkuchen redet sie auch schon vom Heiraten. Weil die männlichen Gäste hier aber durchwegs auf dem Ringfinger sehr schlecht hören, hat sie bisher leider noch keinen Biß gekriegt, denn, so sagen sich ihre Kostgänger fast einstimmig: »Wega oam Lita Milli kafft ma do koa Kuah.« Ein himmellanger Trachtler, der das Wasser wohl mühelos aus der Dachrinne des Schneeferner-Hauses trinken könnte, trägt den Kriegsnamen ›Der Alpenkönig und Weiberfeind‹. Er trägt sämtliche Winterhilfsabzeichen längst vergangener Jahre auf seinem Filzhut, den außerdem auch noch ein riesiger Gamsbart schmückt. Nach allgemeiner Ansicht hat dieser Alpinist, der hauptsächlich nördliches Material angreift, jedoch das letztemal einen Venushügel bestiegen, als Hillary den Mount Everest eroberte. Heute soll es bei ihm nicht einmal mehr reichen, den Schwabinger Schuttberg ohne Seil und Pickel zu bezwingen.
Auch die ›Kicher-Erbse‹ interessiert Blasius sehr. Sie würde unentwegt grinsen und prusten, meldet sein Informant. Vorher ebenso wie mittendrin oder nachher. Selbst wenn sich der Hochzeiter draußen im Badezimmer wieder fit macht und das kleine Liedchen zufrieden trällert: »Zum Abschied wasch ich mir die Hände«, übertönt ihr sanft idiotisches Gemecker noch die Duschgeräusche. Immerhin erfährt der Spaziergänger von seinem Einflüsterer, daß im ›Maratonga‹ doch noch recht viel Hoffen und Sehnen in die Tat umgesetzt

wird. Und wenn jemand wie er vielleicht glaube, das wären alles nur leere Sprüche, meinte der schmunzelnde Ohrwurm, so müsse er ihm leider den bekannten Satz auf den Heimweg mitgeben: »Denkste, auch unter Opas gibt es Hengste.«

Kleines Säufer-Panoptikum

Wie Blasius den Wies'n-Wirt-Einzug sah, befiel ihn wieder einmal eine herbstliche Nachdenklichkeit. Nämlich, wie schnell eigentlich in den meisten Pracht-Kaleschen die große Wachablösung stattgefunden hat. Wer sitzt da heute in der Millionärs-Rikscha des Bier-Riesen Schorschi Reiß? Der junge Reiß. Und in der Steiß-Schaukel vom kleinen Heide? Der Nachwuchs-Heide. Und in der Blumen-Karrete vom mao-äugigen Kreitmeier Willi? Sein pausbäckiger Fexer. Oder in der Kutsche vom Kraus-›Vaddern‹? Ein blondgelockter Jungmann namens Rudi.

Übrigens hat der ehemalige Münchner Stadtvater H. J. Vogel den hohen grauen Zylinderhut vom Biedermeier-Sepp nun doch nicht geerbt, »indem er fahnenflüchtig worn is«, wie der Kraus den aufhaltsamen Aufstieg vom Vogel nach Bonn bezeichnete. Der Spaziergänger aber denkt ein wenig darüber nach, was diese verblichenen Münchner Dreiquartel-Recken wohl alles dafür geben würden, wenn sie noch ein einziges Mal hinauskutschieren dürften auf die ›Sierra Theresia‹. Wahrscheinlich all ihr Gewinnstreben und all ihr Geld. Weil sie es jetzt doch ganz sicher wissen, daß ein Zehnerl lange reicht, wenn man tot ist.

Und als sich dann der Blumen-Korso langsam in Richtung der bronzenen Säufer-Oma, der Bavaria, in Bewegung setzte, hat Blasius ganz deutlich die vier gewesenen Banzen-Paschas den berühmten Choral von der ewigen Vergänglichkeit mitsummen hören: »... wär ja so gern noch geblie-ie-ieben, aber der Wagen, der rollt ...« Und weil der Spaziergänger gerade bei jenen Geräuschen ist, die meistens aus dem Hals kommen und mit kühler Stirne Gesang genannt werden, muß er wie schon so oft feststellen, welch geistreichen Unsinn die fröhlichen Zecher in den Bierbuden aus ihren Luftröhren hinausstoßen: »Ei, ei, ei, ei, de Goaß is weg«, hat da beispielsweise ein witziger ›Noagal-Mozart‹ gedichtet. Und kaum stimmt die Kapelle mit ihren blechernen Trübsalabwehr-Kanonen diese Weise an, schreien auch schon der Stadtrat Wichtel, das Callgirl Emsig, der Landpfarrer Wiegetritt und viertausend andere selige Rülpser verzweifelt nach dem ranzligen Wappentier vom Schneidermeister Meck-meck-meck. Eine andere Stimmband-Störung heißt: »Geh Oide, schau ...« Und bei diesem Poem erlebte Blasius, wie eine schnelle, resolute Bierbraut ihrem Stundenbräutigam den Scheitel mit einem Maßkrug nachziehen wollte, weil sie versehentlich und vielleicht auch nicht zu unrecht verstanden hatte: »Geh, oide Sau.«

Ein dritter herrlicher Kanon, der sich ebenfalls mit der Tierwelt befaßt, lautet ungemein inhaltsreich: »Schau hi, do liegt a doda Fisch im Wassa, den mach ma hi ...« Und schon verwandelt sich das Innere jedes Bier-Wigwams in eine rasende Meute von Capri-Fischern, die hemmungslos überall nach dem toten Kaltblütler suchen. In den Blusen wildfremder Mädchen oder in den vollen Maßkrügen des Herrn Nachbarn. Nur in der eigenen Bundhose, wo vielleicht tatsächlich ein Toter zu finden wäre, da fahnden sie nicht danach.

Ein sehr beliebter Maßkrugmarsch ist darüber hinaus auch die freche Behauptung der Vereinigten Rauschanwärter: »Ja, wia san mi'm Radl do ...« Wobei wohl

mancher dieser Sportfreunde erst am nächsten Tag, wenn er mit bangem Ahnen seinen Führerschein sucht, begreift, daß er leider doch mit seinem Auto da war.
Am erstaunlichsten auf dem Oktoberfest, so meinen jedenfalls die Psychologen, sei jedoch der Umstand, daß trotz der vielen Saufetzen und Riesenräusche so wenig gerauft wird. Freilich haben da die gescheiten Herren dabei gewiß den ersten Wies'n-Sonntag vor siebzig Jahren ganz vergessen, meint Blasius als Chronist.
Damals geschah es nämlich, daß ein Gendarm einem alten Mann, der sich nach einer hinuntergefallenen Semmel bückte, auf die Finger trat. Sofort ergriffen ein paar frohe Zecher die Partei des Semmelmannes, zogen dem überraschten Blaukittel seine Lodenpelerine über den bayerischen Kerzenleuchter-Helm und banden sie oben wie einen Sack zu. Trotz der dumpf erklingenden Unschuldsbeteuerungen wurde der Gesetzeshüter anschließend gehörig verbleut, und auch sein Flehen, man möchte ihm doch wenigstens seinen Säbel lassen, half alles nichts. Plötzlich aber traten auch ein paar obrigkeitstreue Untertanen mit geschwungenen Keferlohern auf. Und dann gab's kein Halten mehr. Lammfromme Bürger mischten sich ein, gaben ihren Ehefrauen zum Abschied noch schnell den Hut und die Hausschlüssel in die Hand und stürzten sich in die lodernd entbrannte Schlacht.
Zum Schluß rauften schätzungsweise fünftausend Menschen, wobei die eine Partei den zwölf Meter hohen Toboggan besetzte, den die andere Partei unter dem Händeringen seines Besitzers dann umwarf. Auf dem durch zwei Kavallerie-Einheiten endlich geräumten

Brachfeld blieben siebenhundert Verletzte, ebenso viele abgerissene Mäntel- und Sakkoknöpfe, Dutzende von Haferlschuhen und ausgespuckten Schneidezähnen liegen. Den Schutzmanns-Säbel aber schenkten die Sieger einem armen Schwertschlucker am Wies'nrande, der sich damit noch manche Jahre seine Semmeln verdiente.

Einzug der Zwerge

Blasius steht wieder einmal vor der alten Griffelstaub-Basilika und beobachtet den Aufmarsch der Einmaleins-Zwerge. Es ist noch dieselbe I-Dipferl-Kaserne, in der man ihm selber vor vielen Jahren die ungeheuerlich wichtige Wassertemperatur des Brahmaputra und das Liebesleben der Tannenzapfen einbläute. ›Einbläute‹ deshalb, weil die Pauker damals noch der Ansicht waren, dieses geschähe am leichtesten von hinten. Und die darum ein sauberes U-Häubchen oder das Geburtsda-

tum des ›eisernen Kanzlers‹ aus den dünnen Kniehosen mit einem Stock herausklopfen wollten, was jedoch nicht in einem einzigen Fall gelang.
Zwanzigtausend Kinder, keines älter als zweitausend Tage, wurden in die Grundschulen eingeschrieben. Darunter auch zweitausend Sprößlinge der ausländischen Wirtschafts-›Hiwis‹, wie man die hilfswilligen Gastarbeiter auch nennen könnte, die aber meistens nur durch die finanzielle Misere ihres Heimatlandes an die teutonischen Besenstiele oder Förderbänder angeliefert wurden.
In den lichtscheuen Gängen der ehrwürdigen Zeigestab-Zitadelle riecht es immer noch genauso wie einst im Mai. Nämlich nach einem Bodenöl, das wohl von der Firma ›Angst und Bange‹ bezogen wurde, und nach ungelernten Hausaufgaben. Am großen Portal des Weisheits- Bergwerks steht der Herr Offiziant mit frisch gebügeltem Wichtigkeits-Talar und überschlägt gerade den Dreck, der ihm wieder ins Haus getragen wird. In einem blauen Mostkrug, der sich an diesem Tag auf das Wackeltischchen neben dem Oberlehrer-Zimmer verirrt hat, läßt ein Strauß minderer Vorgarten-Orchideen traurig den Wuschelkopf hängen. Und die Stundenglocke schrillt in unguter Tonlage für die völlig unschuldigen Gnome das Urteil: »Im Namen des Volkes! Neun Jahre gemäßigte Beugungshaft.«
Da kommt auch schon das erste Gespann angezockelt. Eine Frau, die einen Buben mit furchtlosen Wacholderbeer-Augen führt. Der geht sofort sachlich um den Hausmeister herum und stößt dann mit einem Vogelpfeiferl, das er mit rosa Zunge im Mund dirigiert, ein warnendes Zwitschern aus. Dichtauf folgt ein Schlüssel-

kind mit einem ganz unmöglichen Hund. Als der kleine Jack London gefragt wird, ob er denn keinen Erwachsenen dabei hätte, deutet er nur wortlos auf seinen Steppenwolf, der sofort zwei gelbe Augenzähne entblößt. Nachdem die beiden abgefertigt sind, verschwinden sie in Richtung Freiheit. Und man sieht ihnen deutlich an, daß sie es sich schwer überlegen müssen, ob sie mit einer solch lausigen Firma überhaupt in nähere Beziehung treten werden. Da sind die Zwillinge, die gleich nachher mit ihrer Mama erscheinen, die vor Stolz fast über die eigenen Füße fällt, schon ein anderer Anblick. Im makellosen Unschuldslook, ganz in Weiß, beide gleich dünn und beide gleich groß, sehen sie fast aus wie ein Paar Wiener Würstl, die zur Firmung gehen wollen. Und beinahe gleichzeitig lesen sie auch den Hinweis ab, der mit Kreide auf der schwarzen Einmaleins-Tafel steht: »Zur Einschreibung letzte Türe links.« Ach, und dann trippelt auch schon das übrige Abendland heran. Schweigsame Muselmänner, blutjunge Toreros, wilde Abruzzen-Ableger und zarte kleine Röschen aus Stambul. Ein winziges Rautendelein hält sich krampfhaft am Rock seines Großmütterleins fest, macht dann einen verunglückten Knicks, verstaucht sich den Fuß und weint dünn und kraftlos, wie wenn eine Kirchenmaus ›Pi-Pi‹ macht. Ganz im Gegensatz zu einem mürrisch blickenden Nachwuchs-Chaoten, der zwischen einer Begrüßung beide Hände zu einem roten Fäustchen ballt und schnell nach seiner Vergatterung noch einen Kaugummi ins Schlüsselloch der Klassentüre hineindrückt.
Jeder zwölfte ABC-Säugling, so erzählt man sich, wird in den ersten Wochen mit dem Auto hergebracht. Und

soeben kommt auch schon ein hochnäsiger Bentley angerollt. Ein ebenso stadtbekannter wie primitiver Makler quillt heraus und kratzt seinen widerspenstigen Nachkommen, der käsig und bleich ist wie eine Made am Bauch, aus dem Hintersitz der Familien-Arche. Dann geht er mit abschätzenden Blicken halb um das alte Schulhaus herum, als wollte er es kaufen. Schließlich versucht er, dem Offizianten gleich gar noch ein Trinkgeld zu geben. Doch der schaut weg.

Und zum Schluß kommt auch noch ein winziger Torwart mit seinen zwei Spezln, die noch ein Jahr jünger sind, einem Fußball und einer alten Tante. Der Goal-Keeper ist nämlich das größte Talent der Milchzahn-Liga. Doch als ihn seine beiden Flügelstürmer drängen, doch endlich ›draufzuhaun‹, schickt er die Tante weg und stellt sich selber klar ins Abseits. Ein banges Ahnen erfüllt seine schmale Truthahnbrust. Ihm schwant nichts Gutes. Sein Vertrag in der Kindergarten-Division wird nicht mehr verlängert werden. Da zieht er seine altmodische Kniehose und das kleine feuchte Gehänge an seiner minderjährigen Nase hinauf und geht langsam den ersten Bildungsweg entlang. Er hat es endgültig begriffen. Etwas ist aus.

Gefüllter Kaviar

Auf der Suche nach Laster hat Blasius wieder einmal ein paar von den neu eröffneten Fresserias besucht. Zuerst landet er in der ›Ente‹, einer aufgebrezelten Eckwirtschaft im Lehel. Man erzählt sich von diesem ›Geheimtip‹, daß es dort zwar alle Magenbusserl dieser Welt gibt, aber nur eines nicht. Nämlich einen Platz. Denn das kleine Lokal ist ständig so ausgebucht wie die ›Nächte der Cabiria‹. Und nur wer ganz besonders gute Beziehungen hat, kann vielleicht noch eine Sitzgelegenheit ergattern. Und zwar auf dem Küchenherd, wenn der Koch liebenswürdigerweise die Ofenringe herausnimmt. Dieser brillante Haferlrührer ist gleichzeitig auch der Chef des Leckermaul-Schuppens. Er sieht dem Robin Hood nicht unähnlich. Und wenn er den Gastraum betritt, klatschen die dankbaren Zecher begeistert in die Hände und schmeißen ihre Hüte in die Luft. Manche auch gleich das Geschirr. Die Kellner gleichen zwei enterbten Grafen, die sich hemdsärmlig im Morgengrauen duellieren wollen.
Als zuviel empfindet der Spaziergänger mit 16 Mark den Kurs für eine halbe Wackeltante. Von einem frischen ›Loup de Mer‹, was ein Seewolf ist, kann der Besucher nur hoffen, er möchte nicht gleich so frisch sein, daß er beim Verzehren zurückbeißt. Und von dem billigen Hausgericht ›Aufgeschlagene Kräutersuppe‹ weiß wohl selbst der Zwerg Nase nicht, warum die so heißt. Doch Blasius meint, womöglich, weil sich der Kellner in den engen Stufengängen jedesmal beim Servieren die Knie aufschlägt.

Folgt Werk II. Die ›Galleria‹ in der Sparkassenstraße. Ein Ravioli-Quetschwerk nur für Kenner. Es hat seinen Namen, zu Deutsch: ›Durchgang‹, ganz zu Recht, denn es ist so lang, so schmal und so schummrig wie ein Läusedarm. Die auserlesenen Gäste müssen es wohl mit der linken Schulter voraus betreten. Der Padrone stammt aus Sizilien und man sagt von ihm, er sei der eigentliche Erfinder der italienischen Nationalspeise. Denn Marco Polo soll zwar als erster Mensch Spaghetti hergestellt haben, aber nur als unendlichen Teigfaden. Erst der ›Galleria‹-Chef sei dann darauf gekommen, daß man sie auch abschneiden muß. ›Ecco‹.
Wer in diesen ›Schnellzug nach Schmakaduzien‹ einsteigen darf, ist wirklich ›in‹ und ›unter sich‹. Denn die Leute in so einem Nobel-Casino, die schmatzen, schlürfen und schlingen natürlich nicht. Nein, sie essen nicht einmal. Sondern sie onanieren mit dem Gaumen. Und wenn der stolze Risotto-Radscha einen Gast nicht leiden kann, dann läßt er ihm in der Küche einfach Knöpfe in die Spaghetti machen. Oder kleine Löcher in die Makkaroni, sodaß sie beim Verzehr dann pfeifen wie die Flöte des alten Fritzen bei der Nachtmusik in Sanssouci.
Im ›La Toula‹ in der gleichen Straße sieht der Spaziergänger durch die Scheiben gerade eine stadtbekannte Tranchier-Tonne speisen. Sie quillt überall über wie ein Geschenkkorb für eine Goldene Hochzeit. Doch obwohl sie längst mehr Rettungsringe um den reichen Bauch hat als die ›Queen Elizabeth‹ an Bord, läßt sie immer noch auftragen, bis sie die dünnen Tischbeine endlich auf Biedermeier gequält hat. Staunend studiert Blasius indes die Tageskarte. O la la! Eine Taube nur

ganze 32 Mark. Ja, da muß man natürlich schleunigst hineinbeißen. Und der Steinbutt zu 30 Mäusen wurde gewiß nur mit Edelsteinen gefüttert. Während eine Portion Hirn um 26 Mücken sicher vom letzten Nobelpreisträger stammt. Und für das Reh-Ragout zum selben Kurs wahrscheinlich der letzte Bambi von Peter Alexander zerwirkt wurde.
Trotzdem findet der Spaziergänger abschließend die Gesamtauswahl in all den Schlemmerschuppen, besonders hinsichtlich der kulinarischen Fantasie, recht bescheiden. Er hätte eigentlich erwartet, daß längst auch veredelter Kaviar, mit linksgescheitelten Trichomonaden gefüllt, angeboten wird. Oder Eisbein von ungeraden Tausendfüßlern. Vorher vielleicht noch etwas bittere Butter aus der Milch von frisch gemolkenen Löwenzahnstengeln. Und nachher auf den Toiletten anstelle von Clopapier ungegerbte Haifischzungen.
Aber solange unsere deutsche Gastronomie sowas noch nicht bietet, kann sie den Spaziergänger einmal . . . Da geht er dann doch lieber wieder hinunter zum ›Räucher-Onkel‹ am Platzl und holt sich ein herzhaftes Scherzl Leberpreßsack brutal.

Schwarze Läuse

München besitzt in der Bavaria nicht nur das größte Buntmetall-Mädchen Deutschlands und mit der Theresienwiese die größte Schiffschaukel-Prärie, sondern auch den größten Hafen der Bundesrepublik, wenn man den Leberknödeltopf vom Mathäser damit meint, und darüber hinaus auch noch die größte Bibliothek von Westgermanien. Denn über drei Millionen geheftete, gepreßte und gebundene Dauerkonserven lagern in dem riesigen Weisheits-Bergwerk der bayerischen Staatsbibliothek. Sie ist damit ein wahrer Supermarkt für Selbstbediener und Großverbraucher von Gutenbergs schwarzen Läusen. Wobei der große Vorteil dieser Bildungs-Konserven auch noch darin besteht, daß sie niemals ganz leergegessen werden können. Weil sie ja gar kein Gensfleisch enthalten, wie mancher Schalk nach dem Namen ihres Erfinders vielleicht sagen würde, sondern hauptsächlich wissenschaftliche Erkenntnisse, Sagen, Legenden und Tabellen. Weshalb sich die Deckel dieser Behältnisse auch niemals wölben werden wie die Dosen obergäriger Saubohnen. Manche der gestapelten Folianten sind jedoch fast so schwer wie der Bär von Bellenberg. Andere dafür wieder so dünn, mickrig und durchsichtig wie das Mädchen mit den Schwefelhölzern.

Ebenso geräusch- wie pausenlos drehen sich tagtäglich die Eingangstüren zu dieser Literaturburg. Steile Semester-Schätzchen kommen angestelzt und popige Pythagoras-Püppchen, ebenso wie der Student der ›unentdeckten Wissenschaften‹. Alte enttäuschte Jungfern suchen manchmal in den Wälzern von Lao Tse ohne große Überzeugung nach jener Befriedigung, die ihnen das böse Leben versagte. Auch seltsame Käuze fehlen nicht, die eine jahrzehntelange Briefbekanntschaft mit einer Kaltspeiserin in Thailand pflegen und jetzt nachschlagen wollen, was ›Unterrock‹ auf siamesisch heißt. Ja sogar mokkadunkle Twens von der Goldküste trifft man hier, deren Väter noch mit den Büchern der Missionare Kokosnüsse heruntergeworfen haben.

In den Lesesälen ist es immer so still wie in der Tiefseekugel des Tauchers Jacques Cousteau, wenn sämtliche Stricke gerissen sind. Nur halt eine Kleinigkeit geräumiger. Doch riecht es außer nach einem winzigen Hauch von Knoblauch, nach winzigen unterdrückten Mensasaal-Rülpsern, nach Deo-Spray und ein paar saftigen Fünfern in Mathe auch noch einwandfrei nach Lerneifer und verhaltenem Fleiß und Vergessen. Doch der Großstadtwanderer, der sich aus Neugier oder weil er seine Stammtisch-Spezln abends mit ostasiatischen Aphorismen überraschen will, hierher verirrte, hat reichlich Gelegenheit und Muße, seine kleinen Beobachtungen unter dem Motto: »Sage mir, wie du liest, und ich sage dir, wer du bist«, zu machen.

Dort zum Beispiel jener Rotkopf, der sich gerade aus Casanovas Abenteuern die pikantesten Schmankerl herauspickte, wovon er direkt steife Pupillen bekam. Oder drüben der ältere Lesegast, der mit dem Schlucken und geräuschlosen Schmatzen kaum mehr nachkommt. Hat der wohl ein Rezept für marinierte Engerlinge in einem malaiischen Kochbuch entdeckt? Ach, und es gibt gewiß genauso viele Arten, ein Buch zu lesen, wie es Bücher selber gibt. Denn da werden die Sätze und

Wörter überall gekaut, inhaliert, geknabbert, wieder ausgespuckt, mit vollen Backen geschmaust, genagt, hinuntergewürgt, zart gebusselt, unverdaut verschlungen, zermahlen oder zerfleischt. Und mit Nicken, Kopfschütteln, Stirnrunzeln, Zeigefingerdrohen, Grinsen, Schmunzeln, Augennässeln oder Fäusteballen garniert. Dazu polieren die einen pausenlos ihren Gesichtserker auf. Andere bohren an ihren Schläfen herum wie unglückselige Ölingenieure, die nicht fündig werden. Dritte renken sich mit leisem Knacksen die Fingerknöchel immer wieder aus oder winden die Unterschenkel umeinander, daß sie aussehen wie die Stiele von Teppichklopfern.

Häufig sieht man auch Typen, die lustlos an ihren Brillenstangerln lutschen, bis sie ihre Spekuliermaschine schließlich mit den Ohrenbügeln gleich gar in irgendeine Zahnlücke hängen. Dann gibt es auch noch eine alpine Sorte von Lesern, welche jede Zeile schräg von unten angehen wie die Matterhorn-Nordwand. Während kleinere Ferkelchen beim Umblättern jede Seite kräftig befeuchten. Und so für eine gleichmäßige Verbreitung ihrer Bakterien und der asiatischen Grippe sorgen. Die sogenannten Nasen-Literaten wiederum schnüffeln mit ihren Riechkolben wie Ameisenbären durch die Kapitel und saugen dabei besonders fette Kommas und Doppelpunkte an, so daß nachher in den gelesenen Absätzen viele weiße Stellen zurückbleiben. Und deshalb gibt es wohl kaum einen Zweifel, daß die Leseratten durchwegs ganz besondere individuelle Lebewesen sind. Nur eines haben leider viele gemeinsam. Nämlich ziemlich lichte Scheitel oder gar staubtuchhungrige Vollglatzen. Aber das kommt wohl davon her, weil sie doch durch das viele Denken und Studieren ihre Schädeldecken längst so abgewetzt haben und diese so dünn geworden sind, daß sich die Haare mit ihren Wurzeln auch beim besten Willen nirgends mehr einkrallen können. Und deshalb resigniert und beleidigt einfach ausfallen.

Stunde der Wahrheit

Auf der weltberühmten Theresienwiese beginnt wieder einmal der Frontalangriff auf die vierhundert Millionen Mark, die dort in sechzehn Tagen verjuxt und verpulvert werden. Und alles wird wieder so sein wie gehabt. Die Wirte drohen säuerlich lächelnd mit den Bierschlegeln und die Polizisten mit den Blasröhrchen. Schnell heben die Herings-Bändiger noch einmal ihre Wucherpreise für die schlappschwänzigen Skagerrak-Forellen, die angereisten zweitausend Schnallendamen jedoch probeweise ihre Röcke. Die alten Notstands-Nornen in ihren hundertjährigen Bedürfnis-Baracken wedeln freudig mit den zurechtgeschnittenen Zeitungsfähnchen und das tausendjährige Krokodil wedelt mit dem Schweif. Und im Schottenhamel-Zelt kriegen die Gaffer lange Hälse, ob sich der Oberbürgermeister beim Anzapfen nicht doch einmal auf den glücklosen Daumen haut. Die Prominenten auf der Tribüne hingegen kriegen ein Gratishendl. So kriegt eben jeder das seine. Blasius aber die vielstimmige Aufforderung: »Schreib fei wos G'scheit's, damit wir wos zum Lacha ham und an saftig'n Durscht kriag'n, sonst schreib'm wir amoi wos nei. Ha, ha, ha.«

Nun, so sei's denn. Von den großen und kleinen Abkochereien, den Geldbeutel-Waschanstalten oder Amüsier-Scheunen möchte der Spaziergänger auch heuer auf jene drei Schuppen hinweisen, die aufgrund eines ganz besonderen Bedürfnisses oder eines ebensolchen Bekannten bis ein Uhr nachts geöffnet haben. Nämlich Buckel's »Wies'n-Weinburg«, Käfer's »Wies'n-Schenke« und

das gute alte »Hippodrom«. Denn das sind die eigentlichen Endstationen ›Sehnsucht‹. Weil doch schon ein altes Sprichwort sagt: »Je später der Abend, desto schneller die Bräute.«
Am beschaulichsten ist es dabei zweifellos immer beim Buckel-Wirt, der natürlich selber keinen Quasimodo-Ast unter dem Nacken trägt. In dieser Spätlese-Burg finden sich zum Nachttrunk hauptsächlich jene molligen Damen ein, die längst keine Hosentürl-Augen mehr haben. Und auch bei den späten Zechern hat das ›Ungsteiner Honigsäckl‹ keineswegs mehr um die 38 Grad Celsius, sondern eine gemütliche Tisch-Temperatur. Was aber den ›Cröver Nacktarsch‹ anbetrifft, so busseln diese Herren denselben viel lieber aus einem geschliffenen Glas als aus einem reich bestickten Wildlederrock, wie beispielsweise drüben beim Käfer Gerd. Und zum Abschied gibt es dann vielleicht noch eine Portion ›Saure Zipfel‹ und das Versprechen, sich morgen um die gleiche Zeit beim Versatz-Chronometer, der Wies'n-Standuhr vor dem Löwenbräu-Zelt, wieder zu treffen. Wobei beide Teile doch schon längst wissen, daß keiner von ihnen jemals kommen wird.
Ganz anders ist dagegen das Publikum beim berühmten Kaviar-Kalifen mit dem bekannten Insekten-Namen. Dort verkehren größtenteils die adeligen Wanderameisen und der hinreichend berüchtigte Schlaraffia-Adel. Zum ›Käfer‹ geht man schon in der Hauptsache deshalb, weil es heißt, hier kriegt man nie einen Platz. Und das wollen doch die Beischlaf-Baroness von Liegestütz und der Freiherr von Querschläger-Wechselreich erst einmal genau wissen. Freilich, wenn dann das Thema bei Dampfnudeln mit Vanille-Sauce, dem Lieblings-

Schmankerl aller Jacket-bekrönten Sexual-Veteranen, über das Heia-Popeia kommt, so wollen alle vier bis fünf Akteure schon auch gerne wissen, ob ganz sicher ein Bad zur Verfügung stände, indem doch vor dem Clinch Toupet und Tampon in die richtige Lage gebracht werden müssen. Da lobt sich wohl nicht nur allein der Spaziergänger das Hippodrom, schon seit jeher das »Café zum sicheren Biß«. Denn dort traben zur Geisterstunde immer jene zweibeinigen Pferdchen in rauhen Rudeln, die ihren Reiter genauso wenig abwerfen wie die Vierbeiner. Leider aber wird der ›Ab-und-zu-Reiter‹ Claus Mayer auf die wiehernden Cavallos bald verzichten müssen, weil die verständlichen Vorwürfe der Tierschützer immer lauter ertönen. Doch sicher wird ihm die Wies'n-Verwaltung dann schon einen entsprechenden Umgestaltungs-Vorschlag, der das geliebte Hopsassa-Lokal auch weiter lebensfähig erhält, genehmigen. Damit alle notwendigen Buben auch in Zukunft jene begehrten Münchner Madeln wieder treffen können, die immer schon besonders mannschaftsdienend und anspruchslos waren und sich auch mit einem bescheidenen Limousinen-Liegesitz zufrieden geben. Wobei sie mit herzigem Augenaufschlag glaubhaft beteuern, sowas hätten sie noch nie in ihrem Leben getan. Um aber dann mit geübtem Griff und bei allen Modellen dieser Welt genau jenes Knöpfchen zu finden, bei dessen Betätigung das Schafott ihrer Tugend mit leisem Klinken nach hinten klappt.

Gespräch mit einem Penner

Der Penner, den Blasius schon viele Male auf der steinernen Brunnenbank in den Regina-Anlagen beobachtet hat, ähnelt aufs Haar dem letzten ›Tippelbruder‹ des Malers Högfeld. Sein Gesicht schaut zwar aus wie weggeworfenes Einwickelpapier, aber es scheint immerfort nach innen zu schmunzeln. Und der Spaziergänger meint, wenn man es wenden könnte, käme vielleicht ein Clown zum Vorschein oder ein Philosoph, was ja fast das gleiche ist.

Jedenfalls setzte sich Blasius nun einmal neben den bemoosten Stammgammler hin mit der festen Absicht, ein kleines Gespräch mit ihm zu führen. Also bietet er ihm zunächst einmal Zigaretten an. Und die verwitterte Vogelscheuche nimmt sie auch sogleich, die ganze Schachtel nämlich. Dann zieht er den Hut, bei dem es sich wahrscheinlich um jenen handelt, den der Landvogt Geßler auf der Stange vor sich hertragen ließ. Und siehe da, was liegt auf dem schütteren Scheitel von Sokrates' Enkel? Eine halb angerauchte Zigarre und eine flache Schachtel Streichhölzer. Schweigend legt der seltsame Hamsterer die Zigaretten dazu und stülpt den mürben Landstreicherhelm wieder darüber.

Dann entblößt er einen einzigen Zahn, lang und gelb wie der eines oberbayerischen Heurechens, und sagt kichernd: »Ich höre.« – »Wie alt?« fragt Blasius zunächst. »Viel zu alt«, klingt es zurück. »Und woher?« »Von daher«, sagt der Wanderer zwischen den Welten und deutet irgendwo nach Norden hinauf. »Warum arbatst denn eigentlich nix?« will der Chronist wissen.

Zwei ausgewaschene Tintenflecke schauen Blasius belustigt an. Dann erklärt der listige Penner: »Jede Gier im Leben kost' was. Am meisten aber kostet die Neugier.« Er hält die offene Hand hin und er kriegt.

Darauf beginnt er langsam zu sinnieren: »Schauns, es wird ja sowieso vui z'vui auf der Welt g'arbat. Zum Beispiel Anzüg g'macht. Die Menschheit macht soviel Anzüg, daß sie unsereins direkt notwendig braucht, um ois des Gwand aufzutragen. Frira, wissens, da hob i amoi aa wos Echtes gearbeitet. Als Metzger. Und da hob i jeden Tag über tausend Würscht g'macht. Aber i soiber hob doch höchstens fünf gebraucht. Also hob i mer denkt, du spinnst ja, wennst selber bloß fünf Würscht brauchst und tausend machst.«

Er ist sichtlich erschöpft von dieser anstrengenden Rede und dem Gedanken an seine einstige unsinnige Arbeitsleistung. Und dann sagt er völlig ermattet den Spruch her, der auch an den Telefonapparaten zu lesen ist: »Sprechzeit abgelaufen.« Blasius gibt wieder und will wissen: »Wie ist das denn bei Euch so mit den Damen?« Da winkt der zerrupfte Wandervogel aber ganz schnell ab und erklärt glaubhaft: »Friede ist da, Bruder. Ruhe sanft hinter den verruchten Knöpfen.«

Ja und mit der Menage, mit der ›Haschpulation‹, bohrt der Spaziergänger weiter, und er erklärt: Da gibt's ein paar Aschentonnen hinter Betriebskantinen, die sind immer reich bestückt. Dann kennt der Alte ein Schulhaus, da finden sich schöne verschmähte Buttersemmeln in den Abfallkörben. Und wenn er Durst hat, stellt ihm die Dora vom Augustinerkeller zwei, drei Noagerl-Maßen auf das Katzentischerl hin und sagt auch noch: »Zum Wohl, Franzl.«

Und dann hat der alte Kauz noch einen höchst seltsamen Job. Er handelt nämlich mit getrockneten vierblättrigen Kleeblättern. Für die er ein Spezialauge hat in allen Anlagen, die er durchstreift. Drei Stück zu drei Markl gibt er sie dann ab und niemand würde so ein getrocknetes Glück von der Haustüre weisen. ›Compris?‹
Ja und die Bleibe? »Zur Zeit ohne«, sagt das Klapperbein, »aber vorher bin i a Zeitlang auf dem Main gefahren, auf einem Kohlenschlepper, als Ballast.« Er kichert wieder und beginnt auf einmal mit einer hohen Mundharmonika-Stimme zu singen: »Wir haben die Welt durchrei-eiset, Fridolin, Charlie Chaplin, Harry Piel / das können wir euch bewei-eisen, Fridolin, Charlie Chaplin, Harry Piel / aus jeder Penne rausgeschmissen / haben Platte reißen müssen / denn wir waren voller Bien / O Isabella, Fridolin.«
Hm, meint Blasius, und was er denn dann von den anderen Menschen so beiläufig hält. Der Mann macht mit den Fingern eine Bewegung, die mindestens genauso gelassen und gnädig ist, wie jene, mit welcher der alte Fugger den Schuldschein des Kaisers zerriß, und erklärt hochdeutsch: »Schauen Sie, wir sitzen doch alle im gleichen Zug. Und ein jeder weiß, wo der einmal hält. Können Sie mir sagen, weshalb dann viele von den Reisenden auch noch wie Verrückte die Abteilgänge hin- und herrennen. Als ob sie so schneller ankommen würden. Da bleibe ich doch viel lieber auf meiner Bank hier sitzen, bis es einmal heißt: ›Alles aussteigen, bitteschön.‹ Dann bin ich wenigstens gut ausgerastet für die ganz große Reise. Hams mi vaschtandn?«
Blasius hat ihn verstanden. Und »vielen Dank« sagt der Spaziergänger auch noch, als er geht. Da brummt ihm

der Lumpazi Vagabundus sichtlich unwirsch nach: »Vielen Dank – des san aa oiwei so bläde Übertreibungen. Warum denn vielen Dank? Ein Dank dat doch a scho glanga. Aber oiwei des gleiche Bla-bla-bla. Nur net nachdenka. Na na, nur des ned.«

Die Pilz-Safari

Es gibt immer wieder einfältige Menschen, die glauben, es gehört ihnen irgendwas auf dieser Welt. Und sie sagen: »Schau, das ist mein Haus.« Dabei wohnen sie doch nur zur Miete drin. Und der Eigentümer ist der bekannte Versicherungskonzern ›Nimmersatt‹ (gegründet 1902). Wieder andere sagen auch: »Das ist mein Stadtviertel, mein Oberbürgermeister.« Oder auch nur: »mein Schatten.« Und einige Witzbolde behaupten gleich gar von irgendeiner schönen Frau: »Das ist meine Freundin.« Wenn dann ein neidiger Rivale vielleicht höhnisch darauf hinweist: »Was, die da? Aber die treibt's doch mit ganz Pasing.« So kann dieser von dem stolzen Besitzer womöglich gar noch zu hören kriegen: »Na, und wie groß ist denn schon Pasing?«

Und ähnlich, so meint Blasius, ergeht es öfter auch denen, die irgendwo ein kleines Platzerl im Grünen entdeckt haben, von dem sie dann denken, das wäre vielleicht ihres. Bis sie beim nächsten Mal baß erstaunt feststellen müssen, daß es die grinsende Sippe ihres besten Freundes, dem sie es unvorsichtigerweise gezeigt hatten, bis zum letzten Grashalm besetzt hat. Am schmerzhaftesten aber trifft so ein Verrat wohl einen passionierten Schwammerl-Schnüffler, der seinen Platz einmal im Vollrausch dem uralten Spezl verriet, und dann bei der nächsten Pirsch nurmehr einen handgeschriebenen Zettel im leergeplünderten Steinpilzmoos findet: »Brauchst nimmer suchen. Danke schön für den guten Tip. Es waren 52 Stück.«

Der Sportsfreund aber, dem es ähnlich erging, kann den Spaziergänger deshalb vielleicht auch verstehen, daß das Schlimmste, was ihm im Unterholz begegnen kann, nicht eine Wildsau mit fünf Ferkeln ist, sondern ein anderer Schwammerlsucher. Und daß dabei einer dem anderen die häßlichen Plastiktüten im Geiste mit den übelsten Wünschen aufbläst und ihm den ziegelroten Ristpilz oder den grimmigen Knollerich in den gierig geöffneten Henkelkorb wünscht. Die gefürchtetsten Pilz-Piraten jedoch sind zweifellos jene, die in den Wald gehen wie zu einem Fußball-Training und jedem Schwammerl, das sie nicht kennen und das ihnen unsympathisch erscheint, einfach einen Spitz geben. Blasius stellt sich dabei lebhaft vor, wie das wäre, wenn sich diese freundlichen Umgangsformen auch im öffentlichen Verkehrsleben einbürgern würden, so daß man irgendeinem unangenehmen oder fremden Wesen einfach den Stiefel ins Kreuz setzen dürfte. Da müßten ja die meisten Menschen hinten mit einer Stoßstange herumlaufen. Diese Graukappen-Guerillas kommen dem Spaziergänger immer so ähnlich vor wie jener Reisende, der eine Banane nach der anderen abschälte und die Frucht dann beim Zugfenster hinauswarf, wobei er zu dem Mitreisenden sagte: »Ich mache mir nämlich nichts aus Bananen.«

Warum wohl, so muß Blasius fragen, zermalmt ein solcher Barbar beispielsweise den violetten Dickfuß mit seinem schief getretenen Absatz? Vielleicht nur, weil sein böses Weib daheim, als er ihr vor Jahr und Tag auf den Leim ging, auch so einen lila Hut aufhatte wie der unschuldige, wohlschmeckende Continarius. Und jenen, welche das köstliche Schweinsohr zertrampeln, möchte jeder Schwammerlkenner wohl am liebsten die eigenen Löffel auch ein wenig in die Länge ziehen und ihnen auf der delikaten, brutal zermanschten Totentrompete einen kleinen Trauermarsch spielen.

Am verderbtesten aber findet Blasius einzelne verruchte Moos-Wühler, die es mit den minderjährigen Kindern der Dunkelheit treiben und auch die winzigsten Reherl, die noch nicht einmal die Größe eines Kragenknopfes erreicht haben, mit widerlichem Zeigefinger aus der Erde kratzen. Möge er ihnen krätzig werden!

Was aber hält ein echter Fälbling-Fan erst von solchen Forst-Frevlern, die mit nackten Fußsohlen übers Moos schlürfen, um auch den kleinsten versteckten Steinpilz noch zu ertasten und rücksichtslos auszutreten. Eine ähnliche Art so einer Pilzsafari gibt es darüber hinaus nur noch bei der Jagd auf die sagenhafte Trüffel. Wozu man meistens Schweine und Hunde verwendet. Diese müssen im Gegensatz zu den räuberischen Zweibeinern allerdings an der Leine geführt werden.

Wies'n-Blüten

»Es geht nirgends so zu wie auf der Welt«, soll der alte Nestroy immer gesagt haben. Aber da hat er wohl das Münchner Oktoberfest ganz vergessen. Denn auf dem jährlichen Weltkongreß der Maßkrüge geht es manchmal noch viel ›zuer‹. Vornehmlich nach dem Schlachtruf der alten Schausteller und Fieranten, der da lautet: »Hereinspaziert und Anteil nehmen, Damen und Herren! Denn etwas noch nie Dagewesenes ist heute schon wieder da.« Darüber hinaus treibt der erhöhte Alkohol-Spiegel auf der bayerischen Karussell-Prärie die seltsamsten Stil-, Rede- und Wies'n-Blüten.

Zu den meistbelachten Aussprüchen gehört zum Beispiel nach der Jahrhundertwende die Rede des Scharfrichters Papa Schichtl, der mit seiner weltbekannten, berühmten Guillotine zwar nicht einmal einen Hühnerkopf abhacken konnte, aber dafür die Lauskugeln von tausend Münchner Gassenbuben. Sie begann mit folgendem Appell an die gaffenden niederbayerischen Odelspritzer. »Edle wohlriechende Landbewohner, geht's nur rei, ihr g'schert'n Rammeln. Wir fress'n eire Erdäpfel ja aa. A Zwanzgerl kost' der Galerie-Platz. Bloß extraweich auf astfreie Schwartling. Wos schteht's denn so blöd do draußen rum? Geht's liaba herein und schaut's recht blöd hinaus. I zoag eich die Enthauptung einer lebenden Person ohne Schpiegel, Vorhäng' oder Kulissen. So einen Schwindel mach' ich nicht. Ich mach einen anderen.«

Blasius war als Wies'n-Reporter Zeuge einer denkwürdigen Moritat. Da hatte ein zorniger junger Mann eigens eine Pistole gekauft, mit der er seinem Nebenbuhler gerne ein siebentes Knopfloch in die festliche Weste gemacht hätte. Im Verlauf des Abends jedoch hänselte ihn dann seine Dulcinea wegen zweier Warzen, die er auf dem linken Handrücken hatte, so lange, bis der eitle Kavalier seinen scharf geladenen Blei-Huster aus der Tasche zog und statt auf den Rivalen zwei Schüsse auf die beiden hökerigen Untermieter an seinem rechten Handrücken abgab. Dann ließ er sich verbinden, lieferte seine Artillerie auf der Wies'n-Wache ab und trank friedlich mit der linken Hand weiter.

Auch jene beiden Burschen, die vor Jahren einen vier Zentner schweren Laib Emmentaler aus einem Bierzelt stahlen und ihn unter Assistenz eines diensteifrigen Polizisten, der sofort eine Gasse bahnte, bis zu einem Lieferwagen am Wies'n-Rand rollten, sind dem Spaziergänger noch erinnerlich.

Doch am meisten muß Blasius immer schmunzeln, wenn er besonders gewagte, geistreiche oder hinterfotzige Gedankensplitter einfängt. Zum Beispiel jenes Bekenntnis am Hippodrom-Eingang, wo einer seinem Spezl erklärte: »Woaßt wos, Alisi, am liabstn schteig i auf de Pferdl nauf, dene man beim Reit'n in d'Aug'n schaun kann.« Oder die Selbstbezichtigung eines Kellners, der schon die dritte Portion Kaffee über seine Kundschaft geschüttet hatte: »Ich weiß gar nicht, was das heute ist. Wo ich bin, ist es nix. Und überall kann i net sein.« Auch eine philosophische Feststellung von zwei angereisten Parterre-Akrobatinnen war nicht fad. Schneeweißchen sagte nämlich zu Rosenrot: »Nirgends auf der Welt wird soviel gebumst wie überall.« Wäh-

rend der Gesang von ein paar Bundeswehrsoldaten, die ihre bleichen einjährigen Brüstchen entblößt hatten und sie kühn gegen Osten hin zur Debatte stellten, eine gewisse Zivilcourage nicht ausschloß. Das dargebotene Lied hieß seltsamerweise: »Ja, wenn wia zum Daschiaß'n g'hörn, dann woll'n wia aa daschoss'n wern.«
Ein kleines Verserl allerdings, das der Spaziergänger sonst immer an der Bude eines Heringsbraters las, mußte er diesmal vermissen. Es war wohl ein selbstgestrickter Reim und er lautete: »Do schlägt koa Hering mehr mit'm Schwanzl, wenn er mein Spieß drin hod im Ranzl.« Die überraschendsten Kommentare aber erlebte Blasius jedesmal wieder, wenn er einen Block mit Hendl-Gutscheinen verteilte, der ihm vom Löwenbräu-Festwirt zum beliebigen Herschenken übergeben wurde. Da sagte unter anderem ein gelangweilter Wermutbruder, der auf dem Ausnüchterungshang bei der Bavaria lag: »Ja, leg'n Sie den Gutschein nur neben mich hin ins Gras. Ich hol' mir das Hendl nachher schon. Jetzt, im Augenblick, hab' ich keine Zeit. Ich muß nämlich nachdenk'n.« Eine Rosä vom Wörthersee wiederum meinte mit verschmitztem Augenzwinkern: »Ich weiß schon, was ihr Manaleit wollat. Erscht kemmts ihr uns Mädle mit an Gockerl und dann mit de Gaggerl.«

Käse-Proben

Blasius kann sich noch gut daran erinnern, wie einst die Königin von England den Münchnern, die zu Tausenden vor das Hotel ›Vier Jahreszeiten‹ gezogen waren, huldvoll zuwinkte. Und wie sich nachher die Leute in herrlichem Dialekt gegenseitig fragten: »San Sie aa bei der Queen gwen?«

Beim abschließenden Festmahl dieses Besuches soll sich dann Prinz Philipp gewundert haben, daß er auf dem kalten Büfett kein einziges Stückchen bayerischen Käse entdeckte. Dies mag wohl als schlimmer Rüffel von den weiß-blauen Camembert-Kalifen empfunden worden sein. Denn sie veranstalteten nachher überhastet ein gewaltiges Käseschmatzen, bei dem die Ehre des deutschen Voll-, Hart- und Schnittkäses wieder hergestellt werden sollte. Dem Spaziergänger, der auch daran teilnahm, ist noch gut im Gedächtnis, daß diese Gouda-Gaudi in irgendeinem Schloßsaal stattfand, in dem es so heiß und eng war wie in einer Weltraum-Kapsel, wenn sie wieder in die Erdatmosphäre eintaucht. Und infolge dieser Temperatur mußten manche Interessenten ihrem Lieblingskäse direkt mit Messer und Gabel bis zur Ausgangstüre nachlaufen. Die paar Blumensträuße aber, die zur Neutralisierung des Aromas auf den Tischen standen, kämpften mit ihrem zarten Duft vergeblich gegen die Atomschwaden von überreifem Limburger an. Denn was vermag beispielsweise eine Rose schon gegen einen Romadur? Sie könnte ihn doch höchstens stechen. Aber Löcher hat er bereits selber genug. Die Bilder der Ritter und Adeligen an den Saal-

wänden aber schauten mit schwer mißbilligenden Augen auf die Entweihung ihres Raumes herab und manche rümpften die Nasen so sehr, daß nachher die Leinwand der Ölgemälde wieder nachgespannt werden mußte.
Des damaligen großen Erfolges wegen hat der Landesverband der Bayerischen Milchwirtschaft in unregelmäßigen Abständen immer wieder solche Emmentaler-Derbys veranstaltet. Und der Spaziergänger war beim letzten wieder einmal dabei. Obwohl er ein bißchen zu früh kam, war der große Raum bereits mit vielen Repräsentanten der Regierung und Funktionären sowie mit halblautem Murmeln gefüllt. Die besseren Herren trugen meistens jene stilisierten Trachten, die man auch Raiffeisen-Smoking nennt, und dazu reichlich Unwillen um den Mund. Das kam daher, weil es statt der versprochenen Brotzeit nur lange Reden aus Stangenkäse gab. Sowas macht eben hungrig. Und Hunger macht ungerecht. Deshalb las Blasius zuerst einmal ein gutes Kilo Informations-Drucksachen durch. Und so erfuhr er auch, daß es in Bayern außer dem ihm bereits geläufigen Federhalter oder Büstenhalter auch noch 210 520 Kuh-Halter gibt, die er in seiner Unwissenheit einfach als Bauern bezeichnet hätte. Ferner las er auch noch, daß auf jeden Kopf der Bevölkerung bereits heute achtzehn Kilogramm Käse trifft. Bei dieser Vorstellung zog er unwillkürlich sein ungeschütztes Haupt etwas ein, denn sicher hätten sie dem Spaziergänger seinen Anteil wieder einmal in eisenhartem Parmesan zugeteilt. Indes kam schließlich der längste und letzte ›Kaas‹-Kommentar. Und während die ersten Maden, die sich vom riesigen Büfett aus bereits auf die Socken

gemacht hatten, gerade noch einmal zurückgescheucht werden konnten, überlegte Blasius angestrengt, warum man eigentlich noch keinen Käse, der bekanntlich den Magen schließt, erfunden hat, der auch das Maul schließen kann.

Inzwischen war der Nachbar vom Spaziergänger, ein unverbildeter Kleinhändler, durch den Gratiswein soweit angeheitert, daß er lautstark jenes Lied zu singen begann, das Blasius selber noch aus seiner Topfen-Kaserl-Zeit her kennt. Nämlich: »Oide mogst an Kaas? Na, der is ma z'raß. Oide mogst an Lüneburger? Na, do wer i a g'schtingats Luada.« Und alle fünf Strophen schnatterte der wackere Tilsiter Tenor herunter. Auch jene schlimme, in der es heißt: »Oide mogst an Dopfa?« Nunmehr begann endlich das Schlingen, Schmatzen, Mümmeln und Knabbern. Manche Liebhaber der obergärigen Schmankerl spachtelten dabei alles wild durcheinander, bis sich zwischen ihren Kiefern dünne lange Fäden bildeten, wie bei den ganz echten schwäbischen Käse-Spätzle. Ältere Feinschmecker knipsten beim Emmentaler-Verzehr hauptsächlich auf den Löchern herum. Weil die bekanntlich am weichsten sind. Etliche wiederum zogen die Luft nach jedem Bissen immer wieder mit großer Sachkenntnis pfeifend durch die Zähne. Aber vielleicht hatten sie sich auch nur ein Kümmel-Körnchen eingebissen.

Zum Schluß bekam dann jeder Geatzte noch eine Art illustrierte Zeitung geschenkt, die sich ›Bayerischer Käs-Bote‹ nennt. Aus ihr erfuhr der Leser aus so interessanten Rubriken wie ›Blick über den weiß-blauen Käsezaun‹ oder ›Käse-Drucksachen‹ auch noch, daß in unserem Lande kein Käse übrigbleibt, sondern der Überhang in bestimmten Formen eingeschmolzen wird. Und als der Spaziergänger auch noch ein Beilage-Blatt darin fand, war er sicher, daß ein größerer Teil dieser Restmasse auch in Druckformen gegossen wurde, mit denen dann so ungeheure Nachrichten geprägt wurden, wie sie im Pressedienst der ›Landesvereinigung der Bayerischen Milchwirtschaft‹, Blatt 2, zu lesen sind. Nämlich: »In dem Durchschnitts-Querschnitt eines Tilsiterbrotes von 12 mal 12 Zentimeter ergäbe sich eine Käsebrücke von 14 500 Kilometer, das heißt von München nach Merauke, einer Hafenstadt an der Südküste von Neuguinea.«

Da kann dann Blasius allerdings nur mehr sagen: Daher also der Name ›Kaas-Blattl‹.

Schneider machen Leute

Wenn Blasius manchmal über alte Sprichwörter und Aussprüche ein bißchen nachdenkt, so muß er sich doch wundern, wie gedankenlos die Leute alles hinnehmen und nachplappern. Da heißt es doch beispielsweise: ›Morgenstund hat Gold im Mund.‹ Viel richtiger aber wäre es doch zu sagen: ›Morgenstund hat Zahnpasta im Mund.‹ Oder der brave Reim: »Mit dem Hut in der Hand kommst Du durch das ganze Land.« Der simpelste Ostfriese aber kommt doch schnell darauf, daß er dann, wenn er seine dämliche Scheitelhülse in der rechten Pfote hält, nur mehr mit der Linken hinlangen kann, wenn's irgendetwas ganz besonders Billiges gibt. Blondinen oder Blutorangen vielleicht. Und so ist es doch wohl auch mit der abgedroschenen Wandkalender-Behauptung: »Kleider machen Leute.« Weil es doch schon immer die vielen unbekannten Einfädler und die anonymen Knopfloch-Ingenieure waren, welche den nackerten Mann zum Gentle-Mann machten und Lumpen-Müller's Lieschen zur Lady. Und wenn dann bei den Schurwoll-Schamanen wieder ein paar Ideen in ihren schräg gehaltenen Köpfen zusammengelaufen sind, machen sie eine sogenannte Hoffahrts-Parade. Einer der berühmtesten Veranstalter dieser Kaschmir-Kalifen ist zweifellos Mister B. B. B. Der Bundesdeutsche Bügeleisen-Bewahrer Max Dietl aus München, dessen Berühmtheit vielleicht bloß noch von dem anderen Nadel-Stichler Manfred Köhnlechner übertroffen wird. Bloß mit dem kleinen Unterschied, daß der eine in den Westen der feinen Leute herumsticht. Der andere aber in den Wampen. Doch billig ist das bei beiden nicht.

Nun, der ›stramme Max‹ kommt dem Spaziergänger immer ein wenig vor wie der Außenminister vom Freistaat Glockenbach, von dannen er ja auch kommt. Schlüpfig und schlank mit dem eleganten Nerz-Besatz unter dem klassischen Riecher schaut er fast selber aus wie eine aufrechte Nähnadel mit Bart.

Blasius konnte sich im ›Bayerischen Hof‹ persönlich davon überzeugen, daß die modernen Modeschauen bestimmt mit ganz weichem ›au‹ geschrieben werden. Denn die Parole lautet diesmal ganz eindeutig: ›Alles fließt‹. Nicht nur der Rhein.

Und niemand stieß sich an dem Gezeigten die Pupillen wund. Natürlich heißen die neuen Kreationen eines Kammgarn-Karajans vom Range des Nähseiden-Generals Dietl nicht mehr ›Modell Georgenstein‹ oder ›Brotjacklriegl‹. Denn wenn sie wirklich einen Namen gekriegt hätten, würden sie vom Meister sicher ›sibirischer Mondstrahl‹ oder ›kleine Liebe zu Nebukadnezar‹ getauft worden sein. Und deshalb erklang zum Aufmarsch der Mode-Marionetten auch nicht der Tölzer Schützenmarsch. Sondern das Largo von Händel. Und es gab auch keinen Mecker-Heini oder eine Quatsch-Tante zum Ansagen, sondern die Marschier-Maschinchen wurden alle ferngesteuert. Die Mannequins selber sahen alle aus, als wären sie aus erstklassigem keimfreien Saatgut in den Orangerien von Versailles gezüchtet worden. Freilich, ihre Busen waren meistens so flach wie Achtzig Pfennig-Briefmarken, die auf einer Drucksache nach Boandlhausen klebten. Aber zwischen diesen rätselhaften Postwertzeichen baumelten dafür prächtige Karfunkel-Steine und glitzerndes Geschmeide wie die versteinerten Glückstränen einer Lotto-Königin. Während indes in den Köpfen der schreitenden Schönheiten die Phantastereien von Stars und Styling brüteten, nisteten oben drauf die Träume der Münchner Huterin Stauber-Stendl. Beim Anblick der gezeigten Organza-Orgien war es für einen Mann mit Phantasie sicher nicht schwer sich vorzustellen, daß er eigentlich nur so ein Sündenkleid zu kaufen brauchte, um es mit ins Bett zu nehmen. Den Inhalt könnte er sich da tatsächlich sparen. Und er würde trotzdem ein völlig neues Sex-Gefühl erleben.
Und je länger diese Polonaise der Eitelkeit wurde, desto

zutraulicher wurden auch die jungen Kuschel-Kurtisanen im Parkett zu ihren Scheichs. Bis sie ihnen schließlich so unwiderstehliche Kosewörter in die haarigen Eselsohren flüsterten wie ›Stutzifaki‹, ›Mäusebumser‹, ›Schmeichel-Schlieferl‹ und ›Ameisenbärle‹. Es war irgendwie wie beim Old Shatterhand, wenn er seinem berühmten Mustang das Zauberwort ›Rih‹ in die gespitzten Löffel hauchte. Dann gab der bekanntlich sein Letztes her. Und das taten die älteren Wallache sicher auch, denn sie zogen gewiß schon am nächsten Tag kleine blaue Heftchen aus der Tasche und machten viele eierköpfige Nullen darauf und davor einen schneidigen Einser, einen gebuckelten Fünfer oder eine hochschwangere Neun. Und kein Firmenchef wackelte da verneinend mit dem liebedienerischen Kopf.

Schwarze Gürtel

Der Angriff ist die beste Verteidigung, so sagte weiland der kluge Onkel Adolf. Und dann verlor er durch seinen Angriff den Krieg, sein Volk, sein Reich und sein Leben. Doch auch sonst gibt es eine ganze Anzahl bildhafter Sprüche und anschaulicher Schilderungen über die Sache, die man Hader nennt. »Oamoi is er ob'n g'legn und na i wieda unt'n«, schildert Karl Valentin so eine handfeste Rauferei. Während Ludwig Thoma einen seiner ›hoglbuachanan‹ Bauernlackl sagen läßt: »Zerscht hod er herg'schaugt, dann hob i hig'schaugt, und auf oamoi is mir a Aug' raus-g'hängt.« Auch höheren Orts war ein schneidiges Kräfte-Messen schon immer eine ritterliche Abwechslung. War ein Studiosus zum Beispiel besonders vornehm, so beleidigte er als Duellgrund seinen Gegner nicht selbst, sondern er besoldete einen Dienstmann, der den verhaßten Kommilitonen in seinem Auftrag anspucken mußte. Er spuckte also nicht selber, sondern er ließ spucken. So wie ja auch die Großen dieser Welt nicht selber hinlangen, sondern das durch Gorillas oder Schwarze Sheriffs erledigen lassen. Und keinem Filmzahn würde es einfallen, einen zudringlichen Verehrer vielleicht selbst zu beißen. Sondern das lassen sie diese lächerlichen Hunderl tun, die eigentlich nur einen gewissen Gebrauchswert als Schlüsselanhänger besitzen. Weil der Mensch aber schon von jeher umzingelt wird von Banditen und Bazillen, die im dunklen Gebüsch, aber auch im verdorbenen Fisch lauern, und die ihn im Tunnel von Küßnacht ebenso tückisch erwarten wie im

Taumel des Küssens, und eingekreist ist von Buben des Spitzes, die ihn dringend entführen, entjungfern oder von lästigem Geld und Geschmeide entblößen wollen, hat er natürlich auch seit ewigen Zeiten über entsprechende Notwehrmittel nachgesonnen. Und so entstand beispielsweise auch der ›boarische Ochsenfiesel‹ aus jenem edlen Körperteil, welcher die Kuh vom Ochsen unterscheidet, der siebenzahnige Schlagring, mit welchem einem Bösewicht der Scheitel nachgezogen wurde, der tückische Brauch, einem anderen Mitbürger schwarzen Pfeffer in die erstaunten Ochsenaugen zu streuen, die umständlich herausgenestelte Sprühdose und zuletzt eine völlig astfreie chemische Keule. Auch schwer geweihte Leichtmetall-Amulette oder rasch gebastelte Stoßgebete wie etwa der Zweizeiler: »Heiliger Ophirius, kreizbraver Mo, leg den Reiber über und hau eahm den Popo«, sollen angeblich viele Wegelagerer abgeschreckt haben.

Besonders gefährdet waren aber schon immer die einsamen, fürbaß wandelnden Weiber, weil die ja auch nicht einen eisenbeschlagenen Spazierstock im Ridikül mitführten, sondern höchstens ein erblindetes Riechfläschchen und einen verdorrten Lippenstift. Immerhin aber sieht man in den Gazetten öfters alte Dornröschen, wie sie mit erhobener Rechten einen Sittenstrolch bedrohen. Allerdings zeigen dabei manche einen Gesichtsausdruck, als wollten sie sagen: »Oh verruchter Rauberer, wenn du mir meine Tugend nicht bald abnimmst, schläft mir glatt die Schlaghand ein.« Aber diese wenigen luftgeräucherten Modelle sind wohl von demselben Baumuster wie jene Suffragetten, welche ihren Beichtvätern derart ungeheure, nie begangene

Sünden zuflüstern, daß es ihnen die glühende Schamröte ins Gesicht treibt. Den Beichtvätern nämlich.
Nun, warum Blasius wohl so ausführlich über das Thema der Wehrbereitschaft schreibt? Weil er nämlich gelesen hat, daß heute bereits jede zwölfte deutsche Frau etwas von Selbstverteidigung versteht und daß in vielen Instituten und Vereinen gelehrt wird, daß eine echte Germanin nicht mehr mit der Handtasche zuschlägt. Sondern mit der Handkante.
Der Spaziergänger hat sich also einmal in Wiedmeiers Sportschule im Olympiazentrum umgesehen, wo von dem grundgeduldigen Großmeister Löhr Ken-Jitsu gelehrt wird. Doch um die gebotenen Nahkampf-Szenen ausgiebig zu beschreiben, müßte er mindestens zweihundert Blätter bekritzeln. Immerhin aber hat Blasius dabei einen Heiden-Respekt vor solchen Griffkombinationen bekommen, die er nach eigener Fantasie ›Hongkong-Hebel‹ oder ›Shanghai-Schlenzer‹ getauft hat. Und eine geradezu sündhafte Gänsehaut befällt ihn wahrscheinlich für immer, wenn ihm so eine Kung-Fu-Lady gezeigt wird, die nach jahrelangem Leidensweg endlich die höchste aller Trophäen, nämlich den schwarzen Gürtel besitzt. Wobei er trotz aller Hochachtung aber noch schamhaft erwähnen möchte, daß für ihn der begehrteste Gürtel einer schönen Frau immer wieder ihr schwarzer Strapsgürtel sein wird.

Altar der Kunst

Blasius besucht die Aufnahmeprüfung in die Münchner Falckenberg-Schauspielschule. 200 Musenjünger und -innen haben sich zu diesem Experiment gemeldet, 60 wurden zugelassen, 24 geprüft, aber nur 6 fanden Gnade vor der künstlerischen Abnahmekommission. Blasius betritt einen muffligen Raum in der Herrnstraße, in dem die jungen Talente nach ihrer persönlichen Meinung von mißgünstigen Bühnendiktatoren hingerichtet werden sollen.

Auf einer Probebühne, die ganz in Schwarz gehalten ist wie ein niederbayerisches Räucherkammerl, stehen ein einsames Katzentischerl und ein alter Wirtshausstuhl mit Schlottergelenken. Zwei von der städtischen Energieversorgung nur widerwillig gespeiste Glühlampen hängen wie teigige Bergamottebirnen von der Zimmerdecke. Fünf Männer und zwei Damen sitzen als Jury in dem abgedunkelten Raum. Alle halten sie einen Stoß knisterndes Papier bereit, als hätten sie einen Frühjahrsentfettungstee getrunken und müßten jeden Augenblick auf das Schlimmste gefaßt sein.

Die Tür geht auf und herein tritt die erste Delinquentin, ein knochiges altes Mädchen mit einem grauen flinken Mäusekopf. Von der Iphigenie will sie etwas vortragen und noch etwas von Goethe. Ihr Stimmchen ist dünn und warnend, ähnlich einer Signalpfeife an einem Kartoffeldämpfer. Flehentlich schlägt sie ihre Abmagerungsdragéeaugen zu den einsamen Birnen empor, dann fällt sie stöhnend in den Liegestütz und zieht sich einen daumenlangen Schiefer in ihr Knie.

»Das reicht uns«, sagt die Jury, und dem Mäuseköpflein scheint es auch zu reichen. Es hinkt ergriffen und verwundert über sein eigenes Talent zur Tür hinaus. Diese wird kaum einmal auf den Salembildern verewigt werden, meint Blasius, und die einzigen Autogramme, die sie einmal geben wird, bekommt sicher nur der Postbote für die Einschreibbriefe — da klettert schon die nächste aufs Schafott.

Es ist ein prallgefülltes Mädchen, das eine Totenszene zum besten gibt. Dabei schmiegt sie ihre glühende Wange liebkosend auf den Wirtshausstuhl, als ob soeben Stuart Granger darauf gesessen hätte. Dann schlägt sie luftminenwuchtig auf dem Boden auf und stirbt zuckend. Aber so stirbt man nicht, so zappelt man höchstens, wenn sich das Plumeau verschoben hat und es unten ins Bett hereinzieht. Auch die nächste Elevin kann den Spaziergänger nicht recht überzeugen. Sie hat zwar einen unverschämt buckligen Pullover an, streckt aber beim Vortrag die Hände von sich, wie man es nach dem Waschen tut, wenn man kein Handtuch findet. »Sieh doch die Sonne, sie glänzt wie ein Nickel«, jubelt sie, während es draußen schüttet.

Schließlich kommt ein junger Mann aus gutem Hause an die Reihe. Mit ausziehbarem Hausierertenor preist der hemmungslose Knabe die Verdienste Wallensteins. Plötzlich fängt er an zu brüllen: »Keine Eier, keine Eier«, und Blasius glaubt, dies wäre ein Monolog von Stadtrat Weiß aus der Reichsmarkzeit, er war aber aus der Jungfrau von Orleans. Auf einmal verfangen sich die Blicke des Jünglings an den Beinen der beiden Damen vom Prüfungsausschuß, da wird er furchtbar rot und bleibt für immer stecken.

Endlich kommt noch eine Bewerberin für den Glockenbach-Oskar, die schlägt dem Faß den Boden ins Gesicht. Zuerst beginnt sie mit der fetten Stimme eines Tellerfleischessers das ›Lied der Taube‹ aufzusagen. Dann geht sie mit einem unsichtbaren Partner in dem Räucherkammerl auf und ab, wobei sie ungemein interessiert den Plafond betrachtet, als wäre ihr Begleiter ein Malermeister, der ihr erklärt, was man alles ausgipsen müßte. Dazu schnauft das Mädchen wie eine Fahrradpumpe.

»Nein«, möchte Blasius zu dieser verhinderten Tragödin gerne sagen, »als Schauspielerin können Sie leider nicht beschäftigt werden, aber vielleicht wird einmal etwas frei als Garderobenfrau. Im übrigen nehmen Sie die Bretter, die Ihnen die Welt bedeuten, lieber zum Kaffeekochen her, sechs bis acht Kannen können Sie bestimmt damit sieden.«

Weinen für Pampanini

Blasius hat eine vierzigjährige Schallplatte daheim, auf der ein längst vergessener Tenor ein Lied singt, das mit dem verstaubten Vers beginnt: »Mein Bruder macht im Tonfilm die Geräusche, er macht das Waldesrauschen und den Vogelschall, er macht das Küssetauschen und den Revolverknall.«

Nun, und weil zu den Stammtisch-Spezln des Spaziergängers auch der zähe Zelluloid-Zar Luggi Waldleitner gehört, wollte sich Blasius auch einmal ansehen und anhören, wie es heute in einer modernen Seufzer-Werkstatt, wie er die Synchron-Ateliers auch nennen möchte, zugeht. Freilich war ihm dabei schon klar, daß man dort den Donner wahrscheinlich nicht mehr mit großen Zinkblech-Tafeln macht, den Regen mit Fasanen-Schrot und das heimelige Grillenzirpen mit einem Grashalm zwischen zwei Daumen. Und er hatte sich deshalb allerhand Roboter und vollautomatische Imitatoren vorgestellt. Umso überraschter war er dann, als er lediglich zwei hellwache junge Burschen antraf, die einen riesigen Koffer mit sämtlichem Ramsch des Abendlandes dabei hatten, mit dessen Hilfe sie so ziemlich alle Kinogänger-Ohren dieser Welt überlisten können. Da gab es beispielsweise ein halbes Dutzend verschiedener Papierfetzen. ›Ritschi-Ratschi‹, und schon ertönte aus den Aufnahme-Mikrophonen das Zerreißen des Versailler Vertrags oder auch nur jenes dezente Rascheln, das ein Hundert-Mark-Schein verursacht, den ein abgeschlaffter Freier seiner Stundenbraut als Strumpfgeld unter den Straps zwängt.

Ach, und wie leicht waren doch ein paar Genießer zu imitieren, die auf der stummen Leinwand ein Gericht Austern aßen. Der Nachempfinder legte einfach seinen Kopf etwas nach links, sammelte einen Mund voll Speichel, und schon schlabberte und schlürfte es, daß die Lichtbild-Besucher mit dem Schlucken gar nicht mehr mitkommen. Und sollte es vielleicht ein bißchen Knirschen sein auf einem Friedhof in Nizza? Vierzehn Sorten gequetschter Kies purzelt aus kleinen Tüten. Oder ein Schnupfen in Norwegen? Bitte, hier wären die Taschentücher mit dem eingebauten Katarrh. Blasius mußte manchmal vor Verwunderung seinen Kopf so nachhaltig schütteln, daß er Angst hatte, er könnte ihn verlieren.
Weitaus spannender aber war es dann erst, als die persönlichen Imitatoren ans Werk gingen. Jene ungenannten Schauspieler, die für den Pampanini weinen müssen, für Kirk Douglas fluchen oder sich für Charles Laughton räuspern. Denn was weiß denn das Publikum schon davon, daß eine Rosmarie Kirstein für die Claudia Cardinale lacht, daß Hänschen Clarin auch ein absolutes Stotter-As ist, daß die wilde Hanne Wieder im ›Exorzisten‹ dem bösen Beelzebub ihren Baß-Bariton zur Verfügung stellt (nun, sie wird es sicher beichten), oder daß Wolfgang Lukschy das phonetische Western-Double vieler Texas-Helden ist. Wobei er doch noch nie Pferdefleisch zwischen seinen Berliner Beinen hatte, sondern höchstens eine Portion belgisches Gulasch zwischen den Zähnen. Gewiß ist es auch für Harald Leipnitz nicht leicht, dem Mastroianni nach dem Mund zu reden. Oder für eine Marion Degler, das schwüle Bettgeflüster der Liz Taylor genau zu treffen. Auch die

Bardot läßt im Münchner Aventin-Studio husten, während das saure Aufstoßen und das Röhren von Richard Burton ein gewisser Holger Hagen übernimmt.
Total verdutzt ist jedoch Blasius, als er die Ohren-Bläserin vom Sex-Dienst zu Gesicht bekommt. Ein Rautendelein, das bestimmt nicht mehr Erotik ausstrahlt als eine Erbswurst. Dieses biedere Heimchen, so schätzt der Spaziergänger, hat doch in seinem ganzen Leben wohl genauso wenig einen Höhepunkt erlebt wie die Dame ohne Unterleib. Dabei röchelt sie derart gekonnt und winselt so verrucht, daß selbst dem größten Spießer vor Erwartung die Krawatte aus der Weste steigt. Und schluchzen kann die erst! Allerdings verliert sie bei dieser Pflichtübung auch nicht mehr Tränen als der Strauß, wenn einmal der Wehner stirbt. Und wenn dieser winzige Gefühlskübel vor Schmerz und Jammer fast überläuft, greift er auch noch regelmäßig zu einer Streichwurst-Semmel und stopft sich damit den genialen Mund voll. »Erkläret mir, Graf Oerindur . . .«, konnte da Blasius nur fassungslos sagen.

Leberknödel-Rezept

Da soll doch ein Nordgermane zu einem bayerischen Dreiquartel-Privatier, als dieser bereits die sechste Maß unter seinen Schnurrbart geschüttet hatte, einmal gesagt haben: »Mann, was sagt denn da bloß Ihre Leber zu dieser Sauferei?« Worauf der Bayer stoisch erwiderte: »D'Leber hod bei uns gor nix zum sag'n, de kommt bei uns in d'Knödl nei.«
Nun, dieser Witz wird wohl gerade so alt sein wie die Leberknödelsuppe selber, die hierzulande hinter dem

Leberkäs und den Weißwürsten an dritter Stelle in der Beliebtheit der kleinen Zwischengerichte rangiert. Nach uraltem, überlieferten Rezept hat sie aus folgenden Zutaten zu bestehen: aus der Suppe selber, die nicht trüb sein darf und außer Knochen auch ein Stück Fleisch gesehen haben muß. Schnittlauch gehört zur Suppenwürze ebenso wie Pfeffer, Salz und eine Spur Muskatnuß. Die Knödel, etwa tennisballgroß, müssen enthalten: Knödelbrot, etwas warme Milch zum Anmachen, Eier, Zwiebeln, Majoran, eine Spur Zitronenschale, Rindsleber geschabt mit einem geringen Zusatz von Rinderspeck, eventuell ein bißchen Milz, Salz, Pfeffer und einen Hauch von Knoblauch. Aber keineswegs so viel, daß der Gast nachher aus dem Mund riecht wie sieben Zigeuner aus den Hosentaschen.

Um nun die Leberknödel-Köchinnen, die ja die runden Suppenschusser schleifen müssen, wieder einmal zu testen, hat der Spaziergänger ein paar der bekanntesten Münchner Brotzeit-Stützpunkte aufgesucht.

I. Station:

Preis 1.50 Mark. Flüssigkeit zu wenig, trüb und blind, entweder durch Kalbsknochenzusatz oder Extrakt. Acht gezählte Schnittlauch-Krümelchen. Knödel schauen halb ertrunken aus, werden im Kern aber immer dunkler. Bei der Zitrone, die des Spaziergängers Zunge zu verspüren glaubte, muß es sich wohl um einen hineingeriebenen Citroen-Kotflügel gehandelt haben oder um den unschuldigen Fingernagel der Küchenhilfe Suleika. Kein Salz, kein Maggi, kein Pfeffer auf dem Tisch. Auch kein »guten Appetit« der Bedienung. Gesamtgeschmack: Aschermittwoch mit Traurigkeit.

II. Station:
Preis 1.30 Mark. Servierzeit eine Minute, Bedienung stolz, aber ›Mahlzeit‹ wünschend. Suppe im Zinnschüsserl und so klar, daß der Tellergrund deutlich zu erkennen ist. Aber etwas zu wenig. Service komplett und Bier ungemein gepflegt wie weißer Herrschaftspudel. Knödel locker, g'schmackig, reichlich Majoran, mit Löffel mühelos zu zerteilen. Das ganze Gericht würde von Blasius drei Sterne kriegen, wenn es nicht oft eine ›Suppe senkrecht‹ wäre, weil in dem Lokal stetig ein Gedränge herrscht wie im katholischen Fegefeuer. Platz gäbe es höchstens noch auf den Knien der Wirtin. Doch der Wirt ist dagegen. Oder aber mit einem Bein in einem Bierwärmer und mit dem anderen vielleicht auf dem freitragenden Busen der Kellnerin Dora.
III. Station:
Der weitaus niedrigste Preis. Nämlich 1.10 Mark. Die Knödelköchin muß eine Handschuhgröße haben wie die letzte Olympiasiegerin im Kugelstoßen. Suppe ist würzig und herzhaft. Die Knödel enthalten weit mehr Leber als Brot. Ein Teller mit zwei ›Knöpfen‹ ersetzt zweifellos ein komplettes Mittagessen. Die ›Gabe‹ könnte jederzeit für den ›Schmankerl-Oskar‹ vorgeschlagen werden.
Endstation:
Mit 1.80 Mark der weitaus höchste Preis. Dafür steht auf der Karte auch ›Leberknödel in Kraftbrühe‹. Vielleicht weil hier der Gast immer schön kräftig ›abgekocht‹ wird. Hauptsächlich aber jene Nobel-Schmatzer, die selber von der Struktur eines Leberknödels genauso wenig Ahnung haben wie von der Zusammensetzung der Labour-Party. Dem servierten Klumpen fehlt eigent-

lich nur noch ein Abzugsring, so meint Blasius. Dann könnte dieses waffenschein-pflichtige Wurfgeschoß im Fasching getrost als Handgranate gehen. Eine Qualität allerdings muß der Spaziergänger der Pächters-Familie schon immer bestätigen. Nämlich ihre Nehmer-Qualitäten. Denn sie nimmt jede Kritik ebenso ungerührt hin, wie wenn man die Bavaria unter dem Rock kitzeln würde. Immerhin aber mußte Blasius noch lange an den Leberknödel denken, denn er stieg ihm immer wieder auf, wie die Faust vom Boxer Forman. Und erst nach langem Nachdenken kam er darauf, wieso dieser Satans-Pinkel überhaupt Leberknödel hieß. Wahrscheinlich nämlich deshalb, weil vom Verteidigungsminister Georg Leber etwas mitverarbeitet wurde. Und zwar mit Gewißheit das lederne Offiziers-Koppel von seiner letzten Reserveübung bei der Bundeswehr.

Rrrin in die Damen!

Neulich sah ihn der Spaziergänger nach dreißig Jahren wieder. Nämlich den ersten Münchner ›King of Boogie‹. Den Toni Bleiweiß. Doch was war aus dem einstigen Juckpulver-Champion geworden seit den Tagen, ›als er noch Prinz war von Arkadien‹. Ein Mensch mit zwei vertrockneten Weinberl-Augen im grauen Dampfnudelgesicht und mit einem einzigen braunen Zahn im Unterkiefer, der so verloren aussah wie eine weggeworfene Zigarettenkippe in der Fußgängerzone. Und Blasius mußte wieder einmal denken, wie schnell doch alles vergeht mit dem Wind. Die Jugend, der Jux und der Jitterbug.

Ein kleiner, bitterer Mandelgeschmack lag deshalb dem Spaziergänger auch noch auf der Zunge, als er wieder einmal einen Tanzkurs besuchte. Auch heute riecht es dort noch immer ein bißchen nach junger Welle, Uralt-Lavendel und notwendiger Zukunft. Doch optisch ist die ›Zeit im Flügelkleid‹ und der dezenten Schweißblätter unter den Achseln wohl für immer passé. Denn heute treten die kleinen Mädchen mit dem sanften Blick und den verächtlich nach außen gestülpten Lippen in wurschtigen Präriehosen zum ›Ringelpiez mit Anfassen‹ an. Und ihre Cola-Cowboys ziehen ganz ungeniert die Jeans hoch, wenn sie beim Beat etwas zwickt, was unmöglich der Schlüsselbund sein kann. Nur einen einzigen artigen Mutterbuben kann Blasius ausmachen, der tatsächlich noch eine seidene Flügelschraube am schluckenden Halse trägt und ganz in lächerliches Schwarz gehüllt ist.

»Sechzehn ist das Durchschnittsalter der zukünftigen Tango-Bräute«, läßt sich der Spaziergänger von dem jungen Dreivierteltakt-Kommodore sagen, der dieses wepsige Jagdgeschwader befehligt und die offizielle Nachfolge von Peps Valenci, dem Erfinder des Wiener Walzer-Charmes und des Ottakringer Kratzfußes, angetreten hat. Schmunzelnd stellt der Betrachter dazu fest, wie bei manchen frühreifen Schneewittchen schon zwei wuchtige ›Glocken von St. Kathrein‹ zur Anteilnahme bitten. Während ein paar gleichaltrige Stiefmütterchen noch immer verzweifelt Bierhefe schlucken, weil ihr saumseliger Busen leider noch so flach ist wie zwei Kreuze auf einem Toto-Zettel. Indes, so erfährt Blasius auch noch, gibt es heute bereits über 1800 verschiedene Fortbewegungsarten auf dem gewachsten Parkett. Und ihm selber fallen auch noch einige dieser Schüttelfrost-Gymnastiken ein.
Da gab es doch in grauer Vorzeit einmal den ›Swing‹, bei dem man damals schon ›elaschtische Beinchen‹ brauchte, weil er etwas an törichte Fliegen gemahnte, die in eine Mayonnaise-Schüssel gefallen waren und sich nie mehr herausstrampeln konnten. Ein jeher schon humorloser Mensch, dem der Marschschritt lieber war als der Wechselschritt, hat den ›Swing‹ dann auch rasch verboten. Nachher kam der ›Lambeth Walk‹, bei dem zu einem herrischen Ruf am Schluß die Daumen in die Höhe gestoßen wurden. Was etwa aussah, als würde ein verstümmelter Sägewerksbesitzer zwei Glas Bier bestellen. Bei der ›Bostella‹ spielte der ganze Ballsaal schließlich ›Häschen in der Grube‹. Und der ›Twist‹ war jener Rubbelwahn, wo sich Hunderte von sanften Irren gleichzeitig mit unsichtbaren Frottierhandtüchern die

Nierengegend abtrockneten. Ein großes Näherkommen aber gabs auch bei der unsterblichen ›Française‹, die manche eigens dazu bestellten Arrangeure allerdings mit den nicht ganz salonfähigen Kommandos ausschmückten: »Und die Herren machen Haufen und die Damen treten rein. Und die Damen machen Haufen und die Herren steigen rein.«

Immer noch flattert aber der süße Vogel der Jugend durch einen Tanzstunden-Saal und viele Dutzend Schlager besingen diese zweitschönste aller Nahkampfübungen. Angefangen von der seligen ›Donna Clara‹, die man in den goldenen Zwanziger Jahren so gerne tanzen sah, bis zur neckischen Alimentenfrage: »Was machst du mit dem Knie, lieber Hans?« Oder der reichlich späten Aufforderung: »Darf ich bitten zum Tango um Mitternacht?«

Als dem Spaziergänger auch noch gesagt wird, daß etwa zehn Prozent jener Jünglinge, die sich in ihrer taumelnden Verwirrtheit in den süßen ›Slow Fox-Clinch‹ begeben, schließlich im Doppelnelson zum Standesamt abgeführt werden, möchte er diese jungen Tangomarschierer doch an die Grundregel jedes Tanzvergnügens erinnern, die der Berliner Otto Reuter mit den mahnenden Versen besang: »Rrrinn in die Damen – wieder weg von sie.«

Masken-Memoiren

Blasius hat im Fasching auch einmal einen närrischen Spaziergang unternommen. »Einen Jux wollte er sich machen.« Und so lenkte er zur mitternächtlichen Stunde, wo so viel Seltsames geschieht, seine Schritte an jene Stätte, wo edle Ritterfräulein, schlimme Schlagetäter, grimme Landsknechte und siebenzackige Landgrafen an den Kleidergalgen baumeln. Nämlich in die finsteren Arsenale einer Maskenverleih-Anstalt.

In den dunklen Gängen riecht es stark nach unbezahlten Alimenten, verpaßten Gelegenheiten, nach sechstem Gebot und Naphtalin. Und als die Geisterstunde schlägt, hebt unter den hängenden Gestalten, in den Regalen und Hutfächern, allüberall ein größeres Getuschel, Geräusper und Geraune an. Und der Spaziergänger, der natürlich auch Klamottendeutsch perfekt versteht, kommt mit dem Notieren der seltsamen Episoden, Träumereien und Erlebnisse, die hier ausgetauscht werden, kaum mehr mit. Da sagt der alte Ritter: »Ich heiße Joachim Säbelbein und wurde vom Dorfschmied Balthasar in Langenisarhofen gemacht. Ich war schon bei Ampfing dabei, und als man die Bernauerin ins Wasser warf, hatte ich gerade Brückenwache. Dann kam ich für hundert Jahre mit vielen anderen Kollegen in ein Zeughaus. Ich rostete langsam vor mich hin, und mein Inneres war verwaist. Eines Tages aber kam ein Rekrut auf Arbeitsdienst, der mußte mich einölen und mit Glaspapier abreiben. Dabei schimpfte er sehr in schriftdeutscher Mundart, und ich zwickte ihn dafür mit dem Ellenbogenscharnier in den Daumen.

Auf einer Auktion gab man sechs Taler für mich, und ich kam in ein Antiquitätengeschäft. Dort wollte mich nach dem letzten Krieg ein Ami für fünf Stangen Chesterfield eintauschen. Er sagte, ich sei auch so ein Nazi, und er wolle mich zu einem Roboter umbauen, zum Tennisballaufheben in Alabama. Der Ladenbesitzer aber gab mich lieber dem Maskenverleiher Diringer, und dort kam ich dann mit dem Fasching in Berührung. Zum Damisch-Ritter-Ball mietete mich ein Abgeordneter, der auf meinen Helm ein Suppengrün steckte. Ich werde ihn bei den zuständigen Faschingsdienststellen wegen Brauchtums-Schändung anzeigen. Um ein Uhr nachts zog mich der Volksvertreter aus, weil ich bei jedem Annäherungsversuch schepperte und knarzte. Das nächste Mal führte mich ein magerer Buchhalter aufs Faschingsbrachfeld. Ich scheuerte ihm das linke Schlüsselbein an, weil er so fad war.« Dann packt ein schäbiger Leihfrack aus: »Bei der heurigen Inthronisation holte mich ein Elferrat von der Narrhalla von der Stange. Für den Gala-Abend. Vorher schnitt er mir aber die rechte Hosentasche aus meinem Beinkleid. Und jedesmal, wenn er mit einem schönen Mädchen an der Sektbar stand, forderte der alte Lustmolch seine Konfetti-Braut, während er in der rechten Hand sein Glas hielt und die linke über ihre Schulter gelegt hatte, auf, in seine Tasche zu greifen und das nötige Geld herauszuholen. Ihr könnt euch ja denken, was dann los war.« Und der schlissige ›Gehsthintre‹ grinste vielsagend vorsich hin.

Eine brüchige Oma in der Ecke, die höchstens noch manchmal für uralte Operetten ausgeliehen wurde, fragte daraufhin in großer Naivität: »Ja, was war denn dann los?« Da lachten aber fast alle schallend, und ein bayerischer Dienstmann wieherte dazwischen: »Weißwurst-Pause war halt, Frau Mutter, Weißwurst-Pause.«

Die ›Königin der Nacht‹ berichtet: »Ich bin ein ausgesprochenes Erfolgskostüm, weil ich überall durchbrochen bin. Aus mir haben schon vier Trägerinnen herausgeheiratet. Meine Farbe ist schwarz wie die Gedanken, die sich bei jedem Ball in mir verfangen. In meinen Maschen nisten Schwüre und Wünsche, die kaum mehr durch die chemische Reinigung herausgehen. Meine Drücker sind extra fest eingenäht. Die weniger erfolgreichen Kostüme nennen mich einen Fetzen, da lach ich nur.«

Auch in jenem sündigen Regal, in welchem die Unaussprechlichen für Pompadours, die Spitzendessous, die Mieder, Petticoats und viel anderes Durchbrochenes gelagert wurden, erlauschte Blasius noch eine pikante Episode. Ein Unterwäsche-Stück, das man auch allgemein einen BH nennt, aber bei Gaudiburschen auch einen ›Kescher für Salzburger Nockerln‹, klagte dem Spitzenbeinkleid einer Kurtisane seinen Kummer und sagte: »Ich bin ehrlich froh, wenn diese Fummeltage jetzt vorüber sind. Dieses ewige Auf- und Zuhaken und Herumliegen in fremden Wohnungen geht mir wirklich aufs Gewirke.« Worauf das besagte Keuschheits-Futteral schwer seufzend entgegnete: »Ach, das geht ja noch. Aber ich wäre in den letzten Wochen beinahe erstickt. Ich mußte nämlich fast die ganze Zeit in der Handtasche verbringen.«

Das zerlegte Jahr

Was ist das: »Es wird ins Haus geliefert, ist rechteckig und hat oben ein Loch«, könnte ein Spaßvogel beim Jahreswechsel vielleicht fragen. Und weil das natürlich genausowenig jemand weiß, wie jenen Scherztest: »Was ist das, es hängt an der Wand, macht ticktack und wenn's runterfällt, ist d'Uhr kaputt«, muß der Frager auch im ersten Fall die Antwort selber darauf geben. Und so sagt er deshalb säuerlich grinsend: »Das neue Jahr.« Und dann zeigt er auf einen der drei Dutzend Wandkalender, den die Sparkassen, Banken, Gazetten und Kaufhäuser zum Jahreswechsel gleich dutzendweise in die überfressenen Briefkästen stopfen.

Der Spaziergänger hat sich einen der neuen Zwölf-Monats-Fahrpläne für 1978 einmal unter seine neugierige Netzhaut geklemmt. Da wären zuerst einmal die Heiligen Drei Könige. Der Spaziergänger kann sich noch gut erinnern, wie seine Großmutter zu diesem Anlaß immer mit einer geweihten Kreide das »K+B+M« über den alten Türstock der Hinterhauswohnung schrieb, bis sie einmal beim Melchior vom Küchenhocker fiel und sich das Bein brach, so daß sie nachher lange mit Dreigroschenoper-Krücken herumlaufen mußte. Auch ein Sprichwort fällt Blasius ein, über das Längerwerden der Tage, das besagt, in welchem Umfange sie wachsen. Nämlich »auf Neujahr um einen Hahnenschrei, auf Heiligdreikönig um an Hirschensprung und auf Lichtmeß um a ganze Stund.«

Etwas weiter unten in der Jahreskartei entdeckt der Spaziergänger plötzlich die Namenseintragung »Gottfried v. C.« Und er wundert sich sehr, daß das ein Heiliger sein soll. Bisher hat er nämlich immer gemeint, das wäre ein berühmter Tennisspieler gewesen. Schemenhaft zieht auch angesichts der Eintragung »Timotheus« das Lesebuchgedicht von den »Kranichen des Ibykus« an Blasius' Mattscheibe vorbei. Und da am 3. 2. der Namenstag des jahrzehntelangen Großstadtwanderers selber: »Blasius«. Könnte übrigens nicht schaden, wenn man sich den ungewaschenen Hals wieder einmal mit den gekreuzten Kerzen etwas präparieren ließe, gegen Husten und hämische Häßlichkeiten.

Folgt der Aschermittwoch als nächster Meilenstein. Demnach ist also die Faschings- bzw. Alimentenzeit zwei Wochen kürzer als im vorigen Jahr. Der Spaziergänger muß daran denken, wie schwer einst beim Einäschern die grauen Meaculpa-Bröserl aus seinem verfilzten Balg wieder herausgingen. Heute würden sie wahrscheinlich in sanfter Schußfahrt ganz von selber herunterrieseln. Weiter geht's. In den März hinein. Und schon beginnen die Wochen der Liederlichkeit auf dem Monte Sure. Dem Nockherberg, den man nach altem Brauch ohne Seil und Pickel besteigen muß. Und vom 25. dieses Monats heißt es dann: »Um Mariä Verkündigung – kumma d'Schwaiberl wiederum.«

Knallrot leuchten die Ostertage wie die Fieberkurven der vielen Verkehrsopfer, die es sicher wieder geben wird. Doch hinterher wird das Münchner Jahr direkt ein bißerl porös. Da ist dann gar nicht mehr so viel los, nimmt man den Tag der Arbeit, den Muttertag, der heuer auf den Pfingstsonntag fällt, und Fronleichnam aus. Dann ist sie schon wieder da. Die Urlaubszeit. Und der Spaziergänger nimmt sich fest vor, dieses Mal den

wackeren Italienern weder ihren gammeligen Parmesan noch die grinsende Sonne abzukaufen.
Schneller geht's dahin. Wie's halt so ist, wenn einmal was in Schwung kommt. »Barthelmä-Mau — macht d'Haselnuß brau.« Schon zittern die alten Drehorgeln auf der Wies'n die »Donna Clara« wieder in den Indianersommer, und die Festwirte werden die Betten in Bad Gastein für die Abmagerungskur bestellen. Der graue Veronalmonat November kommt geflossen und mündet in den stillen, tiefen Advent. Und dann ist das Buch schnell wieder einmal ausgelesen.
Halt, da hätte Blasius bei der Durchsicht der Tage doch tatsächlich seinen Geburtstag vergessen. Immerhin für sich selber und das Finanzamt ein nennenswertes Datum. Dabei fällt dem Spaziergänger eine wunderschöne Strophe aus einem der neumodischen melancholischen Songs ein: »Werde ich noch da sein, wenn ich ein Jahr älter bin? Oder trete ich irgendwann zwischen Sirius und Wassermann diese viel zu lange Reise an.« Ach, an alles denken doch die Menschen, möchte er vor sich hinmurmeln. Und alles rechnen sie genau voraus. Nur an jenen Tag, an dem sie den Löffel einmal wegwerfen müssen, denken sie fast nie. Wie sagte aber schon Wilhelm Busch über die Vergänglichkeit jenes Phänomens, das man Zeit nennt: »So ist nun halt die Zeit allhie / Erst trägt sie dich / Dann trägst du sie / Und wann's vorüber, weiß man nie.«

Sigi Sommer · Straßen der Weltstadt

Weil Blasius glaubt, daß es selbst unter den alten Münchnern nicht wenige gibt, die im Laufe ihres Lebens ›stadtblind‹ wurden, hat er sich vorgenommen, in loser Reihenfolge ein paar der berühmtesten Münchner Avenues sowie einige der originellsten Plätze und Gassen aus seiner Perspektive zu schildern.

Sigi Sommer

Straßen der Weltstadt

Mit 10 Zeichnungen von
Ernst Hürlimann

Süddeutscher Verlag München

Gestaltung von Kassette und Umschlag:
Design Team, München, und Traudl und Walter Reiner

1.–10. Tausend März 1978
11.–15. Tausend September 1980
16.–20. Tausend Januar 1984

Satz und Druck: Presse-Druck Augsburg
Bindearbeit: Klotz, Augsburg
ISBN 3-7991-6009-4

Inhalt

Manche mögen München

So dichteten die Schlagerkomponisten und reimten die Slogan-Dichter: »Berlin ist eine Reise wert.« — »Wien, Wien nur du allein.« — »Paris, du bist die schönste Stadt der Welt.« — »Komm doch ein bißchen mit nach Madrid.« — »Kommen Sie mal nach Kopenhagen.« Oder: »Arivederci Roma.« Denn »jeder Bauer lobt sei War«, heißt es so schön bei uns. Darum hat sich auch München das Prädikat ›Weltstadt mit Herz‹ zugelegt. Weil sich auf Bayerns Metropole leider kein Wort reimt, das man zu einem Liedertext verarbeiten könnte. Höchstens noch tünchen. Aber das heißt hierzulande wiederum ›weißeln‹. Wovon ja auch der Ausspruch abgeleitet wurde: »Unser Hergott wird's scho weißeln, zwoa Zimmer und a Küch.«

Warum Blasius auf dieses Thema kommt? Er hat nämlich die kleine Ausstellung »Die Stadt, in der ich leben möchte«, eine Sammlung von köstlichen Kindergemälden und Aussprüchen, besucht. Die vielen herrlichen Bilder entstanden alle in den Malstudios des Münchner Stadtmuseums und sind fast ausnahmslos eine Mischung von fröhlichen Marc Chagalls und schlampig gestrichenen Marmeladebroten. Manchmal stehen die Häuser schief und unentschlossen hintereinander wie die sieben Schwaben, wenn sie besoffen sind.

Aber seltsamerweise haben die Gebäude in diesen Traumstädten alle keine Fernsehantennen, auf den Trottoirs davor stehen auch keine Parkuhren und es gibt weder einen Stehausschank noch eine Boutique oder ein Espresso in den dämmrigen Kopfsteinpflaster-Gassen.

Auch keine störenden Erwachsenen dulden die Kindergarten-Picassos in ihren Phantasie-Cities. Nur über einen ganz stillen Platz läuft ein garstiger Ratz, als hätte er Angst vor der Katz. Auf den Giebeln flattern steife Fähnchen wie auf teuren Eisbechern. In den kleinen Erkern hinter heruntergelassenen Jalousien aber schickt sich gewiß Rapunzel bereits an, den Freiern ihr Haar hinunterzulassen.
Der blaue Rauch kommt aus den Kaminen nur so zögernd hervor, als würde er vom fliegenden Robert herausgezogen, und die gewaltigen Fußabstreifer, die vor den verträumten Gasthäusern liegen, sind wohl deshalb so groß, damit sich auch der Hans Däumling seine Siebenmeilenstiefel darauf saubermachen kann. Manche Städte sind auch von einem lustigen Bächlein umflossen, das sich ratlos durch die Gegend ringelt, genauso als wollte es den Betrachter fragen: »Sie bittschön, ist's da noch weit herum?« Und die großen Brunnen, die auch richtige Fabelgesichter haben, geben pausenlos dicke Strahlen von sich wie böse versteinerte Riesen, die jetzt Tag und Nacht speien müssen, weil sie den Kindern einst die Milch weggetrunken haben.
Zu diesen Wasserfarben-Wünschen gehören aber auch zahlreiche schriftliche Hinweise und Erläuterungen, wie die Stadt, in der die jungen Asphalt-Bambinos unserer Zeit leben wollen, noch sein soll. »Jedes Auto muß sofort ein Pferd werden«, meint eine Siebenjährige. Und ein strenger Abc-Schütze droht: »Wehe, es gibt Erpresser, Banditen und Schurken in der Stadt, in der ich gerne leben möchte. Ich lasse sie sofort abreißen.«
Lang steht Blasius vor diesen rührenden Dokumenten und auf einmal ertappt er sich dabei, wie auch er die

Stadt seiner Sehnsucht malt. Und siehe da, es wird das München seiner frühen Jahre daraus. Jene Zeit, in der auf dem Löwenturm am Rindermarkt noch ein richtiger Zimmerherr lebte, der hinter den Ziegelsteinzinnen sein Weißbier trank und die Kerne der Zitronenscheibe auf grimmige Schutzleute herunterspuckte. Wo die Trambahn in der Sendlinger Straße noch weiß-blaue Vorhänge hatte und ein Blumenkistl auf der hinteren Plattform.

Jene Zeit auch, wo er barfuß mit der Leiberlhose und einem Schweinefettbrot hinter der Militärmusik herlief. Und wo er schon in frühester Jugend von einem unbeirrbaren Bayernonkel eingetrichtert bekam, man müsse jedem Preußen, der nach dem Hofbräuhaus fragt, einen falschen Weg zeigen. Ja, das wäre etwa das Bild von München, das Blasius zeichnen möchte. Mit einem königsblauen Rahmen drum herum und vielleicht mit der Aufschrift »In Treue fest«.

Und wieder einmal fällt dabei dem Spaziergänger der Ausspruch von einem ein, der München ebenso fanatisch liebte wie er selber, nämlich von Karl Valentin, den man mit einer astronomischen Börse nach Hollywood holen wollte, worauf er nach langem Kopfwiegen erwiderte: »Des Engagement kann i leider net onehma, da dat i ja de ganze Zeit s'Rosenthal nimma seng.«

München ist nicht nur die Stadt, in welcher Blasius leben, sondern auch die Stadt, in der er einmal sterben möchte. Vielleicht mit dem tröstlichen Vers auf dem Grabstein, den er hinter dem Eingang des alten südlichen Friedhofs schon so oft gelesen hat und auf dem es heißt: »Hier ruht sich's wohl, friedfertig legt der Reiche sich zum gekränkten Bettler hin und schläft.«

Der Schlawiner Boulevard

»Gleich hinterm Siegestor fängt Schwabing an«, heißt ein berühmter Song aus der Traumstadt. Aber genau genommen fängt das ›Sündige Dorf‹ und damit auch der ›Schlawiner Boulevard‹ schon im Siegestor selbst an. Denn direkt über den steinernen Bögen dieses ›Arc de Triomphe‹, den wir der Siege wegen die letzten hundert Jahre kaum mehr gebraucht haben, befindet sich ein heimlicher Ballsaal, in dem einst die Malerfürsten mit ihren Konfetti-Konkubinen unheimliche Feste feierten. Bei denen sie dann, wie Peter Paul Althaus dichtete, nicht nur ein Lächeln allein stehen ließen.

Blasius aber freut sich, daß dieser Saal so wenig bekannt ist, sonst hätte doch bestimmt der Wienerwald längst eine Mitternachts-Nagerei dort eröffnet.
Die Leopoldstraße, die hier beginnt, ist die längste, aber nicht die langweiligste Avenue Münchens. Sie wird eingesäumt von Pappeln und Palästen. Die Urahnen der ersteren wurden von dem bekannten Feldherrn Napoleon angebaut, weil ihr leichtes Holz für die Prothesen seiner zusammengeschossenen Armeen sehr begehrt war. Während die letzteren mehr von den unbekannten Geldherren gebaut wurden. Nämlich den Kreditanstalten des Nimmersatt-Konzerns sowie den Sterbevereinen ›Mach's gut‹.
Der Spaziergänger aber möchte von dieser Gegend grundsätzlich sagen: »Wanderer, kommst du nach Schwabing, so sage, du habest sie hocken gesehen.« Nämlich die Typen aus Remscheid, Castrop-Rauxel und Rheydt, die Tag und Nacht Reklame sitzen für die Firma ›Feierabend und Faul‹. Denn ein echter Schwabinger ist heute in dem ehemaligen Dorf Swapinga so schwer zu finden wie ein Steinpilz im U-Bahn-Schacht. Das war damals wohl noch nicht so, als der ›Zorn Gottes‹ öfter mit dem Vorortzug von Augsburg herüber kam. Der wilde Bertl, der seine schäbige schwarze Rockerjacke und seine Hose in den verschwiegenen Kammern der Rue Leopold an manche Mädchen-Bettstatt hing. Verachtung im Gesicht und zwischen den schmalen Spötterlippen jenen Glühkolben, von dem es im ›Surabaja Johnny‹ so zärtlich heißt: »Nimm doch die Pfeife aus dem Maul, du Hund!«
Wenig geändert haben sich indes Brechts bleiche Bräute. Sie sitzen zu allen Tageszeiten noch immer auf jenem

Stück Anatomie herum, von dem der Meister sagte: »Ein schöner Hintern ist viel mehr wert als eine kleine Fabrik.« Und Blasius muß schon neidlos zugeben: Die Leopold-Mädchen haben alle eine ganz besondere Sorte Reiz an sich. Wie Aschermittwoch mit Straps. Allerdings wer da glaubt, deshalb wären sie auch Tag und Nacht geöffnet wie das Siegestor, der irrt sich. Manchmal.

Ach ja, es ist eben ein seltsamer Pfad. Dieser ›Path of Glory‹. Mit den kleinen Filmsternchen, die alle kleine güldene Kettchen um die Fesseln tragen wie Brieftauben zu Fuß. Oder jenen Schizophrenchen, die bereits am frühen Morgen ein Glas Sekt bestellen, einen roten Kupferpfennig hineinwerfen und dann das seltsame Frühstück so verächtlich stehenlassen, als wäre es eine Urinprobe. Auch den bildschönen Transvestiten Viktor Hugo muß man gesehen haben, wenn er seine zwei vergißmeinnichtäugigen Siamkatzen an langen lila Seidenbändern spazierenführt. Und wo gibt es wohl noch solche Anschläge zu lesen: »Müdes nacktes Ehepaar sucht gleichgesinntes zum gemeinsamen Aufpassen auf die Kleider.« Wer malt sonst schon noch auf seinen schlachtreifen Wimmerschinken den scharlachroten Schwur drauf: »Nie mehr Rolls Royce.« Und welcher Rembrandt hat dem wildblickenden Turkmenen über sein meterbreites Brotzeitkaufhaus die Spezialitäten-Bezeichnung: »Pittsah und Pommfritz« hingepinselt?

Ja schau, und da klebt ja am Haus 41 tatsächlich eine Gedenktafel für die sagenhafte Franziska zu Reventlow. Jene blaublütige Sex-Samariterin, welche den außerehelichen Liegestütz auch beim Hochadel gesellschaftsfähig machte. Hallo? Und nun, Proletarier aller Länder,

ballt die Fäuste. Denn in demselben Gebäude ging doch auch der Towarischtsch Lenin aus und ein und Olaf Gulbransson, Ludwig Thoma, Stefan George und Heinrich Mann gaben Gastspiele. Ach wer kennt die Großen und zahlt die Schulden, die sie hinterließen.
Der Fortschritt und der Krieg aber haben der ›Leopoldine‹ manch schönen Zahn aus ihrem Häusergebiß herausgebrochen. Das sieht man gerade im Frühling, wenn sie zu lächeln beginnt und die kalten Jacket-Kronen der Zementklötze zeigt. Und noch immer soll weiter abgerissen werden. Dazu kann der Spaziergänger nur die Worte des bayerischen Michelangelo, König Ludwig I. wiederholen, die er zu den ewigen Erneuerern sagte: »Macht nur so weiter, dann wird es im ganzen Lande auch bald so platt ausschauen wie in euren Köpfen.«

Die Nackten und die Toren

Nein, der Spaziergänger hatte kein Eck im Auge. Da saß also wirklich auf den gebleichten Makkaroni-Stühlchen am Rande des Boulevard Leopold ein wunderschönes Naturkind und war oben herum so blank wie ein geschältes Ei. Zuerst hatte Blasius nämlich gedacht, die zwei Apparate, die da so unverschämt in den Schwabinger Nachmittag strotzten, wären vielleicht aus Hostalen oder Polyester. Doch nein, es handelte sich dabei zweifellos um ungespritztes alemannisches Stehobst, voll ausgereift und frostsicher. Und wenn jemand wohl gedacht hatte, die beiden Wonne-Pampelmusen würden sich unter dem pausenlosen Beschuß aus bösen, lüsternen und süßsauren Augen flugs in ein Mauseloch verkriechen oder wenigstens in der großen Hand eines mitleidigen Mannes, so schüttelten die zwei Kameraden nur frech die Köpfe und starrten weiter stramm und völlig ungerührt in den Großstadt-Straßenwind. Genauso als wollten sie zu allen Leuten sagen: »Hier stehen wir, Freunde. Wir können nicht anders. Gott schütze uns!«

Blasius aber, der einen Stuhl in direkter Nachbarschaft des frechen Nibelungen-Mädchens ergattern konnte, hatte viel Zeit, seine Betrachtungen anzustellen. Sicher handelte es sich bei diesen doppelten Lottchen nicht bloß um zwei x-beliebige Party-Pinscher, denen man die lästigen BH-Beißkörbe abgenommen hatte, sondern um hochexplosive Panzerfäuste. Wobei die eiskalte Werwölfin auch die zwei Zündkapseln noch mit demselben Perlmutt-Lack angestrichen hatte wie ihre Fingernägel.

Und was den Härtegrad dieser Sam-Raketen anbelangte, so waren sie gewiß von jener Legierung, von welcher auch die Bestückung der unverwüstlichen Josephine Baker gewesen ist. Papa Hemingway hatte damals als zeitweiliger Betrachter erzählt, sie wären so hart, daß man Kokosnüsse auf ihnen knacken könnte.
Am interessantesten aber waren doch die Reaktionen der verschiedenen Passanten. Da gingen manche Luftikusse vorüber, die nickten den nackten Tatsachen fröhlich zu, als wollten sie fragen: »Hallo, ihr Lieben, sind wir uns nicht schon mal irgendwo begegnet?« Und die alten Bekannten nickten auch noch ganz unverschämt zurück. Andere Schwabinger Tag- und Nachtdiebe wiederum signalisierten hinüber: »Ach, da schau her, auch wieder im Lande, ja wo waren wir denn die ganze Zeit?« Und ein winziger Schrumpf-Rüde von der Yorkshire-Serie zerrte bittend an seiner Krokodil-Leine und kläffte die unerreichbaren Bouletten böse an. Während mancher brave Mann beim Vorübergehen schnell irgendetwas in seiner Hosentasche richtete, was nicht unbedingt die Hausschlüssel sein mußten. Eine waffenscheinnasige Alte dagegen zischte ein vernichtendes ›Flitscherl‹ durch die blendend weißen Zähne. Griff aber sofort erschrocken nach ihrem Rosenthal-Gebiß. Dann kam auch noch ein Schutzmann daher. Zuerst zuckte er so scharf zusammen, als hätte er sich einen Triangel in sein Auge des Gesetzes gerissen. Dann schien er zu überlegen, ob es da wohl etwas zum Eingreifen gäbe, doch das einzige, was er wohl gerne ergriffen hätte, das durfte er auf keinen Fall arretieren. Da überließ er die hochbrisante Angelegenheit doch lieber ganz einem Kollegen von der Sprengkörper-Abteilung.

Nun ist zwar der Spaziergänger kein absoluter Anhänger jener Zeit, wo die Busen höchstens ein bißchen in den Romanen der Courths-Mahler wogen durften. Doch immerhin hat Blasius erhebliche Bedenken, wenn das Beispiel dieser Schönen aus dem sündigen Dorf öffentlich Schule machen würde. Denn es gibt immer wieder eine große Anzahl reiferer Damen, die unter dem Motto: ›Auf jeden Brummer steht ein Dummer‹ sicher zur Nachahmung bereit wären. Und da sieht der Spaziergänger vor seinem geistigen Auge bereits so entsetzliche Bilder, wie diese Suffragetten ihre Appetit-Zügler in den Bistros schonungslos in die Kaffeetassen tunken. Oder vielleicht in ein gemischtes Eis baumeln lassen. Doch ist eben nicht alles schön, was nackt ist. Und überdies weiß doch jeder Fachmann längst, daß eine hübsche Verpackung den Reiz doch nur erhöhen kann. Und das gilt wohl nicht bloß für die Weihnachtsgeschenke und die Verlobungs-Packerl. Denn nach einer Orange im knisternden Seidenpapier wird vom Normalverbraucher doch immer zuerst gegriffen. Ebenso wie auch eine Praline in Gold und Silber schneller weggeht als ihre entblößten Kolleginnen. Und der Liebhaber ganz besonderer Schmankerl wird es gerne bestätigen, daß man einen Dampfnudel-Topf niemals aus bloßer Neugier aufmachen darf, sondern so eine formähnliche Köstlichkeit eben erst ganz kurz vor dem Genuß abdecken soll.

Zone der Beschaulichkeit

Von den zwanzig Münchnern, die Blasius fragt, woher die Theatinerstraße ihren Namen hätte, wußte es keiner. Einer von ihnen stellte lediglich zur Debatte, ob sie vielleicht des nahen Theaters wegen so hieß. Und ein anderer meinte spaßig, sie sei nach dem Onkel der frommen Therese von Konnersreuth so genannt. Note 4,2 möchte der Spaziergänger sagen. Genauso zwielichtig wie ihr Name ist aber auch ihre Herkunft. Denn auf einmal ist sie da wie eine Gürtelrose oder eine Liebe. Wer aber ihrem Ursprung nachgeht, stellt fest, daß sie aus der Weinstraße herauskommt. So grund- und übergangslos wie das obere Ende einer Autoantenne aus dem unteren.

Der stinkvornehme Laden an der Ecke soll 30 000 Mark Monatsmiete kosten, erzählt man Blasius. Dabei hat er beobachtet, daß stündlich nur etwa drei Leute etwas Größeres darin kaufen. Muß also jeder Kunde mindestens einen halben Hunderter dalassen. Komisch, warum die meisten Menschen die Miete anderer bezahlen.

Daneben ist ein Zigarrenladen mit Havannas in der Auslage. Auch eine Sorte, die sich ›Krumme Hunde‹ nennt, ist darunter. Und wenn es wahr ist, daß die Senoritas im fernen Kuba die teuren Exporte auf ihren nackten Oberschenkeln rollen, dann muß es dort also auch viele Mädchen mit O-Beinen geben. Schade!

Das Nachbargeschäft bietet Schirme feil, und der Besitzer hat sich von einem einzigen Nadelöhr bis zum bedeutendsten Parapluie-Pascha der Stadt hinaufgefädelt. Beim Eucharistischen Weltkongreß, den es total verregnete, kamen auch ein Dutzend Kardinäle zu ihm und ließen sich pupurrote Regenschirme anfertigen. Vielleicht, damit der ›Big Boß‹ auch von oben her seine Filialleiter erkennen sollte. Und sie ein bißchen von der großen Bewässerung aussparte.

Schräg gegenüber hauste auf dem Dachgarten einmal ein winziger Winzer. Der hatte doch tatsächlich einen Rebstock angepflanzt und kelterte aus den Trauben eine Sorte Wein heraus, den er ›Theatiner Krätzerchen‹ nannte. Sieben Flaschen gabs im Jahr. Blasius durfte ihn einmal probieren. Es war schlimm. Er schmeckte wie Feile im Hals.

Die Zone de Silenzium, zu der die Theatinerstraße neuerdings gemacht wurde, ist mit 25 alten Münchner Gaslaternen auf Nostalgie gequält worden. Aber die geliebten gußeisernen Randsteintanten kommen leider alle aus dem Backofen. Sie sind aus Polyester. Und man kann sie mit jedem Taschenmesser einfach anschneiden. Den Spaziergänger wundert das gar nicht mehr. In einer Zeit, in welcher auch Bakkarat-Rosen, Fünf-Mark-Stücke und Hüftknochen aus Kunststoff sind.

Die steilen Frauen in dieser Straße gehen nicht auf Beinen. Sondern auf gestöckelten Sünden. Man denkt bei ihrem Anblick auch nicht unbedingt ans Fortbewegen. Sondern mehr ans Auf und Nieder. Sie sind sehr verführerisch diese Damen, wenn sie beim Vorübergehen leise lächeln und wegschauen. Diejenigen, die nicht wegschauen, sind sehr teuer. Sie kosten zweihundert Mark. Plus Taxi.

St. Kajetan schließt die Theatinerstraße ab. Sie wird seit Jahren frisch geweißelt. Aber weil diese Kirche der Luftstützpunkt der dritten Münchner Taubenflotte ist, kommen die Maler mit dem Wascheln gar nicht mehr nach. Indem diese pietätlosen Viecher die zweihundert Tonnen Futter, die sie im Jahr aufgestreut kriegen, sofort mit Magensäure durchsetzen und von oben herab wieder auf ihre Wohltäter fallen lassen. Die entstehenden Flecken gehen dann aus einem Anzug höchstens noch mit der Blechschere heraus und bei einem Auto mit dem Schweißbrenner. Vor geraumer Zeit kam die Stadtverwaltung auch einmal auf eine besonders glorreiche Idee. Sie ließ zweitausend Murrer fangen und den Altenheimen als Zusatzkost überweisen. Die Vögel waren aber auch nach der Behandlung mit dem Fleischwolf noch so zäh wie zermahlene Autospikes. Es kam zu einem Skandal und mehrere Spitaler warfen dem Personal ihre Gebisse nach. Die edlen Spender aber trafen sie natürlich leider nicht.

Die Schicksals-Avenue

Den wunderschönen Spruch über dem Schaufenster jenes ehrwürdigen Geschäfts eingangs der Residenzstraße, das den Namen eines beschnittenen Hengstes trägt, und der lautet: ›Volkstum und Tracht in alter Pracht‹, findet Blasius immer wieder heimelig. Die Preise aber findet er unheimlich. Genau gegenüber hängt nicht ein Pferdehalfter an der Wand, sondern ein Schutzpatron mit einem beachtlichen Eierkopf. Ihn kann der Spaziergänger nur immer mit größter Anteilnahme betrachten. Denn dieses etwa zehn Zentner schwere Mannsbild sucht mit seinen nackten Füßen vergeblich seit vielen Jahren nach einem Schemel, wo er sie ausruhen könnte. Doch vielleicht hat dieser Heilige ein unsichtbares Hockerl aus astfreiem Glauben unter seinen Buntmetall-Hufen. Denn einen Glauben sieht man zwar nicht, aber immerhin stützt sich doch die halbe Welt auf diesem Material auf.

In der Residenzstraße gilt als berühmtester Treffpunkt eine Wirtschaft am Eck. Dort werden wöchentlich zwanzig Rindviecher aus Mecklenburg, der Mark und Holstein verarbeitet. Mindestens aber hundertmal soviel aus derselben Landschaft gehen raus und rein. Vis-à-vis befindet sich ein Geschäft, das kostbare Ewigkeitszerhacker feilbietet. Die schönen Frauen, die dort stehen bleiben, laufen ebenso wie die ausgestellten Chronometer. Mindestens auf zwanzig Rubinen. Sie sind von jener Sorte, die zu ihren Geliebten sagen: »Für dich würde ich sogar Steine tragen. Von zehn Karat aufwärts.« Ihre Pupillen bestehen aus denselben kalten

Achatsteinen wie die Zifferblätter der winzigen Sekundenschlucker. Und in ihren Augen ist es immer Pillenzeit.
Das Anwesen Nummer zwölf scheint das Haus des deutschen Freispruchs zu sein. Gleich sieben Rechtsanwälte wohnen da drin. Und Blasius muß an den frechen Ausspruch denken: »Er war Anwalt und sie konnte auch keinen hängen sehen.«
Der Max Josef schräg gegenüber schaut verdrossen auf das Kieselsteinpflaster, das ›neu renoviert‹ aussieht, als wäre es aus grindigen Grießnockerln hergestellt. Im Herbst wachsen dort auch schlagbare Brennessel aus den Ritzen. Der Monarch grüßt immer noch mit schlampigem deutschen Gruß, seit ihm der Gauleiter Wagner die eherne Rechte hintergebogen hat. Man sollte dem braven Landesvater endlich sagen, daß der braune Spuk längst vorüber ist. Auf der anderen Seite residiert ›die Nadel der Nation‹. Herrscher über hunderttausend Hosenknöpfe. Er mißt seiner Kundschaft ihr Wams nicht mit einer ordinären Elle an, sondern mit seinen flanellgrauen Augen. Er lernt sie auswendig. Auch ihre Bankkonten. Selbst der Vater des Vaterlandes läßt bei ihm sticheln. Und jedesmal wenn der Spaziergänger unseren Bundes-Beau mit dem Ohnesorg-Lächeln hier hineingehen sieht, fragt er sich unwillkürlich: warum ist der Walter so fesch für sein Alter? Na, warum wohl?, würde der Werbefunk sagen. »Weil er halt so fleißig dietelt.«
Die Residenzstraße ist etwa so lang wie der Faden, den eine Seidenraupe spinnen kann. Und oft schon hing das Geschick des Bayernlandes an diesem Faden. Und dieser Straße. Sie war Münchens Schicksals-Avenue. Das er-

wies sich, als die Studenten vor dem Haus der Könige sangen: »Keine aber so konnt es — wie die Lola Montez.« Da mußte der erste Ludwig schleunigst Abschied nehmen von dieser Kunstreiterin, mit der er so manches scharfe Derby geritten hatte. Und auch vom Throne. Desgleichen verließ der dritte Wiggerl die Villa Wittelsbach ebenfalls in arger Bedrängnis durch eine seufzende Hintertüre. Später zog dafür des Teufels Hausknecht in die Residenz ein. Der Stallbursche Christian Weber von der Gastwirtschaft ›Zum Blauen Bock‹, und die Leute sagten leise: »Jetzt schreibt er woi seine Lebenserinnerungen: Vom Stenz zur Residenz.« Sonst aber sagten die Menschen in dieser Zeit meistens nur ›Heil‹. Seit jenen Tagen im November, wo das Unheil persönlich diese Straße hinunterzog. Nur einer hat wohl niemals ›Heil Hitler‹ geschrien. Nämlich ER selber. Vermutlich hat er sich gesagt: Diesem Burschen trau ich nicht ganz.
Die interessanteste Abzweigung der Residenzstraße war zweifellos einmal das Viscardi Gasserl. Auch ›Drückeberger Gasserl‹ genannt. Weil sich alle Stadtbummler, welche die Stelle passierten, an der sechzehn Verführte den Asphalt rot färbten, und die deshalb zu grüßen war, um diese ›Pflichtübung‹ herumdrückten.
Heute hat sich die ganze Gegend längst wieder beruhigt. Nur hinter den beiden sidolnasigen Löwen wird noch immer kräftig geschrien. Und wenn ein Fremder nach der lautstarken Weinprobierstube, die sich hier befindet, fragt, heißt es hierzulande: »Gengas nur immа grodaus, na hör'n S' es scho bruin.« Nein, natürlich nicht die Löwen. Die B'soffenen halt.

Auf der langen Bank

Das mürbgehockte Sandsteinkanapee an der Südwand der Münchner Residenz ist mit Gewißheit mit seinen 110 Metern die längste Bank der Stadt. Und wahrscheinlich auch die älteste. Denn auf ihr saßen schon unter Ludwig I. geduldige alte Oberlandler, die als Bittsteller zu ihrem ›Kini‹ kamen und denen die Bäuerin daheim ein Stück schwarzen ›Kaminkäs‹, wie das Geselchte auch genannt wurde, mitgegeben hatte und auch einen handgeschriebenen Zettel, auf welchem das Anliegen stand.

Und da hockten sie dann auf ihrem gamsledernen Hinterquartier und warteten wohl auch zwei Tage lang bescheiden, bis der ›Ludwigl‹ für sie Zeit hatte.
Dieses Bild schwebt dem Spaziergänger jedesmal vor, wenn er in diesen blonden Wochen auf der steinernen Residenzbank hockt, seinen musikalischen Hinterkopf zwischen die großen Stuckkissen an der Mauer gebettet, der Sonne ein bißchen Bronze abbettelnd und auch ein bißchen vor sich hinspinnend. Und er wartet darauf, braun zu werden. Wobei er manchmal daran denken muß, auf was der Mensch in dieser Welt doch überhaupt alles wartet. Auf Godot vielleicht oder auch nur auf Gudrun. Darauf, daß ein abgerissener Fingernagel wieder nachwächst oder daß die Milch auf dem Gasherd endlich kochen möge. Von den Kriegern wiederum heißt es so schön: »Die Hälfte seines Lebens wartet der Soldat vergebens.« Während er die andere Hälfte wahrscheinlich auf Beförderung wartet.
Manche Leute warten auch auf ›wer weiß was‹. Und alle miteinander warten sie ganz heimlich doch auf genau dasselbe. Wobei allerdings dann manche den Weg nach ›St. Nimmerlein‹ auch noch abschneiden. Weil er ihnen halt zu beschwerlich ist. Denn wie der Spaziergänger neulich irgendwo gelesen hat, bringt sich in unserem Wunderland in jedem Jahr immerhin eine mittlere Kleinstadt selber um.
Gerade, als Blasius bei diesen tristen Vorstellungen angelangt ist, kommt Gott sei Dank ein Mädchen mit mürrischen Bardotlippen und einem rosa Hängekleidchen daher. Sie setzt sich vorsichtig hin und schlägt ihre Beine übereinander, bis sie so lang sind wie ein Hollywoodfilm von Elia Kazan.

Nun nimmt sie ein Buch aus der Tasche. Es ist eine französische Sprachlehre. Dann liest sie, lautlos mitmurmelnd, ein paar Takte. Schließlich beugt sie sich langsam zurück und macht ihr rotes Karpfenmäulchen auf. Vielleicht legt sie im Geiste gerade die mündliche Prüfung ab. Und wie Blasius sie da so sitzen sieht, wie eine stumme Reklame für Beichtstühle, fällt ihm eine längst vergessene Episode wieder ein.

Das ist wohl jetzt gute 30 Jahre her. Da ging der ganze graue Verein, dem der Spaziergänger damals angehörte, in Nancy in die Rue des Dames. Und da war bei seinem Haufen auch ein braver Soldat Schweiger dabei. Der bestellte sich dann bei der diensttuenden Frau Warren in fließendem Französisch: »Une petite Mademeiselle in rosa Tschemise.« Und er bekam dann tatsächlich so ein kleines Amüsiermaschinchen im rosa Hemd. Das war fast so schön wie das Hängekleidmädchen neben dem Spaziergänger.

Während dieser Rückblende hat der alte Steiger, den Blasius ständig mit einem Auge beblinzelte, nun schon die fünfte Runde um den rosaroten Ausflugsort gemacht. Er hat dabei den Blick auf irgendein ersehntes Ziel gerichtet. Vielleicht aber dreht der Alte auch nur eine ›Tour de Trance‹, muß der Spaziergänger denken. Und wenn er das nächste Mal vorbeikommt, beschließt er, den läufigen Galan für das Gelbe Trikot vorzuschlagen.

Da lassen sich zur Rechten von Blasius zwei junge Damen nieder. Sie sind genau von jener Sorte, die der Spaziergänger immer mit Haifischen vergleicht. Weil sich doch diese Viecherl auch beim Angriff auf den Rücken legen. Und immer mit dem blassen Bauch nach

oben am gefährlichsten sind. Und als Blasius dann ihren getuschelten Diskurs anhört, kann er bald feststellen, daß er sich keineswegs geirrt hat. Denn was sich diese beiden Nachwuchsungeheuer da erzählen, klingt beinahe wie das große Staatsexamen für Call-Girls.
Als sie dann ein bißchen pflastermüde wieder davonstelzen, hört Blasius gerade noch, wie die eine abschließlich erklärte: »Nöö, weeßte, aus Liebe geht bei mir gar nichts mehr. Da beißt einer direkt auf ein Stück Schmierseife bei mir.«
Ja, da kann sich der Spaziergänger auch nur mehr mit der Gewißheit trösten, daß selbst für solche Ungeheuer im Unterrock einmal der letzte Zug durch sein wird und der Markt aus. Oder aber Blasius kann das kleine Verslein zitieren, das der unvergessene François Villon schon vor 500 Jahren auf solche Raubtiere gemünzt hatte und das so schön heißt:
»Nur ein paar Jahre noch und euer schönstes Stück
schiebt man euch wie einen falschen Franc zurück.«

Die Ramsch-Elysee

Am Eingang der Maximilianstraße steht die Komödianten-Kaserne. Grau gestrichen. Was in einem Lande nicht verwunderlich ist, in dem nicht nur die Esel, die Kirchenmäuse und die Langrohr-Geschütze diese deutsche Schicksalsfarbe haben, sondern auch noch die November-Wochen, Gefängnis-Suppen und die Hüte der Gewerkschaftsbosse. An manchen Tagen lehnen an den Wänden dieses Musen-Mausoleums rund um die Uhr junge Leute. Aber nicht deshalb, damit es nicht umfällt, sondern weil diese dummen Luder kein Geld haben. Und darum die meisten schönen Dinge des Lebens mit der international anerkannten Währung der Habenichtse bezahlen müssen. Mit ihrer Zeit, mit Senkfüßen oder dem begehrten gleichschenkeligen Dreieck.

Gegenüber von der Rückwand der Münchner Pfennig-Fabrik, der Münze, grüßen stumm und verbissen acht rätselhafte Metallfiguren. Da sie nicht einmal der Oberbürgermeister Kronawitter genau kennt, muß angenommen werden, daß es sich bei ihnen um die Denkmäler für die acht Buam des Schafkopfspielens handelt. Und wenn ein altes Sprichwort besagt: »Der Fisch beginnt am Kopf zu stinken«, so trifft das für den Spitzbogen-Gang darunter bestimmt nicht zu. Dieweil sie nämlich nächtlicherweise meist als ›Urologium‹ größeren Zulauf haben, sind die Säulen unten herum zerfressen wie die Raucherbeine eines hundertjährigen Wermutbruders. Weil der letzte Münchner Dienstmann, der vor einer Handvoll Jahren immer noch auf seinem Schemel dort saß, seine waffenscheinpflichtige Nase

und die wässerigen Säuferäuglein jahrzehntelang von dem beizenden Geruch beleidigen lassen mußte, begab er sich schließlich freiwillig in die ewige Gepäckaufbewahrung. Die einfachen Leute von der nahen Falkenturmstraße aber dichteten damals: »Sogar der Dienstmann Franke, der vierzig Jahr besoffen war, der sagte: nein, ich danke.«
Halt! Die hochinteressanten Wandgemälde von Professor Mauerfraß hätte der Wandersmann beinahe vergessen. Sechs Pferdeszenen nämlich sind gleich nebenan zu bestaunen. Die Cavallos haben Gebisse wie vom allerletzten Kassen-Zahnarzt im Zorn gefertigt, und die nackten Rittmeister Figuren wie vom Durchfall bedrohte Hafersäcke. Diese galoppierende Schwindsucht soll jedoch keine Werbung für ›Reit im Winkl‹ sein oder für eine Pferde-Schlächterei. Denn das Gebäude, das von diesen Kunstwerken verschandelt wird, ist die Münchner Briefmarken-Schleckerei. Die Hauptpost.
Weiter unten beginnt dann auch schon das Französische Hoheitsgebiet. Und die Gegend ist fest in gallischer Hand. In zahlreichen Boutiquen mit unaussprechbaren Namen und leukämie-bleichen Verkäuferinnen werden dort zu kriminellen Kursen Modelle aus Trotzköpfchens Wanderjahren feilgeboten. Und die ›Straße der Könige‹ ist längst zur ›Ramsch-Elysee‹ geworden. Am Schauspielhaus aber sollte der Kunstfreund immer für ein paar Gedenkminuten in Ehrfurcht verweilen. Denn aus dieser Versuchs-Werkstätte ist immerhin schon manches Unding hervorgegangen. Einmal sogar auch schon ein Everding.
Wenn der Besitzer von Abonnement Blau vor der Vorstellung nicht gerade die Auslagen des nahen Waffen-

geschäftes betrachtet, in dem der gefühlsbetonte Inhaber in den Adventstagen Totschläger, Ballermänner und Schlagringe mit Lametta und kleinen Kärtchen: ›Fröhliche Weihnachten‹ schmückt, sollte er vielleicht den Blick auch einmal in höhere Regionen schweifen lassen. Denn an einer Hauswand haftet dort ein steinernes Schild mit dem Hinweis, daß hier der Dichter Henrik Ibsen lebte. Vor ein paar Tagen war diese Tafel plötzlich wie von Geisterhänden sogar gesäubert. Nun, vielleicht haben das Ibsens »Gespenster« getan.
In der Folge scheint den Bauherren dieses Prachtpfades jedoch nicht mehr viel eingefallen zu sein. Sieht man von der leise verbröselnden Sandstein-Burg ab, in welcher die Regierung von Oberbayern gemächlich dahindämmert. Und vom Max II-Denkmal, das lediglich eine größere Bedeutung als Verkehrshindernis hat, und selbstverständlich auch von der abschließenden Sperrbastion des Bayerischen Landtages, in welchem die weißblauen Berufsdenker ihr herbes Diäten-Dasein fristen müssen. Jener Gehirntrust, von dem der Ludwig Thoma meinte, weil der Dienstmann Hingerl im Münchner Hofbräuhaus einst versumpfte, würde das Bayerische Parlament vergeblich auf die göttliche Eingebung warten. Dem kann der Spaziergänger lediglich noch hinzufügen: des großen Erfolges wegen nun schon die tausendste Woche.

Das Übergangl

Bei der Nennung des Wortes ›Übergangl‹ fällt Blasius zuerst einmal das Glockenbach-Übergangl ein. Ein lächerlicher Steg, der das rauhe Schlachthausviertel mit den ebenso trutzigen Isar-Anrainern verbindet. Dann gab's auch noch die Lesebuch-Geschichte von dem berühmten ›Übergang über die Beresina‹. Von dem nachher die Dichter schrieben: »Mit Mann und Roß und Wagen hat sie der Herr geschlagen.« Das wiederum, möchte der Spaziergänger sagen, kann man von den Urhebern einer weiteren Traverse, die über einen reißenden Münchner Verkehrsstrom führt, nicht unbedingt behaupten. Denn die dafür verantwortlichen Eierköpfe hat der Herr nicht mit Mann und Roß geschlagen, sondern mit Sturheit und Behördendünkel. Nicht ganz unschuldig an dieser ›Klagen-Furt‹, worüber bereits der ganze Stadtteil Lehel feixt oder flucht, ist auch jener hinreichend bekannte Vogel, der mit scharfem Schnabelhieb die stolze Maximilianstraße in zwei Hälften schlug, um sich dann nordwärts aus dem Staube der notgeschlachteten Häuser zu machen. Denn weil der Stadtverwaltung ein totaler Tunnel zu teuer war, spielen sich seitdem an der Einmündung der Herzog Rudolf-Straße in den Karl-Scharnagl-Ring Szenen ab, die mindestens ebenso dramatisch sind wie jene vom Nibelungenring. Und die Autofahrer, die an dieser Stelle bestimmt schon ein paar Zentner Zahnplomben-Zement verknirscht haben, meinen: »Eher geht ein Kamel durch ein Nadelöhr, bevor sich ein Wagenlenker durch diese Öse des Zorns in den Verkehr einfädeln kann.«

Noch lausiger sind aber jene Asphalt-Latscher dran, die auf die altmodische Art des Beinespreizens von der Herzog Rudolf- zur Seitz-Street hinüberwechseln wollen. Zwar haben die Straßenplaner an einer völlig schizophrenen Stelle eine Treppenunterführung gebaut, doch die benützt außer dem Zugwind sonst niemand. Denn Blasius hat schon einmal versuchsweise Mehl auf die Stufen gestreut, aber nach zwei Stunden nicht die geringsten Fußspuren vorgefunden. Weil halt besonders ältere Leute nicht viel von Treppen halten. Im Gegensatz zu manchen Beamten, die sich nicht mit den Füßen, sondern mit ihren Hinterteilen die Erfolgsleiter ihrer riskanten Karriere hinaufarbeiten.

Tatsache ist jedenfalls, daß schon gleich nach Fertigstellung dieser geistreichen Planung die Bewohner quer über den Ring einen Trampelpfad ertrotzten, der von den Behörden mit mürrischen Mienen und harten Steinen schließlich sogar gepflastert wurde. Doch seit geraumer Zeit ist nun ein erbitterter Kleinkrieg um diesen illegalen Abkürzer entbrannt. Spannten die Paragraphen-Vertreter ein Drahtnetz quer über den Grünstreifen, kamen nachts die lebensmüden Freischärler aus dem St. Anna-Viertel mit gierig geöffneten Drahtscheren und schnitten eine Gasse. Da setzten die Ordnungsvollstrecker armdicke Stahlbarrikaden, die sie zum Zeichen ihres Siegeswillens auch noch mit weiß-blauen Fähnlein behängten. Doch was geschah? Keine Vernunft bewegte die aufsässigen Blockadebrecher. Statt dessen bewegten sie rostfreie Eisensägen, getreu nach Wilhelm Busch, bei dem es so schön heißt: »Und die Lechler gar nicht träge / sägten heimlich mit der Säge / ritze ratze voller Tücke / in das Bollwerk eine Lücke.«

Nach den letzten Meldungen von diesem Kriegsschauplatz haben die Büropisser nun aber erneut zugeschlagen. Und in kühnem, amtlich genehmigtem Handstreich das jahrelange Pflaster wieder herausgerissen. Mit dem Erfolg, daß diese bisherige Schmalspur-Via Mala, weil die Trampler in dem entstandenen Baaz-Boulevard nicht versinken wollen, bereits zehn Meter breit ist.

Nun wartet nicht nur der Spaziergänger auf den nächsten Einfall der Heeresgruppe ›Schikaneder‹. Und ihm schwant schon Schlimmes. Denn ein beleidigter deutscher Sesseldrücker greift zwar in seiner Ratlosigkeit zuerst einmal zum Rosenkranz, aber dann auch gleichzeitig zum Stacheldraht.

Ein weiteres Kapitel vorbildlichen Scharfsinns ist der Weg, den die sogenannten Verkehrsteilnehmer zurücklegen müssen, wenn sie von der Maximilian-Straße zum Bahnhof wollen. Nein, nicht zum Potsdamer Bahnhof, wie ein Taxigast vielleicht meint, wenn ihn der Fahrer zuerst in die Ludwigstraße kutschiert, um dann dort mit einem ›Schlenzerer‹, der etwas außerhalb der Legalität liegt, wieder umzukehren. Wobei die Münchner Polizei, die Blasius zu der freundlichsten Europas zählt, leider bereits mit dem Bußgeldblock hinter dem Buntmetallschweif des König-Ludwig-Standbildes lauert. Schade, meint der Spaziergänger, daß die Blaukittel das tun. Aber wahrscheinlich schaut aus dem Fenster des nahen Innenministeriums irgendein Schreiberlein drohend zu ihnen hinunter. Doch auch dann bleibt es noch schmutziger Lorbeer. Was aber durch den 1,8 Kilometer langen Umweg zusätzlich an Betriebsstoff und Taxigeld verfahren wird, möchte Blasius auf etwa ebensoviele Millionen jährlich schätzen.

Im Übrigen würden es wohl viele beschauliche Großstadtbummler herzlich begrüßen, wenn das Auge des Gesetzes etwas mehr auf die Fußgängerzone geworfen würde. Denn ganze Horden von jugendlichen Radfahrern umkurven dort in überschäumender Lebenslust die biederen Passanten wie Slalom-Stangen und spucken ihnen, schüchtern zur Rede gestellt, auch noch lässig ihren Kaugummi ins dämliche Kreuz.

Und wer traut sich zu dieser Diktatur der Rotzlöffel schon etwas zu sagen, wenn er nicht mindestens den schwarzen Meistergürtel der Judos besitzt.

Was Blasius in dieser ›guten Stube‹ außerdem noch auffällt, daß nahezu sechshundert quadratische Pflasterplatten bereits wieder herausgebrochen und durch schlampige viereckige Teerbatzen, die dem Wandersmann bei warmem Wetter fast die Stiefel ausziehen, ersetzt wurden. Das sieht doch genauso aus, als hätte man im schönsten Wohnzimmer das Parkett aufgerissen und mit schwarzem Pressack ausgebessert.

Schließlich ist auch noch die sogenannte Kohlrabi-Avus, die Rennbahn durchs Rosental zum Alten Rathaus vor, ein schlimmes Armutszeugnis für die Münchner Verkehrsexperten. Allein 240 Personenwagen, 18 Omnibusse und mehrere Dutzend Laster brausen in einer einzigen Stunde in einem Abstand von achtzig Zentimetern an den offenen Suppengrün-Regalen vorüber. Längst müssen die Lungenflügel der wackeren Sellerie-Walküren vom Auspuffteer so schwarz sein wie ein niederbayerisches Wacholdergeräuchertes. Und abends husten sie wohl kleine Nußkohlenstückchen oder Eierbriketts aus dem Halse. Während die pausenlosen Rußfahnen das frische Weißkraut schon nach einer halben

Stunde meistens zum Blaukraut umgefärbt haben und die Himbeeren durch die gleiche Behandlung ruhig als Brombeeren verkauft werden können. Was hilft es da den braven Weiberln schließlich, daß durch diese Abgase auch ihre Karotten kostenlos mit Blei angereichert werden. Und sie dadurch vielleicht kleine Mehrgewinne erzielen. Weil ja dann zwei magere gelbe Rüben bereits ein gutes Pfund wiegen.

Einmal um den Stock herum

»Nach dem Essen sollst du ruhn oder tausend Schritte tun«, heißt hierzulande eine alte Lebensregel. Nun, es gab eine Zeit, da hielt es der Spaziergänger fleißig mit dem ersten Teil dieser Parole. Und zwar mit dem Erfolg, daß er bald einen Blindenhund gebraucht hätte, weil ihm nämlich langsam die Augen zuwuchsen. Schließlich besann er sich gerade noch rechtzeitig auf seine Marschierstecken und nahm von da ab fleißig den Weg zwischen die Beine, statt das Schweinerne zwischen die Kiefer.

Freilich gibt es auch noch viele andere bekannte Mittel im Kampf gegen Nabel-Schmalz und Seelenspeck, die ja meist miteinander auftreten. So empfehlen Witzbolde auch gerne das unfehlbare Rezept, man könne eigentlich alles essen, was einem schmeckt, man dürfe es bloß nicht hinunterschlucken. Die Psychologen wiederum behaupten wohl zurecht, daß auch Liebeskummer oder Angst den eigenen Speck auffressen könnten. Was Blasius aus der fernen Zeit der Busserl und der Bomben unbedingt bestätigen kann. Dennoch hält der Spaziergänger das gemütliche Beinegrätschen auf dem Pflaster seiner Heimat, und zwar im sogenannten Trauertempo als die gesündeste und beste Anti-Wamperl-Methode. Drum geht er auch jeden Tag einmal um den sogenannten ›Stock‹ herum. Ein ganz persönliches Gebiet, das sich jeder alte Asphalt-Latscher selber abstekken kann. Dabei fällt fast immer auch ein kleiner ›Grant‹ ab, der zu einem echten Münchner gehört wie der Boden zum Maßkrug. Schon weil er mit Gewißheit einen schönen Durst macht.

Und das beginnt bei Blasius fast regelmäßig vor der Rolltreppe der Maximilian-Unterführung. Denn die steht mit großer Gewißheit jedesmal so bewegungslos wie ein bayerischer Maurer beim Zwölfuhrläuten. Deshalb meint der Spaziergänger, man hätte diese Verdrußstiege sicher auch genauso gut einfach an die Wand malen können. Für das Geld, das die Reparaturen bisher kosteten, hätte das gewiß sogar der Picasso gemacht.

Anschließend führt ihn seine Verdauungs-Patrouille jedesmal durch den Spitzbogen-Gang der Regierung von Oberbayern. Eine besondere Sehenswürdigkeit dieser verschlafenen Blätterteig-Akropolis sind ein paar Splitter-Schutzblenden. Hat man denn den vielen Amtsmännern in dieser Bürokraten-Werkstatt noch gar nicht gesagt, daß Deutschland schon vor über dreißig Jahren kapituliert hat? Wahrscheinlich schreiben sich deshalb die eigenen Dienststellen sogar immer noch mit Feldpostkarten. Nur so ist es wohl zu erklären, warum ein hier eingereichter Antrag meistens länger dauert als der Zweite Weltkrieg.

Nach einer kleinen Linkskurve versucht der Spaziergänger wieder einmal die Traversierung des Scharnagel-Ringes, gegen die der Durchzug durch das Rote Meer gewiß nur eine lustige Faschings-Polonaise war. Denn wer diese ›Klagen-Furt‹ überqueren will, muß eben damit rechnen, daß er so schmutzig und so ausgewalzt wie ein Handtuch im Interzonen-Zug auf der anderen Seite geborgen wird. Und wenn ihn dann die Verwandten im Krankenhaus besuchen und fragen, wo er liegt, sagt ihnen der Arzt gewiß: Zimmer sieben bis neun.

Meistens hält Blasius dann auch kurz an einem Kinderspielplatz, der so geistreich und völlig deplaziert angelegt wurde, daß sein Nutzwert nicht größer ist als der einer Sonnenuhr auf der dunklen Seite des Mondes. Und schließlich bleibt er wie immer vor dem Tadsch Mahal des großdeutschen Konkurses stehen. Der Reichskriegsruine des ehemaligen Armee-Museums. Und er fragt sich, wie der schwarz-weiß-blaue Besenbewahrer des Freistaates Bayern, der Herr Streibl, diesen großen Dreckhaufen südlich des Maines immer wieder schamhaft übersieht. Denn wenn dieser Alkazar aus Rost, Ziegelbrocken und versteckter Fäulnis einem Privatmann gehörte, könnte sich der Spaziergänger gut vorstellen, was der Herr Umweltminister mit so einem vielleicht anstellen täte. Dieser Mann würde wohl an einen der letzten Prangerringe an die Rathausmauer angekettet mit einem Schild um den Hals: ›Dreimoioschpeimazehnerl‹.

Ach, es ist halt wieder einmal nicht das gleiche, wenn zwei dasselbe tun. Und kein Mensch weiß, was in dem schwer vergammelten Misthaufen-Gebäude eigentlich drin ist. Hin und wieder steigt eine Rauchsäule auf. Und das könnte doch beispielsweise der Martin Bormann sein, den man so verzweifelt in Mato Grosso sucht. Und der sich da drin kichernd sein Eintopfsüpplein kocht oder des langen Alleinseins müde endlich sein Parteibuch verbrennt. Der Reiter Otto von Wittelsbach, der arg zerzaust vor diesem zerbröckelten Säbel-Silo Wache schiebt, deutet nämlich mit seiner ramponierten Lanze sichtbar rückwärts hinter sich, als wollte er sagen: »Lacha dad i, wenn er drin waar.«

Das Ablehnungs-Mausoleum

Wenn der Ärger das Salz des Lebens ist, dann hätte Blasius statt des Magens schon längst eine kleine Saline in seinem Wackersteinbauch. Denn als er gestern wieder einmal durch die ›Verdruß-Schlucht‹, die Latschen-Furt unter der Maximilianstraße schlurft, kommt er gerade dazu, wie die bereits erwähnte östliche Rolltreppe das fünfzigste Jubiläum ihres Bestehens feiert.

Eigentlich ist es paradox, wenn eine Firma, die Ratgeber heißt, selber keinen Rat weiß, wie man so eine automatische Himmelsleiter fabriziert. Wäre da vielleicht eine simple Strickleiter nicht viel idiotensicherer? Oder womöglich sollte man den bereits vorhandenen Schacht in einen Tobbogan umbauen. Dann könnten die Leute wenigstens bergabwärts rutschen.

Dieses Mal haben die Monteure gleich gar die ganzen Innereien aus der Fehlkonstruktion herausgerissen, so daß der fluchende Wandersmann auch einmal in den Bauch des unheilbaren Patienten blicken kann. Dabei hat der Spaziergänger beim Anblick der bockenden Konstruktion die Vision, dort drinnen würden im Betriebsfalle womöglich nur ein paar Gastarbeiter als Maschinisten hausen. Und die hätten eben jetzt gerade ihren Jahresurlaub genommen und wären nach Istrien gefahren. Wo aber eine Reparatur ist, müßten doch eigentlich auch Monteure sein, muß Blasius denken. Doch er entdeckt seit zwei Tagen außer drei Piccolo-Fläschchen und einer Brotzeittüte vom Räucher-Onkel nur einen kleinen Zettel, auf dem er zu entziffern glaubt: »Bin Schrauben holen.« Womöglich in Solingen, denkt

der Spaziergänger. Und deshalb kann er wohl nur noch sagen: »Glückliche Reise.«
Doch die eigentliche Freude erwartet ihn erst dann, als er den häßlichen Hades über die braven, soliden Steinstufen wieder verläßt. Nämlich der schon zitierte langgestreckte rote Beamten-Bungalow der Regierung von Oberbayern. Dieses Ablehnungs-Mausoleum, in dem viele Tausende von Anträgen sanft schlummern, weist nämlich seit über zwei Jahren ein ebenso gräßliches wie teures Baugerüst auf. Blasius hat diesbezüglich bereits einen Briefwechsel von über zehntausend Buchstaben mit allen eventuell zuständigen Stellen geführt, aber außer einem Hauch von Bla-bla-bla kein Echo bekommen. Dafür hat er die Restaurierungsarbeiten immer aufmerksam verfolgt. Und jetzt stellte sich also heraus, daß es sich bei den zahlreichen verputzten Sockeln und Säulen genau wie bei einem Zahn verhält, den ein Dentist wunderschön plombiert und geschliffen hat, doch dabei ganz übersah, daß dieser Bursche bereits so verfault war, daß dem Patienten das gelbe Verwesungs-Produkt längst vom Unterkiefer auf die Stiefelkappen tropfte und dieselben zerfraß. Denn als von den ausgebesserten Stellen der Verputz wieder abblätterte und ein junger Maurer-Lehrbub neugierig nachbohrte, stellte sich heraus, daß das gesamte Fundament des ehrwürdigen Paragraphen-Palazzos hoffnungslos verrottet ist. Und zwar in einem Maße, daß die Angestellten der königlich-bayerischen Bruchbude bei den schleunigst vorgenommenen Abstützungs-Maßnahmen von der Südseite ihrer Amtsräume im Eiltempo nach der Nordfront hinüberwechseln mußten, damit die rote Zwingburg nicht umgehend auf die Zie-

gelstein-Schnauze fiel. Und selbst der Herr Regierungspräsident war nie sicher, daß ihm die Decke seines Amtsbunkers nicht plötzlich auf die christlich-soziale Läuse-Allee donnerte.

Die Löcher, welche nunmehr um die Sockel des Hauses gegraben werden mußten, sind so tief, daß man einen ganzen Behördenschimmel mit dem aufgesessenen Denkmal des unbekannten Beamten darinnen aufrecht begraben könnte, wie einst den Gotenkönig Alarich im Busento. Zahlreiche Passanten aber schauen täglich mit gesträubten Haaren in diese Schlucht, in der ihr Steuergeld so lautlos verschwindet. Und natürlich ist wieder einmal niemand für den vorausgegangenen Pfusch verantwortlich. Weil in solchen Fällen niemals ein Herr Schmiedl oder Ganserl zuständig sein wird, sondern höchstens die Abteilung ›13 B Römisch vier‹. Aber wenn dann nachher die große Rechnung kommt, wird es wohl wie bei Bert Brecht so schön heißen: »Und verschlafene Beamte / deren Namen keiner weiß / wachen auf und sind verdattert / bitte welches ist der Preis.«

Doch bevor er sich mit Grausen von dieser Stätte wendet, entdeckt der Spaziergänger dann an der Nordwand des Bauwerkes noch ein paar hingekritzelte Parolen, die ihn trotz seines Ärgers wieder etwas schmunzeln lassen. Denn dort ist nämlich folgendes zu lesen: »Leid — de Hütt'n is dafeid.« Und einige Zeilen tiefer: »Dieses Gebäude — hat die Räude.« Ein drittes Poem aber lautet: »Na, an Mauerfraß — nennt man das.« Und ein weiterer Amateur-Schiller stellt fest: »Der ganze Puff ist morsch — Schorsch.«

Die Sissy-Street

Unvorstellbar, daß die Maria Theresia Straße genauso gut auch Bierschleglweg oder Pfundhammelpromenade heißen könnte. Dann schon noch eher nach der versponnenen Romantik der versunkenen k.u.k.-Monarchie: Sissy Street. Denn in dieser Straße gehen die Tage auch heute noch ›auf Zehenspitzen‹. Die Häuser heißen Villen oder Ruhesitze. Sie haben die Jalousien geschlossen und schauen alle so geschmerzt, als hätten sie Migräne und nicht bloß gewöhnliches Kopfweh. Der bläuliche Rauch, der manchmal aus den Kaminen kommt, läßt sich bitten. Er steigt so zögernd hoch, wie wenn ihn ein indischer Schlangenbeschwörer mit seiner Bambusflöte herauslocken müßte. Das Trottoir vor den Villen nennt man hier Bürgersteig, weil die letzten Münchner Nobel-Patrizier darauf so vorsichtig herumsteigen wie die Störche im Froschschenkelsalat. Fast um jeden Ruhesitz läuft ruhelos eine nimmermüde Mauer herum. Oder ein Schmiedeeisengitter aus lauter spitzen Lanzen. Sauber ausgerichtet sind diese Speere und sie stehen aufrecht in einer Reihe wie in der Waffenkammer der Nibelungen. Der in der Mitte ist immer der längste. Wohl des grimmen Hagen Mörderspieß. Auf seiner Spitze entdeckt der Spaziergänger tatsächlich auch noch Siegfrieds vertrockneten Lebenssaft. Aber es ist nur Rost. Das Blut der vergangenen Jahre.

Hoch aufgerichtet dämmern alte Pappeln, Akazien und Ulmen in den Parks vor sich hin. Steif, hohl und eingebildet. Wie ertappte Lakaien, die silberne Löffel stahlen und dafür von der Gnädigen in Bäume verzaubert wurden. Betonsäulen markieren die Herrschaftseingänge. Auf diesen Säulen liegen jene Kugeln, die der Baron Münchhausen zum Reiten benutzte. Und weiße Emailleschilder haften auch noch immer dort. ›Lieferanteneingang um die Ecke‹ steht darauf. Die Fußabstreifer vor den Lieferanteneingängen sind dreimal so groß wie jene vor den Herrschaftspforten. Lieferanten haben halt größere Füße.

Der erste Jugendstilpalazzo, den Blasius beschleicht, hätte leicht dem sagenhaften Minheer Kannitverstan gehören können. Doch es steht bloß ›Oberstes Finanzgericht‹ auf dem Türschild. Wie kommt denn jetzt eine solche Behörde zu einem solchen Besitz, muß der Spaziergänger denken. Wahrscheinlich haben sie halt dem Erbauer einfach so viele Steuerbescheide geschickt, bis das Chalet ihnen gehörte. Es ist so still in dem Haus, als würde nicht ein Finanzgericht darin tagen, sondern das Jüngste Gericht. Auf der schwarzen Anschlagtafel, auf welcher Blasius größere Neuigkeiten erwartet, steht jedoch nur, daß die roten Essensbons in blaue umgetauscht werden müssen. Und daß es am Donnerstag wahlweise eine Riesenbockwurst gibt oder Milchreis. Sonst hängt nur noch ein verlorener Nappalederhandschuh an dieser Tafel. Ein linker ist es. Aha.

Dafür hängt hinter dieser Gralsburg an einer mürben Wäscheleine die allmählich porös gewordene Aussteuer der Hausmeister-Ehefrau. Drei Wolleibchen und zwei überlange Damenschlüpfer. Marke: Kunigund mit Gummibund. Auf der Fassade von Nummer 21 prangt ein riesiges zerbröselndes R. Da hat wohl entweder der Rasputin, der Robinson oder das Rumpelstilzchen gewohnt. Nebenan auf 22 zieren zwei Mosaikmädchen die

Front. Sie haben zusammen nur drei Busen. Aber jede ihren eigenen Ringelschwanz. Seltsame Damen. Aus dem Haus daneben treibt eine Lady zwei Yorkshire-rüden vor sich her. Jene winzigen Uhrkettenhündchen, bei denen man unter der flaumigen Behaarung immer nach der Flügelschraube sucht, mit der sie aufgezogen werden. Sie bellen so verzweifelt leise wie ein Käuzchen, wenn es Husten hat. Und selbst die winzigste Maus könnte es sich völlig gefahrlos leisten, zu diesen Westentaschen-Bernhardinern zu sagen: »Wos is, mogst a Watschn?« Ganz am Ende dieses Sunset-Boulevards entdeckt Blasius in einer verlassenen Parkecke dann auch noch ein kleines geschnitztes Holzkreuz mit einer wackeligen Omaschrift darauf. Der rührende Text lautet: »Hier ruht der Kater Peterle. Sein Frauchen folgt ihm späterle.«

Und schließlich im allerletzten Domizil sieht er ein wunderschönes Mädchen auf einem Balkon liegen, das nichts anhat als nur ein bißchen Zehnuhr-Sonne. »Tschüß Archie«, grüßt es zum Dachgarten hinauf. Ein camembert-bleicher Graf erwidert: »Hallo Susen.« Da muß der Spaziergänger an den schönen Lesebuchtext denken: »Er stand auf seines Daches Zinnen und blickte mit verklärten Sinnen auf das bereite Suserl hin.« Aber als sich dann nach einiger Zeit immer noch nichts gerührt hat, überlegt Blasius: Vielleicht lieben diese feinen Leute in dieser feinen Straße schon längst nicht mehr selber. Sondern sie lassen halt lieben. Das soll es doch schon in den Zeiten der lebensfrohen Maria Theresia auch gegeben haben.

Der ›Liebelungen-Ring‹

Jedesmal wenn der Spaziergänger in die Briennerstraße einbiegt, fällt ihm das Lied der deutschen Wehmuts-Trompete Lale Anderson wieder ein, das sie in jener Zeit, als Blasius dem bekannten Gehsportverein ›Von Untersendling zum Ural‹ angehörte, im Radio sang. Denn die Münchner Landser hatten die Stelle von dem Mädchen und der Laterne so abgeändert: »Deine Schritte kennt sie, deinen schönen Gang. Alle Abend rennt sie am Luitpold-Block entlang.« Weil doch in dieser Gegend

besonders viele hübsche Mädchen fleißig ihre Beine grätschten. Und die Strecke um das Café, das den stolzen Namen des Prinzregenten tragen durfte, der begehrteste Turf Bayerns war. Denn wie sagten schon die alten Kavalleristen so treffend: »Die Pferdchen, die man dort trifft, sind die einzigen, denen man beim Reiten in die Augen schauen kann.«
Heute laufen diese Mitternachtsstuten allerdings nicht mehr selber. Denn sie lassen laufen. Mit freundlicher Unterstützung der Firmen Mercedes, Jaguar oder Opel. Und darum heißt dieser Rundkurs auch der Liebelungenring. Oder die Todsünden-Avus. Meistens sitzen dabei zwei Randstein-Pompadours in den Liebeslimousinen. Und sie gehen auch nicht einzeln weg. Sondern nur paarweise. Wie Schaftstiefel oder Skihandschuhe. Freilich, in das berühmte Mohrenkopf-Bergwerk, das Café Luitpold, dürfen sie auf keinen Fall hinein. Denn der Besitzer, ein hartnäckiger Saubermann und Inhaber des größten Kirschtorten-Imperiums der Stadt, würde jeden dieser Galopper sofort von einem dreisprachigen Butler im weißen Strahlenschutzanzug mittels einer langstieligen Gurkenzange entfernen lassen. Den Gestütsinhabern und den Zwickel-Warten der steilen Steepler ist das nur recht. Denn sie sangen immer schon leise und zufrieden vor sich hin: »Schön ist jede Mark, die du mir bringst, Marie Luise.«
Verzweifelt hält der Kurfürst Maximilian die erzene Hand in den entsetzlichen Verkehr, als wollte er rechts abbiegen, um den dunklen Gasolin-Schwaden zu entrinnen. Trotz dieses Bleinebels aber ist die Briennerstraße der Hoffarts-Broadway von München. Er gehört zu jenen Straßen der Welt, in deren Geschäften das

Komma keine Rolle spielt. Und für den Otto Normalverbraucher wirken die Warenetiketten mit den Preisschildern wie eine Vorladung zum Offenbarungseid. Da ist in einer Porzellan-Manufaktur beispielsweise eine Schüssel schon für fünftausend Mark zu haben. Blasius kann sich nicht vorstellen, wie er daraus vor lauter Zittern einen Wurstsalat schlabbern könnte. Aus so einem Millionärsbottich kann man sich doch höchstens mit der Leimrute ein paar Beruhigungstabletten herausangeln. Gegenüber in einem weißgoldenen Optikerladen kostet schon die winzigste Brille mehr als ein ausgewachsener Blindenhund. Und im nahen Blumengeschäft werden Orchideen so lässig verkauft wie Suppengrün. Die Rosen aber sind dunkelblau und schwarz. Grüne kann man gewiß auch haben. Und die sind dann wohl schon so überzüchtet, daß sie sogar wieder nach Schnittlauch riechen.

Und erst die Schaufenster der Pelz-Boutiquen, der Teppich-Bazare oder der Kohlenstoff-Apotheke Cartier. Da kriegt der dämliche Blinzler ja schon vom Hinsehen allein eine Hornhautablösung. Der Spaziergänger muß sich beim Anblick all dieser Herrlichkeiten aber immer wieder fragen: »Wenn die Mannsbilder schon im heißen Sand von Afrika diese lächerlichen Steine aufbuckeln, den träumenden Ozelot in Mexiko vom Baume schütteln und das gelbe Bonzenmessing aus dem kanadischen Boden kratzen, warum tragen sie dann das ganze Zeug auch nicht selber herum. Das bürden sie dann den schwachen Weibern auf. Die mit Recht ein heiliger Zorn befällt. So daß sie wütend auf die Barrikaden gehen. Statt in die Arbeit. Oder ins Bett. »Ganz recht g'schieht's am Vaddan.«

Sinnend verweilt schließlich Blasius an dem Vorgarten von Haus Nummer 28. Denn dort ist in eine Blumenrabatte eine metergroße Uhr eingebaut, die jedesmal, wenn in Deutschland ein Kind geboren wird, klingelt. Also etwa alle vierzig Sekunden. Wenn aber in diesem Zeitabstand ein Kind geboren wird, dann muß doch in demselben Abstand auch eins gezeugt werden. Es rührt sich also allerhand in Germaniens Betten. Nun haben jedoch die Statistiker errechnet, daß es bei diesen Turnübungen nur jedes tausendste Mal schnackelt. Das heißt also, sollte man diese Fehlzündungen auf das Schlagwerk des großen Sexualweckers übertragen, so würde er demnach pausenlos und schrill scheppern wie die Alarm-Anlage in einer Hauptfeuerwache bei Atomwarnung. ›Ecco.‹

Die Briennerstraße hat ihren Namen nach dem Sieg von Blücher über Napoleon bei dem Städtchen Brienne bekommen. Weil sich das halt so gehört, daß man den Schlächtern ein Denkmal setzt. Der Obelisk hingegen soll an dreißigtausend geschlachtete Bayern erinnern. Und wie ein verwitterter Zeigefinger ragt er in den weiß-blauen Himmel. Als wollte er zaghaft bitten: »Vergeßt's uns net ganz. An Meier, an Pallauf, an Schmiede und mi. Und wenn scho, dann lieber Himmlvadda, dann ruaf uns wenigstens am jüngsten Tag wieder auf. Denn wir haben damals ja auch zu den Jungen g'hört, der Hansl, der Loisl, der Wastl und i.«

Draußen vor den Türen

Draußen vor den Türen der Schwabinger Bistros und des vornehmen Baumkuchen-Quetschwerks in der Prachtstraße haben die stummen makkaronibeinigen Diener wieder Auffangstellung bezogen. Und schon früh am ungeschminkten Vormittag werden diese Casatta- und Tonic-Hocker von ihren schweren Ketten befreit, mit denen sie nachts an den Häuserwänden zusammengefesselt waren wie in Karl Mays Sklavenkarawane. Eine Maßnahme, welche der deutsche Gewerkschaftsbund (Abteilung ›Rast und Ruh‹) schon vor vielen Jahren als ausgesprochen möbelunwürdig in scharfer Form verurteilt hat. Trotzdem vertrauen ihnen immer wieder magere zwetschgensitzige Junggesellen, frühe Schönheiten mit Beinen seidig und lang wie die schönen Tage von Aranjuez und würdige, aber naschhafte Windbeutel-Witwen gerne ihre klappbare Anatomie an. Letztere glätten dabei die englischen Kammgarnröcke vorher noch so straff über die weniger gefragten Rundungen, als sollten sie noch ein allerletztes Mal vom bösen Herrn Lehrer übergelegt werden wie einst im Juli. Auweia.

Und Blasius notiert: Ein ausjähriger Springinsfeld sitzt jeden Tag ganz links außen auf der Nobel-Avenue vor dem Café Luitpold. Aber nicht, weil es sich bei ihm vielleicht um einen fußkranken Juso handelt, oder um den Flügelstürmer der zweiten Altherren-Mannschaft des FC Wadlkrampf. Sondern um einen ausgesprochenen Kunstfreund. Denn wenn die blonden Derby-Sieger so im Gegenlicht auf ihn zutraben, dann kann er durch sie so mühelos durchschauen wie durch eine Sonnenbrille ohne Gläser. Und wenn die geröntgten Ladies nachher mit schmalschlitzigen Sparkassen-Augen lächeln und wegschauen, dann weiß der pfiffige Silhouetten-Fan sogar auch noch, daß sie es wissen. Und deshalb läßt er seine Pupillen auch jedesmal auf der Haut seiner Opfer so ungeniert herumkrabbeln wie zwei Marienkäfer. Denn wer möchte schon diese kleinen Glücksbringer missen.

Ach, und ob wohl alle die steilen Stuten aus Stettin und Steglitz und die Marschiermaschinchen vom Jungfernstieg und vom Radlsteg wissen, was sie nach einer solchen Reihenuntersuchung durch die kauernden Wüstlinge, an denen sie freiwillig vorüber müssen, noch auf dem Leibe haben. Sicher würden sie sofort alle so rot werden wie der Herbert Wehner. Oder wenigstens zwei oder drei von ihnen. Denn da gibt es ein Dutzend von Spezialisten, die mit allen Haken und Ösen dieser Welt fertig werden. Und selbst Alexander der Große hätte von ihnen noch lernen können, wie man auch den raffiniertesten Knoten lösen kann, ohne ihn mit dem Schwert zu durchschlagen. Deshalb tragen diese leichtsinnigen Geschöpfe nach so einem Striptease höchstens noch einen warmen Sommernachmittag auf der süß gegruselten Gänsehaut. Denn weil die gefräßigen Sitzriesen bei ihrem Augenschmaus auch nicht das geringste anatomische Hoheitsgebiet aussparen, sind die ausgeschlachteten Modelle nachher genauso abgenagt, als wären sie in einem Roman von Löhndorf zu den Piranhas in den Amazonas gefallen. Yes Sir.

Doch auch für musische Betrachter wird allerhand geboten. Dort jene Stummfilm-Dame vielleicht. Bevor sie nämlich die hauchdünnen Florentiner so vorsichtig in den Mund schiebt, als würde sie einen Computer füttern, zieht sie noch rasch ein Riechfläschchen aus einem ehrwürdigen Ridikül und nimmt eine Nebenhöhle voll Nasenfutter zu sich. Sicher hätte sie ohne dieses Doping auch gar nicht die Kraft, die kleine leckere Gaumenschallplatte zu nagen.

Oder jenes leicht schizophrene Hunde-Baronesserl. Zaghaft haucht sie einer jener Bedienungen, die alle so erschütterungsfrei vorübergleiten wie die Luftkissenboote von Capri nach Ischia, ihren Wunsch nach. Eine Zuckerzange. Damit füttert sie dann einen Hund, der nicht größer ist als ein Tennisball, den man mit Haaressenz begossen hat. Zum Dank dafür näßt ihr dieser Westentaschen-Bernhardiner den adeligen Schoß mit einem talergroßen ›Lackerl‹. Das macht sie glücklich.

Und auf der Prachtstraße rollen sie vorbei. Ein Mercedes, zwei Mercedes, drei Mercedes. Und am Steuer sitzen die Todsünden. Sie fahren eine Rally quer durch das sechste Gebot. Diese schnellen Bräute haben ihren Service längst auch auf die hellen Stunden ausgedehnt. Denn der Unterhalt ihres Sechszylinders und ihres Sex-Wartes wird auch immer kostspieliger. Und mühsam nähren sich nun diese Bienchen. Sum, sum, sum. Bis sie endlich auf Stich kommen. Freilich im Lokal selber wäre eine Hundert-Mark-Hochzeit wesentlich leichter anzubahnen. Aber der Chef, eine bärtige Mischung zwischen Marco Polo und dem Apostel Marcus hält seine Blätterteig-Basilika so keusch, als wäre sie eine wirkliche. Er ist eben noch ein echter Effendi.

Munkeln im Dunkeln

Manchmal, wenn Blasius nachts durch die Straßen schlakst, schlagen seine Asphalt-Mokassins ganz von selbst den Weg zu den weißen Stühlen ein. Zu jener Insel der Beschaulichkeit in dem dämmrigen Dschungel der Verliebten und Verlebten, dem Alten Botanischen Garten beim Neptun-Brunnen, für den die Stadtverwaltung wenigstens zwei Sterne kriegen sollte. Denn jeden Abend laufen dort ein halbes Dutzend amüsanter Kurzfilme, die zumindest das Prädikat ›menschlich wertvoll‹ verdienten.

Und immer aufs neue blickt der Spaziergänger mit schmunzelndem Maul auf die steinerne Brunnen-Idylle. Und dabei wiederum auf den Kolossal-Beatle, der über dem kleinen eckigen Mangfall-Ozean unter seinen Fußballer-Wadln thront. Das lächerliche gemeißelte Bevölkerungsquastl dieses Giganten ist nämlich so winzig und unbedeutend wie das Komma hinter einem gewaltigen Zitat von Goethe. Genaugenommen ist es nur ein Fünftel so lang wie der Daumen seiner rechten Hand. Und immer wieder gibt dieser komische Witwen-Tröster neugierigen Teenagern Anlaß zu Gekicher und auch reiferen Damen zu lächelndem Kopfschütteln.

Außerdem kauert zu Füßen dieses Neptuns auch noch ein Leidensgenosse, der von der Natur und vom Bildhauer ebenso schäbig bedient wurde. Und dessen schamhaftes Wasserhähnchen gar noch eine Zipfelmütze aufhat. Wahrscheinlich mußte eben der Meißel des Steinmetzen damals auf allerhöchste Anordnung um die heiklen Stellen der Menschen einen Umweg machen.

Witzige Passanten jedoch meinen, noch zwei Zentimeter weniger und aus dem Herrn wäre eine Frau geworden.

Gerade als sich Blasius diesmal niederläßt, ist ein wunderschönes Mädchen mit einem Puppengesicht, das jedoch offenbar auch schon weiß, wo der liebe Gott wohnt, in eine heftige Diskussion mit ihrem zudringlichen Galan verstrickt und protestiert energisch: »Ferry, red doch net ollawei mit de Hend, jetzt hob i scho wieda a Laufmaschn.« Er aber scheint irgendeine Quartierfrage klären zu wollen, denn auf sein angeheisertes Geflüster erwidert die Schöne: »I mog di scho, des woaßt doch, du Dummerl. Aba wir müassn doch durch da Oma ihr Zimma zu mir. Und die zwoa Tablettn, de i ihr in Kamillntee nei'do hab, wirka do erscht in a Schtund. Oiso laß dir hoit no a bißl Zeit, du kriagst dein Tschappi scho.«

Dann kommt aus der Dunkelheit ein schnelles Pärchen an, bei dem es sich mit Sicherheit um eine rasche Braut und einen notwendigen Liebhaber handelt, in dessen Fremdarbeiter-Augen es immer kurz vor 12.00 Uhr ist. Die Dame ist gewiß von jener Sorte, die man Einweg-Mädchen nennt. Weil man sie nämlich wie die Flaschen in einem Selbstbedienungsladen behandelt. Rasch aussuchen, dann bezahlen und husch husch ins Körbchen.

Das Körbchen der Mitternachts-Schönheit befindet sich hinter dem kleinen Ausstellungs-Pavillon, ist grün und wird flugs mit einer unter einem Strauch geparkten Decke ausgepolstert. Die ganze Turnerei dauert keine fünf Minuten, und nachher klopft sich die kleine Parterre-Akrobatin das bißchen Sand und etwas altes Laub aus den Kleidern, spült ihre Amüsier-Griffel im kühlen Naß

und summt leise nach dem bekannten alten Schlager die abgewandelte Anfangszeile vor sich hin: »Zum Abschied wasch' ich mir die Hände . . .«
Zwei Italiener am nördlichen Bassinrand haben die Füße schon längere Zeit im weichen Wasser baumeln. Da nahen zwei rundköpfige Türken, die Saubermänner der Nation. Und dann machen die vier ein Würfelspielchen, das Kümmel-Blättchen heißt und wohl die größte Gaunerei ist seit der Sache mit Esau und dem Linsengericht. Zuerst geht es um Geld, später, als die Muselmänner so blank sind wie ein frisch polierter Paviansarsch, nehmen ihnen die Azzurri auch noch die Armbanduhren, die Drehbleistifte, ihre Strohhüte und sogar die Oberhemden ab. Anschließend geht das Quartett auf den Rasen nebenan und prügelt sich still, verbissen und unsinnig. Die Türkei unterliegt. Mit dicken ›Ästen‹ im braunen Ritzenreinigungs-Gesicht ziehen die zwei verprügelt, vernichtet und fröstelnd in Richtung Konstantinopel ab. Fehlt nur noch, daß sie als Begleitmelodie das schöne Lied trällern: »Oh, wie ist es kalt geworden . . .«
Auf dem Stuhl rechts vom Spaziergänger sitzt die ganze Zeit über ein dösender Mann mit einer Eisenbahner-Mütze. Doch plötzlich bekommt er den unerwarteten Besuch eines alten Freundes, der eine ganze Menge Zank im Gesicht hat. Der Mützen-Mann begrüßt den Bekannten mit dem gschpaßigen Satz: »Du schaugst aber guat aus, warst du krank?« Doch der späte Gast geht auf diesen Flachs nicht ein und beginnt sofort sein häusliches Elend zu schildern: »Mei Oide keift scho den ganzn Tog, blos weil i ihr gsagt hob, zu unserm Kegelausflug fahrn wir heia solo und drum derf aa koana

sein ehelichn Beiwogn mitnehma. Und du, hob i gsagt zu meiner Oidn, kriagst ja sowieso den TÜV nimma. Ma werd doch no a Gschpaßettl macha derfa, oda? Aba dann schpeibt der oide Teife glei Feia wia a Krakatau. Nachher woit i in d'Wirtschaft geh, aber do hots ma meine Zähn verschteckt. Jetzt bin i a so davo. Aber wart nur, wenn i hoamkum. De ganze Nacht schnarch i ihr wos vor wia a Bulldoggn, der ma d'Nasn zuahoit.«

Am Brunnen vor dem Tore

Wie spindige Kartoffelknödel für den Riesen Gulliver liegen die hundert grauen Rundbrocken um den Steingutteller des Springbrunnens vor dem Neuhauser Tor herum. Jener Zerstäuber-Maschine, welche die Münchner auch den ›Schpeibdeife‹ nennen, weil die Stadtverwaltung für diese neumodischen Wasserstrahlen noch immer keinen Namen gefunden hat. Und in der Mitte die drei Nickelstrahl-Schwammerl könnte man auch für die drei verlorenen Haftschalen von eineinhalb Dinosauriern halten. Oder für drei notgelandete Ufos. Aus einer unbekannten Bazillen-Republik. Je nach Fantasie halt. Von welcher der kleine Mann, der fast jeden Mittag um 12.00 Uhr neben dem Spaziergänger dort sitzt, sicherlich genug mitbekommen hat. Denn er erklärt seinem Nachbarn zur Linken jeden Tag aufs Neue, was er mit dem Geld kaufen wollte, das er einnehmen würde, wenn der Brunnen ihm gehörte und mitten in der Sahara stünde. Letztes Mal erwarb er die Cheops-Pyramide bar. Sein böses Weib daheim sollte sich dann ganz oben auf die Spitze setzen. Ohne Mitleid und ohne Strumpfhose. Tausend Jahre und einen Tag lang, so meint er. Wenn die Sonne im schrägen Winkel auf den nassen Schnürl-Vorhang fällt, beginnt dieser in sieben Tönen zu schillern. Und ein paar kreischende Gastarbeiter-Bambinos sowie ein selten blöder Hund schnappen dann nach den gefärbten Spaghettis. Eine barfüßige Gräfin öffnet die züchtigen Knie, wenn der Wind an heißen Tagen die kalte Gabe in ihre Richtung bläst. Das muß wunderbar schön kitzeln, denn die durch und durch verdorbene Person lacht dann in den ersten Takten von Beethovens Fünfter: »Haha — ha — ha.« Nun, es könnte natürlich auch die Unvollendete sein. Ein völlig überflüssiger Hacklstecken-Major aus Deutsch-Eylau, den der letzte Krieg bis nach München herübergespuckt hat, erklärt seinem Nebenmann: »Wie dieser Brunnen da schießt, heißt man in der Ballistik auch ›indirekter Beschuß‹. Ich selber habe damals bei Ostrolenka, Kreis Oletzko, 168 gezählte Granaten der russsischen Panzerdampfwalze direkt vor die Füße gefeuert. Aber glauben Sie, deshalb wäre auch nur ein einziger T 34 stehen geblieben? Nicht einer!« Und jetzt erst bemerkt der glücklose ›General Rückwärts‹, daß sein Gesprächspartner eingeschlafen ist. Da sagt er zu ihm noch schnell: ›Bschorn‹ und ›Bschagreff‹. ›Peronnje‹, das heißt doch ganz was Böses, fällt Blasius als ehemaligem Rückzugstraßler gerade noch ein. So ein Scheiß-Major. Sicherlich war er bloß Schütze Arsch.

77 Tauben, die Ratten der Lüfte, tummeln sich um den Born herum. Und eine hat gerade um fünfzehn Körner gewettet, daß sie, ohne naß zu werden, zwischen den Wasserstrahlen durchfliegen kann. Wie einst der Flieger Udet zwischen den Frauentürmen. Da muß der Spaziergänger daran denken, was für ein schändliches Spiel sie manchmal in seiner Tango-Zeit getrieben hatten. Kam nämlich ein neuer Slow Fox-Fisel als unliebsame Konkurrenz ins Vorstadt-Café, wetteten sie mit ihm eine Mark, sie würden ihn allesamt nach Herzenslust berieseln, aber er würde davon kein bißchen naß werden. Auf der Toilette fand diese Wiedertäuferei dann statt. Und als der Dummkopf schließlich eingeweicht war wie ein steinaltes Knödelbrot, sagten sie ihm,

das hätte diesmal leider nicht geklappt. Und sie hätten die Wette halt verloren.
Dann kommen zwei Tramps daher mit so komischen Gestellen auf den Rücken. Um zu sehen, wer davon die Tippelschickse ist, muß man schon genau auf die Schrittgegend der Hose hinschauen. Denn die Haare sind gleich lang und die breiten Traggurte um die Brust ebnen alles ein. Nach einer Zeit holt der vermutlich männliche Asphalt-Nomade ein langes Messer heraus und kappt sich damit die Fußnägel. Nachher schneidet er mit demselben Schwert ein Stück Salami auf. Das Schnürl bekommt seine Wanderbraut. Sie sagt gar nichts. Aber sie schaut so traurig drein wie ein angebundener Hund vor einem Metzgerladen. Als die beiden in Richtung südlicher Mongolei wieder entschwinden, pfeift der Major hämisch die Melodie hinter ihnen nach: ›Wozu ist die Straße da . . .‹
Daß der feuchte Vetter mittlerweile auch ein bekannter Treffpunkt geworden ist, wie einst das Stachus-Häusl, kann Blasius mühelos feststellen. Doch mit solchem Moder wie Hutabnehmen, Bücklingen und Handküßchen wird längst nicht mehr gearbeitet. Auch Blumen werden nur mehr ganz selten mitgebracht. Vielleicht mal eine versteckte Gürtelrose oder ein Veilchen unter dem Auge.
Und wenn sich eine Jungfer hier einfindet, trägt sie zum Rendezvous längst keine Unterwäsche mehr, sondern sagt zum Jo nur ganz unnötig: ›Alles klar.‹ Und jener nickt verdrossen zu dieser selbstverständlichen Nachricht. Wird aber so einer versetzt, holt er sich lediglich ein fünffarbiges Magazin im Sex Shop nebenan. Das ist wahrscheinlich noch billiger. Und sicherer.

Die Latschenfurt

Als Hans Jochen bei uns noch der gewaltige Vogel Roch war, bevor er sich in Bonn zu einem braven Rotkehlchen krankschrumpfte, schuf er getreu nach seiner berühmten Parteiparole: »Alle Räder stehen still, wenn mein starker Arm es will« die Münchner Fußgängerzone. Eine Insel des kleinen Friedens, in welcher der Passant nicht mehr von den Stoßstangen der Automobile vorwärts gepufft wird. Sondern höchstens noch von der eigenen Hast. Und wo die Damen nicht mehr den Auspuff einer schmierigen Gasolin-Kuh einatmen müssen. Ein dreifach Hoch! Daß er diese ›Strada di Silenzio‹ aber ausgerechnet Fußgängerzone taufte, kann dem Spaziergänger nicht recht gefallen. Das Wörtchen Zone schmeckt doch immer ein wenig nach sächsischen Butter-Bemmchen und so, als würde München an der roten Oder liegen und kein bißchen an der grünen Isar. Sollte man diesen mit schönem Portland-Linoleum ausgelegten Empfangsraum der Stadt nicht eher noch ›Plattensee‹, ›Steingaden‹ oder wenigstens ›Latschenfurt‹ nennen?

Nun, das ist aber nur ein kleines Ärgernis. Das große steht noch immer wie der böse Höllenhund Zerberus direkt vor dem Eingang zu dieser ›guten Stube‹. Nämlich das Sockenhalter-Mausoleum, das sich so ungesühnt ›Kaufhof‹ nennen darf, obwohl es wie eine Mischung aus einem indischen Grabmal und einem Raumschiff für Nervenkranke ausschaut.

Man erzählt sich, daß die Patrona Bavariae auf dem Marienplatz in der Nacht, als dieser Bastard genehmigt wurde, sich umgedreht habe und diesem Riesenstein des Anstoßes seitdem beleidigt nur noch ihren faltenreichen Rücken zeige. Blasius aber meint, es ist bloß schade, daß man von Karl May die Bastonade nicht ins deutsche Strafrecht übernommen hat. Für den verantwortlichen Architekten wären fünfhundert auf die Fußsohlen wohl das einzig richtige Bakschisch gewesen.

Das kleine Gasserl weiter vorne, fast so dünn wie ein Läusedarm, erinnert Blasius immer wieder an das Guckkasten-Panorama, das es dort einmal gab und das Tausende von Schulklassen besuchen mußten, um durch halbblinde Linsen den Untergang von Pompeji, den Ausbruch des Vesuvs oder den Gran Canyon zu bewundern.

Damals führte die Klasse des Spaziergängers ein kolossales Fräulein an, das aus der Donaugegend bei der Walhalla stammte und selber auch die Formen einer Nibelungenfigur besaß. Wenn sie dann etwas erklärte und die Höllentalklamm beschrieb, beugte sie sich immer sehr weit vor, worauf der winzige Schüler Brandl, der wiederum aussah wie der Zwerg Alberich, in den Zehenstand ging und seiner Lehrerin begeistert in die Busenschlucht starrte, was diese mit seltsamem Lächeln duldete. Hundert Schritte weiter in dem grauen Steinbruch, in dem sich früher mal ein Tanzsaal und ein Wahllokal befanden, ist heute das größte deutsche Jagdmuseum untergebracht, das fast kein Mensch kennt. Neben allen Mordmaschinen dieser Welt wird auch der Original-Stutzen vom Bayerischen Hiasl darin aufbewahrt. Eine eigenartige Knopflochmaschine, die nicht viel länger ist als ein Stoßgebet oder die Kopie von dem ungemein fleißigen Fruchtbarkeitsbolzen von August dem Starken, die gleich daneben hängt. Wiederum fünfzig Schritte westwärts ragt das Phallus-Symbol eines ehernen Brunnens in den Alltag. Der Kalif jener Kammgarn-Kasematte, die in die alte Akademie einziehen durfte, hat es erbaut und gestiftet. Er soll sehr fromm sein, und die Leute sagen deshalb auch, die Fontäne, die aus Dankbarkeit zum Herrn über alle Flüssigkeiten empornässelt, bestehe aus chemisch reinem Weihwasser.

Auch schräg gegenüber ist so ein großes Bügelfalten-Quetschwerk. Dort musizierte in den berühmten Zwanziger Jahren ein gewisser Georges Boulanger. Weiß wie ein Kalkeimer fiedelte er seine Schicksalsballade vom ›traurigen Sonntag.‹ Zwölf Frauen sollen sich insgesamt nach Anhörung dieser Veronal-Fuge umgehend entleibt haben. Doch das stimmte wohl genau so wenig wie die Mär vom Rodolfo Valentino, dessen Filme einst in dem nahen Lipali-Kino liefen und von dem es hieß, bei seinem Tode hätten sich sieben völlig bediente Hausfrauen in ihre Wurstmesser gestürzt. Weniger dramatisch ging es in dem Volkssänger-Lokal ›Zum Oberpollinger‹ zu. Immerhin aber entstanden dort die bedeutenden Schlager ›Hurax dax pax bei da Hax‹ und ›Drah di, Madl, drah di, morgen kimmt da Mahdi!‹

Hinter dem alten Stadt-Portal ist der Münchner Schlendrian-Schlauch dann zu Ende. Karl Valentin, der ganz in der Nähe auftrat, empfahl seinen Gästen auf die Frage: wohin nach der Vorstellung?: »Durch das Karlstor, das ist Tag und Nacht geöffnet.«

An schönen Abenden kann man dort einen der zahlreichen Straßenmusikanten und fahrenden Sänger neben seinem offenen Geigenkasten leise schnarchen hören. In dem verwetzten Melodien-Sarg aber liegt ein handgeschriebener Zettel mit der Aufschrift: »Den Seinen gibts der Herr im Schlaf. Bitte seien Sie auch ein Herr!«

Nachts auf den Straßen

Ja, so hieß doch einmal ein Film mit der wilden Asphalt-Orchidee Knef, muß der Spaziergänger denken. Und weil auch der große Rühmann, begleitet von einem kleinen Regisseur, nachts wenn die Pfui Teufel kommen, durch die Winkel der Großstadt schliefen muß, hat Blasius seine geliebte City wieder einmal mit dunklen Pupillen durchstreift.

Die lange Fußgänger-Zone ist leergefegt vom Menschengebrösel. Nur am Karlstor steht ein Mann und versucht völlig vergeblich, das ehrsame Bauwerk wegzuschwemmen. Auf dem kleinen Türmchen über dem Polizeigefängnis in der Ettstraße klopft die Zeit mit hartem Knöchel an die schreckliche Glocke. Wieviel rissige Lippen und erschlaffte Mäuler werden die Schläge dieses Unglücks-Gonges wohl zählen? Blasius geht die stille Straße langsam hinunter. Ausgerechnet in der Heilig Geist-Gasse bocken auf einem Müllwagen in wilder Lust gerade zwei Ratten auf. Und ein verirrter schwarzer Pudel mit einem lackledernen Beutelchen am frierenden Schoßhündchen-Hals schaut ihnen zitternd zu. Er hat in seinem ganzen geschabten-Kalbsleber-Dasein noch nie solche Kahlschwänze gesehen.

Hinter dem großen Kaufhaus-Schaufenster hängt ein schwarzes Tuch, aber durch einen kleinen Spalt sieht der Spaziergänger doch noch, wie ungewöhnlich roh ein blonder Arier mit den nackten Schaufensterpuppen umgeht. Eine davon hat der Rohling an die Wand gelehnt und in ihrem lüsternen jungen Karpfen-Mäulchen den Haken eines Handscheinwerfers befestigt. Das erinnert Blasius an jene Hemingway-Story, wo ein Tiroler Gebirgsbauer seine verstorbene tiefgefrorene Ehehälfte in den Holzschuppen stellte und dann beim Scheiterspalten eine Ölfunzel ebenfalls in den erstaunt aufgerissenen Mund hängte. Erst im Frühjahrs-Tauwetter wurde die brave Laternen-Lady von ihrer letzten ehelichen Pflicht entbunden.

An der Tür zur Nachtapotheke steht ein alter Mensch im verbeulten gestreiften Bettanzug. Fünf Mark in der Hand und für einen Hunderter Angst im Gesicht. Ein ruiniertes Mädchen kommt gegangen, saugt eine Zigarette aus und starrt lange auf die Blutegel im kleinen

Schaufenster-Aquarium hin. Die sind ganz zusammengeschrumpft und haben die Schröpf-Köpfe eingezogen. Und es ist immer sehr still, wenn sie schlafen. Jetzt beginnt die junge Hure leise zu fluchen und droht den schlummernden Kolleginnen mit böser kleiner Sünder-Faust. Sicher denkt sie dabei, um wieviel schöner doch allein schlafen ist als beischlafen.

Nun, das silbergraue Knarz-Auto in der stillen Nebenstraße hätte womöglich dringend zwei neue Stoßdämpfer nötig. Die Scheiben des Wagens sind beschlagen. Ein alter Wachmann bleibt vor dem Schäserl stehen, aber weil er den bereits stattgefundenen Einbruch wohl nicht mehr verhindern kann, geht er wieder weiter. Irgendwo in einer vergammelten Gerümpelecke seines Gedächtnisses kommen ihm die Seufzer aus dem schaukelnden Notstands-Hotel noch bekannt vor. Wann war das wohl ein letztes Mal gewesen, sinniert er. Am Sendlinger Tor-Platz aber schmeißt er dann das graue Handtuch seiner schmutzigen Erinnerung endgültig weg.

Durch das Küchenfenster vom Peterhof beobachtet der späte Geher ein Mädchen im weißen Wickelschurz, das den Boden kehrt. Auf einmal bellt es halblaut vor sich hin und sagt dann zu einem Hund, den es gar nicht gibt: »Ja, ja, sei nur wieda schtaad jetzt, bist schön baaf. Kriegst dein Schappi schon.« Da hört der Geister-Pinscher auch gleich zu kläffen auf. Weiter vorn erklingt ein langgezogener greller Schrei, der dann ganz unvermittelt in den Erzherzog Johann-Jodler übergeht.

Ein schlaftrunkenes Flugzeug hoch oben in der finsteren Ochsenschwanz-Suppe löffelt sich mühsam nach Riem hinaus. Eilig wetzt ein verschwitztes Küchenmöpserl mit ausgeprägten Fußballer-Wadeln vorbei. Sie hat jene absatzlosen Schuhe an, die ein rühriger Vertreter aus Vorarlberg fast allen deutschen Kellnerinnen verpaßt hat. Zwei Verliebte stehen in dem winzigen Postenhäuschen am Marienplatz. Und sie hat sich an ihn gehängt, als wollte sie sich ihr junges Leben an seinem Streichwurst-Hals nehmen. Und dem patinierten Metzgergesellen auf dem Fischbrunnen hat irgendjemand einen aufgespannten Regenschirm in die Hand gedrückt. Ein Damenschirm ist's.

Aus dem Frühlokal ›Zum kahlen Otto‹ fliegt ein Betrunkener heraus und sein Lodenmantel flattert hinter ihm her wie ein schlechtes Gewissen. Laut beginnt er zu singen: »Die alte Puff-Madam kratzt sich am Arme. Am Fensterkreuz da hängt ein Luftballon.« Der berühmte Boxer am Eingang, der nur einen einzigen Kampf zuviel hatte, lächelt gutmütig und zieht alle seine zehn zerschlagenen Finger aus den Gelenken, bis sie knacken. Er will halt sein Handwerkszeug in Ordnung halten. Blasius aber walzt dem Hauptbahnhof zu und greift sich die erste feuchtwarme ›Spiegel‹-Nummer. Und da liest er auf Seite 188 in der Kritik über den erwähnten Stadtstreicher-Film Rühmanns: »Seine menschlichen Beziehungen haben die feuilletonistische kernige Pseudomenschlichkeit, wie sie ein Sigi Sommer launig reibeisenhaft im Lokalteil der Münchener Abendzeitung verbreitet.« Blasius wird wohl lange nachdenken müssen, bis er endlich begreift, was das heißen soll.

Salz des Lebens

Blasius hat irgendwo gelesen, daß die kleinen Ärgernisse das ›Salz des Lebens‹ sind. Denn ganz ohne Gegrantl ist das Dasein für einen echten Bayern wie eine Maß Bier ohne Schaum. Und wie heißt es doch in unserem Land so schön: »Ohne Grant kein Durscht und ohne Durscht kein Leben.«

Da hat der Spaziergänger beispielsweise, gerade als er auf den Zeitungsplakaten wieder einmal von der Energiekrise las, zufällig ein bißchen in die Höhe geblickt. Und was sah er da mitten auf dem Marienplatz, in der gesamten Fußgängerzone und die lange Maximilianstraße hinunter mit ihren Hunderten von Laternen? Eine prächtige Festbeleuchtung! Alle Neon-Stecken und alle die ›Potschamberl auf Stangen‹, wie die plunzenförmigen Leuchtständer auch heißen, sowie sämtliche städtische Funzeln brannten stundenlang, was die Generatoren nur hergaben. Dabei funkte das Zentralgestirn auch noch Millionen von Kilowatt dazu.

Und da mußte der Spaziergänger zwangsläufig daran denken, wie andererseits nächtlicherweise gespart wird. So daß die schönen Kirchen, die Kunstdenkmäler und die erzenen Kini-Figuren meistens nur noch von angesäuselten Heimkehrern angestrahlt werden. Und nicht mehr von den gelben Konserven der Isarwerke. Nun, Blasius kann sich leider nicht vorstellen, warum den Münchnern an einem so gleißenden Sonnentag auch noch ein zusätzliches Licht aufgesteckt werden sollte. Doch vielleicht hatte die Frau des städtischen Schaltmeisters an diesem Tag gerade Geburtstag.

Doch weil gerade von Lampen und Laternen die Rede ist, muß der Spaziergänger auch von einer Entdeckung berichten, die ihn wirklich tief berührte. Da hat doch der Vogel-Hansi vor Jahr und Tag einmal eine wirklich gute Idee gehabt und in den Straßen der Stadt viele alte gußeiserne Laternen installieren lassen. Nun hat Blasius neulich am Hofbräuhaus festgestellt, daß eine dieser ehrwürdigen Randstein-Tanten scheinbar von einem Lastwagen angefahren wurde. Und was schimmerte da neckisch durch das graue alte Kleid? Bleicher ordinärer Kunststoff! Diese Zeugen der ehemaligen Münchner Straßenromantik sind also zum Teil nur Imitation. Und sie wurden wohl beim Bäcker Seidl im großen Ofen gebacken und dann schamhaft mit einer millimeterdicken Ölfarbhaut überzogen.

Es ist also auch in Bayern längst nicht mehr alles Eisen, was grau ist. Auch der riesige Obelisk soll ja inwendig nur aus Ziegelsteinen bestehen. Und vielleicht, wenn man die Standbilder unserer pfälzischen Landesherrin ankratzen würde, könnte es leicht sein, daß die stolzen Wittelsbacher nur mit Deidesheimer Leberwurst gefüllt sind. Jedenfalls würde Blasius, wenn er ein Dackel wäre, an so einer synthetischen Großstadtpalme nicht einmal mehr aus Verachtung ein Bein heben.

Daß aber auch nicht alles Stahl ist, was sich biegen läßt, haben manche Männer wohl endlich begriffen. Aber viele zweifeln halt immer noch daran, ob sie vom Löffel-Geller wirklich gelöffelt wurden. Sie haben wohl die lange Reihe der Scharlatane, Schlitzohren und Schelme, angefangen vom Goldmacher Tausend über Hanussen II oder den Wunderdoktor Gröning schon wieder vergessen. Übrigens hat der Knabe Uri schon früher

einmal ein Gastspiel hierorts gegeben. Damals hatte er allerdings noch keine Bestecke zerbrochen, sondern hauptsächlich die Herzen junger Damen.
Und noch eine Zeiterscheinung schmeckt dem Spaziergänger nicht recht. Da sind doch im Stadtbild neuerdings auch sogenannte Reserve-Kriminaler zu sehen. Blasius meint jene Hilfs-Sheriffs, die den Straßenverkehr mit entlasten sollen und zu diesem Zweck eine Uniform bekamen und einen Schreibblock. Grund genug für einen guten Deutschen, um heimliche Triumphe zu feiern. Englische oder französische Rentner hätten sich wohl für so einen Job nie gewinnen lassen. Die meisten von diesen Parkplatz-Kapos wissen allerdings von einem Automotor nur so viel, daß es vorn auf einen zukommt und hintenhinaus raucht. Was aber besonders interessant ist: zwei Drittel dieser Ruhestandsbüttel stammen aus Nord-Germanien.
Und da darf der Spaziergänger vielleicht einen herben Witz über das gegenseitige Liebesverhältnis der Schwarz-Weiß-Blauen zum besten geben. Blasius möchte dabei ausdrücklich betonen, daß er diesen Scherz von seinem Stammtisch-Spezl Max Colpet übernommen hat, der ein stammbaumreiner Preuße ist.
Da fährt also eine Lokomotive auf ein Bahnwärterhäuschen zu, biegt rechts ab über den Bahndamm hinab und fährt kreuz und quer über eine Wiese. Dann kommt das Feuerroß wieder zurück und der Bahnwärter fragt den Lenker: »Ja, was war denn los?« Worauf dieser erwidert: »Ein Preuße lag auf den Schienen.« Darauf der Schrankenwärter: »Ja, hätts'dn doch überfahrn.« – »Des hob i ja g'macht«, sagt der Lokführer, »aber i hob'n erscht auf da Wies'n dawischt.«

Zu Füßen des Doms

Hartnäckig bestehen die Stadtverschönerer darauf, daß es sich bei jenen Sprudel-Maschinen, die sie an den idyllischen Stellen der City installiert haben, um Brunnen handelt. Viele dumme Leute aber meinen immer noch, das könnten höchstens Wasserrohrbrüche sein. Denn ein Brunnen war früher mindestens so lieblich und so schön, daß man ihn besungen hatte. Welches Lied aber paßte wohl auf die nässelnden Unglücksstellen. Vielleicht die Melodei: »Wer hat dich du kühler Born so verhunzt da dorten . . .« Trotzdem sitzen an braven Sonnennachmittagen immer wieder Hunderte von pflastermüden Großstadtbummlern, Wandervögeln, blinzelnden Wermut-Brüdern, Tanten mit Kindern und blaubehostes Nachschub-Volk auf den buckligen Steinen und Quaderbrocken am Stachus, beim Sendlinger Tor und zu Füßen des Doms und hören dem sanften Ohrfeigen-Geplätscher des zweiten Elements zu oder den schläfrigen Zungen eines unverständlichen Gebrummels. Blasius sitzt unter ihnen.
Und wenn dann vielleicht ein kleines Mädchen sagt: »Schau Mama, da fliegen ja lauter weiße Adler um die Türm herum.« Dann erwidert die Mutter: »Geh, du Bodscherl, das sind doch Möwen.« Doch raufschauen tun dann doch die meisten eine Zeitlang. Und ein alter Hutzelmann sogar noch etwas länger. Ihn aber interessieren die kreisenden Vögel sehr wenig. Sondern vielmehr seine Nase. Er wartet nämlich darauf, bis er niesen kann. Und auf einmal reißt es ihn auch. »Sehr zum Wohle«, wünscht ihm ein freundlicher Nachbar dazu.

Und der Alte nickt verlegen und etwas hilflos. Denn er findet sein Taschentuch nicht.

Ein kleiner Bub hält sich an dem warmen Daumen seiner Oma fest. Die zwei gehen einmal rund um das ehrwürdige Hochhaus des lieben Gottes herum. Und immer wieder bleibt die Großmutter stehen und versucht die unleserlichen Buchstaben auf den verwaschenen Grabsteinen zu entziffern, die ins Fundament eingelassen sind. Ein Unterfangen, zu dem der ungeduldige Sprößling meint: »Aber Oma, de san doch alle scho lang verbröselt.« Da hat er leider gleich zweimal recht. Dann kommen sie zu dem nagelneuen roten Sandstein-Heiligen an der Nordseite. Der wissenshungrige Enkel frägt neugierig, warum dieser fromme Mann denn so einen breitkrempigen, steinernen Cowboy-Hut im Nacken hat. Aber das Ahndl klopft ihm ein wenig auf die Finger und sagt ein bißchen hochdeutsch: »Geh, Kurtilein, das ist doch keine Hutkrempe nicht, das ist doch ein Heiligenschein.« Auch der komische Karpfen, den dieser stilisierte Apostel mit beiden Händen hochhält und dem ein kleines Rinnsal aus dem Mäulchen tropft, erregt sein Interesse. Es wird ihm schließlich erklärt, daß es sich bei dieser Figur wohl um den heiligen Petrus handelt. Darauf sagt der Bub schnell hintereinander: »Fischer's Fritz fängt frische Fische.«

Aus dem heiligen Dom kommen viele Leute heraus, die noch im halben Flüsterton reden und manchmal auch einen nassen Weihwasserstreifen auf der Stirn tragen. Diejenigen, die von der Turmbesichtigung zurückkehren, lassen die Höhenluft hörbar aus ihren Brustkästen ab oder knacken mit den Kiefern, wie es eben viele Menschen tun, die gerade von hoch oben herkommen.

Ein Einheimischer, der etwas gefragt wird, geht auf die Neugier des Fragestellers gar nicht ein, sondern erörtert ihm ohne Zusammenhang, aber mit viel Stolz: »Ham Sie scho amoi von dem Flieger Udet g'hört? Von des Teufels General? Schtelln Sie sich vor, der is mit sei'm Flugzeug zwischen de zwoa Frauentürm durchg'flogn. Und zwar schiaf. Weil nämlich der Flieger zwölf Meter Schpannweitn g'habt hod, aber de Türm blos zehn Meter auseinanderschtehn. Was sag'n S' jetzt da?«
Aber der Fremde sagt gar nichts.
Dann sitzt da zwischen den großen Leuten auch der Schüler Florian Schuftl. Er hat ein blaues Heft in der Hand, auf dem ›Knabenklasse 3 b‹ steht. Über's Wochenende muß er einen Aufsatz schreiben. Und er hat auch schon eine ganze Anzahl Notizen in sein Heft gemacht. Jetzt kritzelt er noch dazu: »Lange saß ich zu Füßen des Domes, doch ich konnte seine Füße nirgendwo entdecken. Vielleicht hat er sie unter dem Tisch, wohin ich die meinen beim Mittagessen auch immer tue. Oder er zeigt sie einfach nicht her, weil seine Füße so groß sind, und da schämt sich der Dom.«
Der junge Mann wird für seine frühreife Prosa vom Fräulein Leonida Wagmüller, die zwar sehr korrekt, aber halt schon älter ist, einen glatten Fünfer kriegen, meint der dösende Spaziergänger. Und eine rote Bemerkung dazu. »Pfui, schäm dich lieber du, Florian.«

Es regnet Mäuse

Der kleine pfiffige Mann aus der schwäbischen Alb hat es sehr schnell ausgerechnet. Und er sagt zu der freundlichen Frau in dem kleinen Schilderhäuschen, die ihm erzählte, daß sie etwa täglich tausend Karten für den Besuch des rechten Frauenkirchturmes verkaufen würde: »Ha noi, des send ja em Johr – en zehn Johr – en hondert Johr ... Do hot sich ja des Türmle scho a paarmol bezahlt g'macht. Und des Dächle müßt ja aus purem Gold sei.« »Aus Kupfer ist es halt, Herr«, antwortet das Frauchen bescheiden, nimmt aber dann doch den rotbackigen Apfel an, den ihr der schwäbische Rechenkünstler so gönnerhaft zuschiebt wie einen Krönungsdiamanten. Gleich darauf bedient sie einen safrangelben Chinesen, der auch einmal auf den ›Flauentulm kletteln‹ möchte. Vielleicht, weil er doch ein echter ›Sohn des Himmels‹ ist.

Von den 419 Stufen, die unter die patina-grünen Maßkrugdeckel hinaufführen, müssen nur mehr 86 zu Fuß bewältigt werden. Doch gleich vom Start weg hat diese steinerne Jahrhundert-Leiter einen solchen Linksdrall, daß selbst der schwärzeste Landpfarrer oben als Juso ankommt. Dazu auch noch einen starken Gegenverkehr. So daß diese Wendeltreppe durch zwei dicke Herren aus der Wendel-Dietrich-Straße schnell so hoffnungslos verstopft ist wie der Gotthard-Tunnel, wenn ein Güterzug mit Blockschokolade durchfährt. Die ehrwürdigen Wände der kühlen Schnecken-Spirale sind eng beschriftet mit allen Hieroglyphen dieser Welt. Fernöstliche Gabel-Zeichen, x-beinige Buchstaben von

Moskowitern, olivenrunde Kinderautogramme italienischer Bambinos und markige Druckbuchstaben verzieren das eintönige Mauerwerk so gut sie es können. Dazu tragen auch noch mit mäßigem Erfolg ein paar Hundert harpunierte Herzen bei, zwei, drei Liktoren-Bündel, ein paar falsch gezeichnete Hakenkreuze, ein verschämter Sowjet-Stern und sinnige Sprüche wie: ›Rache ist süß‹ oder ›Nieder mit der Tyrannei‹.

Den Rest des Transportes besorgt ein flinker Aufzug, gelenkt von einem schmunzelnden Männlein, dem seine rote Burgunder-Nase im Gesicht steht wie der Alarmknopf, den man nur in äußersten Fällen drücken darf. In 74 Sekunden werden bei einer Nutzlast von 750 Kilogramm 70 Meter Höhenunterschied bezwungen. »Das wären wieviel PS?« fragt ein Herr Lehrer, der sich mit ein paar Schülern auch hinaufliften läßt, den Klassen-Primus, der sofort liebedienerisch mit den Lippen zu brabbeln beginnt. Zwei Nonnen sind auch in der Kabine. Sie lächeln sanft und errötend. Vielleicht denken sie gerade im stillen bei sich: »Näher mein Herr zu dir.« Denn wenn sie nämlich in der achteckigen Turmstube sind, dann fehlen doch nur noch zehn Milliarden Kilometer und ein paar Zerquetschte zur Erreichung ihres Endzieles.

Das Fräulein Anne, wie sich die zweithöchste Ansichtskarten-Verkäuferin der Stadt gerne anreden läßt, hat auch die Schlüssel zu den vielen Aussichts-Fenstern. Aber sie macht nur ein einziges davon auf, damit ein bißchen Luft hereinkommt. Aber nichts Verbotenes hinaus. Weil manche Kinder doch auch heimlich hinunterspucken würden, oder eine Kamera könnte womöglich einem Passanten, der gar nicht fotografiert werden will, auf den andächtig entblößten Scheitel fallen. Von unheimlichen Besuchern, die etwas Gelbes im Augenwinkel haben und irrlichternde Pupillen, will das Fräulein Anne gar nicht reden. Solche könnten ihr nämlich durch einen eventuellen Segelflug größere Scherereien verursachen. Und das hat sie natürlich gar nicht gern. Viel lieber verkauft sie da schon kleine silberne Mus-Löffel, Schallplatten, auf denen man die Dom-Glocken hören kann, und viele viele Münchner-Kindl-Karten. Eine besondere darunter zeigt ein kraushaariges Mädchen mit Gebetbuch und Schwurfinger. Es ist die Fanny Mittler, die dazu als Kind einmal Modell stand und vor einiger Zeit 78-jährig starb.

Prüfend klopft ein Mister aus Mississippi ein paarmal an die dicken Fensterscheiben. »No security«, sagt er dann mißbilligend. Das alte, fast erblindete Fernrohr, durch das wahrscheinlich schon Fraunhofer geblinzelt hat, wird fleißig mit Zehnerln gefüttert. Wenn man hindurchschaut, kann man mühselig die Gipfel des Gebirgs-Panoramas erkennen, die ausschauen wie das Elektro-Kardiogramm eines Schwerkranken. Kritze, kritze, kritze, zack, zack, zack. Ein altes Weiblein lehnt sich weit vor und sagt dann: »Do werd mir pfeigrod glei schwindlig.« Ihr Mann aber erwidert gelassen: »Wos dadst dann do erst, wennst auf dem schiefen Turm von Pisa schteh müaßast?« Und nach einer Weile meint die Frau dann: »Do dad i wahrscheinlich schtangerlgrod nunterschtürzn wia da Erzengel Gabriel aus dem Himml.« »Ja, Gabriel, von wegen, der Luzifer wars doch!«, murmelt der Herr Gemahl in seinen Bart und fügt noch hinzu: »Nur net denk'n.«

»In den Löchern, die in den Ziegelmauern ausgespart

sind und zum Anbringen von Gerüsten dienen, nisten gerade die Turmfalken-Weibchen. Und die Männchen müssen fleißig kleine Mäuse fangen in Taufkirchen oder Garching«, erklärt der alte Lift-Boy. »Aber manche von den Weiberln sind einfach zu deppert, die Mäus mit den Schnäbeln aufzunehmen, und dann fallen die hinunter. Und drum liegen da manchmal vor der Kirche gleich ein halbes Dutzend tote Mäuserl. Und die Kirchgänger schütteln verwundert ihre Köpf, wo die bloß herkommen.« Aufmerksam hat ein Mädchen mit viel zu großen Augen diesem Bericht zugehört. Sie hält den Aufzugs-Chef jetzt wohl für einen arg klugen Menschen, denn auf einmal fragt sie ohne jeden Zusammenhang: »Sie bitteschön, Mann, warum heißt denn dann die Frauenkirche Frauenkirche und nicht Damenkirche?« Darauf kann der verblüffte Mann mit der fröhlichen Signal-Nase nur die völlig unzureichende Erwiderung geben: »Alles einsteigen, die Herrschaften, bitteschön alles einsteigen.«

Immer wenn es elf Uhr schlägt

Gewisse Lautzeichen haben wohl im Leben der Menschen schon immer eine ganz bestimmte Bedeutung gehabt, meint der Spaziergänger. Ob nun Donar der Grollende seinen polternden Ruf vernehmen ließ, die Leute sollten schon langsam ihren Regenschirm aufspannen, Gevatter Thor mit hellem Klang seinen Hammer schlug, die malayischen Priester-Gongs zum fernöstlichen Vaterunser mahnten oder die Trommeln zum großen Gulaschhacken aufforderten. Besonders aber die Glocke, die hartnäckigen Gerüchten nach entweder von Friedrich Schiller oder von einer aufdringlichen Suppennudel-Fabrik erfunden wurde, hat den Zwei-Beinern von jeher geltende Zeichen gesetzt. So muß das arme Sünder-Glöckchen gewisse Mitmenschen fröhlich bimmelnd auffordern, den ungewaschenen Hals in eine lästig kitzelnde Schlinge zu stecken, jene olympische Wummerin ruft die Jugend der Welt zum Beinegrätschen und zum kostenlosen Gewichtheben zusammen, die schaurige Untergangs-Glocke eines Schiffes lädt zum großen Wasserschlucken ein, und auf einem Buntmetall-Hut, den noch nie jemand gesehen hat, schlägt es die geheimnisvolle Stunde 13.

In München nun, darauf möchte Blasius gerade in dieser Touristen-Zeit wieder einmal besonders hinweisen, gibt es sogar eine eigene Bim Bam-Batterie, welche die neugierigen Tramps und Travellers immer wieder veranlaßt, ihre Köpfe in den Nacken zu legen und die Mäuler zögernd zu öffnen, wie bei einer Reihenuntersuchung auf eitrige Mandeln. Nämlich das berühmte Elf-Uhr-Glockenspiel auf dem Marienplatz.

Schon eine halbe Stunde früher kommen die ersten Hans guck in die Luft und blinzeln zaghaft hinauf zum frisch lackierten Klingelingling-Reigen. Durch Lorgnons und vergoldete Operngucker, mit Pupille ›pur‹ und mit uralten Wehrmachts-Ferngläsern, die vielleicht schon einmal die Vororte von Moskau gesehen haben. Dann wird die Völkerschar rasch so bunt wie am Zahltag beim babylonischen Turmbau. Vornehme Inderinnen mit ihren schwarzen Kleinkaliber-Einschüssen mitten in der Stirn nahen auf lautlosen Sohlen. Amerikanerinnen mit starr geschminkten Rubinstein-Gesichtern, Texaner ent-

blößen grimmig ihre gelben Pferdezähne, als wollten sie die tanzenden Schäffler in die weißwollenen Beine beißen, Schotten mit roten Knien, dackelfüßige Japsen mit gelben Schlitzverschluß-Augen. Sie alle starren steile Kanäle in den wehrlosen Vormittags-Ozon empor zum Karussell der großen Kinder. Entfernungen und Lichtwinkel werden gemessen. Die Richtschützen lesen auf kleinen Instrumenten die Werte ab und geben sie leise weiter. ›Blende 8 1/30 sec., Achtung, Feuer frei.‹ Und dann beginnen die zahmen Maschinenpistolen von Zeiss und Rodenstock auch schon zu flüstern und zu lispeln.
Doch immer wieder erlebt Blasius auch ein paar Figuren, die lediglich gebannt auf das Straßenpflaster glotzen. Diese Leute schauen wohl mit den Ohren zu. Der lange Ire, der direkt vor dem Spaziergänger steht, muß wohl in der Schule gelernt haben, daß die Deutschen ein Volk von totalen Taschendieben sind. Denn er hält krampfhaft seine Gesäß-Futterale zu und hat auch seinem Weibe noch den Auftrag gegeben, keinen Blick von seinem Arsch-Tresor zu wenden. Neben ihm packt ein verkümmerter Wildschütz mit dünnen Parkuhr-Wadeln noch rasch ein Käsebrot aus. Dick wie ein Roman von Manfred Bieler. Einen wandernden Wüstling interessiert indes nicht das Geläute unterm Glockenspiel, sondern sichtlich jenes unter Wolle und Batist viel mehr. Ein flaches Fäulein fragt einen vorüberhetzenden Einheimischen artig: »Wie alt ist denn diese Sehenswürdigkeit eigentlich?« Doch der Ureinwohner sagt nur unwirsch: »Wia oid, ja, ja, ziemlich.« Ein Bäuerlein nimmt auf jeden Fall den Hut ab, als die Melodie von der Lorelei gespielt wird. Und ein Gassenbub plärrt bei der Stelle, wo vom Kämmen der golde-

nen Haare die Rede ist: ». . . und sie nimmt an Daubeerkamm und kratzt de rote Bürscht'n z'samm.« Ein Sportsmann aus Wyoming, der sich vorher ganz genau erkundigt hat, daß der linke Reiter fallen muß, murmelt entschieden vor sich hin: »It's not a fair fight. No, no.«

Dann ist es elf Uhr und elf Minuten. Langsam heilt die wundgegaffte Luft wieder zu. Der lange Ire zählt trotz seiner doppelten Rückversicherung sein Geld nach, die starr geschminkte Rubinstein-Lady tastet ihren Verputz nach eventuellen Rissen ab, und der vergoldete Gockel kräht dreimal. Der Hahn hat seine Schuldigkeit getan, das Publikum kann gehen. Ein käsiger Reiseführer mit einer Bemme in der Hand erklärt seiner Gruppe in einwandfreiem Honecker-Deutsch: »Bei uns Kommunisd'n gibt's das nich. Sowas soll ma sich eichendlich gar nich ansäh'n. Diese Reiderturniere sin eene Verhehnung der arbeidenden Glasse.« Da sagt ein kleiner Gassenbub und deutet auf einen Mann, der von seinem städtischen Stuhl aus nicht ein einziges Mal zum Glockenspiel hinauf geschaut hat: »Schau Papa, da sitzt schon so ein Kommunist.« Darauf erwidert der Herr Vater jedoch schmunzelnd: »Nein Bub, das ist keiner. Das ist bloß ein Münchner.«

Laßt Blumen sprechen!

Plötzlich entdeckt der Spaziergänger einen städtischen Faulenzerthron, der sich bis ans Ende der Fußgängerzone verlaufen haben muß. Und er läßt sich ein wenig auf diesem weißgestrichenen stummen Diener nieder und blinzelt zufrieden zu dem malerischen Hyazinthenhügel hinüber, der sich seit einiger Zeit am Fuße des alten Rathauses aufgetan hat. Aus Plastikkübeln, farbigen Badwandln und Frischhaltetüten wächst hier das gesamte Angebot des mitteleuropäischen Frühlings heraus. Doch werden sichtlich nicht alle diese Blüten aus freudigen Anlässen gekauft. Da kommt zum Beispiel ein kleines Maderl mit einer Schuhschachtel und erhandelt für 40 Pfennige, die sie in der verkrampften kleinen Hand hat, ein Büscherl leicht verbogener Schlüsselblumen. Die tut sie behutsam in den kleinen weißen Sandalenbehälter und geht dann mit banger Miene hinweg in Richtung Isarufer, wo sie den Wellensittich Maxl, der in dem winzigen Sarg liegt, beisetzen wird. Eine Frau mit Kummergesicht holt sich einen großen Buschen Märzenbecher für das Grab ihres Waldemar, weil doch heute Jahrestag ist. Und ein älterer Mann kauft gleich gar Chrysanthemen. Er muß als Beiständer auf die Hochzeit seines besten Spezls gehen, der im Herbst des Lebens noch einmal einem unsinnigen Josefitrieb zum Opfer fiel und jetzt das jahrzehntelange blaue Band einer Männerfreundschaft achtlos zerreißt, um es gegen die harten Handschellen einer späten Eheknechtschaft einzutauschen.

Blasius aber fallen auf einmal eine ganze Anzahl Geschichten, Vergleiche und Erlebnisse ein, die alle mit Blumen zu tun haben. Vor allem erinnert er sich, daß in seiner eigenen Maienzeit viele junge Männer fast immer Blumen im Knopfloch trugen. Getreu nach der Auer Vorstadtballade, in der es so sinnig heißt: »A samtas Schaggettl, a Sportzigarettl, ins Knopfloch steck' i mir a Ros'n.« Und an die Ballade aus der Postkutschenzeit denkt er ebenfalls: »Man steckte Veilchen ans Kleid, die Röcke waren ganz weit, ach Gott, war das eine Zeit.« Tatsächlich ließ man damals überall Blumen sprechen, besonders wenn es sich um irgendeinen Besuch handelte. Doch wurde dieser liebliche Brauch zu manchen Zeiten auch schrecklich mißverstanden. Wenn zum Beispiel ein ganzes Volk aufbrach, um den bösen Nachbarn zu besuchen, steckten sich die jungen Männer in ihrer Verirrung sogar kleine Blumensträuße in ihre Gewehrläufe. So vornehm waren damals die Sitten. ›Hurra, Hurra, Hurra!‹ Dazu sangen dann die bartflaumigen Jünglinge in ihrer rätselhaften Todessehnsucht auch noch fleißig das Lied von dem Heideblümchen Erika.

Andererseits muß der träumende Spaziergänger aber auch zugeben, daß ihm beispielsweise die Rosen schon immer eine große Freude bereitet haben. Ob es nun die Rose von Stambul gewesen ist, das Meisterstück von Leo Fall, oder nur die Steilhang-Rosi, das Prachtstück vom alten Mittermaier. Hier unterbricht der Händler die Sinniererei des Spaziersitzers, weil er gerade einen riesigen Kübel voll roter Nelken aufstellt. Und Blasius meint, daß diese Sozi-Orchideen vielleicht für den ersten Mai gedacht sind. Und boshafterweise könnte er sich auch vorstellen, daß man für den 1. 5. 74 eine Spezialausgabe dieser traditionellen Ansteckrosette hätte züchten sollen. Möglicherweise mit zerzauster Blüte und einem schwarzen Trauerstengel.

Ach, und da gibt es ja auch noch Hunderte von Liedern, Schlagern und Blumenzitaten. Dabei fällt dem Spaziergänger auch der besoffene Musiklehrer Nickel wieder ein mit einem abgewandelten Kalauerlied: »Letzte Hose, du mußt ins Pfandhaus.« Andererseits war er aber auch wieder so geistreich, daß er behauptete, die überzüchteten Schrazen vom Margarinemillionär Zipfelsberger würden nicht wie andere Vorstadtbälger mit dem Kochlöffel verprügelt, wenn sie was angestellt hatten, sondern die Nurse würde ihnen dann lediglich mit weißem Flieder ein bißchen auf die winzigen Wurstfinger klopfen. Und da war dann auch noch der rabiate Zimmerherr Höflich, von dem die Leute erzählten, er hätte einmal 14 Tage in Stadelheim gesessen, weil er seiner geschiedenen Frau Geranien nachgeworfen habe. Doch da war leider der Topf noch unten dran.

Immer aber, wenn von den Kindern der Flora die Rede ist, muß Blasius an den halb vergessenen Vortrag der letzten Schwabinger Diseuse Marietta denken, die ein Gedicht zum besten gab, in dem es so köstlich hieß: »Das schönste Bleamal auf der Welt ist nicht das Edelweiß. — — Es blüht ganz grün und blüht ganz still — der Petersil, der Petersil.«

Spinner im Turm

Nun steht er also wieder wie einst im Mai. Der alte Rathausturm nämlich. Und niemand sieht es ihm mehr an, daß er anno 42 von einem völlig unbekannten Amerikaner aus dem Bezirksamt Massachusetts mittels einer gefüllten eisernen Roulade weggeputzt wurde wie ein Saunagel beim Kegelschieben. Und weil der Spaziergänger schon als winziger Lebertranschlucker vom kleinen Turmzimmer dieses steinernen Zeigefingers aus einmal hinunterschauen durfte auf seine geliebte kleine Welt unterm Glockenspiel, hatte er auch diesmal als einer der ersten wieder hinabgeblinzelt auf die hin- und herhüpfenden Asphalt-Flöhe und die ranzelnden Blechwanzen Gottfried Daimlers. Wobei ihm auch ein paar recht seltsame, wenn nicht spinnerte Überlegungen und Gedanken gekommen sind.

Blasius sinnierte zuerst einmal nach, wer wohl in den letzten fünfhundert Jahren alles durch das Stadttor unter ihm hineingeschlüpft, marschiert, gekrochen und gebrochen sein mag in das schwarz-gelbe Herz des weiß-blauen Paradieses. Da sieht er im Geiste nicht nur, wie sich der berühmte Regenwurm aus Karl Valentins Enten-Traum an der Torwache vorbeiringelt, wie sich die asiatische Grippe auf unsichtbaren Sohlen einschleicht, wie viele Mutzenbacher Mädchen mit unternehmungslustigen Unterröcken in die Stadt drängen, um sich ein bißchen Schimpf und Schande unters Röckle jagen zu lassen, wie die Franziska Kinz von Kufstein kommend energisch am Tor zum Ruhme pocht, sondern auch wie schließlich der schlimme Gustav

Adolf und der noch viel schlimmere Hitler Adolf den stillen Bierfrieden seiner Heimatstadt brutal zertrampeln. Andererseits wurden wohl auch manche Spitzbuben durch dieses Spitzbogen-Portal hinausgeführt, um von dem bösen Mann mit dem Beil auf das gesetzliche Maß zurechtgestutzt zu werden.
Gerade als sich die Fantasie des Spaziergängers an dieser Stelle Wasserblasen gelaufen hat, erhebt sich 55 Meter unter ihm ein arger Hader. Zwei Männer beginnen wütend miteinander zu streiten, und der eine fährt aus seinem Mantelkragen den glotzäugigen Kopf aus wie das Sehrohr von einem U-Boot. »Er mandelt sich auf«, wie man hierzulande zu so etwas sagt. Und da muß Blasius denken, wie doch in jeder Kreatur irgendwie das Bedürfnis schlummert, den anderen zu erniedrigen oder sich selbst zu erhöhen. So schaut sicher die Giraffe höhnisch auf einen Dorfgockel hinab, und dieser wiederum verächtlich auf den Mistkäfer, der ihm aber dann recht gut schmeckt. Doch scheinbar sind der Neid und die Mißgunst auch auf höchster Ebene vorhanden. Denn sonst hätte doch seinerzeit vor ein paar Milliarden Jahren nicht ein gewisser Luzifer, Kommandant der Himmlischen Air-Force, so einen dämlichen Umsturzversuch geplant. Als er nämlich seinem Oberbefehlshaber lange genug in die Generalstabskarte geschaut hatte, meinte er wohl, das könne er jetzt auch. Aber die Halleluja-CIC war informiert und deckte das Komplott diesmal früh genug auf. Worauf der enttäuschte Boß seinem Gleitflug-Marschall von Petrus einen solchen Spitz geben ließ, daß dieser, ohne die Sicherungsgurte noch anlegen zu können, direkt in den Hades hinabfuhr. Beim Aufprall auf die Erdrinde muß-

te er sich dann auch noch den rechten Fuß zersplittert haben, den er alsbald durch eine Prothese ersetzte. Weil er aber bei der Schöpfung nicht richtig aufgepaßt hatte, wie ein Fuß gemacht wird, indem er ja dauernd konspirieren mußte, brachte er nur einen Pferdefuß zustande. Außerdem hatte er sich beim Eintauchen in die Erd-Atmosphäre ohne Hitzeschild auch noch die Flügel und das übrige Gefieder schwer versengt, so daß er ganz schwarz wurde und heute noch einen deutlichen Brandgeruch verbreitet.

Und dann spintisiert Blasius auch noch über sein Lieblingsthema, die Allmacht des Allmächtigen, nach, und die unheimliche Kinderfrage fällt ihm wieder ein. Nämlich, ob der liebe Gott einen Stein machen könnte, der so schwer ist, daß er ihn nicht mehr aufheben kann.

Doch gerade in dem Augenblick, wo die Gedanken des Spaziergängers schnurstracks in den tiefen Wald hineinkommen, fragt ihn der Maler, der schon die ganze Zeit hinter ihm den Dachstuhl streicht: »Sagn S' amoi, wern Sie von dera Farb net aa damisch? Do muaß doch wos drin sei, wos oan vollkommen blöd macht.«

Jetzt muß Blasius herzhaft und lange lachen. Denn er hatte doch tatsächlich geglaubt, an seinen geistigen Seifenblasen wären seine eigenen gescheiten Gedanken schuld. Einstweilen waren es doch nur die ›Vereinigten Lack- und Farben-Fabriken K. G.‹

Fontana Trista

Es gibt viele berühmte Brunnen auf der Welt. Die Fontänen am Trafalgar Square, den Karlsbader Sprudel, die wundertätige Quelle von Lourdes und den Märchenbrunnen, der immerzu leise vor sich hinflüstert: »Wer aus mir trinkt, wird ein Reh.« Und vor allem die Fontana di Trevi in Rom. Auch München hat seit einiger Zeit einen Brunnen, der gerade dabei ist, eine Berühmtheit zu werden. Allerdings eine traurige. Und manche Passanten und Ureinwohner kennen ihn schon längere Zeit nur mehr vom Wegschauen.

Es ist dies der Brunnen am Rindermarkt, auch Ochsenbrunnen genannt. Blasius aber möchte ihn treffender die ›Fontana Trista‹ nennen. Denn er ist im Laufe der Zeit eine ständige Quelle der Ärgernisse geworden, an welcher die Gammler, Schmuddelkinder und Wermutbrüder einen widerlichen Terror ausüben, so daß die Hausfrau, die vom Markt kommt, die Büro-Mäuschen, die ihre Mittagssemmel hier knabbern wollen, und die sonstigen, müde gewordenen Großstadt-Bummler, die ein wenig ausrasten oder ratschen möchten, einen großen Bogen um diese Raststätte ›Saustall‹ machen.

Bereits in aller Morgenfrühe nämlich sind die paar vorhandenen Stühle, soweit sie nicht gerade im Brunnen liegen, von den Münchner Clochards und den Gestalten aus Gorkis Nachtasyl besetzt. Was sich dann den Tag über, mitten im Herzen der ›Weltstadt mit Herz‹ alles tut, hat der Spaziergänger, der täglich hier vorbeikommt, einmal notiert.

Da treibt sich nun auch seit einiger Zeit ein ›Junge von der Waterkant‹ herum, kein richtiger Seebär, sondern eher ein Saubär. Weil er nämlich am ganzen Körper tätowiert ist, zeigt er seine bemalte Haut den vorübergehenden Fremden für ein kleines Benefiz oder Trinkgeld. Auf den linken Unter- und Oberarm sind zwei Figuren eingeätzt, von denen die obere eine nackte Dame, die untere einen ebensolchen Gentleman darstellt. Und wenn der tollkühne Fahrensmann dann den Arm bewegt, so treiben es die beiden miteinander.
Diese Einnahmequelle hat wiederum einen einheimischen Penner konkurrenzneidig gemacht. Und wenn er besoffen ist, und das scheint er rund um die Uhr zu sein, öffnet er in Ermangelung einer anderen Sensation seinen Hosenschlitz und deutet auf seine verschimmelte Männlichkeit hin. Vielleicht in schmutziger Konkurrenz zu dem Glockenspiel am Marienplatz. »Blos a Markl fürs Knipsen«, fordert er dafür in lallendem Säuferdialekt. Er will dem Vetter Hein vom Nordseestrand wohl beweisen, daß es nicht nur in Hamburg an der Elbe Dreckhammel gibt, sondern auch in München an der Isar.
Manchmal reitet auf der steinernen Leitkuh auch ein unsagbar schmutziges Weidenstrauch-Liebchen. Wie die Europa auf dem Stier. Dieses Schätzchen ist unter dem Rock, sieht man von dem vorhandenen Grind ab, so gut wie nackt. Und dazu singt sie auch noch unverständliche Schwachsinns-Balladen. Wobei sie den Mund, der ein einziger Friedhof ist, weil sich darin nur mehr schwärzliche Grabsteinreste befinden, Karlstor-weit aufreißt.
Die flache Brunnenlagune selber ist ein einziger Tüm-

pel der Schande. Hunderte von Zigarettenkippen, Cola-Kapseln, Bananenschalen, zerbrochene Flaschen, mehrere benützte ›Nahkampf-Pullover‹ und Spreizfuß-Einlagen schwimmen in trüber Suppe herum. Dem granitenen Schädel aber, der am Rande der Brunnen-Gruppe hockt, hat schon mehrmals ein besonders witziger Notdürftler wohl in akrobatischer Verrenkung in die gefalteten Hände gemacht.

Vor vier Tagen jedoch erlebte Blasius einen entsetzlichen Zweikampf zwischen zwei Fusel-Tanten, die scheinbar zur ständigen Besatzung dieses menschlichen Schuttabladeplatzes zählen. Und unter allen Widerlichkeiten dieser Welt gehört eine Rauferei zwischen zwei Weibern wohl zu den ersten drei. Als Vorbereitung nahm dabei die eine Furie zuerst einmal ihre Zahnprothese heraus, während die andere die Schuhe auszog. Dann fielen sie übereinander her wie die Saurier. Kratzend, fluchend, beißend und heulend. Bis die Zahnlose endlich den Skalp ihrer Gegnerin zu fassen kriegte und ihr dann den Kopf wohl zwei dutzendmal auf den Randstein schlug, was sich anhörte, als würde eine Wassermelone aufs Pflaster geschmettert.

Blutend, geifernd und vernichtet blieb die Geschlagene schließlich leise wimmernd liegen, bis sie dann ganz unmittelbar und ruhig einschlief. Die Siegerin aber legte sich flach auf den Bauch und trank lang und gierig aus dem Brunnenbecken. So lag dieser Abfall auf zwei Beinen wohl eine Stunde lang dort, von Gaffern umzingelt. Wie eine lebende Werbung für das bekannte Ministerium des Herrn Streibl. Und das am hellen Montagmorgen.

... und schaute mit vergnügten Sinnen

Fast immer wenn Blasius von irgendeiner erhöhten Warte hinunterschaut auf sein geliebtes München, dann fallen ihm jene Schillerschen Zeilen vom Ring des Polykrates ein, in denen es so beschaulich heißt: »Er stand auf seines Daches Zinnen und schaute mit vergnügten Sinnen ...« Und weil der Spaziergänger bei dieser schönen Beschäftigung auch häufig schmunzeln muß, denkt er sich manchmal, wie vielleicht sogar der größte Vorsitzende selber, der doch alles, was auf seinem komischen Meisterwerk geschieht, von der höchsten Höhe beobachtet, ein kleines Lächeln nicht verkneifen kann. Wenn er möglicherweise sieht, wie der Prinz Bernhard mit der geballten Faust in der Tasche immer noch frech unter der Juliane ihrem Tisch herausschaut. Solche Entdeckungen macht Blasius natürlich nicht von der Dachterrasse des AZ-Buildings aus, wenn er seine Augen weiden läßt auf der schmalen Street, die unter ihm liegt.

Gerade kommt doch wieder einmal der ›Kiepenheuer und Witsch‹ um die Ecke, wie der Spaziergänger jenes kleine Saubermännchen mit seiner stattlichen Reinigungsmeise auch nach einem berühmten Verlag nennt. Er streicht nämlich genauso pausenlos und grimmig durch die Innenstadt wie der böse Abgaswind. Und sieht er irgendwo eine Zigarettenkippe, ›witsch‹, schlenzt er sie auch schon mit der Sicherheit eines Golfprofis mit seinem Gummipufferstock in die Randsteinrinne. Mühelos unterscheidet der Spaziergänger auch die drei Bettler vom Dienst, von denen jeder seine eigene Masche hat. Der erste hält die Hände vor der Brust gefaltet, wie gewisse alte Damen, die noch schnell einen Schwimmkurs machen und dabei zum ersten Mal in See stechen. Der zweite, der immer leise vor sich hinzittert wie eine ganz frische Knöcherlsülze, riecht fast bis zum Standplatz von Blasius empor aus der Speiseröhre wie der Abfüllschlauch von ›Jägermeister‹. Und der dritte, der ›Lord Bakschisch‹, in dezentes Marineblau gekleidet, trägt einen arielweißen Kragen, am Arm die frisch gebügelte gelbe Binde mit den drei Punkten des Unglücks, und hat seine Kapitänsmütze so vornehm unter den Arm geklemmt wie ein indischer Vize-Kommodore, der zum Lord der Admiralität zum Rapport befohlen wurde. Dieses Mitleidsbarett aber füllt er vor Arbeitsbeginn jedesmal selber mit einer Handvoll blitzender Silbermünzen, so daß es kaum ein Passant wagen würde, ein schäbiges Grünspanzehnerl hineinzuwerfen.

Ach, und da ist ja auch jener seltsame türkische Halbkreis-Ingenieur mit seinem langen Besen, der immer zu einer ganz bestimmten Stunde ein Tuch auf dem Bürgersteig ausbreitet, sich hinkniet und winzige Bücklinge in Richtung Rosenheimer Berg macht. ›Inch Allah‹.

Nachher kommt eine Miß Donnerwetter daher. Die hat tatsächlich einen Busen wie der Schatten vom Matterhorn. Jetzt bückt sie sich zu einem winzigen Hündchen hinab. Da begeht einer der beiden ›Kameraden‹ Republikflucht und versucht über die Grenze ihres Trachtenspenzers zu entkommen. Doch da nimmt die strenge Maid den Ausgerissenen fest in beide Hände, macht einen richtigen Einwurf und — schwupp — drin ist sie wieder. Die freche Nudel im linnenen Strafraum.

Ach, da schau doch einer an! Ist das jetzt nicht die Hildegard Knef persönlich, die mit energisch gegrätschten Beinen ihrer dritten Jugend nachläuft. Und die dem von ihr so sehr geschätzten Brecht einfach nicht glauben will, wo der schon immer so schön gesagt hat: «Ja renn nur nach dem Glück. Doch renne nicht zu sehr. Denn alle rennen nach dem Glück. Das Glück rennt hinterher.« Aber nein, Blasius hat sich schwer getäuscht. Es ist nicht die Knef, sondern nur Lumpen-Müllers Lieschen, auf Weltstar geschunden.
Direkt unter dem Spaziergänger gehen jetzt zwei Kahlköpfe. Man darf solchen Leuten jedoch nicht von oben auf den Kopf spucken, hat man Blasius schon in frühester Jugend gelernt. Sonst rutschen doch die Läuse aus. Drüben auf der anderen Straßenseite setzt sich ein müder Fremder auf den Rand einer der schönen Blumenvasen, die aber mit winzigen Eisendornen gespickt sind. Der erschöpfte Wanderer kriegt auch gleich große feuchte Augen. Doch hoffentlich kam er wenigstens so zu sitzen, daß ihm nicht eine Extraöffnung gebohrt wurde.
Dann kommt einer aus Deutschlands Zukunft. Kurvt kühn mit dem Rad und fährt einem dummen Erwachsenen über seine Boxcalf-Pedale: »Gleiziagidiowa«, sagt der Überrumpelte. Doch da erwidert der junge Sportsmann mit stählernem Stahlrutentenor: »Sag'n Sie, hod Eahna Frau eigentlich a schwarzes G'wand?« Blasius aber meint, da schimpfe nochmal einer über unsere Jugend. Ist das etwa nicht die feinste englische Art? Wenn so ein Bürscherl, das doch kaum den Pampers entwachsen ist, trotz aller Differenzen zu so einem völlig überflüssigen Opa immer noch ›Sie‹ sagt.

Schimpansen-Schmankerl

Die Rosa vom Stand 29 auf dem Viktualienmarkt ist eine echte niederbayerische Petersilienschönheit der Handelsklasse I A. Und sie bedient die letzten Münchner Büchselmadamen genauso freundlich wie einen chinesischen Touristen, der einen Lhabalbel (Rhabarber) verlangt. Genau genommen bedient sie natürlich nicht. Dazu sind auch die Weiberleut vom rechten Vilsufer viel zu stolz. Sie packt den Leuten halt ihr ›Sach‹ ins Körberl oder in eine ›Stranitzn‹ ein, wie sie in schöner hausfraulicher Bodenständigkeit eine Tüte heißt. Viele Viktualien haben bei ihr noch selbstgestrickte, altbayerische Namen. So nennt sie die Gurken immer noch ›Gagumerer‹, die Renekloden sind ›Griachal‹, das Hagebuttenmark ein ›Hätschibätsch‹ und die Tomaten ›Paradeiser‹. Wenn sie in Urlaub heimwärts in ihre weißblaue Datscha fährt, ißt sie am liebsten Drandewixpfeiferl mit Kraut und ›Kamin-Kas‹, was Geselchtes ist. Und wie manchmal ein alter Tierfreund im Laufe vieler Jahre haargenau das Aussehen seines geliebten Schnauzels annimmt, wurde auch die Rosa im Umgang mit ihrem Obst einem Borsdorfer Apfel immer ähnlicher. Einer rotbackigen, freundlichen, keineswegs wurmigen winterfesten Lagerware.

Doch »eins, zwei, drei im Sauseschritt eilt die Zeit, wir eilen mit«, sagt schon der Dichter. Und das hat sich auch auf das bunte Sortiment, das die Rosl feilbietet, langsam aber beständig ausgewirkt. Denn zu den Jakobi-Äpfeln, der ›guten Luise‹ und den 18karätigen Meraner Goldtrauben gesellten sich plötzlich auch so fremdartige Kameraden wie Auberginen, Avokados und Pampelmusen. Und heute locken den Einheimischen über zwei Dutzend seltsame Urwaldwarzen und Dschungelknödel aus den Steigen und Stellagen. Die Rosl hat sie alle miteinander in dem Sammelbegriff ›Schimpansenfutter‹ eingeordnet. Weil aber Blasius bei den meisten Kopfsalat-Walküren immer schon dick drin war, hat ihn die rasche Rosalinde einmal eingeladen, alle diese Tarzan-Tomaten durchzuprobieren, wobei sie dieselben auch noch mit trefflichen Aussprüchen würzte. Da sind also zuerst einmal die ›Litschi‹. Die wachsen in Madagaskar auf Sträuchern und schauen genauso aus wie junge stachelige Kastanien. Als aber der Spaziergänger die Schale entfernte, erschrak er sehr, denn es glotzte ihn plötzlich ein glitschiger Augapfel an. Er sah aus wie die Pupille einer ertrunkenen Schaufensterpuppe und schmeckte auch so. Die Rosa allerdings sagte: »Wie Arsch und Friedrich.« Ließ aber offen, ob sie dabei den Friedrich Jahn oder den Friedrich Schiller meinte.

Die ›Kiwis‹, auch Baumstachelbeeren genannt, kommen aus Neuseeland, Sie ähneln zwar sehr einer unrasierten Eierhandgranate, wenn man aber in den inneren Fruchtkörper hineinbeißt, kriegt man rasch ein wunderschönes Sonntagsgefühl in den Mund. ›Mango‹ ist eine kleine grüne Vitaminbombe. Sie trägt auch den Beinamen ›Badewannenbirne‹. Weil sie einen Saft absondert, der solche Flecken gibt, daß sie weder mit Beamtenschweiß noch mit Weihwasser jemals wieder herausgehen. So daß man sie halt nur nackicht im gefliesten Privatweiher verzehren kann.

Die ›Tomarillos‹ kommen aus der Südsee, sind außen

rot und innen schwarz, haben aber den höchsten Vitamingehalt. Dagegen sind die afrikanischen ›Kumquats‹ höchstens als Gemüsebeilage für geschnetzelte Kamelfladen geeignet, meint die Rosa. ›Limes‹ ist eine Sorte kleiner grüner Bitterzitronen. Sie haben einen Saft, der jede Öffnung sofort total schließt bis auf das Loch im deutschen Haushaltssäckel. Der Geschmackswert einer ›Feijoa‹ wiederum könnte wohl nur noch von einem Zungenbusserl des Herbert Wehner übertroffen werden. Dagegen die ›Nespole‹. Diese lächerlichen Sieben-Zwerglein-Äpfel werden von männlichen Maulhuren hinter vorgehaltener Hand als unerhörte Hosenspreizer heiß gepriesen. Und die Rosa sagt von ihrer Wirkung etwa so: »Wenn de oana g'essn hod, der packt ois z'samm, wos ned schnell gnua auf an Baum naufkommt.«

Worauf sich der Spaziergänger als Erstausstattung sofort zwei Dutzend von diesen Sexual-Sprengköpfen kauft. Halali!

Das Fleisch der frühen Stunde

Als Blasius an einem Freitag nachts durch Münchens stille Straßen latscht, sieht er eine seltsame Prozession an einer hohen kahlen Mauer am Viktualienmarkt stehen. Vermummte frierende Weiberl, Hinterhof-Gestalten aus dem Heinrich-Zille-Album, alte Klapperbeine, denen ihr verspieltes Leben aus den glanzlosen Augen rinnt, und ein paar Sozialrentner, die durch ihre Hungerunterstützung und abgeschabten Windjacken gerade noch notdürftig zusammengehalten werden.

Der Spaziergänger stellt sich stumm am letzten Glied dieses Arme-Leute-Lindwurms an. Sein Vordermann, ein abgerackerter Sechziger mit einem nackten Truthahnhals, den er in einen schäbigen blauen Kinderschal eingehüllt hat, unterhält sich halblaut mit einem alraunenhaften Persönchen, das auf einem Feldstuhl an der Hausmauer sitzt und das blaugefrorene faustgroße Gesicht hingegeben in das gelbe Licht der nahen Bogenlampe hält, als wollte sie es daran wärmen.

»Wenn i hoid früah gnua dro bin, dann kriag i imma a paar Markknochn extra vom Freibank-Metzga. Wissn's, für de kloa Bobi von unsera Hedwig, die wo doch scho so lang krank is. Ja, do dad'ns schaugn, wia des Madl dann in des guade Supperl neipatscht mit seim rundn Kinderlöffe.« Der Mann mit dem Truthahnhals nickt apathisch und fühlt vorsichtig nach seiner Thermosflasche, die in Zeitungspapier eingewickelt aus seiner rechten Sakko-Tasche schaut. Dann nimmt er einen Schluck aus der Flasche und papierlt sie aber schnell wieder ein, als hätte ihn der Trunk gereut. Und Blasius wird es aus den allgemeinen Gesprächen endlich klar, daß die Klage-Mauer, an der diese Leute warten, der Eingang zur Münchner Freibank ist. Und daß manche der Wartenden bis zu fünfzehn Stunden anstehen, um einige Pfund verbilligtes, weil von der Gesundheitsbehörde beanstandetes Fleisch, zu bekommen. So geschrieben und gedruckt vor genau 25 Jahren. Und neulich, als der Spaziergänger zufällig um fünf Uhr früh wieder an diesem Gebäude vorbeischleicht, denkt er, er wäre der Mönch von Heisterbach. Der bekanntlich tausend Jahre lang geschlafen hatte. Denn die gleichen Leute stehen doch tatsächlich noch immer da, als hätten sie nie was gehört von unserem sozialen Bauchaufschwung und der Abschaffung der Lebensmittelmarken.

Genauer gesagt sitzen sie auch zum Teil in einer angebauten trostlosen Scheune, im ›Wartesaal zum billigen Wammerl‹. Die ausschaut, als wäre sie mit trüber, sauergewordener Metzel-Suppe gestrichen worden. Und weil es doch in einer Demokratie jedem freisteht, zu sitzen oder zu stehen, heißt diese Wohlfahrts-Basilika wahrscheinlich auch Freibank. Allerdings, an den verwetzten hölzernen Bänken hat man leider die Geländer zum Anlehnen vergessen. Aber alte ärmere Menschen haben das ja sowieso nicht mehr nötig, weil ihnen das Rückgrat doch schon längst gebrochen wurde. An die fünfhundert Bedürftige, so erfährt Blasius, erstehen sich heute noch jeden Freitag ihren ausgemusterten Sonntagsbraten auf diese Art. Und er hat schnell errechnet, daß sie sich dabei unter Einbeziehung des Hin- und Her-Weges etwa achtzig Pfennig in der Stunde ersparen. Auch ein guter Ecklohn. Auf den schlaftrun-

kenen Gesichtern der Frauen krabbeln immer noch die Reste von unguten Träumen herum. Keine Klasse-Träume von blauen Ozelots und Baby-Kroko-Taschen. Sondern schäbige Neunundneunzig-Pfennig-Visionen. Auch ein paar frierende Gastarbeiter haben sich dazwischen gemischt. Deutschlands Besen-Kulis. Sie möchten gerne einen billigen ›Ammel‹ (Hammel) haben. Doch der Metzger sagt ›Nix Ammel‹. Und so kommt es, daß den braven Türken vom Gastarbeiter statt ihrer Leibspeise lediglich ein paar Pfund von einer altersschwachen deutschen Kuh zwischen die energischen Kiefer gezwängt werden. Teile eines Rindviechs, das sich beim Ausladen vielleicht den Fuß brach, weil es ihm nicht schnell genug ging, vor den Schlagbolzen zu kommen.
Wie der Spaziergänger alle diese Leute sieht, die ihm vorkommen wie die Fußkranken des deutschen Wirtschaftswunders, die einfach nicht richtig Schritt halten konnten und jetzt auf den Baumstümpfen ihrer abgeholzten Träume sitzen geblieben sind, da befällt ihn ein heftiges soziales Sodbrennen. Denn ein paar hundert Meter weiter vorne auf dem Viktualienmarkt wissen die Metzger nicht, wo sie alle die verlangten zarten Filets und Lendenstücke hernehmen sollen. Während hier die Zaungäste des Konsumrausches geduldig auf das ›Fleisch der frühen Stunde‹ warten, das zwar ein bißchen zäher ist als das bei den Nobel-Schlachtern. Aber dafür haben sie dann doch auf jeden Fall viel mehr davon, weil sie ja viel länger beißen müssen. Nun, der liebe Gott wird sich dabei sicher was gedacht haben. Bei dieser Verteilung. Der gibt schon immer schön jedem das seine. Den Leuten vor der Freibank hat er jedenfalls auch die Zeit zum Warten gegeben.

Und dann sinniert der Spaziergänger auch noch darüber nach, warum die Armen fast immer im Dunklen warten oder dort, wo man sie nicht sehen kann. Statt daß sie auch einmal eine wütende Rotlauf-Demonstration machen. Aber nein! Der Abfallfresser tut zu seiner Misere doch schon zu allen Zeiten auch noch immer das, was er am allerwenigsten tun sollte. Er schämt sich.

Käpt'n Bay Bay

Der große Häuserblock in der Innenstadt hat 224 gezählte Fenster zum Hof. Und durch diese werfen an einem Tag im Monat die Leute ihr Geld hinaus. Dann nämlich, wenn ›Käpt'n Bay Bay‹ kommt. Der garantiert letzte Münchner Hofsänger. Und jedesmal, bevor er seine schaurig schönen Songs von der christlichen Seefahrt aus dem weitgereisten Halse heisert, muß Blasius an das Dreigroschenoperleben denken, das sich einst in den vielen Münchner Hinterhöfen abspielte. Da kamen fast immer als erste die Hausierer, die Tutti-Frutti-Vagabunden, die mit ausgefransten Hosen und ebensolchen Kehlköpfen ihre Salatköpfe anpriesen. »Mordstrümmer Lackl, sechs Stück a Makl« röhrten sie die blatternarbigen, krätzigen Mauern hinauf. Und fast jede dieser Offerten begann mit der selbstgehäkelten Masche: »So, Leit, jetzt geht's raus heit.« Nachher erschienen die einzigen wirksamen Umweltsäuberer, die dumpf wie Nebelhörner im Ärmelkanal Signal gaben: ›Hooderluump'n‹, und weil damals die roten runden Indianer oder gar ihre großen Brüder, die nickelbleichen Fuchzgerl genau so angehimmelt wurden wie Winnetou oder Old Shatterhand, schleppten die barfüßigen Randsteintrapper auch noch den schäbigsten Knochen aus dem Dackelkörberl ebenso an wie die porösen Unterhosen des nichtsahnenden Großvaters, um sie gewissenlos an den Mann mit dem großen Rupfensack zu verschachern. Sägfeiler, Scherenschleifer, Pfannenflicker, Wanderfotografen, einfallsreiche Bettler, Handwerksburschen und Klinkenputzer lösten einander laufend ab. Am schönsten aber war es immer, wenn ein Drehorgelmann, ein blinder Geiger, der sich vorher scheu umschaute, ob nicht irgendwo ein Schutzmann lauerte, oder ein Mundharmonikavirtuose kam, ein paar uralte Brotbrösel aus seiner wundgeküßten ›Lätsch'ngeige‹ ausklopfte und dann das ›Elterngrab‹ zum besten gab. Der tränenschwangere Inhalt dieser Inflationsschnulze aber war von vielversprechenden Früchterln dahin abgeändert worden, daß es dann hieß: »Der schönste Platz, den ich auf Erden hatt', das war das Arbeitshaus bei Ingolstadt.«

Ewig und drei Tage werden dem Spaziergänger aber

auch noch jene Ohrwürmer in Erinnerung bleiben, welche die berühmten Aschentonnen-Trios, die sich aus rätselhaften Gründen immer vor den grauen, vergrindeten Abfalltonnen aufbauten, von sich gaben. Wobei sie die Hände in strengem Zunftbrauch hinten auf dem Rücken verschränkten, als sollten sie zum Schluß ihrer miserablen musikalischen Kletterkünste auf der obersten Sprosse der Tonleiter gehenkt werden. Aus dem volkstümlichen Repertoire sind Blasius noch die von hämischen Bürscherln umgedichteten Lieder und Schlager leider deutlich in Erinnerung: »Valencia, diese Nummer macht mir Kummer, denn der Dingsbums ist geplatzt«, sowie »Meinem Mädel aus Rom hab ich Wiener geschickt«, das Bienenhaus mit dem Refrain: »Mein Herz, das ist ein Wagenrad, die Mädchen sind darin die Speichen, die einen krumm, die andern grad, grad wie bei einem Wagenrad.« Und dann noch das beschauliche Badelied vom Fräulein Helen, in dem es so vielversprechend hieß: »Und wenn sie sich dann bückt ungeschickt, oh, dann sieht man ganz genau bei der Frau den Verhau.«
Doch auch später, mußte der Spaziergänger feststellen, ist dieser Spaß am paradoxen Nachdichten, obwohl man ihn als schmutzige Fantasie bezeichnen könnte, bei ihm und seinen Spezln immer populär gewesen. Und welcher Landser kennt nicht auch heute noch die tröstenden Verse: »Es geht alles vorüber, es geht alles vorbei, auch der Herr Hitler und seine Partei.« Oder: »Schön ist die Nacht, die Flak ist erwacht, es kommen schon wieder englische Flieger.«
Doch Blasius wollte ja eigentlich vom ›Käpt'n Bay Bay‹ berichten, diesem alten Fahrensmann, der aber vor dem

großen Tor des großen Häuserblocks keinen Ozeandampfer stehen hatte, sondern ein blitzendes neues Moped, das ihn zwar nicht gerade vom Stillen Ozean zum großen Pazifik trug, aber immerhin von der kleinen Occamstraße zum Pacelligasserl. Das Kernstück seines vielseitigen Programms, das ihm jedesmal an die 20 Mark einbrachte, war dabei eine La-Paloma-Doublette von einem geraubten Zigeunerkind, das ein reicher Graf nach vollbrachter Tat den Hunden vorwerfen ließ. Wozu der Text verkündete: »Vater, ach Vater, so ruft sie in bitterer Not, dein Kind, deine Carmen, wurde gepeitscht halb tot. Ach Vater, leb wohl, teurer Freund, kurz war die Zeit deiner Carmen und so schnell ausgeträumt.« Und zum Schluß folgte dann jedesmal der rauhe Hans Albers-Choral aus ›Good-bye-Jonny‹, wovon der weißbemützte Barde auch noch jene Strophe kannte, die niemals auf Band gebannt worden ist. Und die von einer Schlacht handelt, von der berichtet wird: »Mein Freund Jonny liebte eine Dame, die war schlecht, wie alle Weiber sind, Fräulein Lilli war ihr werter Name, und der arme Jonny war vor Liebe blind. Eines Tages hat er sie gefunden, splitternackt bei seinem Freund im Schrank, da sagte der Jonny nein, das kann doch nicht sein, und er zog die Knarre blank.«
Und wenn diese kühne Ballade vom ›Käpt'n Bay Bay‹ verklungen ist, geschieht fast immer etwas Seltsames: Dann öffnet sich nämlich ganz oben im fünften Stock ein Fenster und im Rahmen erscheint eine blasse Schönheit und wirft ein eingewickeltes Geldstück hinab. Der Herr der sieben Meere weiß dann schon, was drin ist. Nämlich ein hartes, neues Fünfmarkstück. Was er

aber nicht wissen kann, daß diese Dame nicht etwa Fräulein Lilli selber ist, sondern bloß die junge Witwe von Hans Fritz Beckmann. Jenem Künstler, der hier lebte und neben fünfhundert anderen Schlagern auch den Canitoga-Jonny gedichtet hat.

Die uralte Handelsschlucht

Wenn in einem Kreuzworträtsel eine Münchner Straße mit drei Buchstaben verlangt würde, müßte wohl selbst mancher Einheimische lange nachdenken, bis er darauf käme, daß es sich dabei nur ums ›Tal‹ handeln kann. Doch der Name selber ist auch ein wenig rätselhaft, denn ein Tal müßte doch eigentlich zwischen zwei Bergen liegen oder mindestens zwei Ufer haben.
Blasius aber möchte doch zu bedenken geben, daß ja auch auf dem Königsplatz keine Königskerzen wach-

sen und in der Lindwurmstraße höchstens einmal ein Regenwurm gesehen wurde. Aber noch nie ein Drache.
Nun, das Münchner Tal ist wohl schon immer nur ein breiter Ho Tschi-Minh-Pfad gewesen, der von Osten kommt, und auf dem nicht nur die asiatische Grippe in die Stadt reinkam, sondern auch manche Fuhre mit Salz, Sauerkraut, Saurüben und Spitzbuben. Der übelste von ihnen war dabei wohl der Postkarten-Maler Adi Schicklgruber, der dann von einem Nebenzimmer des Sterneckerbräus aus die deutschen Lande mit seinen Sprüchen, seinen Spezln und seinen Spitzeln überzog. Wenige Jahre später beherbergte diese ›Camera Misere‹, die immer noch existiert, einen anderen Scharlatan. Nämlich einen berühmten österreichischen Hungerkünstler, der zu jener Sorte Menschen gehörte, von denen der Dichter so schön sagt: »Ich weiß, sie trinken heimlich Wein und predigen öffentlich Wasser.« Denn man kam dem Darmnackler nach Wochen darauf, daß er eine heimliche Pipeline besaß und nachts fleißig daran saugte. Worauf ihm die erbosten Leute ganz brutal den Suppenschlauch durchschnitten. Was sie bei dem braunen Beelzebub auch hätten tun sollen.
Das Tal wird von zwei Türmen begrenzt, die an beiden Straßenenden stehen wie die zwei Swinegel im Märchen. Und dazwischen rennen pausenlos und völlig umsonst die Leute herum, wie etwa die Hasen in diesem irrsinnigen Wettlauf der Gebrüder Grimm. Vorbei an den Überresten einer Zehn-Zentner-Bombe, die das Münchner Kindl darstellen soll und an der Sparkassen-Ostwand klebt. Im Volksmund heißt dieser rachitische Bastard schon lange sehr treffend ›das Zinsgespenst‹. Und vorüber an der hausgeräucherten pompejanischen

Rundbogen-Fassade des Höger-Bräus, von der sich Blasius immer wieder fragt, wie kommt diese süditalienische Ruine bloß hierher. Vielleicht hat sie halt der Vesuv bei seinem letzten Ausbruch in hohem Bogen über die Alpen gespuckt.
Wenn wirklich einer der wirtschaftlichen Amokläufer einmal bremst, dann gewiß vor dem neu erstandenen Sex-Shop, in dem allerhand Potenz-Schocker angeboten werden. Und für besonders traurige Fälle sogar ›Okasa schwarz‹. Doch natürlich gibt es in dieser siebenhundertjährigen Handelsschlucht auch schöne, brave Geschäfte. Beispielsweise gleich sechzehn Möbelläden, die ausnahmslos die neuesten Anbaumöbel offerieren. Weil sie doch endlich darauf gekommen sind, daß sich dieses Baukasten-Mobiliar bei einer Scheidung viel leichter teilen läßt als die dummen bürgerlichen Kleiderkästen, bei denen es am Tag der Scheidung immer hieß: »Oide, dua 's Hackl her!«
Der schönste Winkel in dieser Nachtkasten-Avenue aber ist wohl das Valentin-Musäum mit seinem Turmstüberl. Dort sitzt die alte Zeit noch immer strumpfsocken an den Marmortischerln aus dem Café Größenwahn, die Meggendorfer Blätter und der ›Simpl‹ liegen herum, reich mit Majestätsbeleidigungen versehen und mit Inseraten wie: ›Böse Träume vertreibt sofort Tobias Siebzehngrübel gegen Voreinsendung von zwanzig Pfennigen‹ sowie Werbeanzeigen für Bartbinden, Apparate gegen abstehende Ohren und Tinkturen gegen Damenbart, Schüchternheit oder Nasenwarzen.
Aber auch den guten alten Soller gibts noch immer. Ehemalige Fuhrknechtskneipe, in der sich alle kleinen Eierdiebe, Opferstockmarder und Mundräuber der Stadt

ein ständiges Stelldichein gaben. Weshalb die als Lucki oder Kare auftretenden Volkssänger das Drei-Groschen-Milieu gerne mit einem Gassenhauer parodierten, der mit dem Bekenntnis begann: »Und im Soller Hauptgymnasium / wo sich treib'n die Baazi rum / do hob i mei G'schäft schtudiert / und glei praktiziert.« Und da gab es dann auch einmal so einen kleinen Möchtegern-Ganoven, der sich geheimnisumwittert ›Brillanten-Charlie‹ nannte, aber hauptsächlich vom Handtascherl-Stehlen lebte. Und der hing an seine Türe ein Schildchen hin mit der Aufschrift: ›Bin für niemanden zu sprechen‹. Unterschrift: ›Brillanten-Charlie‹. Worauf am anderen Tag ein zweites Schild darunter hing: ›Schade! Al Capone‹.

Das feuchte Herz des Abendlandes

Das ›Platzl‹ oder ›Plätzchen‹, wie es früher einmal hieß, ist natürlich keine Weltstadtstraße. Sondern nur ein Asphalt-Fleckerl etwa in der Größe eines Fußballfeldes. Doch nirgendwo in der ganzen Stadt sind schon so viel internationale ›Untermänner‹ über das Pflaster geschlurft, geschlichen, gestolpert oder getorkelt wie über dieses Stückerl München, das man auch das feuchte Herz des Abendlandes nennt. Da scheppern holländische Meisjes mit ihren handgeschnitzten Hühneraugen-Särgen daher, die letzten luftgeräucherten Komanchen federn auf Winnetous Mokassins dem Stammtisch aller Völker zu, hundertjährige Balkanesen richten die Spitzen ihrer Opanken ganz automatisch nach den Spundlöchern der ehrwürdigen Banzen, und die Büßersandalen indischer Fakire lechzen mit weit heraushängenden Zungen dem verbotenen Nirwana-Süpperl vom Faß entgegen. Im herrlich kitschigen Festsaal drängen sich zur Hochsaison Fremdenführer, Firmlinge, Friesen, Filmstars, Freilassinger und fröhliche Fraternisiererinnen aus Frankreich, die sogar mit einem Sitzplatz auf dem neugierigen Knie eines bayerischen Ordnungsmannes noch hochzufrieden sind.

Gerade schaukelt ein beschickerter Fahrensmann aus der alten Hopfenburg. Er grölt das alte Seemannslied vom schmuddeligen Smutje: »Und der Koch drin in der Küche, diese vollgefressene Sau, hat die Beine im Gemüse und den Arsch im Karpfen blau.« Nun ja, so geht's wohl in Wirklichkeit nicht gerade zu da drunt am Platzl. Blasius hat allerdings schon von seltsamen

Hofbräuhaus-Gerichten gehört oder gekostet. Da gab es einst den Pflasterer Schessl. Der aß mit einem Suppenlöffel doch tatsächlich ein ganzes Kalb auf, das er sich vorher kochen und zu Haschee durchdrehen ließ. Und nach dem Krieg gab es eine Zeitlang ein markenfreies Ragout aus australischen Känguruh-Beuteln. Das schmeckte wie die gedünstete Geldtasche eines Landbriefträgers. Später soll der reichen Wirtin einmal ihr riesiger Rubinring in den Gemüsetopf gefallen und verkocht worden sein. Daraufhin nannte sie das simple Blaukraut überspannt und hochnäsig einfach Rotkohl. Und vor zwanzig Jahren war der Spaziergänger selber einmal Zeuge, als der italienische Wonnepfropfen Lollobrigida Weißwürste mit Preiselbeeren verzehrte. Während ihr Mann, der etwas Bayerisch konnte, eine ›Auszog'ne‹ bestellte und sichtlich enttäuscht war, als ihm dann eine einfache Schmalznudel gebracht wurde. Er hatte wohl eine nackerte Kellnerin erwartet.

Fast so alt wie das Hofbräuhaus ist auch der Bäcker Karl gegenüber. Seine Spezialität sind jene verschlungenen Teigwaren, die ausschauen wie der Anfang vom Gordischen Knoten und die man Brezen nennt. Mancher Spaßvogel, der dort einkauft, verlangt auch ›brünette Mohnzöpferl rechts geflochten‹. Während zu den Kaisersemmeln neuerdings auch ›Wehner Schrippen‹ gesagt wird. Beim Räucher-Onkel holen sich die Brotzeitler dazu ein ›blondes Ripperl‹.

Ein seltener Anblick bietet sich dem Traveller, wenn er dann am Nachbarhaus zufällig nach oben blickt. Denn dort scheint sich eine Violinschlächterei niedergelassen zu haben. In den offenen Fenstern hängen nämlich halbgeräucherte Geigenböden wie die Speckseiten von zarten Spanferkeln zum Trocknen. In den weißblauen Kammerspielen daneben, wo einst der dampfnudelköpfige Chorknabe Ferdl Weißheitinger die ersten Sprossen seiner Schnaderhüpferl-Tonleiter erklomm, residierte lange als Kammerfenster-Regisseur der unübertreffliche ›Gründgens vom Irschenberg‹ Ludwig Schmidt-Wildy. Während in dem Nachtlokal zur Rechten, das den Namen einer berüchtigten Bettmatratze mit Ohren trägt, ein schmieriges Preistaferl verkündet, daß man hier schon für fünfzehn Mark eine Molle Bier mit Korn bekommt.

›Reizende Mädchen empfangen Sie‹, flüstern vor solchen Läden die rührigen Aufreißer jenen notwendigen Typen zu, die schon am frühen Morgen mit ›Gewehr über‹ unterwegs sind. Der einzige Reiz, der sie erwartet, ist der Brechreiz. Und immer wieder besuchen Schulklassen das Hofbräuhaus. Weil die braven bayerischen Kinder halt der Stein vom Herzog Christoph, der in der Residenz liegt und den dieser Recke einmal hob, längst schon nicht mehr so interessiert wie jener hohle Stein, den sie selber auch schon stemmen können. Und immer wieder beobachtet dann Blasius, wie der junge Herr Pauker mit gutem Beispiel und einem ehrenwerten Rausch vorangeht. Wozu die nachfolgenden Pimpfe lustig grölen: »Unser Lehrer flattert uns voran.« Hin und wieder bleibt dann der Klassendümmste wohl auch stehen, greift sich irgendeine Mäuse-Monroe und züngelt mit ihr ungeniert längere Zeit. Von dem alten Bierdimpfl, der zu dem Wimmerl-Heini grollend sagt: »Wenn S' eahna Zunga suacha, de hams fei in am fremd'n Mai«, nimmt er keinerlei Notiz.

Die Via Piccola

Wenn sich der Spaziergänger nicht ein bißchen verzählt hat, dann gibt es in München genau 5814 Verkehrsadern, Autoringe, Hauptstraßen, Wegerl, Gasserln oder Pfade. Und alle haben sie einen Namen und nicht nur Nummern wie viele amerikanische Profitschluchten. Freilich, wenn Blasius bedenkt, daß nicht einmal die Kalendermacher für ihre 365 Tage genügend Vornamen fanden und deshalb in ihrer Verlegenheit auch einen Aschermittwoch, einen Tag der unschuldigen Kindlein oder einen Siebenschläfertag einflickten, so kann er schon verstehen, wie schwer es da erst die Straßentitler haben. Deshalb wundert es ihn auch gar nicht, wenn er bei Durchsicht des amtlichen Verzeichnisses soviele kindische, einfältige und blumenreiche Benennungen findet, wie beispielsweise eine Bienenkorb-, Struwwelpeter-, Isegrim- oder Himmelschlüsselstraße. Ferner auch einen Dukaten-, einen Trachtler-, einen Hundertpfund- und einen Kernbeißerweg registriert. Freilich handelt es sich dabei meistens nur um eine Via Piccola. Denn die prächtigen Alleen und Boulevards bleiben nicht nur in München den Großen dieser Welt vorbehalten. Unmöglich, sich ein Napoleon-Gasserl vorzustellen, einen Goethe-Zieh-Weg oder einen Einstein-Steig. Ein bißerl Hochachtung möchte da schon sein. Trotzdem sind es gewiß die kleinen verträumten Schlängler und die stillen Spitzweg-Winkel, die eine moderne Zementsiedlung überhaupt noch erträglich machen.

Ganz in der Nähe des Isartors ist auch so ein Gartenlau-

ben-Blinddarm, in den der Spaziergänger immer wieder seine verbogene Nase hineinsteckt. Das ganze Straßerl ist etwa nur so lang wie eine Flanke von Beckenbauer und hat überhaupt nur zwei Hausnummern. Gleich am Anfang steht in Kinderschrift auf einem Bretterzaun zu lesen: »Heute gibt es Nudelnsuppe, Kardoffel, Hund.« Vielleicht hat das die kleine unbekannte Fanni von dem ebenso unbekannten Mieter Kurzweil hingeschrieben, der auf Nummer eins im dritten Stock wohnt. Unten befindet sich eine Schuhbedarfshandlung. Die verkauft auch schwedische ›Scandinavien Clocks‹. Jene Holzschuhe, welche wohl nur denselben Marschierwert besitzen wie alte Kohlenbügeleisen. Aber sie sind halt dick drin bei den jungen Leuten. Sicher lagern in den Warenregalen auch noch ein paar Leisetreterabsätze. Sie träumen vielleicht von den fernen Tagen, als die Gummisucher am Amazonas den zähen Saft, aus dem sie später gepreßt wurden, Millionen Bäume ihretwegen zur Ader ließen.
Jetzt hüstelt aus dem Fenster des ersten Stocks ein Zipfelmützenmann heraus und ein böser Passant sagt im Vorübergehen: »Letzte Grüße aus Davos.« Ein streunender Hund findet eine Fadenspule, hält sie wohl für einen Knochen und schnappt danach. Dann schaut er beschämt um, ob ihn wenigstens niemand von der Gewerkschaft ›Faß und Biß‹ gesehen hat.
Die Nordfront der buckligen, oft wie die Hose von Huckleberry Finn geflickten Asphalt-Short bildet das Haus einer Studentenverbindung. Auf einer Tafel ist zu lesen, daß der Grundstein dazu schon vor 600 Jahren gelegt wurde, und daß man von hier aus weit ins Land sehen kann. Vom oberen Fenster aus aber sieht der

Spaziergänger lediglich bis zum Isartor-Platz vor. Aber früher war die Münchner Welt wohl noch um sieben Nummern kleiner. Im Hinterhof des Gebäudes sitzt tatsächlich auch noch die alte Zeit und lacht sich ins verschrumpelte Fäustchen. Ein Trumm Stadtmauer steht hier, und auf einem rachitischen Hollerbaum trällert eine Amsel das alte Burschenherrlichkeits-Lied: »Gaudeamus igitur.« Dann läßt sie etwas fallen. Gleich darauf kommt ein junger König Drosselbart mit einem Blumenstrauß, läutet und flugs läßt eine bettwarme Nachmittags-Schönheit auch schon das Rouleau herunter. Während die kupplerische Eingangstür beim Zuprallen leise und sinnlich Reklame seufzt. Die ganze Zeit über kauert ein fetter Kater auf den Steintreppen. Einsam. Lauernd. Alt. Und jetzt kommt auch schon wie im Märchen eine kleine Kirchenmaus husch aus dem Loch. Der alte Giebelsteiger streckt sich nur ein einziges Mal wie der Meier Sepp beim Elfmeter. Der letzte Blick des Mäuschens fällt noch schnell und vorwurfsvoll auf die blaue Straßentafel, auf der doch ganz deutlich zu lesen ist: »Lueg ins Land.« Und das wollte es doch bloß bitte. Und dann ist's auch schon aus mit der Maus.

Zur rechten Seite hängen auf dem Ruinengrundstück, auf dem heute zahlreiche Autokühe vor sich hindösen, ein paar altmodische Telefonleitungen. Und sie summen. Was sie wohl gerade für Nachrichten überbringen werden. Vielleicht, daß der Bauer Rochus Ruach ein Kalb mit fünf Beinen gekriegt hat oder der Herr Oberinspektor Simon Sitzfleisch das Bundesverdienstkreuz am schwarzen Band, den Bonner Fernkampf-Orden. Blasius kann es leider nicht entziffern. Der Draht aber summt und summt, als ob das Schicksal Zither spielen würde. Einst floß unter diesem Gelände auch einer der 70 flaschengrünen Münchner Stadtbäche hindurch. Jetzt ist er überbaut. Aber damals hat der Spaziergänger jenen Zimmerherrn, der aus seiner möblierten Kammer direkt auf den Westentaschen-Amazonas hinabschauen konnte, immer schwer beneidet. Denn er stellte sich vor, wie er da selber geradewegs aus dem Bett heraus einen Karfreitags-Hai hätte angeln können. Und womöglich sogar jenen sagenhaften Fisch, von dem man sich folgendes Geschichtlein erzählt:

»Also da saß ein Mann am Wasser und fing einen großen Fisch. Gerade als er ihn schlachten wollte, sagte der schuppige Bursche aber zu ihm: ›Tu das nicht, ich erfüll dir drei Wünsche.‹ ›O.k.‹, erwiderte der Petrijünger. ›Dann möchte ich erstens sehr reich sein, zweitens von hohem Adel, wenn's geht ein Habsburger, und drittens beim Aufwachen eine Prinzessin neben mir im Bett finden.‹ Und so geschahs. Er ward sehr reich, er ward ein Habsburger und neben ihm lag die lieblichste Prinzessin der Welt. Sie schlug die Augen auf und sagte dann langsam zu ihm: ›Komm Ferdinand, es ist Zeit zum Aufstehen. Wir müssen doch heute nach Sarajewo.‹«

Und leise rieselt der Sand

Es gibt in München ein paar Dutzend Winkel, Gebäude und Stätten, vor denen Blasius von Zeit zu Zeit immer wieder kopfschüttelnd, schmunzelnd oder träumend stehen bleibt. Dazu gehört beispielsweise ein simples Fenster im verdämmernden Märchenhof des uralten Radspieler-Hauses. Und der Spaziergänger stellt sich dabei vor, wie der Dichter Heinrich Heine, der einmal hier wohnte, an die erblindeten Scheiben mit den Fingernägeln einen zornigen Vers getrommelt haben mag, als ihm der Bayernkönig Ludwig kühl die goldbetreßte Schulter zeigte.

Besonders gerne bummelt Blasius auch an lauen Sommerabenden hinaus zu einem kleinen verschonten Herbergs-Häuschen hinter dem Wiener Platz. Dort wo man den dicken Hausschlüssel immer noch in die Dachrinne legen kann. Und wenn er Glück hat, dann kann er einem blassen Buben zuhören, der im Rahmen des Giebelfensters einer Schülergeige das Lied von den zwei Königskindern abbettelt.

Mit ungläubigem Stirnrunzeln wiederum verweilt der Spaziergänger am Eingang jenes vergammelten Hinterzimmers, in dem der bekannte ›unbekannte Soldat‹ des ersten Weltkrieges seine wirren Ideen spann. Und dessen biergebeizten Wände eine blutige Geschichte erzählen könnten von einem, der auszog, um anderen das Gruseln zu lernen.

Zu den letzten Alt-Münchner Idyllen zählt Blasius auch den ›Gries‹. Eine verbröckelnde Häuserzeile unweit des stolzen Stammsitzes der Bayerischen Staatsregierung. Dort schaut es immer noch aus, als hätte man die alte Zeit einfach auf einen Haufen gekehrt. Die Luft schmeckt hier wie das Messingmundstück eines Postkutschen-Trompeters. Während aus den Mauerruinen ein Lüfterl aus Spitzweg-Tagen weht. Ein Düfterl von Wäschermadl'n, die am nahen Bach ihre knielangen Unaussprechlichen rubbelten. Und der Rauch von würzigen Dachhasen-Braten, die hier mit wenig Hemmungen, aber viel Pfeffer verspeist wurden. Sicher hießen die Kinder, die in dem schmalen Gäßchen wie die Saunägel beim Sonntagskegeln herumpurzelten, nicht gerade Wulf Dieter. Sondern Micherl und Zenzi. Während sich die Eltern meistens Schratzenbeck schrieben, aber niemals Kneese. Den nordöstlichen Eckpfeiler des Grieses bildet noch immer eine seltsame verlassene Halle, die direkt um einen meterdicken Baum herumgewickelt ist. Und drinnen ist es duster und verkohlt. Möglich, daß hier an der rußgeschwärzten Ecke sogar einmal Siegfrieds Balmung geschmiedet wurde. Oder vielleicht hatte auch nur ein böser Kugelblitz seine Stadtwohnung hier.

Im ersten Stock findet Blasius das zeitweilig verlassene Lager eines Wermut-Bruders. Und im nächsten Raum die Wellpapier-Couch einer Asyl-Schwester. Aha, muß der Spaziergänger denken, man bevorzugt also auch bei Stadtstreichern getrennte Schlafzimmer. Dann entdeckt er noch einen frischen Stirnschmuck aus Weidenblättern. Wohl den Myrtenkranz der Tippel-Mamsell. Und auf einem Stück Papier zwei frisch gerupfte Täubchen. Womöglich soll heute noch Hochzeit sein. Da zischt ein grauer Strich an ihm vorbei. Eine armlange Ratte. Und weg ist der Braten der Braut.

Drohend gähnt ihm nachher ein widrig kühler Kellerschacht entgegen. Und es riecht daraus wie aus der Tiefkühltruhe des Weiberschlächters Blaubart. Durch einen Wald von schlagbaren Brennesseln und wilden Rhabarberblättern, die so groß und grün sind wie die Hände vom Riesengebirgs-Geist, wenn er das Kraut von seiner Leibspeise gerissen hat, um die Rüben besser zählen zu können, führt ein kleiner Pfad in eine verzauberte Dornröschen-Welt. In einem verwunschenen Garten streiten sich lautlos Hunderte von duftenden Liebes-Orchideen, welche von ihnen die schönste im ganzen Land ist.

Es ist ein heißer Sommertagabend, als der Spaziergänger schließlich vor dem zerfallenen Haus Nummer 19 ankommt. Die roten Dachziegel glänzen in der halben Beleuchtung wie die Schuppen eines riesigen Goldbarsches. Verwaschene Schnörkel zieren die hundertjährige Fassade. In der Mitte ein Stern mit der steinernen Umschrift: ›Stella Matutina‹. Lautlos wie in einem großen Stundenglas läuft das weiße Mehl der Mauern durch die langen Risse des Verputzes. Zwei Stuck-Monogramme künden wohl von den Menschen, die einmal hier lebten: ›I. G.‹ steht links an der Wand und rechts daneben: ›B. G.‹ Wie Blasius das so vor sich hinmurmelt, wird ein ›Ich geh‹ aus dem einen, und aus dem anderen Schriftzeichen: ›Betty ging auch.‹ Und lächelnd möchte der Spaziergänger noch ein drittes Monogramm, nämlich ein stummes ›W. G.‹ hinzufügen. Und resigniert dazu brummelnd: ›Wir gehen leider alle.‹ Und leise rieselt der Sand.

Kein Sunset-Boulevard

Die Sonnenstraße beginnt für die Münchner an jenem Plätscherwerk, dem ein norddeutscher Stadtbaumeister in unerwiderter Liebe den Namen ›Warzen-Bene‹ geben wollte. Der Spaziergänger meint aber ›Latschen-Bene‹ hätte vielleicht besser gepaßt. Denn das spärliche Prostata-Gerinnsel schaut eher aus wie ein mittlerer Wasserrohrbruch. Die Einheimischen sagen ja in guter Erinnerung sowieso immer noch ›Sendlinger Tor Springbrunnen‹ dazu und denken dabei gerne an jenen befreienden Strahl, der wie von einem stämmigen Gassenbuben mit vier Fingern in die Wolken gejagt wurde, als wollte er sagen: »Da habt's euer G'wasch wieder.«
Links davon steht bekanntlich jene evangelische Oktoberfestkirche, welche im Volksmund wegen der lustigen Form auch ›Martin Luthers Achterbahn‹ heißt. Und auf dem schönen Jugendstilhaus gegenüber, auch ›Emmentaler Eck‹ genannt, weil unten ein Käsebergwerk haust, nistete in Blasius Kindertagen noch ein richtiger Storch. Heute findet man auf den rachitischen Bäumen entlang der Straßenbahngeleise, deren ausgemergelte Stämmchen zwar schon zwanzig Jahre zählen — ein Alter, in dem der Spaziergänger längst auf eigenen Beinen stand —, aber immer noch gestützt werden müssen, nicht einmal einen zerrupften Spatzen im Geäst. Der Dichter würde mit Recht dazu sagen: »Kein Vöglein von hier bis Babylon vertrüge den Gestank nur einen Tag.« Denn wegen der Ardennen-Schlacht-dicken Abgase hängen auch den armen Blumen auf den Rasenstreifen die Köpfe herunter, als könnte man sie höchstens noch mit

Mund-zu-Mund-Atmung beleben. Jedenfalls sollten diesen verseuchten Kindern der Flora längst Gasmasken über die Blütenköpfe gestülpt werden.
Die Sonnenstraße ist aber wohl deshalb so ungut und trist, weil die beiden Häuserfronten soweit voneinander entfernt sind. So schaut das etwa genauso traurig aus, wie wenn ein altes mürrisches Ehepaar die Schlafzimmerbetten auseinandergerückt hätte. Und zwischen den beiden erkalteten Fronten schlängelt und windet sich ein mehrgleisiger Schienenstrang, wie der Baulöwe Hubmann durch seine Vergleichsverfahren. Nein, die Sonnenstraße ist trotz ihres strahlenden Namens wirklich kein prächtiger Sunset-Boulevard. Sondern schon eher eine ruhelose Rollbahn. Denn oben rollt die Tramway, darunter die U-Bahn, und in einem kleinen versteckten Spielsalon rollte der Rubel. Weitere Sensationen sind die 145 beschrifteten, bebilderten, aufgemalten und optischen Verkehrszeichen auf einer Strecke von etwa dreihundert Metern, die nach dem Willen der Obrigkeit von jedem Verkehrsteilnehmer wahrgenommen werden müssen. Obwohl die Wissenschaftler errechnet haben, daß nur ein Viertel davon mit dem menschlichen Auge eingefangen werden kann. Sodann ein China-Restaurant, in dem es angeblich schmackhafte Mastwanzen und gesülzte Dobermannohren geben soll. Dicht gegenüber befindet sich auch ein gepflegter italienischer Menagier-Salon, der den Namen eines berühmten römischen Brunnens trägt, in den man drei Münzen werfen soll, wenn man wiederkommen will. Blasius aber hätte wegen einer versalzenen Minestrone, die er dort schlabberte, eher den Geschäftsführer in diese Fontana geschmissen.

Ferner zeigt weiter oben ein Schild stur und standhaft auf jenes Ziegelsteingebäude hin, das schon immer aussah wie eine Basilika für Brustschwimmer. ›Zum Postscheckamt‹ steht darauf. Wer aber dort jetzt gerade eintritt, kriegt keinen größeren Scheck, sondern einen größeren Schock. Weil er nämlich sofort in eine zehn Meter tiefe Baugrube fällt.

In dieser Passage entdeckt der Spaziergänger auch noch den guten alten Zauberkönig. Ein Geschäft, in dem es so seltsame Dinge zu kaufen gibt wie abgehackte Gummifinger, die man anderen Leuten in die Suppe schmuggeln kann. Und vis-à-vis entstand gerade der größte Sexladen der Welt. Wohlauf Kameraden, aufs Pferd, aufs Pferd, möchte Blasius dazu sagen. Wenn er die schwarzledernen Reitpeitschen bestaunt, die Keuschheitsgürtel mit Nummernschlössern und sogar einen massiven Beißkorb für besonders scharfe Rüden. Nun, es wird sich bei den Interessenten für diese Rarität wohl um jene falschen Hunde handeln, die ihr Schwänzchen vorne haben. »Hier kriegen Sie alles, was das Sex-Register zu bieten hat«, meint der Boß. Und Blasius muß an die Zeit denken, die nicht gar so fern ist, wo dieser Lustmanager von der Staatsanwaltschaft noch alles bekommen hätte, was das Strafregister zu bieten hat. Nämlich lebenslänglich.

Lange schaut der Spaziergänger zum Giebel des Obletter-Hauses hoch und schmunzelt über den winzigen Palazzo, in dem pausenlos gurrende Täuberiche mit Brotrinden oder Regenwürmern im Schnabel aus- und eintrippeln. Vielleicht ist die kleine Villa ein Freudenhaus für La Palomas oder auch nur ein Altersheim für Brieftauben, in dem gerade Besuchszeit ist.

Dann erfährt der Spaziergänger schließlich auch noch, warum die Sonnenstraße eigentlich so heißt. Weil sie nämlich nach dem ursprünglichen Gesetz von 1818 nur auf der Sonnenseite bebaut werden sollte. Aber dann hat man diese Vorschrift natürlich nicht beachtet und so wurde eine graue Schlucht daraus. Deshalb geht das helle Zentralgestirn nur so ungern durch die Sonnenstraße. Blasius übrigens auch.

Die einstige ›Rue de Galopp‹

Die Sendlinger Straße ist eine der ältesten der Stadt. Man sagt, sie sei ursprünglich von den besoffenen Bauern, die vom Markt kamen und wieder in ihr heimisches Dorf Sentilinga zurückwollten, in die Umgebung getrampelt worden. Genau genommen ist sie ja nur ein Wurmfortsatz des Marienplatzes und auch genauso unwichtig. Aber immerhin hat der Goethe bereits im Gasthof ›Zum Koch von der Höll‹ auf seiner Italien-Reise hier Quartier gemacht und den Scharm eines bayerischen Hausknechts erleben dürfen, der ihn einfach hinauswarf. Die Sendlinger Straße ist 480 Vertreterschritte lang oder 610 Nuttenschritte. Sie wuiselt sich weinerlich durch ihren eigenen Verkehr. Vorbei am Kaufhaus Katzensprung, wie dieser Textilsilo wegen seiner hartnäckigen Werbung auch genannt wird, und an den beiden Lohnschreibereien, in denen sich zwei bekannte Zeitungen befinden und jene gescheiten Leute, die heute immer schon wissen, was morgen geschah. Ihr Verlauf läßt die Vorstellung aufkommen, daß sie wegen der Verkehrsmisere jeden Passanten bittend fragt: »Sie bittschön, wo geht's denn da aus dem Verhau wieder raus?« Doch urplötzlich endet sie dann in der kleinen Bedürfnisanstalt bei dem vielhundertjährigen Tor und kommt nie wieder zum Vorschein. Als hätte sie die Toilettenfrau eingesperrt und den Schlüssel nachher in den Gulli geworfen.

Eigentlich wäre der einzige Weg durch die Sendlinger Straße der Umweg über sie. Wenn nicht ein paar italienische Fassaden, ein paar malerische Hinterhöfe und das köstliche Asamkircherl wären. Jener Tempel, den zwei Brüder zum Dank dafür errichteten, daß sie in der Donau einmal nicht ersoffen sind. Die Steine, an die sie sich dabei klammerten, liegen heute noch als graue Brocken vor dieser wunderschönen Altbauwohnung des lieben Gottes. Im Innern riecht es nach gutem Willen und nach Ewigkeit. Immer schon hat Blasius gerne das versilberte Jesuskind betrachtet, das sich am Pflegevater Josef festhält, der eine goldene Pelerine trägt, die einem Zimmermann natürlich gar nicht zusteht. Und er sinniert auch heute noch darüber nach, warum man eigentlich so wenig weiß von dem heiligen Christus-Knaben. Und was er in seiner Lausbubenzeit und in seiner Jugend alles getan hat. Hat er womöglich einen Hund gehabt als Freund? Oder einen Spezl, mit dem er zusammen auf die Ölbäume kletterte und Oliven lutschte? Vielleicht aber hat er am Ende gleich gar gezeichnet und gemalt. Mein Gott, überlegt da der Spaziergänger, was würde da wohl heute ein echter Jesus wert sein.

Rot gewaschene Kinder kommen herein, abgeschlaffte Reisende und Fremde aus Freilassing. Da naht eine Hausfrau, kramt in Gedanken in der Einkaufstasche, weil sie doch ihrem Schutzpatron ein paar Blümchen gekauft hat. Und auf einmal erschrickt sie bis tief unter ihren Lodenmantel: Maria und Josef! Jetzt hätte sie doch wirklich beinahe den Petersil vor den Heiligen hingestellt!

Früher schaukelte auch eine weiß-blaue Klingeling-Korvette am Tage fünfzehnmal durch die Häuserzeilen. Damals waren die Straßenbahnwagen im Sommer noch mit luftigen Fenstergardinen verziert und hatten Blumenkästchen an der Seite. Der Schaffner trug riesige Nikolaus-Stiefel aus Filz, die gepolsterten Sessel waren mit gelbem Strohgeflecht überzogen und auf dem hinteren Puffer saßen wenigstens drei Saubuam und fuhren schwarz mit. In den geistreichen Klapptüren beim Ein- und Aussteigen aber zwickten sich ganze Generationen von Fahrgästen daumengroße Blutblasen, die sie sich daheim mit ausgeglühter Nadel gegenseitig aufstachen.

Die Sendlinger Straße galt neben der Müllerstraße schon immer als eine ›Rue de Galopp‹ der Handelsklasse C. Das Prachtstück dieses Unterrockgeschwaders war die schwarze Nana. Sie war geheimnisvoll und immer traurig wie die Zypressen auf den Böcklin-Bildern. Auch war sie sehr fromm und trug in ihrer Handtasche stets einen Rosenkranz mit sich. Den sie dann manchmal bei der ländlichen Kundschaft und beim Aufsperren ihrer Kemenate sehen ließ, so daß der Freier das Gefühl hatte, sein Vorhaben wäre gar nicht so illegal. Die Nana wohnte zusammen mit einem Angorakater, der täglich ein halbes Pfund geschabte Leber schmauste, in einem jener Durchgänge, durch die man von der Sendlinger Straße in den Unteranger kam, wo die ›Louis‹ mit ihren Schlagringen warteten und die Apotheken mit grauer Salbe. Eines Tages aber schwang die dunkle Todsünde am Halse in diesem Spitzbogengang. Und auf der Schulter saß der Kater und schrie und schrie und schrie. Und manche von den wenigen Alten auf Nummer 17 oder 61 sagen heute noch, wenn der Föhn in den trockenen Dachbalken wimmert: »Hört s'es! Jetzt schreit der Nana ihr Kater wieder, da gibt's bestimmt ein Unglück.«

U-Bahn-Balladen

Wenn es ungut wird in den Straßen der Großstadt, weil die kalten Tyrannen Celsius und Minus überall unterwegs sind, suchen bestimmte Menschen umständehalber wieder einmal die paar Wärmestuben der City, die Bahnhofshallen, die Gitter über den Heißluftschächten von Warenhäusern und Fabriken auf oder sie gehen in den Untergrund, in die U- und S-Bahn-Stationen. Deshalb besucht auch der Spaziergänger an solchen Tagen manchmal diese Pendlerstollen zwanzigtausend Millimeter unter der Erde, um eine kleine Brotzeit mit den Augen und Ohren zu machen, und fast immer erlebt er dann ein paar U-Bahn-Balladen. Von der einfachsten, billigen Sorte allerdings.

Ein Clochard filzt gerade eine blecherne Abfalltonne. Er riecht nach Soda, nach sauren Bohnen und Sodbrennen. Sorgsam betrachtet er die einzelnen Tickets. Was er wohl tut, wenn er ein halb benütztes findet? Fährt er dann damit? Und wohin? Nach der Station Nirgendwo. Oder verkauft er es zum halben Preis? Möglicherweise will er auch nur die Endnummern zusammenstellen für einen Lottosechser. Jetzt wird er doch tatsächlich fündig. Und er lächelt zufrieden mit völlig kahlem Munde. Blasius aber schaut fragend zur Auskunftsfrau im Glaskasten hin. Die nickt ihm zu und antwortet dann: »Suachd blos imma an gültig'n Abschnitt. Weil ma doch ohne Fahrschein net in d'Schtation owe derf, wo's am wärmsten is.« Dabei wäre doch eigentlich Wärme genug da, muß der Spaziergänger denken. Aber da heißt es wohl mit Karl

Valentin, den im Winter einmal eine ungebetene siebenköpfige Familie besuchen wollte: »Es duad ma leid, i kon eich net alle reinlass'n, i hob nämlich blos für zwoa Personen eig'hoazt.«

Weiter vorne sitzt ein uralter Stadtstreicher am Boden. Das rechte Hosenbein hat er so geschickt gefalzt, daß man glaubt, es wäre ohne Inhalt, und den Ranzelhut wie beiläufig in Almosen-Stellung gebracht. Auf einem Stück Kamm mit Papier darüber spielt er das Veteranenlied ›Bei Sedan wohl auf den Höhen‹.

Ein Wachtmeister mit einem einsamen Stern auf den Schulterklappen der komischen Münchner Zarewitsch-Uniformen kreuzt auf, sieht den alten Penner und schlägt sofort einen gekonnten Haken. Vielleicht weil er heute seinen mitleidigen Tag hat. Oder auch weil gestern der Erste war. Und da hat er wieder einmal auf seinen Beförderungs-Brief gewartet. Doch außer einem Aufruf für eine Altpapier- und Lumpen-Sammlung war nichts drin in dem lausigen Neuigkeits-Tresor. Aber soll er deshalb jetzt das kleine Lumperl dort einfangen? Dafür wird er wahrscheinlich auch nicht gerade Innenminister werden.

233 Augen starren an der Station auf das schwarz gestrichene Stück Luft. Die Tunnel-Ausfahrt. Durch diese hohle Gasse muß er kommen. Es führt kein anderer Weg nach ›Kieferngarten‹, würde der Dichter sagen.

Drei Reserve-Zugführer erzählen sich gerade die neuesten Tausendfüßler-Witze, welche die zähen Ostfriesen-Schwänke abgelöst haben. »Gehen zwei Tausendfüßler zum Fußball. Sagt der eine: ›Schau bloß, was der Gerd Müller für Beine hat!‹ Erwidert der andere dar-

auf: ›Ja, aber so wenig.‹« Und ein zweiter: »Ein verliebter Tausendfüßler begleitet seine neue Eroberung heim. Vor der Haustür beginnt er an ihren Beinen herumzufummeln. Sagt die spröde Schönheit: ›Nein, nein und tausendmal nein.‹«
Blasius muß schmunzeln. Genauso wie über jenen Pfiffikus, der bei den bekannten Hinweisschildern in den städtischen Verkehrsmitteln das Wörtchen ›nötiger‹ ausgestrichen hat. Jetzt lautet der Text: »Bitte überlassen Sie Ihren Sitzplatz dem, der ihn . . . hat.«
Plötzlich stürzt ein Mann mit einem verspritzten Mörtel-Helm auf ein blutjunges Mädchen zu und haut dem 13jährigen Grundschul-Zahn eine herunter. »So, hoaßt des in d'Handarbeitsschtund geh', du Flitscherl!« Das bleiche Buberl mandelt sich auf. »Gei, Sie! Sie traun Eahna fei wos!« Da winkt das Töchterchen jedoch erschrocken ab und wispert: »Es is da Baba, Tschonny, er is Polier beim Bau.«
Blasius aber fragt sich entrüstet: Wo bleibt da die Gewerkschaft Abteilung Rotz und Löffel. Doch als die gemaßregelte Vorstadt-Knospe errötend den kalkweißen Spuren ihres gestrengen Unterdrückers folgt, nickt ein ebenso rückständiger Lodenmantel-Mann noch lange vor sich hin und kichert in seinen Bart: »Noch ist Polen nicht verloren.«

Die ›Via Mala‹

Die Via Mala Münchens ist die Müllerstraße. Sie ringelt sich durch die graue Gegend wie das kleine Bedürfnis eines Besoffenen auf dem Heimweg, bis sie irgendwo am Sendlinger-Tor-Platz kraftlos versickert. Und dort, wo sie die letzte Kurve kratzt, stand einmal das Hurenhaus. In dem auch der Scharfrichter der Stadt mit seinem Hackebeilchen wohnte. Von diesem Herrn mit dem bewährten Schlafmittel am Stiel vermeldet die Münchner Chronik folgendes: Der Henker mußte sich beizei-

ten um einen Lehrling umschauen, der dann als Meisterstück zum Zeichen seiner Befähigung den alt gewordenen Lehrherrn öffentlich enthauptete. Zuletzt geschah dies 1321 dem Meister Hainprecht im Pensionsalter von 65 Jahren. München hatte eben damals schon eine tadellos funktionierende Altersversorgung.
Die Müllerstraße galt viele Jahrzehnte als die verworfenste der Stadt. Denn die Damen in dieser Gegend waren meistens Schnallendamen. Und weil in den sogenannten Goldenen Zwanziger Jahren viele Arbeitslose in ihrer Misere halt auch das Brot der Armen aßen, machten sie für Beträge von einer Mark und darüber Liebe. Dabei fraternisierten die Pärchen hauptsächlich in den dunklen Treppenhäusern, wobei eventuelle Größenunterschiede durch die vorhandenen Stufen ausgeglichen wurden. Darum ging es eben in dieser Straße zu wie in Sodom und Gonorrhoe. So daß der Stadtpfarrer von St. Maximilian die wilden Hinterhaus-Orchideen von der Kanzel herunter schwer verdammte und ihnen wünschte, sie müßten dafür in alle Ewigkeit brennen. Blasius möchte dazu mit etwas schwarzem Humor sagen: Vielleicht hat die Stadtverwaltung gerade deshalb in der Müllerstraße eines der ersten Heizwerke errichtet.
Der bekannteste Treffpunkt des armseligen Lotterlebens war lange Zeit das Café Bauer. Beherrscht von dem berüchtigten Schutzmann Himsel. Der zwar so dumm war, daß sich die Leute erzählten, er habe einmal ein Protokoll von einem gestürzten Gaul aufnehmen müssen, der in der Pestalozzistraße zu Fall gekommen war. Und da hätte der Himsel das Pferd in die Müllerstraße hinübergezogen, weil er Pestalozzi nicht schreiben konn-

te. Aber so dumm war er auch wieder nicht, daß er den Weibern, die er beanstanden sollte, nicht einen gehörigen Pflasterzoll abnahm. Erst dann drückte er das Auge des Gesetzes zu. Und daher stammt wohl auch der Münchner Ausdruck ›Zuadrugga‹ für solche Sexualrentner.

Im Café Bauer verkehrte auch noch eine Type, die sie den ›blutigen Max‹ nannten. Denn wenn der ein Pferdchen aus seinem Gestüt womöglich einmal beim Kaffeetrinken ertappte, zog er den unglückseligen Galopper an den Haaren auf die Straße und rieb ihm das Gesicht am Randstein, bis es lila war wie ein Blaubeerkuchen. Damit die Stuten endlich wußten, wo ihr Arbeitsplatz wäre, sagte er dazu. Weil aber die ›Sitte‹ im Laufe der Jahre immer strenger wurde und die ambulanten Ladies nicht mehr auf die Straße zum Freieraufreißen gehen konnten, verfielen sie auf einen kleinen Trick. Denn dann kehrten sie in vollem Kriegsschmuck im Sommer einfach das Trottoir vor ihren Tricho-Buden und im Winter schaufelten sie ein bißchen Schnee: »Na, wie wär's denn, Kleiner?« Deshalb kam es, daß das sogenannte Bürgertum die Müllerstraße nur vom Wegschauen her kannte oder von den einschlägigen Witzen, von denen einer also lautete: Ein Mann aus der M-Street sagt zu seiner Frau eines Tages: »Es wird Zeit, daß du auch anschaffen gehst.« Und sie tuts und bringt gleich am ersten Tag einhundertzwei Mark und fünfzig Pfennig heim. »Brav«, sagt da ihr Alter, »aber wer hat dir denn da die zwei Mark fünfzig gegeben?« Worauf das folgsame Weib erwidert: »Was heißt da wer? Ein jeder halt.«

Nun, mittlerweile wird in dieser krummen Straßenzeile das Geld höchstens noch in die Schlitze der paar Parkuhren geworfen. Doch der Spaziergänger wüßte ein sicheres Mittel, damit auch der letzte Rest von der einstigen Verruchtheit für immer und für alle Ewigkeit von der Müllerstraße genommen würde. Man bräuchte sie nämlich ganz einfach nur umzutaufen. In Gerd Müller-Straße.

Frühling in der Frühlingstraße

Obwohl sie aus rätselhaften Gründen schon vor längerer Zeit in Eduard-Schmid-Straße umgetauft wurde, sagen die alten Auer und auch der Spaziergänger immer noch beharrlich »Pfrillingschtraßn« dazu. Und siehe da, als Blasius in diesen Tagen aufmerksam durch diese belanglose Werktags-Avenue bummelte, entdeckte er auf Hausnummer vierzehn und fünfzehn tatsächlich noch die bekannten blauen Emaillebriefmarken mit dem Namen der ersten Jahreszeit darauf. Und vorne beim musischen Pestalozzi-Gymnasium erinnert er sich an den Hauptlehrer Schleiermacher, auch ›Watschen- Karli‹ genannt. Der war auch noch Ortsgruppenleiter und kam dann trotzdem an die Front. Da meinte der Obsthändler Schlemmer zu seiner Kundschaft: »Der Krieg dauert so lang, bis auch der letzte Lehrer Major geworden ist.« Das stimmte aber beim ›Watschen-Karli‹ nicht. Der wurde nämlich sogar Oberst. Und der Krieg war immer noch nicht aus. Nachher kam er dann nach Moosburg ins Nazi-Lager, wo die Goldfasane Tannenzapfen und Schwammerl suchen mußten für die Lagerküche. Eines Tages jedoch kochte er auch diese Früchte des Waldes selber und starb daran. Schnell, schmerzlich und schmählich.

Soweit aus der Armen Leute-Chronik der Frühlingstraße, durch die jetzt gerade wieder einmal der bekannte Narrischmacher Lenz hindurchgeht. An der Ecke beim Zeitschriftenladen stoßen die strotzenden Brummer der Titelblatt-Bomber die Passanten fast vom Trottoir herunter, so prall sind sie geladen. Und die Palmkätzchen, die in einem großen Kübel stehen, kann man direkt leise schnurren hören. Der gelbe Kater Hektor aber streicht um die Ecke wie ein haariger Blitz. Sein Terminkalender ist übervoll.

Auf der Glockentafel von Anwesen 21 liest der Spaziergänger den schönen Namen ›Mandelmeier‹, und denkt sich, ob der wohl noch alle drin hat. Nein, nicht die Tassen. Die Mandeln nämlich. Schau, und im Hause nebenan wohnt sogar eine Familie ›Liebe‹. Na ja, hoffentlich macht sie ihrem Namen wenigstens alle Ehre.

Und überall wohnen viele Patent-Ingenieure. Vielleicht hat sogar der Karl Valentin, der ja gleich nebenan aufwuchs, bei einem von ihnen seinen berühmten Winter-Zahnstocher mit Nerzbesatz patentieren lassen. Und auch der Mister Roll, der Erfinder der Rollgerstensuppe, steht womöglich in einer ihrer Karteien drin. An der Humboldt-Straße-Einmündung ist ein besonders schönes Gebäude. Aber die Sandstein-Madonna auf halber Höhe hat die Hände fröstelnd an die mageren Schlüsselbeine gelegt. Die Himmels-Mama friert noch so sehr, daß ihr vom Zittern fast der Sand aus der Unterwäsche rieselt. Sie sollte sich ein Jäckchen leisten und der Wirt von der Gaststube ›Zur Anlage‹ andererseits einen neuen Anstrich für seine graue ›Bamhackl‹-Fassade. Oder wenn es den nicht ›leit‹, so könnte er doch die Mauern wenigstens mit übrig gebliebener Tomaten-Suppe einmal gründlich herunterweißeln. Drüben in der nahen Anlage sitzt eine blutjunge Mutter, schaukelt einen winzigen Knirps in einer schwer verchromten Familien-Lokomotive und summt dazu in leisem Singsang: »Mariechen saß träumend im Garten – und fraß Klee.« Und das Märchenpaar Jorinde und Joringel ist

auch da. Was er ihr wohl in den bleichen Gehörgang flüstern mag. Vielleicht: »Ninon, ich möchte dich mit einem dünnen Strohhalm einfach austrinken.« Oder: »Du bist das schönste Stück Himmel mit Ohren, das es gibt.« Doch möglicherweise trällert das stramme Voralpen-Kind als Antwort einfach herzhaft zurück: »Nachbarsbua, Nachbarsbua, laß mir mei Ruah, mei Ruah. Schteht da groß' Hund vor da Tür, d'Muadda schlafft aa bei mir. Heid, heid, heid konns net sei.«
Bei dem schlimmen Kurzhaar-Bastard aber, der gerade bei einer englischen Setterschickse das erste Freilufthupferl probiert, kanns sicherlich schon sein. Und direkt unter dem Eigentumsfenster, hinter dem eine mollige Massage-Minne wohnt, tut er das. Ist das nun eine geschickte Schleichwerbung für diese Madame Liederlich? Oder hat der Schnauzl nur auf irgendeinem Wurstpapierl einfach gelesen, daß jetzt bei allen Kreaturen ›Springtime‹ ist.

Auf dem Nockherberg

Im fünfundzwanzigsten Jahr nach dem großen Säbelrasseln stieg Blasius wieder einmal hinauf auf den berühmten Gipfel der Münchner Bierseligkeit. Den Berg Nockher. Der ja eigentlich gar kein Berg und kein Gipfel ist, sondern lediglich das ehemalige Isarufer. Denn in grauer, aber trotzdem unverseuchter Vorzeit füllte der weißblaue Nil noch ein Flußbett aus, das von der Schwanthaler Hochebene bis nach Obergiesing hinüber reichte.
Nach der Bestimmung der Direttissima über die fünfundsiebzig Stufen oben angelangt, blickte der Spaziergänger wie immer ein bißchen hinab in die alte Au, wo einst die kleinen Herbergen standen, die man jetzt aber wie lästige Mitesser aus dem steinernen Gesicht der Stadt ausgedrückt hat. Und Blasius erinnert sich wieder an das winzige Häuschen, in dem der alte Wasserfloh-Fänger von München, der Gröninger Wastl hauste, an die Geschichte von der Minna Hupf, die den plärrenden Gassenkindern einfach ihren Holzfuß nachwarf, und an den hochwürdigen Stadtpfarrer Simon Knoll, der mitten unter der frömmsten Predigt zu seinen Pfarrkindern hinabrief: »Welcher Lackl hod denn da wieder de Kirchentür offenlassn?«
Und dabei fällt dem Spaziergänger auch ein, daß sich besonders in dieser Jahreszeit, wenn die ersten Isarfloße wieder kamen, ganz in der Nähe auch die Wirtschaft ›Zum grünen Baum‹ befunden hatte, in welcher sich die Münchner Patrizier, Künstler und Politiker um ihren geliebten König Ludwig scharten. So wie sie sich

eben jetzt um den König Alkohol versammeln. Und während damals nur ein einziger Mann eine Krone hatte, so haben heute die meisten der Geladenen selber einen in der Krone.
Wie der Spaziergänger dann bereits um elf Uhr vormittags in den traditionsreichen Festsaal kam, war dieser schon reich gespickt mit G'wappelten und Großkopferten. Trotzdem muß Blasius doch auch kurz an jene denken, die ihre stille Liebe, den Maßkrug, schon seit geraumer Zeit losgelassen haben. Vor allem geht ihm an dieser Stätte jedesmal der gesellschaftlich unersetzliche Wimmer Damerl ab mit seiner umwerfenden Ballade vom Stotterer und dem Schwerverbrecher. Sowie dem Standard-Trinkspruch: »Gott erhalte meinen Durscht, alles andere ist mir wurscht.« Oder der kleine Innenminister Geiselhöringer, der nur einen Meter vierundfünfzig in den föhnigen Himmel seiner geliebten Heimat ragte, aber seine Kritiker mit dem herrlichen Ausspruch abtat: »Seit wann ham denn die Bayern scho jemois einen großen Innenminister braucht? Die Hauptsach is, er geht in einen Beichtstuhl nei und in einen Wasserwerfer.«
Der Süffigkeits-Test begann mit einem kleinen Schönheitsfehler. Nämlich mit sechzig Minuten Verspätung. Weil die Herren Volksvertreter, ohne die es halt einfach nicht geht, noch eine wichtige Sitzung im Maximilianeum hatten. Blasius aber meint dazu, es wird wohl höchste Zeit, daß in München für solche und ähnliche Anlässe endlich einmal eine Rangliste der Wichtigkeiten aufgestellt wird. Und der Salvator-Anstich gehört einfach zu den feststehenden Terminen. Er hat deshalb genauso pünktlich um 11.00 Uhr stattzufinden, wie die Vor-

stellung des Faschingsprinzen am 11. 11. um 11.00 Uhr erfolgt oder das Münchner Glockenspiel auf dem Marienplatz um die 11. Stunde zu bimmeln beginnt. Wen wundert's also, daß sich die anderen wartenden Zecher im Innersten getroffen fühlten und verbittert und magenknurrend auf den Gehirn-Trust aus der weiß-blauen Regierungs-Werkstatt warteten. Manche der ergrimmten Speicheldrüsen hätte wohl sogar am liebsten vor den pflichtvergessenen Parlamentariern ausgespuckt. Viele der bibelfesten CSU-ler verwechseln die Pflicht auf dem Nockherberg nach Meinung von Blasius sowieso immer mit einem Kirchgang. Denn sie sind jedesmal so feierlich, so blaß und so nüchtern wie Erstkommunikanten, die bekanntlich vorher auch nichts essen dürfen.

Draußen im eifrig knospenden Kastaniengarten traf dann Blasius noch einen schriftdeutschen Bierwagenbeifahrer, den wohl irgendein rätselhaftes Schicksal in die bayerische Metropole verschlagen hatte. Und der deutete verächtlich mit seinem halbmanikürten Daumen über die Schulter und gab dem Spaziergänger zu bedenken: »Wat verstehn denn die Minister überhaupt schon vom Bier? Ich würde gleich wetten, wenn man denen die Augen zubinden möchte, könnten sie kaum ein helles vom dunklen unterscheiden. Nur det Freibier, det sie nich zahlen müssen, würden sie natürlich ooch als Blinder noch von dem Pinke-pinke-Bräu wegkennen. Also wat soll's denn schon, diese janze Salvatorprobe?« Und nach dieser sachlichen Kritik konnte Blasius leider nur feststellen, daß der Roider-Jackl bei seiner Verspeisung der schwarz-weißen Bundesbrüder doch noch einen vergessen hatte.

Winter in der Winterstraße

In der Bundesrepublik gibt es mindestens 250 Winterstraßen. Diese Straßenbezeichnung hat sich für die Behörden nämlich als ungemein praktisch und dauerhaft erwiesen, da sie keinerlei politischen Schwankungen unterliegt. Deshalb hat wahrscheinlich auch München eine Winterstraße. Die Münchner Winterstraße ist im Sommer 305 Schritte lang und von einem Randstein zum anderen 23 Schritte breit. Im Winter mißt sie etwas mehr, weil sie immer schlecht gestreut ist und die Leute von der Winterstraße deshalb auch kleinere Schritte machen.

Die kleine Avenue der vierten Jahreszeit liegt im böswillig so geheißenen Glasscherbenviertel im Stadtteil Untergiesing. Sie wird von 21 Häusern eingesäumt, zählt 214 Mietparteien, 36 Untermieter, davon 12 ohne Blinddarm, 132 Gassenkinder, 31 Hunde aller bekannten Baumuster, 7 Jungfrauen und 12 Spitzbuben. (Diese Zahlen wie immer ohne Gewähr.) Die erwähnten Spitzbuben sind ausschließlich im Anwesen Haus Nummer 16 anzutreffen. Dieses Haus wird mit Recht von den entrüsteten Bewohnern der übrigen Zinsburgen auch das ›Hotel zum letzten Dreck‹ genannt. Denn es ist seit Monaten unbewohnt. Aber nicht versperrt. Als Blasius diese stinkende Ruine betritt, schlägt ihm ein Duft entgegen wie bei einer Fäkalien-Weltausstellung in Antofagasta. Gleich am Eingang empfängt ihn eine armlange Ratte, die eine winzige böse Faust macht und mit ungutem Grinsen ein zorniges ›Rot Front‹ zischelt. Nachts, wenn dann der kalte Pfui-Teufel-Wind kommt, schlüpfen jedesmal ein Dutzend Gestalten, die aus Maxim Gorkis Nachtasyl stammen könnten, in den größten Misthaufen des südwestlichen Stadtbezirks, weil es halt schon wegen der rasch zunehmenden Gärung doch etwas wärmer ist als unter den Brücken. Der ehrsame Aftermieter Neransula Fandote und auch der Hausierer-Willi vom Eck schätzen, daß sich etwa 200 Jahre Bewährungsfrist in diesem Bau befinden. Und die Polizei hat es deshalb ganz leicht, sich die gesuchte Kundschaft hier herauszuklauben. Sie braucht lediglich nach dem Motto handeln: »Greif nur hinein ins volle Menschenleben.«

An der anderen Ecke rechts ist eine vornehme, elegante Metzgerei, deren Inhaber den seltsamen, aber amtlich beglaubigten Namen Ochsenkühn trägt. ›Nomen est omen‹, möchte der Spaziergänger vielleicht dazu sagen. Aber in der blitzsauberen Auslage liegt leider kein einziges Pfund Ochsenfleisch, sondern höchstens ein solches von Rindern. Überhaupt alle die Namen in dieser Street. Da liest Blasius beispielsweise ›Tselakidis Cheralampo‹, oder ›Vujaklija Stevo‹. Und er überlegt, was das wohl ins Deutsche übersetzt heißen mag. Vielleicht ›Katzengreis‹ oder ›Hirnwimmerl‹. Und dem Mieter Friedrich Beiss auf Nummer 17 möchte der Spaziergänger zuflüstern: »Na, dann kratz dich halt!« Während er sich über die tugendsame Rosina Rahm gewisse Überlegungen macht, ob die Dame vielleicht schon ganz abgesahnt ist, oder ob möglicherweise doch noch ein paar Fettaugen bei ihr zu holen wären. Verzeihung bitte!

In einem der sechs kleinen Läden befindet sich auch eine Leihbibliothek, deren Inhaberin glaubhaft versichert, im

Winter würden die Winterstraßler siebenmal soviel lesen wie im Sommer. Vor allem Bücher über heiße Gegenden, wie Marokko, die Sahara oder auch die Hölle. Ein paar Häuser weiter vorn schüttelt eine Frau jeden Tag ihre Plumeaus aus dem Fenster. Sie heißt aber gar nicht Frau Holle. Sondern Dachsenberger. Und im Hinterhof frieren viele leere Limonadenflaschl in kalten Kunststoffträgern so stark vor sich hin, daß man direkt die Verschlüsse klappern hört.

Direkt unter der Zigarettenreklame ›Leichte Krone‹ vorne bei der Pilgersheimer Straße sitzt ein Mann, der einen ganz besonders schweren in der Krone haben muß, denn er redet unaufhörlich aber auch zärtlich auf seinen rechten Stiefel ein, den er vermutlich für seinen Hund hält. Weil er den runzeligen Kameraden auch noch streichelt und ihm schließlich ein Radl Knoblauch-Wurst anbietet, das er aus seiner abgrundtiefen Hosentasche hervorwuzzelt. Doch obwohl dem ledernen Begleiter tatsächlich die Zunge heraushängt, will er nicht anbeißen. Da schläft der besoffene Mann einfach ein.

Halt! Da liest doch Blasius gleich zweimal den Schreibnamen ›Winter‹ an zwei Haustüren. Den Heinrich Winter auf Nummer 5 und den Helmut Winter auf Nummer 11. Aber andere Kalenderverwandte haben die beiden frostigen Bürger nicht mehr in der näheren Umgebung. Denn es gibt in dieser Straße weder einen Herrn Frühling noch eine Frau März. Weder eine Witwe Lenz oder gar einen Lehrling Mai. Allerdings das trifft die Winterstraßler gar nicht so besonders schwer. Weil sie doch aus jahrzehntelanger Erfahrung wissen, daß der Letztgenannte in spätestens fünf Monaten auch in seiner Straße einziehen wird.

Leere Hände

Schätzungsweise zwanzigtausend leere Hände baumeln den Münchnern augenblicklich tatenlos aus ihren Ärmeln. Denn man hat ihnen die Arbeit aus den Fingern genommen. Und niemand weiß eigentlich, wie dieser ›Man‹ mit dem Vornamen heißt. Sicher, es gab auch schon Zeiten, da mußten alle in unserer Stadt, etwa hunderttausend Figuren, ihre ratlosen Daumen drehen. Bis dann ein Mann kam, von dem man den Vornamen noch sehr gut weiß, und sie zum Granatendrehen verpflichtete, ihnen einen Schaufelstiel in die Hände drückte, um damit die Straßen des Rückzugs zu bauen. Oder sie lernten einen ›Kolbenhals‹ saugend und schraubend umfassen.

An diese Zeiten, die nachher so bitter mit finster gemischt wurden, muß der Spaziergänger wieder einmal denken, als er in diesen Tagen vor der mühselig etwas aufgetakelten Zentralverteilungsstelle für Schweiß und Schwielen steht. Dem Arbeitsamt in der Thalkirchner Straße, das vor sechzig Jahren von einem gewissen Baumeister Grässl dort hingestellt wurde und das wohl immer schon gräßlich war und auch gräßlich bleiben wird. Und Blasius sieht noch einmal die ganze Misere der ersten Dreißiger Jahre vorüberziehen, die dieser Zwingburg in der ›Via Mala‹ damals anhaftete. Denn der Spaziergänger war in diesen Jahren selbst auch ein ›Stempelbruder‹ und ein unbekanntes Glied in der trostlosen Schlange der Almosenempfänger, die sich an jedem Freitag mit der Geschwindigkeit und Geduld der Kreml-Prozession auf die schmutzigen Zahlschalter zuschob. Wobei das grindige Arbeitsamt jedesmal von vielen hundert Elendsgestalten geradezu umzingelt war. Denn vor dem Hauptportal standen die Zille-Figuren vernichteter Mütter, damit der ›Babba‹ mit seinem ›Stampf‹, dem Wochengeld, nicht vielleicht in einem Anfall von Verzweiflung einen Ausbruchsversuch machte und die bescheidene Münze in der Wirtschaft nebenan verflüssigte. Die Nebenausgänge hielten dann die hungeräugigen Kinder besetzt und drüben an der Friedhofsmauer lauerten zahlreiche Zimmerwirtinnen auf die bereits monatelang gestundete Miete ihrer möblierten Herrn. Während ehrenwerte Männer herumstanden, die ein Schild mit der Aufschrift ›1.50‹ vorn auf ihren gestopften Dempsey-Pullovern trugen. Wobei sie aber keineswegs diese schäbigen Wollharnische verkaufen wollten, sondern sich selber für den angegebenen Preis, um eine Arbeit ›gleich welcher Art‹ zu bekommen.

Und dann gab es auch noch hochqualifizierte Revolver-Dreher, Kessel-Schmiede, Bürovorsteher oder Elektro-Ingenieure, deren ganze Tätigkeit darin bestand, die Zigaretten-Bildchen von der Dietrich, der Asta Nielsen oder dem Ramon Novarro für ganze drei Pfennig pro Stück zu verkaufen. Ferner saßen viele Hundert Zwangs-Faulenzer auch vorn auf den Bänken am Sendlinger Tor Platz und spielten noch bei Kerzenlicht Karten um die Einsätze von grünspanträchtigen Opferstock-Dukaten. Wenn aber manchmal auch ein weniger von der Wirtschaftskrise gestreifter Glückspilz gleich gar mit einem Stahlroß angestrampelt kam, so fesselte er seinen Drahtesel mit einer dicken Eisenkette an die bereitstehenden Fahrradständer wie einen gefährlichen

Schwerverbrecher. Und die Radlpumpe wurde sorgsam in die innere Brusttasche der Lodenjacke verstaut und beruhigend getätschelt.
Eine ganze Zeitlang saß hinter dem Vermittlungsschalter für das Schreinergewerbe auch ein unwirscher Genosse mit einem wilden Sauerkrautbart. Der konnte zwar seinen vorsprechenden Spezln die tröstende Hand geben, aber nie eine Arbeit. Von der es Jahrzehnte später andererseits beim ›Ramadama‹ wiederum soviel gab, daß er selber ohne Lohn mitschaufeln durfte. Wimmer Damerl hieß er.
Nun, als Blasius diesmal so durch die sparsam geweißelten Gänge und Warteräume schlurft, muß er mit leisem Kopfschütteln feststellen, daß doch noch eine ganze Menge von der einstigen Tradition dieses Notstandbunkers hinübergerettet wurde. Es riecht hier halt immer noch nach Formblättern, langen Unterhosen, Schlaf und dem Dünkel jener älteren Beamten, die ›ihre Zeit‹ doch noch erwartet hatten. Besonders ein kleiner Wichtelmann bei der Beantragungsstelle fällt ihm auf, der sich jedesmal wie ein Erdal-Frosch aufbläst, wenn er die Vorgeladenen aufruft, wobei er geflissentlich vermeidet, den betreffenden Personen vielleicht ein ›Fräulein‹ oder einen ›Herrn‹ zuzugestehen. Sondern einfach ›Huber‹, ›Schmidt‹ oder ›Primeisl‹ schreit.
Stundenlang kauern dabei die Unterstützungsberechtigten auf den hölzernen Geduldsbänken. Und Blasius muß denken, was das wohl für ein seltsames Phänomen ist, dem man einfach nicht Herr wird. Einerseits haben doch die drei Abfertigungsbeamten viel zu viel Arbeit, um sie zu bewältigen. Und die eintausenddreihundert Antragsteller viel zu wenig. In die Türe dieses Raumes

ist deshalb wohl nicht ganz zu Unrecht der alte Spruch eingekritzelt: ›Die Hälfte seines Lebens wartet der Prolet vergebens‹.
Doch manchmal staunt der Spaziergänger auch wieder sehr, wenn sich ein halbes Dutzend Hollywood-Schönheiten oder lauter filmreife Generaldirektoren, die Autoschlüssel lässig um die Zeigefinger schlenzend, auch um den ›Stampf 74‹ bemühen. Wenn das nicht auch zu dem alltäglichen ›Laterna magica‹ in der Thalkirchner Straße gehörte, hätte Blasius bestimmt vermelden müssen, wie sich doch die Zeiten gleichen. So aber muß er unter Berücksichtigung des Gesamteindrucks paradoxerweise feststellen, daß sich die Bilder tatsächlich gar nicht ähneln. Denn heute gibt es droben am Münchner Arbeitsamt zwar auch nur sehr wenig Arbeit, noch weniger Radfahrer, aber am allerwenigsten einen Parkplatz.

Kleiner Großstadt-Bilderbogen

Es ist immer wieder was anderes, wenn der Spaziergänger auf seinen nahezu dreißigjährigen Streifzügen durch die schöne Stadt an der graugrünen Isar streicht. Manchmal sind es Moritaten, manchmal Comic Strips und des öfteren auch Struwwelpeter-Geschichten oder Hänsel- und Gretel-Bilder. Zur Zeit sieht er immer häufiger bleiche Demokraten an den Mauern lehnen, die ein Schild um den Hals tragen, auf dem zu lesen ist: ›Haftentlassener bittet um Hilfe‹. Insgesamt 24 Figuren die-

ser Art hat Blasius bisher gezählt. Darunter auch drei gelbwurstblasse Schmuddel-Jungfern. Doch als er neulich am Platz so ein trauriges Opfer bürgerlicher Ordnung einmal ansprechen wollte, kam ihm der Direktor einer großen Gaststätte zuvor und erzählte ihm, daß er dem Hilfesuchenden einmal einen Job in seinem Unternehmen angeboten hatte. Und zwar als Geschirrspüler. Für sechs Mark netto die Stunde. Doch was sprach da zu ihm der bedauernswerte Justizirrtum: »Nee dankeschön«, sagte er, »Arbeit hätte ich ja im Knast genug gekriegt, was ich brauche, sind Kohlen, guter Mann, Penunze!« Auch sonst klagte der Dreiquartel-Schaber dem Spaziergänger sein Leid. Über die Personal-Lücken am Spültrog. Wenn ihm nämlich das Arbeitsamt wirklich einmal eine Hilfskraft schicken würde, so sagt ihm der betreffende Bewerber fast regelmäßig: »Nein, vielen Dank. So ernst war's auch nicht gemeint mit der Arbeit. An mir würden Sie auch nur wenig Freude haben, denn ich verschlafe nämlich sehr häufig.« Oder er kriegt gleich gar zur Antwort: »Danke für's Angebot, aber ich laß mir lieber weiterhin meine Unterstützung überweisen. Ich bin nämlich ein Mensch, der seinen eigenen Schweiß nicht riechen kann.«
Freilich könnte er diese Leutchen auch dem Arbeitsamt melden, aber dann gäb's doch bloß Scherereien und Protokolle. Doch daß er manchmal der Meinung ist, es gäbe fast mehr Arbeitsscheue als Arbeitswillige, kann man ihm vielleicht nicht verdenken.
Mit diesem nachdenklichen Geleitwort pilgert der Spaziergänger wieder einmal den Münchner Slums zu. Dorthin, wo das kleine Leben schon immer zu Ausverkaufspreisen gehandelt wurde. Der herbstliche Tag ist

noch minderjährig, als Blasius in der tristen Via Mala eintrifft. Wütend hämmert gerade ein früher Säufer mit verschrumpelter, kraftloser Faust an das heruntergelassene Rouleau des Schnaps-Ladens ›Letzte Liebe‹. Nebenan prügelt eine Frau ohne jede Überzeugung ein Kind mit einer Krücke, ohne einen einzigen Schnaufer aus ihm herauszuklopfen. Und ein Fräulein, so grell bemalt, als müßte sie für IG Farben Reklame laufen, führt bereits ihre Trichomonaden spazieren. In Richtung auf die Ingolstädter Landstraße.
Blasius setzt sich auf eine zerschundene Bank am Kinderspielplatz. Gleich darauf nimmt ein Penner neben ihm Platz. Und da fällt dem Spaziergänger jene Geschichte ein, die von dem vergessenen Poeten Hans Reiser in seinem ›Binscham der Landstreicher‹ zu lesen war. Nämlich wie ein Tippelbruder in einen Bäckerladen kommt und sein Verserl hersagt. Doch da steht neben ihm ein anderes Klapperbein. Ein hoffnungsloser Schnorrer mit wässerigen Schnapsaugen, aus denen sein wertloses Leben langsam heraustropft. Und der hält seine krumme Hand auch auf, als die Meisterin kommt. Der Tippelbruder dreht sich um und schaut dem anderen Asphalt-Ahasver ins zerstörte Gesicht. Es ist sein Vater.
Und als Blasius geht, liest er noch ein mit Kinderhand und Kalkbrocken geschriebenes Gedicht auf der Sandkiste. Da steht die erste Strophe des verwahrlosten Blues nach der Melodie der Waldeslust. Sie lautet: »Meine Mutter geht am Strich, mein Vater weiß noch nich. Und ich, ich darf noch nich. Bin noch zu jung.«
Da lenkt der Spaziergänger seine melancholischen Gedanken und seine 45-er Spreizfuß-Kähne doch noch

lieber dem Englischen Garten zu. Und siehe da, dort trifft er in einem stillen Seitenweg zwischen längst verblühten Fliederbüschen und einer selbstmörderisch düsteren Blutbuche etwas Wunderschönes. Nämlich das unsterbliche Märchenpaar Jorinde und Joringel. Das Mädchen hat eine berupfte Margerite im Haar, die noch drei Blätter um die gelbe Blütennarbe besitzt. Was nach dem alten Ringelreihen-Spruch ›Er liebt mich von Herzen‹ im Rhythmus des Gedichtes demnach heißen müßte: ›über alle Maßen, ganz rasend.‹ Irgendwo hat die Schönheit eine Handvoll später Schattenmorellen ergattert. Sie lutscht sie genüßlich ab und jubelt dann den nackten Kern zwischen die trotzigen Bartflaumlippen ihres Herz-Buben. Zwei Kirschenpärchen hängt sie ihm aber immerhin noch über die Ohren. Mit der sorgsam gesammelten Munition veranstalten dann die beiden Kinder des Olymps ein Wettschießen auf einen grünen Abfallkorb, der direkt neben der Tafel ›Fußweg‹ steht. Beim Stand von 18:1 für den jungen Mann holt die Schützenliesl einen Lippenstift aus ihrem Folklore-Rock und funktioniert die Aufschrift ›Fußweg‹ in ›Kußweg‹ um. Da sagt ihr Geliebter frei nach Kinski: ›Ich bin so wild auf Deinen Kirschenmund.‹ Und er beginnt seine Liebste von den Lippen her aufzuessen. Blasius aber muß an den träumerischen Reim denken: »Sie hatten sich lieb und alles. Und sie hatten kein Geld und nichts.«

Die freudlose Gasse

Ein Mensch mag wohl manche Prachtstraße der Welt geliebt, erlebt oder durchwandert haben. Die stolze Via Veneto vielleicht, den Broadway in New York, die glitzernde Bahnhofstraße von Zürich, die sagenhafte Copacabana, den vielbesungenen Kudamm, Londons Downing Street, den Graben in Wien, die Drosselgasse von Rüdesheim oder die lebensfrohe Reeperbahn. Mancher hätte womöglich aber seine größte Freude auch nur an der ›Straße der Ölsardinen‹ von John Steinbeck oder an der glitschigen Herbertstraße Hamburgs. Ein Weg ins Leben wird wohl jedem unvergeßlich bleiben. Die Straße der Kindheit nämlich. Und deshalb zieht es sicherlich nicht nur den Spaziergänger manchmal wieder zurück in jenes Stück bucklige Vorstadt, wo alles einmal begann. Sicher, sie war wohl schon immer ein bißerl verrufen gewesen, diese Glasscherbengegend draußen in Untersendling hinter den sieben Bergen. Aber auch ungemein abenteuerlich und interessant. Wenn auch der knochige Violinlehrer Mager, der seine Schüler auf ihren Wimmerschinken immer zuerst das Deutschlandlied kratzen lehrte, höhnisch meinte, es handele sich bei diesem Elendsdarm keineswegs um eine Straße, sondern nur um die ›freudlose Gasse‹. Doch der Lehrer Mager soll da bloß ganz still sein. Was er ja auch schon seit 30 Jahren ist. Denn er hatte auch noch einen Sohn, den er Adolf taufen ließ und der den ganzen Tag mit einem Papierhelm und einem Holzschwert herumlief. Später ging er dann als Koch auf ein Schiff, der Adi, und nachher nach Amerika, von wo er als Sergeant

wieder zurückkam nach Sendling. Da sagte er dann zu den Spezeln seiner Kindheit »Crowds« und »Shut up«. Jetzt gehört ihm die Imbißstube an der Ecke vorn, wo er Hamburger und Hot Dogs verkauft. Zu den Spezeln seiner frühen Jahre sagt er jetzt wieder »Servus oide Hütt'n« oder »Hallo Partner«. Ja, ja.
Neulich hat er sich bei Blasius sogar noch nach dem Scherenschleifer Tehatschek erkundigt. Das ist ein Bemmack. Wie ihn seine Nachbarn ohne Beleidigungsabsicht nannten. Den Buben schliff er immer freundlich lachend ihre Taschenmesser umsonst. Der Tehatschek hatte auch eine kleine Geiß, die er an einem langen Strick zu den nahen Hängen der Theresienwiese hinüberführte zum Grasen. Wenn sie schön brav gegrast hatte, erzählten die Kinder, busselte der Herr seine Geiß manchmal ganz fest ab. Aber dann starb sie plötzlich und es hing ein handgeschriebenes Schild an der winzigen Scherenschleifertüre: »Heit nix sleif. Heit Leich. Morgen wieder sleif.« Tehatschek schliff aber weder am nächsten Morgen noch auch die nächsten tausend Tage eine einzige Schere. Er hatte sich nämlich mit einem ganz teuren Solinger Rasiermesser den Hals durchgeschnitten.
Ja, und dann die alte Margarinefabrik Eisenreich, fiel dem Spaziergänger auch noch ein. Mit den alten aufgetürmten Knochenbergen, aus denen die bekannte Schmirgeline hergestellt wurde. Da schoß der Bader Kies doch am Sonntag vormittag, wenn die Leute zur Kirche gingen, mit einem Flobertgewehr auf einem Hocker sitzend viele dicke Ratten.
Schuld an der ganzen Misere der kurzen grauen Straße aber war immer die dürre Hexe Wally Zachlin. Sie

wohnte im Giebel eines verwilderten Häuschens, dessen Besitzer nach Australien geflohen war, nachdem er seine ganze Familie mit einem Gericht ziegelroter Rißpilze, die in der Valley Anlage wuchsen, vergiftet hatte. Sein Haus ließ er einfach stehen und die Zachlin kriegte eines Tages den Schlüssel dazu in einem Brief ohne Absender geschickt, erzählte sie selbst. In der schlechten Zeit heizte sie dann langsam das ganze Stiegenhaus ein, so daß nur noch eine Strickleiter in ihr Hexenstübchen hinaufführte, flüsterten die Leute. Die Walburga schaute Tag und Nacht von ihrem Giebel herab und sie lächelte bloß von oben nach unten. Dabei entblößte sie einen einzigen braunen Zahn, den sie täglich mit einem Streifen von einer alten Unterhose putzte wie eine Freilaufnabe, tuschelten die Buben. Ganz klar, daß dieser alte Besen hexen konnte. Eine dreibeinige rote Katze half ihr dabei. Sie war deshalb einwandfrei schuld, daß der weiße Spitz der Kramerin drei kleine schwarze Schäferhunde warf. Auch der ledige Balg vom blassen Wirtschafts-Lenerl war ihr Werk. Und den Rentner Liebl, der ihr einmal nachgespuckt hatte, verfluchte sie in einer fremden Sprache, so daß er im Toto niemals mehr als zwei Richtige traf.

Heute ist eine große Trafostation mit einem roten aufgemalten Blitz auf dem herrenlosen Platz, wo das Hexenhäusl stand. Aber als die Zachlin gestorben war und es drei Tage aus dem großen Kanalgulli in der freudlosen Gasse qualmte, sagte der Rentner Liebl dazu: »Da Deifi huift seine Leit. Aba er hoid's aa. Jetz raucht de Hex aus da Pfeifa.« Und siehe da, acht Tage später hatte er bereits zwei Vierer auf seinem Wettschein stehen. Na also!

Der Schlamperl-Schleichweg

Dieser überflüssige Asphaltkanal war eigentlich noch nie eine besonders schöne Visitenkarte für Deutschlands berühmtesten Schöngeist. Das heißt, oben herum in Goetheplatznähe war die Goethestraße noch einigermaßen gesellschaftsfähig und trug manchmal sogar ein weißes Hemd wie die Ärzte der nahen Kliniken, die sie überquerten. Doch dann bei der Landwehrstraße, also etwa in Höhe der Gürtellinie roch sie bereits so herb wie ein Wermutbruder aus seinem kaputten Reißverschluß. Und in ihrer schlimmsten Zeit nannten sie besonders gnadenlose Münchner auch den Schlamperl-Schleichweg. Für den Spaziergänger aber war sie von jeher die ›krumme Lanke‹ der heimlichen Hauptstadt. Denn es gab kaum ein krummes Ding, das dort nicht gedreht wurde. Da gab es doch als erstes nach dem Ami-Einmarsch jene preiswerten Stangen Lucky Strike zu kaufen, die trotz Original-Verpackung leider keinen edlen Tabak aus dem lieblichen Virgina enthielten, sondern faules Sägemehl aus Vilsbiburg. Auch handelte man in dieser Gegend mit kleinen prächtigen Whisky-Fäßchen aus Schottland, mit vorangegangener Kostprobe. Aber in den schönen Eichenholz-Bottles war eben nur das dünne Zapfrohr voll des köstlichen Stoffes aus Edinburgh. Darum herum jedoch schwabbelte harmloses Brunnenwasser aus Nymphenburg. Ferner verstanden es ringellockige Zigeunerprimas immer wieder prima, zwei kuschelweiche Schlafdecken so zu falten, daß sie mindestens wie drei Stück aussahen. Besonders aber wurden der ›Gree‹ und der Freier in den halbdunklen Sperma-Sperrholzspelunken, für welche des Meisters großes Wort ›mehr Licht‹ so treffend gepaßt hätte, über die Löffel balbiert. Denn in der ›Lotos‹-Bar beispielsweise händigte die Barfrau Barbara manchem beschwingten Brünftling gegen eine Kaution von hundert Mark unter dem Geflüster, er solle nur vorausgehen, weil sie noch abrechnen müsse, heimlich den Schlüssel zu ihrem sündigen Appartement aus. Und es dauerte dann immer eine ganze Weile, bis der geprellte Galan begriffen hatte, daß der kleine Eisenbart höchstens das Siegestor aufsperren könnte, das ja sowieso Tag und Nacht geöffnet war. Seine spärlichen Proteste an der ›Lotos‹-Bartür jedoch machten nur noch den zähnefletschenden Schäferhund eines verschlafenen Wachmannes rebellisch. Denn die Barbara kaufte die niedlichen Lochdorne doch immer gleich kiloweise beim Eisenhändler.

Blasius hatte übrigens einmal Gelegenheit, ihren Arbeitsplatz an einem hellen Vormittag in Augenschein zu nehmen. Und da entdeckte er in einem silbernen Sektkübel hinter der Theke drei Paar eingeweichte Strümpfe und vier poröse Slips, die mehr Löcher hatten als ein gut bestücktes Freudenhaus.

Nun, heute hat sich auch die Goethestraße etwas herausgenobelt, wofür schon die grünen Schutzengel vom Revier 19 als strenge Saubermänner sorgten. Manche Häuser sind sogar heuchlerisch frisch geweißelt. Und auf der Fassade von Nummer 16 kost gleich gar eine graue Sandstein-Madonna ein überschweres Jesulein. Von den vielen Salons aber existieren nur mehr vier Stück. Doch deren Besitzer leben immer noch von steifen Grogs, steilen Preisen und steifen Gedanken.

Daß aber der Spaziergänger bisher geglaubt hatte, wenn in einem Metzgerladen gemetzgert wird und in einer Wäscherei gewaschen, müßte in einem Bumslokal eigentlich auch gebumst werden, so ist dies ein arger Irrtum gewesen, wie ihm ein beamteter Apostel von der City glaubhaft versichert. Denn beispielsweise in der ›Daisy‹-Bar steht auf der Getränkekarte zwar die seltsame Kombination ›Eine Flasche Krimsekt mit Tischdame 150 Mark‹. Aber Liebe wird dabei auf keinen Fall gemacht, sondern ganz allein nur Umsatz. Doch kann diese Sache natürlich dort schon auch eingefädelt und mit dem angespitzten Faden auf das bewußte dunkle Nadelöhr gezielt werden.

An ihrem nördlichen Ende, wenn sie nicht mehr weiterweiß, flüchtet sich die Goethestraße schließlich in den Münchner Hauptbahnhof. Aber fortgefahren ist sie bisher leider noch nie. Und Blasius hätte ihr doch so gerne ein bißchen nachgeweint.

Bevor das Riesenrad sich dreht

Draußen auf der Münchner Säufer-Savanna, auf der Theresienwiese, oder wie sie die Einheimischen in leiser Bitterkeit auch nennen, der ›Theresienwüste‹, tut sich wieder einmal was. Leider aber ist halt die berühmte Karussellprärie nur mehr ganze 16 Tage im Jahr eine Stätte der kleinen Seligkeiten und der großen Räusche. Dort, wo einst grünes Gras die gute Erde überzog, wuchert heute nur mehr grindiger Asphalt auf ihr und statt der friedlichen Schafherden fressen sich kreischende Bagger durch die Gegend. Denn die Münchner Rathaus-Eierköpfe handeln in ihrem städtebaulichen Schwachsinn längst nur mehr nach der bewährten Profitparole: »Wo is was Grün's – was Grün's is hier, den Finger drauf – das pflastern wir.«
Der erste, den Blasius auf dem berühmten Schiffschaukel-Rollfeld trifft, ist der Mayer Klaus. Oben nackt und verschwitzt schuftet er den ganzen Tag wie ein Galeerensklave, der versucht, den Dampfer ›Bremen‹ ganz allein über die Wüste Sahara zu rudern. Dabei läuft ihm der Schweiß in seine verwitterten Bergschuhe wie sonst höchstens der Überschank. Mit der rechten Hand schraubt der Klaus an einem alten Bulldog herum und mit der linken an ein paar hübschen Kellnerinnen, die in seiner Prachtreitbahn bedienen sollen. Und oben aus dem Hals stöhnt er laut. Denn unter den vielen neuen Auflagen war auch eine, die ihn verpflichtet, sein Hopsassa-Wigwam mit schweren Betonklötzen zu verankern. »Weil das Sicherheitsbedürfnis des Publikums größer geworden ist«, sagen die Behörden. Der ›Wie-

senbezieher‹ Mayer aber meint: »San denn d'Leit früha liaba g'schtorbn wia heit?« Trotzdem geht dieser stadtbekannte Rittmeister, der schon immer was fürs Aufsitzen übrig hatte, jedes Jahr gern aufs Neue auf die Wies'n. Wenn es mit den strengen Vorschriften allerdings so weitergeht, würde er am liebsten als Pferd im eigenen Hippodrom arbeiten. Weil ihm da doch hin und wieder jemand den Hintern tätschelt. Was ihm als Reitbahn-Chef bisher leider noch von keinem Amtmann oder Stadtrat getan wurde.

Später schlendert der Spaziergänger auch vorbei an jenem Geisterbahn-Aufbau, in welchem die ahnungslose Sabine ein kleines Vergnügen suchte und das große Verderben fand.

Nächste Station ist der städtische Behördenhof. In der Sanitätsabteilung haben die Schwestern und Brüder vom Bayerischen Roten Kreuz in vorbeugender Barmherzigkeit bereits 12 Kilometer handfesten Zwirn eingefädelt zum Nähen der harten westfälischen Schädel und der vorlauten Köpfe nordischer Kelten sowie zweieinhalb Tagwerk Leukoplast ausgerollt.

Auch die Innere Mission und die Seelsorge sind für die Wies'n gewappnet. Für reuige Sünder stehen sechsundsechzig Kartons Heiligenbildchen und zarte Hauchbillettl bereit, um sie auf den Weg der Tugend zurückzuführen. Und der Dichter Günter Grass hat eine ganze Anzahl moderner Stoßgebete gestiftet, um jedwede Versuchung abzuwehren. Daß dieselbe groß sein wird, bestätigt die ›Sitte‹ auf Anfrage und auch ohne dieselbe gerne. Über 2000 ›Strampel-Assistentinnen‹, ›Reißverschluß-Hostessen‹, ›Abschlaffungs-Kusinen‹ und ›Nahkampf-Schwestern‹ werden nämlich zur Ver-

stärkung des einheimischen schwarz-gelben Bodenpersonals aus allen Gemeinden und Gauen erwartet. Die Polizei warnt deshalb eindringlich: »Männer, knöpft Euere Hosen zu! Und das nicht nur an der Vorderfront! Denn manche Spezialistinnen dieses Dienstleistungsgewerbes versuchen sich halt immer wieder an die Portemonnaies der Gesäßtaschen heranzutasten.
Das Hauptthema auf dem Oktoberfest jedoch ist auch diesmal wieder die unaufhaltsame Teuerung. So geben die städtischen Gebühreneinnehmer, die sich ihre Papiergelddaumen schon jetzt beim Friseurmeister Murr ondulieren ließen, ohne rot zu werden zu, daß die Sesseldrücker vom Marienplatz wieder einen achtprozentigen Aufschlag beschlossen haben. Was die Löhne des Personals anbelangt, so behaupten die Festwirte, daß unter einem schlichten ›Riesen‹ für die 16 Tage niemand zu kriegen ist. Einer der acht großen Schaumbarone hat außerdem ausgerechnet, daß ihn das Abschälen einer einzigen Kartoffel mit allem Drum und Dran zwölf Pfennige kosten würde. Der Unternehmer eines Schaugeschäftes wiederum behauptet, es wäre beinahe billiger, wenn er seine 4000 Glühlampen — statt die Kosten für das Ein- und Auspacken, das Lagern und Montieren zu tragen —, einfach von Gassenbuben mit Steinen herunterwerfen ließe. »Drei Wurf a Zehnerl.«
Ein ganz besonderes Ärgernis aber scheint für die gastronomischen Betriebe das widerwillige und energielose Erdgas zu sein. Über eine Viertel Million Mark mußten die Wirte allein für das Umstellen ihrer Öfen bezahlen. Dazu kommt das Gas mit einem derart miesen Druck aus den Leitungen, daß man es am liebsten herauszutzeln möchte, und was den Heizwert anbelangt,

so könne man mit diesen Flammen kaum ein Vanille-Eis schmelzen. Dafür aber sei es fast doppelt so teuer wie das brave Münchner Stadtgas. Bei diesem kommunistischen Föhn handelt es sich offensichtlich nur um die gesammelten Blähungen von Mütterchen Rußland. Deshalb wird das Erdgas auch in weiten Kreisen bereits als ›Breschnew Furz‹ bezeichnet.

Nadel und Öhr

Vor einiger Zeit schepperten genau 1183 magere Mannequins durch die Straßen der Stadt. Und die magersten von ihnen klapperten so spanisch mit ihrer Diät-Anatomie wie die Kastagnetten in der Oper Carmen. Nun ja, ein paar mollige Muttilein-Typen walzten schon auch im gemütlichen Dampfnudel-Swing über den Asphalt und die Laufstege. Ebenso wie zwei Dutzend Kammgarn-Bubis von jener Sorte, welche die Hinterlader erfunden haben.

Die ›Marsch-Marsch‹-Mädchen hatten es sechs Tage lang gar nicht so leicht. Denn sie führten vor und führten zurück. Sie führten hin und führten her und manchmal sogar in Versuchung. Wenn sie von den Conférenciers angesagt wurden, hatten sie alle recht komische Namen und hießen: ›Agonie‹, ›Wigoleia‹, ›Kali‹ oder ›Discount‹. Doch der Portier in dem vornehmen Drei-Sterne-Hotel, wo sie einquartiert waren, wußte es besser. Da stand nämlich in den Personalausweisen ganz einfach Berta Krummübel, Therese Zuckeldei oder auch nur Josephine Matz. Und an ihrer Seite gingen die ungemein wichtigen Chemiefaser-Bosse. Die schleppten alle dünne Diplomaten-Mappen mit herum, in denen Formulare waren mit jenem Kleingedruckten, vor dem die Illustrierten-Onkels und der Herr Grasmüller im Rundfunk immer so sehr warnen. Wenn sie in Gesellschaft waren, sagten diese Nutznießer der Feigenblatt-Tradition zu ihren Probier-Püppchen so oft es ging: ›Chérie‹, ›Taube‹ oder ›Rehlein‹. Und sie küßten galant ihre knöchernen Gansjung-Finger. Nachher im Hotelzimmer aber sagten sie auch ›doofe Nuß‹ oder ›dämliche Ziege‹ zu diesen herrlichen Geschöpfen. Und wann immer sie einen alten Bekannten trafen, riefen sie freudig aus: »Hallo Jupp, in was machst du denn auf der Modewoche?« Dann antwortete jener vielleicht: »Ich mache augenblicklich in Damenwäsche.« Aber auch in Handtaschen, langen Ninotschka-Stiefeln sowie Strumpfhosen machten manche.

Das Sechs-Tage-Rodeo der Eitelkeit, an dem an die zweitausend Firmen teilnehmen, fand aber nicht nur in der Münchner Messe-Ranch statt, sondern auch in zahlreichen Hotels und Unterkünften. Und der Spaziergänger beobachtet immer wieder gerne das Leben und Treiben in so einem Termiten-Turm. Doch der neuesten Mode selbst mit ihren Erntedank-Röcken, die wieder übers Knie gehen, in einer Kombination mit langen Hartschier-Stiefeln, welche bis zu den Blinddarm-Narben hinaufreichen, prophezeit er keine große Zukunft. Denn Blasius glaubt nicht daran, daß diese Kolchosen-Masche und der ›Rat-einmal‹-Look bei den Männern besonders ankommt. Weil sie doch bei den Schönen auch nicht das kleine bißchen ›Maß‹ nehmen können und sie wieder einmal ›auf Verdacht‹ übernehmen sollen.

Überall vor den Hotelzimmern im Mode-Hauptquartier sah der Spaziergänger zahlreiche Brotzeit-Rikschas mit rollendem Nachschub stehen. Da standen im ersten Stock ganz feine Brötchen herum, im zweiten Stock standen ganz kleine Brötchen herum und im dritten Stock standen gar keine Brötchen. Dafür stand der überforderte Lift. Und aus dem Innern des Förderkorbes kamen hohlklingende Exorzisten-Flüche.

In der ›blauen Stunde‹ und nach den absoluten Pflichtübungen konnte Blasius indes vielfach auch herzliche zwischenmenschliche Beziehungen feststellen. Denn es sind halt immer auch ein paar süße Luderchen unter den ehrsamen langweiligen Kleidergalgen. Diese gehören zwar nicht nur der hochachtbaren Bruderschaft von ›Nadel und Öhr‹ an, sondern mehr der uralten Gewerkschaft ›Laster und Zaster‹. Und weil sie vielfach ihren Beruf mit großer Hingabe ausüben, geben sie sich wohl auch nach Feierabend noch ein bißchen hin. Dann führen sie ihrem Chef womöglich jenes kostbare Kleidchen vor, das schon immer das schönste, das strapazierfähigste, aber auch das teuerste der Welt war. Nämlich die Haut eines zwanzigjährigen Mädchens. Und der Spaziergänger kann sich gut vorstellen, wie sie dann bei jener Pose, bei der sie mit ausgebreiteten Armen auf den ewigen Sündenpfuhl hinweisen, haargenau so aussehen wie der Wegweiser zur ewigen Verdammnis.

Blick von der Brücke

Zu den altgermanischen Propagandahalunken, wie Kohlenklau, Groschengrab oder Gilb, hat sich nunmehr ein weiterer hinzugesellt. Nämlich der Stau. Dieser Verkehrsschädling lauert hauptsächlich an Unfallstellen, Autobahnausfahrten oder Grenzübergängen auf die Wochenendfahrer, Urlauber und Erholungssuchenden. Dort versaut er ihnen rasch die Ausflugsfreude und erhöht den Blutdruck sowie das Familienklima, so daß sich sonst ganz gesittete Bürger gegenseitig den Vogel zeigen, häßliche zoologische Vergleiche anstellen oder gar ihre hochglanzlackierten Gasolin-Esel mit wütenden Faustschlägen bearbeiten.

Blasius hat sich am Wochenende einmal auf eine bayerische Autobahnbrücke gestellt, um ein paar Dutzend Blicke hinunterzuwerfen auf die blechernen Asphaltwanzen, das Ungeziefer unseres Jahrhunderts. Und über allem hält sich der liebe Gott wahrscheinlich wieder einmal die Nase zu, schüttelt sein ehrwürdiges Haupt und denkt womöglich beim Anblick dieses stinkigen Lindwurms: »Jetzt hab' ich doch den Treibstoff für diese Giftgasmaschinen extra so tief in der Sahara vergraben und sogar im tiefen Ozean – und trotzdem haben ihn die Menschen gefunden.«

Und was der Schöpfer von den unseligen Kindern Gottfried Daimlers hält, geht doch wohl schon daraus hervor, daß er seinem einzigen Sohn zum 30. Geburtstag nicht ein Auto geschenkt hatte, sondern einen Esel. Aber der Mensch weiß halt alles besser und ist der größte Feind des Menschen selber.

Grundsätzlich möchte der Spaziergänger in bezug auf diese Selbstmord-Safaris feststellen, daß sich für ihn die Frage Titisee oder Kanapee längst gelöst hat. Blasius wählte schon vor Jahren zwischen Sofia und Sofa das letztere. Und wenn er dann abends still und vergnügt in seinem Bierkeller bei seinem flüssigen Brot im Maßkrug sitzt, dann hört er aus dem Transistor des Herrn Nachbarn mit stiller, genehmigter Schadenfreude immer wieder die Meldung vom zähflüssigen Verkehr.

Was dem Spaziergänger von seinem erhöhten Beobachtungsposten auch noch auffällt, ist immer der Umstand, daß in jedem Wagen, der hinaus in die Ferne fährt, durchschnittlich nur die Hälfte aller Plätze besetzt ist. Das bedeutet also, daß in Deutschland jahraus, jahrein etwa zehn Millionen leere Autositze spazierengefahren werden. Das Problem dieser verwaisten Polster aber so zu lösen, daß sie einen Sinn bekämen, wäre für einen Verkehrsminister zwar eine sensationelle Aufgabe, doch hätte bei solchen Rechnungen wahrscheinlich sogar der Einstein das Handtuch geworfen.

Freilich, wenn Blasius manche Fahrer so beobachtet, dann glaubt er fast, sie hätten den Sitz neben sich direkt für den ›Boandlkramer‹ freigehalten. Denn sie rasen wie ums ›Blaue Band von Eglfing‹. Und besonders den Kolonnenspringern möchte er da wenigstens für ihren eigenen Nachruf den schönen Reim empfehlen: »Der Schnellste aus der Reihe war — der erste in der Engelschar.«

Auch der Umstand, daß die Gesichter der Autolenker um so mürrischer sind, je teurer ihr Dividendenofen ist, kann wohl nur mangelhaft erklärt werden. Manche Fahrer sitzen hinter ihrem nerzbezogenen Lenkrad und zermalmen mit harten knöchernen Kiefern in stiller Wut ihre Freizeit. Manchmal haben sie auch noch eine gelbnasige Schwiegermutter im Nacken und neben sich eine nörgelnde Lebensgefährtin, die bestimmt giftiger ist als eine rostige Beißzange mit 17 Scharten.

Und dann steht diese Kolonne plötzlich wie die Unterhose vom August dem Starken und so, als wäre jedes einzelne Fahrzeug von unten angeschraubt worden. Und so ein verstopfter Autobahndarm ist weder mit Rizinusöl noch mit einem riesigen Klistier so schnell wieder frei zu machen. Und auch wenn die Wagen stehen, qualmen die Auspuffe munter weiter, so daß die käsigen Schlüsselblumen durch die schweren Bleidämpfe schnell ihre kleinen Köpfe auf die dünnen Stengel fallen lassen. Und die Tannenbäume am Rollbahnrand resigniert abnadeln, worauf sie alle dastehen wie graue lebenslängliche Knastologen. Da kann man wirklich nur noch sagen: »Wer hat dich, du schöner Wald — so verseucht da droben.« Und wenn der Stau gar zu lang dauert, dann steigen die Ausflügler auch noch heraus aus ihrer Wandersauna, essen ihre Stullen, mit reichlich Wurst und Oktan belegt, und spucken die verschandelte Umgebung auch noch verächtlich an.

Freilich weiß nun der Spaziergänger auch nicht, wie man diese Misere abstellen könnte. Aber vielleicht sagt ein kommender Mann einmal: Das ist doch ganz einfach. Wenn sich der Verkehr auf einer Straße nicht mehr bewegt, dann muß man halt die Straße bewegen. Und er konstruiert dann riesige Förderbänder, auf die man einfach ein paar tausend Polsterstühle montiert. Dann könnte wohl außer leichteren Roßhaarschäden auch fast nichts mehr passieren.

Allerdings, so wie Blasius die Menschen kennt, würde es sicher wieder ein paar Typen geben, die selbst auf diesem rollenden Teppich noch mitlaufen würden. Ähnlich wie gewisse Rindviecher auf den Fließbändern zum Schlachthof. Damit sie auch wirklich wieder die ersten sind, die drankommen.

Stunde der Hunde

»Siebzehn, dreiundzwanzig, einunddreißig«, zählt der kleine Knirps die Hunde schon zum dritten Mal vergeblich. Denn genauso gut hätte er auch die Kräusel-Wellen des Kleinhesseloher-Sees zählen können, wenn das Schwabinger Meer seine kalte Stirn kräuselt, weil gerade wieder einmal ein mürrischer Wind hineinbläst, wie ein alter Mann in seine abgestandene Wassersuppe. Oder wie die Falten im Gesicht eines indischen Reisbauern, der einmal im Jahr lacht.

Es ist Sonntagnachmittag, 14.00 Uhr. Die Stunde der Hunde.

Denn seit einigen Wochen treffen sich zu dieser Zeit mindestens zehn Dutzend adelige Rüden und stammbaumlose Wadlbeißer auf der großen Wiese unter dem Monopterus-Bergerl. Niemand weiß, woher sie alle so plötzlich kamen. Aber auf einmal waren sie da wie die Schlüsselblumen im März. Vielleicht weil irgendein braver Mensch in einer bösen Beamtenhaut die garstigen Anlagengitter entfernen ließ. Denn sonst sind doch in Deutschland die öffentlichen Wiesen mit Stolper-Stangen eingesäumt oder mit Gittern umzingelt, als hätten sie alle zusammen lebenslänglich. Und Blasius muß flüchtig daran denken, daß sich die Bürokratie gleich nach dem Kriege sogar soweit verstieg, die Tulpenbeete im Münchner Hofgarten mit Stacheldraht zu umgeben und die Stengel jeder einzelnen Tulpe mit schwarzer Wagenschmiere einzupinseln, um das Abreißen so zu verhindern. Klingt zwar schaurig, aber ist wahr.

»Und über die Prärie saust a Hund ohne Grund«, summt der Spaziergänger lächelnd vor sich hin. Denn wie eine Atlas-Rakete zu Fuß, die man versehentlich mit einem Haarwuchsmittel begossen hat, saust ein russisches Windspiel gerade am nahen Horizont vorüber. Dackel, Schäfer, Dobermänner, Schnauzl, Foxl und kleine hosenknopfäugige Pekinesen umkreisen, beschnuppern und beriechen sich, wobei sie sich rasch näherkommen, wie die anwesenden Herrchen und Frauchen halt auch. Die Afghanen sehen von hinten alle aus wie frisch ertappte Hausfreunde, die gerade noch halb in die langen Unterhosen hineinkamen.

Ein bißchen verlegen wird dann das schöne junge Fräulein schon, als ihr winziger Rehpinscher versucht, einen stabilen Boxer zu erklimmen. Es sieht fast so aus, als wollte eine Kirchenmaus das Matterhorn bezwingen. Der Boxer-Besitzer, ein Herr mit hohem Blutdruck-Kopf, lacht dazu und sagt: »Fräulein, do müassns eahnan Krepierl scho a kloans Schamerl mitbringa.« Das trägt ihm zwei spitze Blicke von ebenso vielen bleichen Stummfilm-Damen ein. Ein paar Buben aber stoßen sich an und lächeln mitleidig. Sie haben doch längst erkannt, daß die beiden Stummelschwanzerl ja vom gleichen Baumuster sind.

Und wie sie sich bloß alle ähnlich sehen! Die treuen Bellmaschinchen und ihre Herrschaft. Man kann mühelos erkennen, wer zu wem gehört. Der Cockerspaniel beispielsweise mit den schläfrigen Hunnenaugen und dem gescheiten Schafsnäschen, würde der nicht prächtig zu Hanne Wieder passen, muß Blasius denken. Und tatsächlich, da ist sie ja auch schon. Das ist wahrhaftiger Partner-Look. Oder dort der massige Rottweiler mit dem geringschätzigen Blick, der weit über jeder Situation zu stehen glaubt und nur wortlos das Bein hebt, wenn ihm jemand zu nahe kommt. Der Spaziergänger schaut sich überall um, aber er kann den Franz Josef nirgends sehen.

Auch die vielen kleinen Wärmflaschen-Diensttuer stehen müde herum. Die haben bestimmt in der Steppdecke ihres Frauchens ein kleines Zelluloid-Fenster. Damit sie sehen, wenns wieder Tag wird. Sie riechen alle ein bißchen nach geschabter Leber und nach mürben Altweiber-Biskuits und hängen die Schlabber-Zungen heraus wie brave Kinder früher einmal die Tafellappen aus ihren Schulranzen.

Ein kleines Mädchen sagt etwas später seinem Brüderchen einen alten Sprechvers auf. Und der lautet: »Hinter Hänschens Hasenstall hab ich hundert Hunde husten hören.« Der Bub deutet mit dem Zeigefinger auf ihre blasse Buttermilch-Stirn und verbessert: »Hasen hoaßt doch des, host du denn scho amoi an Hund husten hörn?« Aber die Mini-Lady entgegnet schlagfertig: »Wenn da Onkl Franz mit sei'm Bazi spaziern-geht, und er schreit eahm und er kommt net her, dann sogt doch de Tante Rosa a immer, der huast dir wos.« Das überzeugt allerdings.

Am Rand der Pudel-Pampa aber geht auch manchmal eine kleine Handelschaft vor sich. Ein junger Schäferhund steht zur Debatte. Und mit verzückter Stimme erklärt ein Mann den umstehenden Interessenten gerade: »Der werd amoi so scharf wia a Rotbart-Klinga. Passen's auf, jetzt leg i do mein Huat hi und den soi bloß oana nehma. Den z'reißt da Hektor wia a eing'woagte Zeitung.« Er tuts auch tatsächlich und plaziert seine

Filztüte vor der Schnauze des blinzelnden Rüden. Und ein anderer Mann hat den Mut und nimmt den bewachten Scheitelschoner völlig ungehindert wieder weg. Da lachen alle, aber der ›Rin-tin-tin‹-Chef überschlägt sich fast mit der Stimme und verkündet triumphierend: »Jetzt schaugt's euch des o! Der Hund hod genau g'merkt, daß i bloß an G'schpaß g'macht hob. Jetzt is er überhaupt nimma zum verkafa. A so a g'scheits Tier gibt ma einfach net her. A solches Viecherl g'hört doch pfeigrod nach Oxford nüber. Zum Studiern.«

Die Wimmer-Allee

Nein, gemeint ist hier natürlich nicht irgend eine Gedächtnisstrecke zu Ehren des unnachahmlichen Sesseldrückers im Münchner Rathaus ›Tom Wim‹. Sondern jene Leidens-Loipe, die sich schlicht ›Trimm-dich-Pfad‹ nennt und seit ein paar Jahren einfach zu jeder City oder Gemeinde gehört, die noch irgendetwas auf die Taille ihrer Mitbürger hält. Wahrscheinlich ist dieser Strampelstrich eine Erfindung jener Darm-Nackler, die einem fröhlichen Menschen das bißchen Speck auf seinen Rippen nicht gönnen. Die selber herumlaufen wie afrikanische Tanz-Rasseln oder senkrechte Klapperschlangen. Und bei deren Anblick sich die Zeiger jeder anständigen Personenwaage sofort entsetzt nach rückwärts drehen. Doch wehe ihnen, möchte Blasius prophetisch ausrufen, denn sie werden bei der Auferstehung des Fleisches liegenbleiben und den Dicken und Fetten als Knüppelteppiche dienen müssen, über welche die Feisten einziehen werden in die ewige Seligkeit. Halleluja!

Um aber einen möglichst objektiven Eindruck von so einem Kreuzweg zu bekommen, hat sich der Spaziergänger einmal auf eine solche Jammer-Piste begeben, die fast immer von feixenden Kritikern eingesäumt ist. Gleich am Ausgangspunkt, wo zehn Liegestütz zu absolvieren sind, findet Blasius einen harten Kritiker, den sein hämisches Lächeln herschüttelt wie ein Medizinflaschl. »Ha«, kichert jener, »Herr Nachbar, vielleicht kemma Sie in dera Woch' no amoi hoch. Sie lieg'n ja do wia auf Eahnara Oidn.« Eine Einmischung in innere Angelegenheiten, die den tollkühnen Turner erbost wieder hochkrabbeln läßt. Denn erstens liegt er zu diesem Behufe nur mehr äußerst selten, aber wenn schon, dann bestimmt zum ortsüblichen Tarif auf einer Jungen. Doch gleich nebenan, wo auch den teilnehmenden Damen empfohlen wird, die Beine wenigstens zehnmal zu grätschen, meldet sich der entmenschte Sex-Gangster wieder zu Wort und erklärt den Umstehenden: »Des is de sogenannte Verlobungsschtation zur vorehelichen Ertüchtigung.«

Dann liegt ein verlorener Schiffsmast mitten in der Gegend, auf dem man balancieren soll. Als Bub waren

Blasius und seinesgleichen in dieser Disziplin fast unschlagbar, denn sie tänzelten sogar zum hellen Entsetzen der völlig entnervten Spaziergänger auf diese Fortbewegungsart über das Geländer der Großhesseloher Brücke. Auf dem friedlich an die Erde geschmiegten Maibaum jedoch rutscht der Spaziergänger sofort aus und kommt in der Grätsche darauf zu sitzen, als wollte er auf dem astlosen Langstrecken-Lackl nach Hause reiten. Das war sehr schmerzhaft, doch zum Glück wurden keine edleren Teile verletzt. Da droht auch schon das hohe Reck. Heißa, da fühlt man doch so richtig einmal, wie schwer sein Hintern wiegt, sagte schon Bertolt Brecht. Neben Blasius baumelt auch ein Koloß, schwer und wuchtig wie der Glockenschwengel von Notre Dame. Nur daß vor lauter Anstrengung kein edler Ton aus ihm herauskommt. Sondern ein ganz elender. Aus der Gegend der Unterhose.

Weiter geht's im Blamier-Parcours. Und bei den Eichen hört man sie keuchen und unter den Buchen leise fluchen. Nach der strikten Anweisung sind jetzt Armbewegungen zu machen, wie sie etwa der Signalmast auf einem sinkenden Ozeanriesen beherrschen muß. »SOS — das Meer ist pitschneß.« Schon beim zweiten Ventilatorschwung saust durch die Schleuderbewegung die Armbanduhr des Spaziergängers davon, als wollte sie erbost ticken: »Das mach i nimma mit.« Doch Blasius findet sie sofort wieder und noch zwei weitere dazu. Sowie mehrere ausgerissene Unterarme.

Auf Station vierzehn des Schinder-Angers kauern zwei schwer schnaufende Sportsfreunde mit wehem Durchfalls-Lächeln und pumpen wie die Maikäfer, bevor sie sich in die Luft erheben wollen. Doch die beiden Vogelmenschen kommen so wenig hoch, als wären sie von unten auf der Wiese angeschraubt worden. Aha, da steht er ja endlich, der Klimmzug-Galgen. Geplatzte Reißverschlüsse, mehrere herausgeknirschte Zahnplomben und ein ruinierter Büstenhalter säumen die Walstatt. Und soeben hievt eine dreiköpfige Familie den Herrn Papa hoch. Als er die Nase endlich über der Stange hat, strahlt sein Gesicht in ebensolcher Lust und Seligkeit, als würde er nun endlich über den Bretterzaun eines städtischen Nackt-Freibades schauen können.

Die nächste Übung ›Flanke über Hindernisse‹ spart sich der Spaziergänger großzügig, denn die einzigen Flanken, die er schätzt, sind jene von Beckenbauer. Und auch die Endstation mit den baumelnden Riesen-Ringen schenkt er sich, weil er längst begriffen hat, daß man heutzutage auch ohne diese Fangeisen sexuell nicht mehr verhungern muß. Was Blasius jedoch an dieser Stelle der absolvierten Stöhner-Street vermißt, ist mindestens ein großer Sanitätskasten zur Selbstbedienung oder eine hübsche Rote Kreuzschwester nur mit einem Häubchen bekleidet zum selben Zweck. Als Lohn der Angst. Denn der Preis der ganzen Herrlichkeit ist nicht sehr groß. Denn das einzige, was der Spaziergänger sicherlich verloren hat, war keinerlei Gewicht, sondern allerdings ein güldener Kugelschreiber, eine prima Nahkampf-Adresse und 3.40 Mark in bar. Jedoch muß er schon zugeben, daß er nach diesem Canossa-Gang beinahe die Hose verloren hätte. Aber nicht, weil sie zu weit geworden war. Sondern weil halt sämtliche Knöpfe abgeplatzt waren.

Die Gosse

Die dummen kleinen Bächlein, die Rinnsale, der geschmolzene Schnee vom vergangenen Jahr, der ebenso spärliche wie kostbare Beamtenschweiß und die bitteren Tränen der gewesenen Jungfrau Leisegang, sie alle sind es letzten Endes, die den stolzen Fluß und den reißenden Strom ausmachen. Und so ist es doch wohl auch mit den Straßen der Weltstadt, muß der Spaziergänger denken. Denn was wäre die Rue des Anglais, die Via Veneto, die Fifth Avenue oder die Downing Street ohne die zahllosen unbedeutenden tristen oder träumenden, schmierigen oder schummrigen Nebenstraßen. Was wären denn die protzigen großen, wahnsinnigen Boulevards alle ohne ihre schäbigen Vettern aus Dingsda. Die Ludergasse, die Brosamerstraße, der Schnepfenweg und das Galopper Sträßchen, wie einige davon auch in München heißen. Eine schmarotzende Hauptstraße ohne solche Zubringerfasern und Verdauungskanäle gliche doch immer bloß einem Polypen ohne Fangarme, einer Leiter ohne Sprossen, einer grünen Witwe ohne Kleiderschrank, einem Tausendfüßler ohne Beine oder einem impotenten Playboy ohne Finger.

Nein, so meint Blasius, als geborenes Vorstadtkind vielleicht etwas überheblich, immer schon waren es doch die Gassen, die manchmal verleumderisch auch Gosse genannt werden, weil dort die harten Weiber das schmutzige Wasser neben den Rinnsteinen ausgossen, aus denen der Moloch Großstadt seine Kraft und seine Herrlichkeit saugte. Und viele Große dieser Welt, Schlachtenlenker und Kurtisanen, Entdecker und Erobe-

rer, Scharlatane und Schurken, erblickten dort das graue Licht eines mürrischen Himmels. Kamen denn nicht auch der fantastische Michelangelo aus so einer Gegend, die Edith Piaf, die unvergleichliche Sarah Bernard, Frankie Boy, der geheimnisvolle Mafia-Bardc, der unbestechliche Pancho Villa, der grausame Inka-Killer Pizarro, Väterchen Stalin, die Loren und die Lola Montez. Und der Spaziergänger muß bei dieser Aufzählung auch an seine eigene versunkene Hinterhauswelt denken, aus der einst so unvergleichliche Vorbilder herauswuchsen wie die Boxer Hubert Ausböck, Hans Ziglarski oder Biwi Schleinkofer, die sich barfuß und jeder Sportlerhilfe bar, von einem Stück Pferdewurst abgesehen, das ihnen ein mitleidiger Schimmelschlächter zusteckte, bis in die Weltranglisten durchkämpften. Oder an die zwei Bürscherl von Haus Nummer 14, die eines Tages ihre Radl bestiegen, die sie dann an den Berg Matterhorn lehnten und als erste Menschen der Welt die Nordwand bezwangen. Schmidt war ihr schlichter Münchner Name.
Sicher, das klebrige Elend und schillernde Sumpfblüten gedeihen in dieser Umgebung auch. Und Blasius hat immer wieder Szenen und Bilder vom großen Maler Misere gesehen, wenn er durch diese Kuttelfleck-Welt streifte. Den alten Mann im Parterre unter der nackten eitergelben Glühbirne, die aussah wie ein überreifes Furunkel, wenn er am Abend mit einem kragenlosen Hinrichtungshemd auf dem speckigen Küchenhocker saß und trostlos in das Jahr 2000 stierte. Oder jene 16jährige Proletarier-Schönheit, der beide Beine abgefahren waren, und die dann im gespenstischen Alleingang im widerwilligen Laternenlicht mit ihren beiden

Prothesen in der verlassenen Senserstraße die ersten Gehversuche machte und dazu leise ein Kinderliedchen sang.
Ja, möchte da der Spaziergänger bitter sagen, es sind halt die viel besungenen zwei Welten zwischen der Kings-Road und der Gossen-Gasse. In denen der eine im Licht steht und der andere im Dunkeln tappt. Denn während es dort in den vornehmen Lokalen halt nach dem riecht, was sich die Reichen vorsetzen lassen, duftet es in den grindigen Wurmfortsätzen nach dem, was die Leute hinter sich bringen. Und wenn sich drüben die Edlen gerne mit ›Sir‹ ansprechen lassen, sagen die am anderen Ufer viel häufiger ›Sau‹ zueinander. Wenn aber an großen Festen in der Prachtstraße der Leib des Herrn durchgetragen wird, trägt man in der gleichen Zeit in der Nebengasse womöglich den Leib eines Selbstmörders die krummen Treppen hinab.
Vielleicht geschieht es deshalb auch immer wieder, so meint der Spaziergänger, daß in der Renommier-Rollbahn mit gleißenden Neonlichtern für Rolls Royce Reklame gemacht wird, während einen Handgranatenwurf weiter weg auf schmierigen Flugblättern eine Revolution gefordert wird.

Sigi Sommer · Welt unterm Glockenspiel

Sigi Sommer

Welt unterm Glockenspiel

Mit 10 Zeichnungen von Ernst Hürlimann

Süddeutscher Verlag München

Gestaltung von Kassette und Umschlag:
Design Team, München, und Traudl und Walter Reiner

1.–10. Tausend März 1978
11.–15. Tausend September 1980
16.–20. Tausend Januar 1984

Satz und Druck: Presse-Druck Augsburg
Bindearbeit: Klotz, Augsburg
ISBN 3-7991-6009-4

Inhalt

Frühlingslüfterl

Seit eh und je wird der Mai und der Frühling als die Zeit der Wonnen bezeichnet. Für den Spaziergänger aber war der Lenz eigentlich immer eine Zeit der Schmerzen. Und das begann schon gleich nach seinen Daumenlutscher-Tagen. Denn da taten ihm plötzlich die Füße furchtbar weh und die schwarzen Wollstrümpfe bissen ihn, als wären alle Brennessel dieser Welt mit hineingestrickt worden. Blasius wollte nämlich unbedingt barfußlaufen und bei einem Wolkenbruch mit bloßen Füßen in einer ›Drecklagga‹ stehen. Weil es doch in einem alten Lesebuch-Vers heißt: »Mairegen macht, daß man größer wird.« Zwar wurde der Spaziergänger dann nicht gerade größer, dafür aber regelmäßig sterbenskrank. So daß ihn ein hohler Husten schüttelte, gegen den das Geräusch eines Preßlufthammers nur ein sanftes Nähmaschinensummen war.

Später schmerzten ihn dann zur schönen Maienzeit auch noch die Übergelegten, die er vom Hausmeister mit einem Lederriemen für den gestohlenen Heimgarten-Flieder bekam. Aber so sehr ihm der gestrenge Erzieher dann auch auf dem feuchten Hintern seiner Hose herumklopfte, die geraubten Blüten fielen einfach nicht mehr heraus. Denn die hatte der winzige Blumendieb ja längst seinem heißgeliebten Schulfräulein, Melanie Müller, geschenkt, die ihm dafür über den kleinen Igelkopf strich.

Jahre nachher wütete der Wehdam zur Zeit der Krokusse regelmäßig eine Handbreit über der Milz. Die Klassen-Spezialisten und die Hausmeister-Susi sagten kichernd, das sei die erste Liebe und da helfen keine Pillen. In jenen Tagen nannte der Spaziergänger auch einen treuen Freund sein eigen. Und sie schworen sich mit ›drei Finger aufs Herz‹ den Treueschwur: ›nichts und zu allerletzt ein Unterrock‹ könnte sie jemals auseinanderbringen. Als Faustpfand dafür schenkte Blasius seinem Nibelungen-Spezl ein kleines Stecktüchlein, auf dem ein eingestickter Mittelstürmer gerade einen Strafstoß schoß.

Da gabs aber auch noch die Schwaben-Walli mit ihrem viel zu kleinen Pulli und den viel zu großen Händen. Als Blasius bereits ein halbes dutzendmal bei ihr angegriffen hatte, wobei sie jedesmal einen Knopf von ihrer Bluse einbüßte, aber keineswegs ihre Unschuld, sagte sie zum Spaziergänger schließlich: ›Du Schafwascher‹, und war unwirsch. Da bat ihn eines Tages sein bester Freund verschmitzt blinzelnd um den Schlüssel für sein Gartenhäusl, weil er halt auch ein bißchen einen Liebeslehrling spielen wollte. Als er aber dann zu lange brauchte, sah Blasius nach dem Rechten und hörte schon von weitem ein Geräusch, wie es einmal der böse Wolf vernahm, als er sagte: »Was rumpelt und pumpelt in meinem Bauch.« Und näher gekommen, hörte er auch noch einen tiefen Seufzer und das hingehauchte ›Jetzala‹. Dann ging die Tür auf und heraus traten der Busenfreund und die schwäbische Walli. Was aber hielt sie in ihrer großen Hand? Den halbseidenen Mittelstürmer. Sie hatte ihn zusammengepreßt wie das ›tapfere Schneiderlein‹ den Handkäse und warf ihn dann geradewegs über den Gartenzaun. Mit dem braven Sportsmann war wohl irgendetwas abgewischt worden. Der Spaziergänger aber war nachher seinen getreuen Ekkehard und auch das muntere Schwabenkind gleich auf einmal los. So machte er denn zum Trost noch ein Gedicht, das mit den Zeilen begann:

»Lebet wohl und laßt mich still verbluten,
denkt an mein Elend nie zurück.
In meines roten Herzens Fluten
ertrank so jäh mein kurzes Glück.«

Nachher befiel den jungen Mann, besonders im fünften Jahresmonat, eine ganze Zeitlang das Fernweh und er wollte unbedingt nach Antofagasta am Pazifischen Ozean, um dort in einer Palmenblätterhütte rote und grüne Limonade zu verkaufen, die er als Bub immer so gern gemocht hatte, aber aus Kleingeldmangel nie bekam. Auch nach Timbuktu wollte der verhinderte Kilometerfresser Blasius liebend gern. Er kam aber nie über Grünwald hinaus. Weil ihm da jedesmal die Luft ausging. Nämlich aus seiner fünfundzwanzigmal geflickten Fahrradbereifung.

Dann kamen die restlos verlorenen Jahre, als der Spaziergänger im Auftrag des ›GRÖFAZ‹ seine Knobelbecher auf die europäische Landkarte setzen mußte. Auch da waren es dann noch einmal die Füße, die ihn dabei sehr schmerzten. Weil ihm nämlich der böse Feind im Mai in die frechen Hinterhufe schoß. Der Iwan machte ›bum‹, da fiel der Blasi um.

Heute aber denkt der Spaziergänger eigentlich nur noch mit einem milden Lächeln an die Zeit der unruhigen Unterwäsche. Was ihn manchmal noch schmerzt, ist lediglich die Vergangenheit. Nur gut, daß sich Blasius wenigstens einen ganz schönen Vorrat an Erinnerungen eingedost hat und manchmal einen Zahn voll aus diesen Konserven zu sich nehmen kann.

Wollte man den Spaziergänger jedoch fragen, was ihm denn heute in der Maienzeit noch wehtut, so könnte er darauf mit einem ganz klaren, einzigen Wort erwidern. Nämlich: Alles. Und mit Bertolt Brecht sagen: »So löst sich ganz von selbst das Glücksproblem.« Oder mit einem Gedicht aus seiner eigenen Feder: »Wenn man älter wird, ein wenig kälter wird, bleibt allein Bad Gastein.«

Warme Winde

»Der Südwind, der weht, und ein Gaucho, der steht auf der Sierra«, heißt ein alter Schlager, an den Blasius jedesmal denken muß, wenn der Teufel persönlich wieder einmal über die bayerische Hochebene bläst wie über eine heiße Suppe. Denn der Spaziergänger wird bei so einem Wetter flach aufs Kreuz geworfen. Und schon Karl Valentin hat ja so schön gesagt: »Wenn oana beim Münchner Föhn net krank is, dann is der überhaupt net g'sund.« In der Tat tut wohl auch deshalb dem Kahlkopf jedes einzelne Haar noch einmal weh, das ihm schon längst ausgegangen ist. Der Invalide will sich die eingewachsenen schmerzhaften Zehennägel an jedem Bein herausschneiden lassen, das vor fünfunddreißig Jahren in irgendeiner Lazarettgrube am stillen Don verscharrt wurde. Und sogar die brave Witwe Riegelsam spürt noch einmal den kleinen stechenden Schmerz, der ihr einst im Mai in einem alten Gartenhäuschen in der Siedlung ›Hasenglück‹ von ihrem Seligen zugefügt wurde. Würdige, absolut korrekte Ärzte aber werfen ihre leichtkranken Patienten rücksichtslos aus den Stationsbetten und legen sich selbst hinein. Während irgendein hochachtbarer Oberlehrer plötzlich den Klassenprimus aus der Schulbank zerrt und ihn ebenso grundlos wie wütend übers Knie legt. Es ist, als würde eine riesige Hand die gesamte Bevölkerung des Voralpenlandes einfach in einen gewaltigen Sack stopfen, um dann auf ihm hemmungslos herumzuprügeln, unter dem Motto: »A poor wer'n scho dabei sei, de wo Schleg braucha.«

Blasius indes spürt in dieser entsetzlichen Zeit jede Bandscheibe und jeden Splint seiner wunden Anatomie, so daß er mit jedem kräftigen Ast liebäugelt, um sich an diesem zum Auslüften in den selbstmörderischen Monsun zu hängen. Und eine tiefe Melancholie sucht jenen unsterblichen Kameraden heim, den man Seele nennt, und der in solchen Tagen sogar gewiß gerne in den Körper eines ostfriesischen Leichenwäschers auswandern möchte. Denn so einer kennt den Föhn gewiß nur vom Elektro-Händler her.

Zum Glück und Unglück aber geht es nicht nur dem Spaziergänger so. Denn hier gilt keineswegs das Sprichwort vom geteilten Schmerz. Weil ein geteilter Föhn noch lange kein halber Föhn ist.

»Am liebsten morgen ich sterben mag«, sagt sich bei Föhnwetter sogar der rauhe, sonst fast unempfindliche Handwerker. Denn plötzlich fuchtelt er zerfahren und völlig weggetreten mit dem Meterstab herum. Knickt ihn immer wieder ab und macht geometrische Figuren daraus. Aber wenn er sie dann genau betrachtet, ist es immer wieder ein Galgen, was er ganz unbewußt geformt hat. Und die Schnur, mit der er spielt, ringelt sich ganz von selbst zur Schlinge. Der einsame, alte Rentner wiederum in seinem Dachkämmerlein will sich auf dem Gas sein mageres Süpplein kochen. Da überfällt ihn auf einmal die große Schwermut. Und er sagt sich: »Zu was denn noch lange so ein Armenhaus-Supperl.« Und da ißt er das Gas einfach roh.

Alle Wetterprognosen wirken in dieser Situation lächerlich und illusorisch. Denn nicht die Laubfrösche, die Barometer oder ein isländisches Hoch bestimmen, wie es morgen wird. Sondern einzig und allein die warmen

Winde, die außer der Atmosphäre auch die Leute durcheinanderbringen. Und dann zupfen sich plötzlich 80jährige Ehepaare mit zitternden Fingern noch einmal böse an den Ohrläppchen. Der sonst so gewissenhafte Gotthelf Silberbiß aber verwechselt in einer unerklärlichen Zerstreutheit die zwei frisch getippten Briefe an seine Geliebte und den Lesezirkel. Und bestellt seine langjährige Fanni mit einem einzigen trockenen Satz einfach fristlos ab.

Nur ein einziger Menschenschlag empfindet nichts von dieser flüchtigen Geißel Gottes. Nämlich unsere lieben Brüder aus dem Norden. Ihrer Bitte um ›Föhn-Verschonung‹ wird nämlich vom Herrn über alle Winde fast jedesmal stattgegeben. Und da behaupten die Bayernpartei und der lautstarke Renommier-Bajuware Georg Lohmeier noch immer beharrlich, der liebe Gott wäre aus Törwang am Samerberg und würde sogar wie er selber mit dem Vornamen auch ›Girgl‹ heißen.

Weiß ist die Unschuld

Schon oft stand der Spaziergänger sinnend vor der Auslage mit den weißen Tarnanzügen, welche die Brautausstattungsgeschäfte als feierliche Triumph-Roben empfehlen. Bis er sich jetzt entschließt, auch einmal hineinzugehen und mit Genehmigung des Geschäftsinhabers ein bißchen ›Mäuslein‹ zu spielen. Zuerst aber will Blasius von diesem Herrn auch einmal wissen, wer eigentlich die bekannte Skala aufgestellt hat, wonach angeblich Blau die Farbe der Treue, Gelb diejenige der Eifersucht oder Rot der Ausdruck der Liebe ist. Doch da macht der Hüter der vielen Magermilch-Talare ein ziemlich betretenes Gesicht und meint: »Ja, das weiß ich leider auch nicht.« Diese Antwort bringt den Spaziergänger auf die Idee, daß die Bräute deshalb vielleicht alle in Weiß gehen, weil man von den meisten nicht genau weiß, was man doch so gerne wissen möchte. Nämlich, ob ihr ›Tachometer‹ nicht doch vielleicht zurückgedreht wurde. Immerhin gibt selbst der Brautschleier-Makler zu, daß wohl nicht jedes Bräutlein in der Farbe der Unbeflecktheit seinen Ringfinger, der oft schon sehr weit herumgekommen war, am Hochzeitstag mit wässrigen Triumph-Äuglein hinhalten sollte. Denn bei jeder zehnten Kundschaft muß die wackere Näherin feststellen, daß die Ehe-Aspirantin besser ›Grün‹ tragen sollte. Die Farbe der Hoffnung. Weil sie nämlich bereits ›einen Wecken in der Schublade hat‹. Diese erfahrene Nähnadel-Aktivistin, ein braves, spitznasiges Hopperl, schmuggelt übrigens in jeden Saum eines Hochzeitskleides ein eingenähtes Haupthaar von ihrem schütteren Köpflein mit hinein. Weil, so heißt es in einer alten Bauernregel, sie selber dann als nächste einen Mann bekäme. Doch obwohl das besagte Rautendelein schon bald so kahl gezupft ist wie ein Benzinkanister, hat das todsichere Mittel bei ihr noch immer nicht geholfen. Vielleicht ist es aber auch nur vererbt, weil schon das brave Mütterlein als Fräulein starb.

Nun wohl ein Dutzend Paare kann Blasius in vier Vormittagsstunden hier studieren. Und da sind Herzchen darunter, die setzen ein Myrtenkränzlein mit der selben Selbstverständlichkeit auf, mit der nicht einmal Franz Josef Strauß einen Heiligenschein tragen würde. Eine, so berichtet man dem Spaziergänger, ist gleich gar schon das fünfte Mal hier und mimt die Unbefleckte. Obwohl sie mindestens soviele Fingerabdrücke mit sich herumschleppt wie die Klinke eines Taxis.

Triumphierend schiebt nachher ein stadtbekanntes Luderchen einen tapsigen Abruzzenbären vor sich her. Doch der hätte wohl besser in eine Eisenhandlung gehen sollen zum Einkaufen, meint Blasius. Um einen Nasenring. Ein abgeschlaffter Wüstling wiederum präsentiert das völlig ahnungslose ›Mädchen mit den Schwefelhölzern‹. Nun, zu dem wird er wohl nach der ersten Nacht sagen müssen: »So, Tschapperl, jetzt machst uns einen guten Kaffee, oder kannst des aa net?« Doch kommen auch zwei Prachtapparate in den Laden, die gewiß jeder Freier mit eitel Wonne über die Schlafzimmerschwelle getragen hätte. Doch so was ist halt so selten wie ein vierblätteriges Kleeblatt. Und die sind bekanntlich so gesucht, daß man sie sorgsam zwischen die Seiten eines Buches legt. Der Spaziergänger hat in seiner Maienzeit leider nur ein einziges Mal so eine

Rarität erwischt. Und die natürlich nicht in seiner Lieblingslektüre ›Onkel Toms Hütte‹ gepreßt. Sondern auch im elterlichen Gartenhäuschen. Ach ja. Ganz besonders amüsiert ihn bei dieser Brautschau auch noch ein rassiges Naturkind. Denn das ist an den Armen so behaart, daß es ein Paar lange weiße Handschuhe haben muß. Damit sieht die Auserwählte haargenau aus wie der Rotkäppchen-Wolf, der doch auch seine haarige Pfote in Mehl tauchen mußte, bevor er dann die ganze Familie auffraß.

Zum Schluß des Elfenreigens kommt endlich noch ein Duo an, von dem man sagen könnte, daß es die Tauben nicht hätten besser zusammentragen können. Und mit wässrigem Mund tätschelt der Bräutigam immer wieder den liebsten Ausflugsort seiner Angebeteten. Sicher sind die Zwei der felsenfesten Überzeugung: »Die Liebe währet immerdar.« Und sei absolut krisenfest. Doch dieser reine Tor, muß Blasius denken, hat wohl noch nie etwas von Kurzarbeit gehört. Und daß es dann rasch vorbei ist mit dem Gewinn. Sprich Lustgewinn.

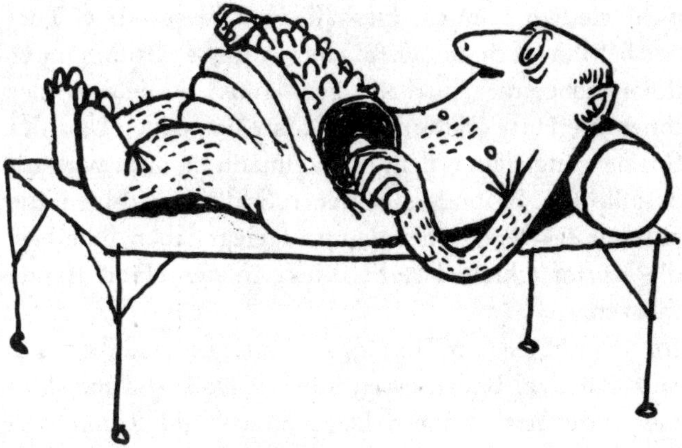

Fitneß tut not

»Wer's nicht treu und edel treibt, lieber weit vom Fitneß bleibt«, müßte eigentlich über dem Eingang zum vornehmen Trimmstudio im Stachus-Hof stehen, meint Blasius. Und unten an der Mauer könnten vielleicht sogar ein paar eiserne Ringe eingelassen sein, wo man seinen ›inneren Schweinehund‹ anbinden kann. Dann steht Blasius auch schon vor dem Inhaber dieser Schlankheits-Werkstatt. Ein Modell-Athlet, der bereits einmal Mister Europa war. Er hält nicht viel von jener feinen

Kundschaft, die glaubt, ihren überfütterten Weißwurst-Friedhof könnte man wegbeten oder wegstreicheln. Oder von gewissen Body-Buildern, die keine Kniebeugen machen wollen, weil sie ihren eigenen Schweiß nicht riechen können. Deshalb sind diese Nobel-Turner bei ihm auch an der falschen Adresse. Drum gibt er ihnen lieber die Anschrift eines guten Schneiders, der ihnen die Hose weitermacht, wenn sie zwickt. Und der Spaziergänger muß dem Muskelmann da auch wirklich beipflichten. Besonders bei jenen Schlingmaschinen, die sich nur deswegen einen Bauch zugelegt haben, damit sie die Kartoffelknödel nicht direkt in der Hand tragen müssen.

Im teppichbelegten Trainingsraum ist es so sauber, daß man auf dem Boden essen könnte. Doch soll man das hier nicht tun, sondern Liegestützen und Rumpfbeugen machen und fest mit den Zementplomben der Zähne knirschen. Und die ganze hochmoderne Folterkammer ist mit drohend funkelnden Apparaten reich bestückt. Denn das Abnehmen wird in unserem Zeitalter natürlich auch längst vollmechanisch betrieben.

Gerade entdeckt der Spaziergänger den absolut ›letzten‹ Roboter. Ein fest auf den Boden montiertes Fahrrad, auf dem der Sportsmann nicht nur die im Geiste zurückgelegten Kilometer ablesen kann, sondern auch die verbrauchten Kalorien. Leider aber fehlt dazu noch ein Computer, der genau ausrechnet, wieviel Halbe Bier, Schweinsschnitzel oder Mohrenköpfe der Kandidat sich abgekurbelt hat.

Stark beeindruckt ist Blasius auch von einem Gerüst, in das verklemmte ›Farbband-Fannys‹ eingespannt werden können. Eine Tippsen-Guillotine, die krumm gesessene Sekretärinnen rasch wieder zu chefdienlichen Kanapee-Modellen zurechtstaucht. Überhaupt die Damenabteilung. Hier stöhnt eine mollige Milzwurst so laut und hingebungsvoll, als würde sie gerade auf dem Omar Sharif dreihundert Gramm Gewicht abstrampeln dürfen und nicht nur auf dem sterilen, beinharten Sattel eines Trainings-Tandem. Nebenan stößt ein anderes Mädchen immer wieder spitze Schreie aus und jodelt dazu verzückt: ›Jetzt, jetzt, jetzt‹. Aber nicht, weil sie den Höhepunkt nicht erreicht. Sondern das Gegenteil: nämlich den Tiefpunkt. Sie versucht gerade Rumpfbeugen und möchte halt mit den Fingerspitzen zu gerne auf den Boden kommen.

Eine andere Lady hofft ein paar Deka von ihrem Fernseh-Talg mit Hilfe einer astfreien Buchenholz-Zentrifuge lösen zu können. Dieser Apparat besteht aus zahlreichen Knibbeln, die auf eine Rolle montiert sind und wie eine Wäschetrommel arbeiten. Es fehlt nur noch, so meint Blasius, daß die Kundschaft dabei den Mund aufmachen muß, damit ihr der Meister ein bißchen Waschpulver zur Entspannung hineinschütten kann.

Auch die männliche Riege ist sehenswert. Da werden vom Kerkermeister gerade ein paar stadtbekannte Eheknechte auf ein schräges Brett gelockt. Bei den Übungen streckt sich ihr bleicher Plumeau-Bauch so bedenklich, daß der Spaziergänger schon Angst hat, er könnte platzen. Und dann würden aus ihrem Innersten vielleicht nicht gerade die sieben Geißlein herausspringen, aber bestimmt die sieben Todsünden. Doch kommt den Märtyrern dabei keine Klage über die Lippen. Sie sind wohl der festen Überzeugung, was weh tut, muß auch schlank machen. Ganz gewiß haben diese Pud-

ding-Buddhas am nächsten Tag aber einen Spinat, mit dem ein ganzer kannibalischer Völkerstamm einen würdigen Gründonnerstag begehen könnte.
Nun vielleicht ist so eine Abspeckerei nicht gerade für jeden die richtige bayerische ›art of life‹. Blasius jedoch hält schon einiges von einer richtigen Bewegung. Wenn sie natürlich nicht politisch ist. Dem widerspricht allerdings der berühmte Ausspruch, den der greise Winston Churchill einmal tat, als man ihn fragte, wie er es denn fertiggebracht habe, so alt zu werden. Seine kurze, lapidare Antwort bestand bekanntlich aus zwei Worten. Und die lauteten: »No sport.« Wobei der Spaziergänger jedoch bemerken möchte, daß da der schelmische Lord etwas schwindelte. Denn wie man weiß, hat er doch heimlich fleißig trainiert. Und war mehrfacher Empire-Meister im ›Bourbon-Stemmen‹ und im Einarmig-Reißen von schweren Havanna-Zigarren.

Vogel-Perspektiven

»Komische Welt«, muß Blasius denken. Denn wenn in unserer Stadt jemand viermal einen Vogel zeigt, so kostet das etwa tausend Mark. Dabei gibt es gleichzeitig Leute, die tausend Vögel um vier Mark herzeigen. Nämlich der Vogelzuchtverein Bavaria, der im ›Schwabinger Bräu‹ seine große Schau von tausend gefiederten Schnabeltieren zeigt. Und der Spaziergänger steht auch heuer wieder vor den Gitterhäuschen, in denen neben den braven Kanaris, die lebenslänglich das gelbe Trikot tragen dürfen, die seltsamsten Exoten, sowie rätselhafte Schnee-Eulen, geheimnisvolle Uhus, geschwätzige Wellensittiche, denen man fast jeden Text beibringen kann, von der Begründung eines Rentenantrages bis zum Aufsagen der Bundesliga-Tabelle, auch noch viele unbekannte Salat-Amseln auf jenem Stangerl sitzen, von welchem wir alle einmal herabfallen werden. Und bitter lächelnd betrachtet ein grimmiger Weiberfeind wohl auch einen Kreuzschnabel und malt sich aus, wie er seiner bissigen Truthenne daheim den bösen Schnabel auch einmal genauso verbiegen könnte. Ach, und dort dieser kleine aufgeplusterte Heuchler, muß Blasius denken. Das ist also der berüchtigte Pirol. Der sogenannte Alimentenvogel. Der wohl deshalb so heißt, weil er mit seinem kupplerischen Schluchzen im Wald und auf der Heidi erst dann beginnt, wenn alles schon passiert ist. Von den berühmten Nachtigallen aber ist der Spaziergänger immer wieder ein wenig enttäuscht. Denn die schauen doch lediglich aus wie ganz ordinäre Dreckspatzen, die vierzehn Tage krank gewesen sind.

Stolz und unnahbar brüstet sich hinwiederum der chinesische Sonnenvogel. Denn der wiegt zwar nur fünfzehn Gramm, kostet aber mehr als ebenso viele bayerische Mastenten. Wogegen ein schwanzloses Wachtelpärchen hierzulande schon für runde dreißig Mark zu haben ist. Ungerupft natürlich. In Italien dagegen kriegt man diese putzigen Burschen nach einem unfreiwilligen Striptease-Akt und zwischen zwei Semmel-Hälften einquartiert bereits für den zehnten Teil.

Und wie dann Blasius nacheinander alle diese Würfelzucker-Lerchen und die Nußkern-Piepser, Aufwind-Segler und Wolken-Kitzler sinnend betrachtet, kommt es ihm irgendwie auch zum Bewußtsein, wie sehr doch unser ganzes Dasein von diesen ›Federhaltern des großen Schöpfers‹ mitbestimmt wird. Und das nicht bloß bei jenen Kirchweih-Adlern, die liebevoll auf vierzehn Pfund hochgefüttert werden, um dann an den heiligen Festen mit einer Kochlöffel-Krawatte brutal zu enden. Denn was würden beispielsweise die lustigen Narrhallesen auf ihren neckischen Hüten tragen, wenn die langen Schwanzfedern der Fasane nicht wären. Und mußten nicht schon dem Walter von der Vogelweide die Nachtigallen seine fehlenden Caruso-Platten ersetzen? Schlimm hätte es doch sicher auch die verliebten Pärchen getroffen ohne die Brieftauben. Denn diesen Palomas konnte der vernarrte Geck doch zuverlässig jene Rendezvous-Botschaft an die Beine heften, in der es so schön hieß: »Geliebte, ich habe dir heute Nacht etwas Dringendes zu sagen. Zieh aber bitte nicht zuviel Unterwäsche an.« Oder was würde der Herr Papa seinem spöttisch lächelnden Sprößling sagen, wenn er ihm nicht jenes Märchen vom Freund Adebar erzählen könnte. Nämlich, daß dessen langer Schnabel an den vielen Babies schuld sei. Von dem eigenen ›Kürzeren‹ schweigt er doch gerne verschämt.

Auch aus dem deutschen Liederschatz und den geflügelten Worten sind die Vögel längst nicht mehr wegzudenken. Was sollen denn die Kleinkinder als Ersatz für das sanft idiotische Poem »Kommt ein Vogel geflogen, setzt sich nieder auf mein Fuß«, ersatzweise piepsen? Und wie sagt der Volksmund so forsch: »Bei dir piept's wohl.« »Mensch, der hat aber eine schöne Meise«, oder »Waarst a schöna Vog'l, wennsd mei Schwanzal hättst.« Und dann die weltwirtschaftliche Seite der einschlägigen Literatur, die von diesem Thema handelt und Millionenumsätze erzielt. Erika Jong beispielsweise mit ihrem Unterleibsgeständnis ›Angst vorm Fliegen‹, oder der Bestseller-Pionier und ›Lilienthal‹ des sexten Luftgeschwaders Oswald Kolle. Nein, darüber gibt es wohl überhaupt keinen Zweifel mehr für den Spaziergänger. Mit diesen Dingen wurde auf der ganzen Welt schon immer viel Geld verdient.

Und dabei bemühen sich auch noch zehntausend Vogelzüchter in Deutschland, ein bißchen Abwechslung in das Einerlei der üblichen Fortpflanzungsprodukte zu bringen. Denn da hat doch so ein Lustmolch sogar versucht, einen Regenwurm mit einem Igel zu kreuzen. Aber was kam dann statt der erwarteten sensationellen Zwitscher-Maschine dabei heraus? Leider nur ganz gewöhnlicher Stacheldraht.

Laß ma's rauschen!

Wenn das Frühjahr kommt, rauschen sie wieder. Nicht nur die schäumenden Wasser der Gebirgsbäche, die vielen Wässerlein, die vom Eise befreit sind, und Eichendorffs lieblich besungene Brünnlein. Sondern auch die Quellen der siebten Bierseligkeit. Die Starkbierfontänen. Heraus aus den dicken trutzigen Mutterfässern, vom Kragenknöpferl abwärts, gefiltert von vielen hoch erfreuten Nieren und vorbei an den bekannten vier Knöpfen und allerlei anderen Hindernissen, gebremst, reguliert und dirigiert durch Steingut-Urnen und Emaille-Trichter, ab- und umgeleitet, bis sie schließlich wieder dort angelangt sind, wo alle Wasser enden. Im großen Meer des Nimmerwiedersehens.

Daran muß Blasius unwillkürlich denken, als er an einem frühen Märzmorgen ziemlich allein hinauftappt auf jenen winzigen Berg, der den Inseraten und Plakaten nach so heftig ruft, daß es auch die vergrämteste und vertrocknetste Leber noch hören muß. Und da sieht er in Gedanken auch noch einmal den respektablen, hochnoblen königlichen Rat Ludwig Sommer, würdevoll und ludwigstreu denselben Weg zurücklegen. Den Stock mit dem silbernen Griff, den ihm der Märchen-Monarch selber geschenkt hatte, in der vaterlandstreuen Rechten. Erinnert sich, wie er etwas später dann am gutmütigen Daumen des Herrn Vater selig hing, der ihn flugs auf den Gipfel ihres Dreiquartel-Glücks hinaufliftete. Fühlt neben sich in der Zeit der großen Töne wieder die bleiche Gräfin, die heute irgendwo im Großstadtdschungel verdämmert, einherstöckeln.

Und sieht sich schließlich mit einem lächerlich plappernden Zwerglein, von dem die Leute sagen, es wäre sein schönes Töchterchen, die 75 Stufen erklimmen. Und dann auch schon bald seine langsam gebeugte Silhouette etwas kurzatmig oben am Geländer stehen und als g'schtand'ner Münchner hinunterschauen in die alte heißgeliebte Au.
Und wieder erinnert sich der Spaziergänger an jenen alten Herbergsbesitzer, der unerschütterlich und eisern auf seinem kleinen Bankerl vor dem einstöckigen Häuslein saß, wo sich daneben die dolomiten-hohen Wohnsilos der nahen Zinsblöcke erhoben, und das der alte Kauz trotz finanzieller Riesenangebote erst Jahre später dann mit den Füßen voraus verließ, weil er halt mußte.
Und dann muß Blasius wieder einmal seinen schon stark abgenutzten Kopf schütteln und er murmelt ganz leise in seinen schlecht geschabten Hemingway-Bart hinein: »Sag, wo die Gefährten sind.« Der Seidel Xidere zum Beispiel, Untersendlings bester Torwart, der nach jedem gehaltenen Schuß verächtlich rote Taler in den schmutzigen weißen Schnee spuckte, weil er doch offene TBC hatte, ohne es zu wissen. Iwan der Schreckliche, den sie in Rußland in seinem Panzer auf die Größe eines Vier-Pfund-Weckens zusammenschmorten, der g'schpaßige Micherl mit dem komischen Kopf, den sie ihm dann abhackten, weil er in seinem alten Volksempfänger drei Millimeter zu weit nach rechts gedreht hatte.
Auch viele andere vertraute Gesichter tauchen noch einmal auf: die Liesl Karlstadt, Münchens Barock-Humorengel, die bayerische Mutter Courage und Ratsch-

Kathl Liesl Aulinger, der lustige Gaudibursch und Brettl-Haderlump Oskar Paulig, der eines Tages unverständlicherweise statt des geliebten Maßkrugs den Auspuff-Schlauch seines Autos in den Mund nahm. Der Radi-Farmer und Herkules aus Freimann Bene Trinkgeld, der heimlich unter dem Tisch nagelneue Fünf-Mark-Taler an die geladenen Spittaler verteilte und am Samstag Nachmittag seine fünf Dackel auf seiner haarigen Geldschrankbrust herumkrabbeln ließ. Der Wastl Witt, der auf seiner Gastspielreise in Texas dort den gefürchteten Revolver-Joe traf, der beim Abfahren dann plötzlich neben seinem Zug herritt und zum Fenster hineinrief: »Grüß mir unsere Mam!« Das mollerte Film-Trutscherl Lucie Englisch, die auf dem Nockher-Berg grundsätzlich immer nur weibliche Brathendl essen wollte. Dann mußte jedes Mal der Hendl-Brater kommen, der ihr schmunzelnd erklärte: »Aber schauns, gnä Frau, des is doch ein Weiberl! Schauns doch bloß, wia's d'Füaß zamm'zwickt!«
Auch der aufrechte Baumgartner Sepp war da, dem der strenge Rechtsaußen des lieben Gottes, Alois Hundhammer, drüben auf der anderen Seite wahrscheinlich die nächsten tausend Jahre immer noch aus dem Weg gehen wird. Der blitzgescheite Adolf Gondrell, der sich für fünfzig Mark bei jedem Salvator-Anstich den schönsten Hasen Europas mietete, der ihn dafür zweimal am Ohrläppchen zupfen mußte, damit alle Leute sagten: »A Hund is a scho, da Adi.« Der unnachahmliche Wimmer Damerl, zu dem der Spaziergänger einmal sagte: »Für das selbe Geld, das wir für Sie bezahlen, hätten wir auch den Grock gekriegt, aber Sie sind leider besser.« Worauf ihm der geschmeichelte Damerl ein

rauhes, schlecht rasiertes Backenbusserl gab. Und schließlich der urbayerische Schultes Bertl, der gewaltige Säufer und Nasenkönig, der als einziger Spezl von Blasius seinen Riechkolben beim Trinken nicht in den Maßkrug stecken konnte, weil er viel zu groß war, und der deshalb seine Gurke wie einen Revolvergriff außerhalb parken mußte.
Sie und alle die vielen anderen, die die Maßkrugböden längst von unten sehen, wird der Spaziergänger beim nächsten herrlichen Schluck ›o'saufa‹. Und es von Herzen rauschen lassen, weil doch, wie schon die alten Griechen sagten: ›alles fließt‹. Und wenn er dann seine große letzte Liebe um die kühle Dreiquartel-Taille faßt, dann wird er ganz leise auch noch ein selber gedichtetes Verserl zitieren, das so schön tröstlich heißt:

»Gott sei Dank geht das alles vorüber,
auch der Durscht und das Dasein sogar,
nur schad um die Schpezl von gestern
und die Räusch vom vergangenen Jahr.«

Mei g'heads!

Schon eine ganze Zeit steht der alte Münchner vor einer Plakatsäule und studiert die neuesten Anschläge. Dann überkommt ihn plötzlich ein breites Grinsen und sein Mund geht so weit auseinander, daß ihm beim Leberkäs-Essen die Ohren fett würden. Denn schließlich hat er den Ausverkaufs-Slogan eines großen Warenhauses nach seinem Geschmack zurechtbiegen können. Und er murmelt den Text hochbefriedigt vor sich hin: »Jetzt geht's den Preißen an den Kragen.« »Na endlich«, meint er noch zu dieser frohen Botschaft und fügt hinzu: »Dann kriagt ma vielleicht doch no amoi an g'scheitn Platz im Bratwurstglöckl.«

Ein bißchen später fällt ihm zu dem alten Thema auch noch der Witz ein, wo anno 1866 ein bayerischer Hatschier einen Potsdamer Gardegrenadier erlegte und ihm als Souvenir die Kokarde vom Helm nahm. Worauf ein Kompanie-Kamerad kam und sich auch ein Andenken von dem Dahingestreckten holen wollte. Der Hatschier aber hinderte ihn daran und sagte zu seinem Waffenbruder: »Nix da, schiaß da dein Preißn selber!«

Nun weiß natürlich Blasius ebenso wie die meisten zugewanderten Bratkartoffel-Teutonen auch, daß die Haßliebe zu den Nachbarn oberhalb der Main-Linie von den Ansichtskarten-Herstellern und Witzblättern gepflegt wird. Und daß es sogar zahlreiche glückliche Ehen zwischen den beiden Völkerstämmen geben soll. Und weil der Spaziergänger gerade einen Winterschluß-Verkauf besucht, kann er auch bei dieser Ramsch-Raserei glücklos feststellen, daß selbst die fanatischen Bayern dabei keinen Preußen mehr kennen, sondern nur noch den Profit. Da ist ein Quietschen, Stoßen, Zwängen, Frohlocken, Schluchzen, Triumphieren und Kichern wie bei einer Betriebsfeier im Irrenhaus. Blasius erinnert so eine Herabsetzungs-Hysterie immer ein bißchen an das Hundetratzen. Wo man zu einem freßfaulen Schnauzl auch gerne sagt: »Mei g'heads« (Mir gehört's!). Und wenn dann auch noch ein anderer Wadlbeißer in der Nähe ist, schnappt der angesprochene Vierbeiner sofort gierig zu, selbst wenn es sich nur um einen alten abgebrochenen Maßkrughenkel handelt.

Und was wird da alles in der entfesselten Textilwut zusammengerafft! Stark herabgesetzte Ordensspangen, Bruch-Bänder, Traum-Bücher, Marderfallen, Eieruhren, Gelenkstützen und Schneebesen. Aber auch noch viel wichtigere Dinge sind stark gefragt. Es gellen hauptsächlich Rufe nach frischgebügelten Rollmöpsen durch den Raum. Sonnenbrillen für Blinddärme werden stürmisch gefordert, Vorschlaghammer ebenso wie Truthahnkeulen, schaumgebremste Unterhosen und Stahlruten; ferner Beißkörbe für Bandwürmer und überlange Rosenkränze. »Haben, haben, her damit!« heißt der Schlachtruf aller 99 Pfennig-Kunden.

Alte Jungfrauen, die längst so unfruchtbar sind wie verdorrte Erbswürste, ergattern im Handgemenge tatsächlich noch ein halbes Dutzend herrlicher Umstandskleider. Ein alter Rentner erwirbt fünf spottbillige Fußball-Knieschützer. Ein Älpler aus dem Allgäu sichert sich nach heftigem Hin- und Hergeschiebe zwei Dutzend Wadlstrümpfe für Tausendfüßler und eine füllige Sechzigerin kramscht glücklich nach einem Wurf entzückender Goldhamster.

Und was spielen sich da alles für Tragödien ab in den einzelnen Abteilungen! Hier verdreht eine Mutter verzweifelt ihre Augen zu den Deckenbeleuchtungen. Aber nicht weil sie dieselben erwerben will, sondern weil ihr Annerl plötzlich verschwunden ist. Wie kann sie auch ahnen, daß die Kleine versehentlich wie ein weher Finger in einen Ballen weißen Musselin-Stoff eingewikkelt wurde.
Dort fahnden zwei wackere Lawinenhunde schon eine halbe Stunde vergeblich nach einer gierigen Kundschaft, die in spottbilligen Badevorlagen hoffnungslos versank. Während zwei Rudel ekstatischer Ehefrauen verbissen an einem Gänseblümchenmuster zerren, bis sie viel zu spät bemerken, daß es sich dabei um das Kleid der protestierenden Abteilungsleiterin handelt, die schließlich nichts mehr auf dem Leib hat als nur noch ein bißchen Kernseife im Nabelgrübchen.
Und so kommt es dann auch, daß in diesen Tagen die Straßen der Stadt hoffnungslos verstopft sind mit ganzen Horden von Beuteltieren und Känguruhs, die ihren Vorteil in riesigen Tragtaschen glückselig nach Hause schleppen. Und Blasius selbst weiß einen authentischen Fall, der die Verirrung der menschlichen Natur bei solchen Profit-Käufen deutlich widerspiegelt. Ein hochangesehenes Mitglied des diplomatischen Korps und Verwandter des Nobelpreisträgers für Verhaltensforschung, der ein großer Liebhaber von Ausverkäufen ist, erstand bei dieser Gelegenheit einen radikal herabgesetzten Herrenhut. Weil er selbst die Kopfgröße achtundfünfzig hatte und auf Befragung jedoch erfuhr, daß ein vierundsechziger Sombrero auch nur das selbe kostete, entschied er sich sofort für das größere Modell.

Denn dann hatte er doch außer der Preisermäßigung auch noch extra sechs Nummern Hut vollkommen gratis dazugekriegt.
»Richtig – bläd werd er sei!«, sagt da sicher selbst ein eingefleischter Bayer dazu.

Truthahn-Time

In ganz bestimmten Intervallen wird das kultivierte Abendland immer wieder von gewissen Seuchen, Suchten und Sitten überzogen. Und mit dem Schlachtruf: »Des is g'sund!« stehen plötzlich ganze Nationen Kopf, gehen bei der sogenannten Wasserblasen-Polonaise weite Strecken zu Fuß oder verbrennen ihre Büstenhalter. Auch wirbeln sie mit großer Verbissenheit Plastikreifen um ihre satten Hüften, grasen auf fetten Wiesen nach Löwenzahn und Brennesseln, schlagen dicke Eisdecken ein, um auf Tauchstation zu gehen, und kauen des morgens statt der knusprigen Brötchen einen Schöpflöffel voll Heilerde. Ältere Rapunzelchen besuchen gleich gar Karate-Kurse und schlagen sich furchtlos die Gichtfinger an Ziegelsteinen wund, abgeschlaffte Liebesingenieure lassen im fernen Asien nach jenen Zauberwurzeln suchen, die als ›Hemadschpreizer‹ Weltruf genießen, böse Märchen-Stiefmütter lechzen nach einer Schneewittchen-Leber, lendenlahme Hagestolze reisen eigens an die Costa Brava, um nach der spanischen Fliege zu haschen, und alte Böcke umschleichen die städtischen Schlachthäuser, um von irgendeinem Lohnschlächter die Hochzeitsglocken eines jungen Stieres zu ergattern, die sie sich dann vor süßen Stunden sauerkochen.
Nun, so meint Blasius, hat halt jeder seinen Vogel. Und der augenblickliche Vogel der Saison heißt dieses Mal auf Lateinisch Meleagrinae, auf Amerikanisch Turkey, auf Altbayerisch Bigauderer und auf Schreibmaschinendeutsch Pute. Kurz, es ist Truthahn-Time. Die Zeit des sagenhaften Abspeckers, der den chronischen Fettwän-

sten jenes Wammerl, welche die Schweine bei ihnen abgelagert haben, wieder wegpicken soll. Und deshalb ist dieses Viecherl plötzlich zum Vogel Phönix aller Schmerbäuchigen geworden. Aber auch zum Hoheits-Adler der Mannequins.

Ursprünglich stammen diese gstandnen Burschen aus Mittelamerika, wo sie auf den Bäumen saßen und damals schon sehnsüchtig darauf zu warten schienen, auf einer Speisenkarte zu stehen. Denn wenn ihre Herren, die Azteken, wieder einmal in die Schlacht zogen, brauchten sie nur zu pfeifen und schon rauschte es in den Lüften und die ganze Verpflegung war da. Solchermaßen jederzeit kräftig gestärkt, gelang es den Indios auch schließlich, die weißen Eindringlinge am Titicacasee bis auf acht Mann zu vernichten. Aus Wut über diesen Arsch-Pritsch verzehren die Amis wohl heute noch am Thanksgiving Day rund drei Millionen von den wuchtigen Kalorien-Seglern. Ohne sie jemals ausrotten zu können.

Blasius kann sich aus seiner Vorstadt-Kindheit noch gut an zwei solche Bi-Gockeln im eigenen nahen Mietgarten erinnern. Wenn sich nämlich die Gassenbuben vor sie hinstellten und das Sprüchlein sagten: »Rot und blau is gor ned schee«, dann liefen die Bigauderer am Hals sofort so lila an, wie es heute vielleicht der Franz Josef manchmal tut, wenn man ihm ein Bild vom Kohl zeigt.

Deshalb hält der Spaziergänger die Truthähne wohl auch heute noch für die Erfinder des Jähzorns. Daß sie aber auch noch andere Eigenschaften besitzen, fand ausgerechnet der Bauer Schorsch Lechner aus Höhenrain heraus. Sie sind nämlich die einzigen Fasanvögel, die wahrhaft goldene Eier legen. Sonst wäre dieser verschmitzte Anzengruber-Typ nicht innerhalb von zehn Jahren der Besitzer von über hunderttausend solcher Diät-Bomber geworden. Er entdeckte nämlich ganz einfach, daß die meisten Leute heute nicht mehr nach der Speisenkarte essen. Sondern nach einer Tabelle. Und weil er den ›Schlingern vom Dienst‹ glaubhaft nachweisen konnte, daß selbst Kalbfleisch fünfmal soviel Fett enthält wie seine Giganten-Tauben, kann er heute die Mäuler, die alle in Richtung seiner Zuchthallen aufgerissen werden, kaum mehr stopfen. Allein die ernährungsbewußten Münchner schlucken in einer einzigen Woche achttausend Pfund von seinen Magentratzern. Wobei die Truthahn-Keulen ein ganz besonderes Schmankerl sind. Sie sollen nämlich mindestens so zart und saftig sein wie die Schenkel der sechzehnjährigen Romy Schneider. Blasius weiß es allerdings nicht. Er hat in beide noch nie hineingebissen.

Doch auch ein Truthahn-Hackbraten, Geschnetzeltes, Sülze, Fleischkäse oder Schnitzel werden als große Gaumenfreude und Magermacher gepriesen. Interessehalber aber hat sich Blasius natürlich auch die Indian-Farm vom Schorsche einmal angesehen. Als er in die erste Halle trat, erhob sich unter den dreitausend Körndl-Klaubern sofort ein Geglucker und Gekicher wie beim Sex-Unterricht in einer sechsten Mädchenklasse. Doch ein solcher ist dort wahrscheinlich nicht nötig. Denn der Nachwuchs wird immer schon als Küken angeliefert. Deshalb sterben diese Putendamen auch alle als Jungfrauen. Und wissen es gar nicht einmal. Denn sie haben den kleinen Unterschied ja nie kennengelernt. Jede Woche treffen sechstausend süße, niedliche ›Biwerl‹

neu ein. Und ebenso viele gehen als gewichtige Fertigware den Weg allen Fleisches. Der Tod von Höhenrain hat zwei kleine löcherige Augen. Er kommt aus der Steckdose. Und tut gar nicht weh. Darum ist es auch immer recht still, wenn Truthähne sterben.

Zweiundzwanzig saubere Zähne

Es waren zweiundzwanzig Zähne aus dem Unterkiefer von Niederbayern. Sauber gebürstelt und geschrubbt, damit sie in der Landeshauptstadt auch hergezeigt werden konnten. Zu deutsch: Die zehnte Klasse einer Kloster-Schule unweit von Plattling machte einen Rundgang durch München. Und eine Schwester flatterte ihr voran. Ganz in die Landesfarben von Bayern gekleidet. Ganz in Schwarz. Sie hieß Eustachia, war aber von der frechsten Klassennudel längst umgetauft worden. Nun hieß sie ›der Stachel Gottes‹ und sie wußte das auch, obwohl sie doch immer nur besorgt und brav um ihre Schäflein herumflatterte. Wie ein fliegender schwarzer Schäferhund namens ›Lilienthal‹.

Die züchtigen Klosterlämmchen waren also alle um die sechzehn Jahre. In jenem Alter, von dem es früher hieß: »Da hat der Herr Staatsanwalt noch die Hand drauf.« Nun, heutzutage müßten wohl die Staatsanwälte mehr Hände haben als die indischen Tempelgötter. Die Aufmachung des Rudels war ebenso individuell wie einheitlich. Blaue Hosen, direkt auf die Haut gemalt, den zweiten Knopf der Blusen geöffnet, wie es die deutschen Soldaten an Großkampftagen auch tun durften. Und von den Chippendale-Hüften abwärts rote Waldameisen in den Textilien. Ganz wie ihre sündigen Schwestern in der Großstadt halt auch. Nur eines unterschied sie von jenen. Ihre wunderschönen Haare nämlich, denn die waren allesamt noch nicht von den Säuren und Laugen geschwätziger Baderwaschl zu Glasfiber-Strähnen zerfressen worden.

Denn die Führung begann am Karlstor. Und da steht doch das Münchner Brunnenbuberl. Angesichts seiner winzigen Blöße ließ die Rädelsführerin sofort ihren kleinen Finger nach unten hängen und ihr Clan begann freudig zu locken, wie sie es wohl daheim bei ihren Hühnern immer machen: ›Bibilibili‹. Das Gegluckse war groß, doch da kam schon der ›Stachel Gottes‹ und sagte streng: »Evelyne, ich erteile dir hiermit einen Verweis.« Worauf das Schätzchen lachend erwiderte: »Aber bitte mit Sahne.« Und eine Nachzüglerin versuchte auch noch das winzige Würmchen des Anstoßes mit ihrem Kaugummi zu überkleben.
Dann ging es durch den Münchner Schlurf. Die Fußgängerzone. Und Blasius durfte weiter mitschlurfen. Dabei fiel ihm dann ein kleines kurzsichtiges Nachwuchs-Nönnchen auf, das so blaß und unschuldig aussah wie ein Glas Magermilch. Und dieses Rautendelein hing an jedem schön geschwungenen Mauerschnörkel, der erklärt wurde, direkt sein kleines Seelchen auf. Der Spaziergänger hätte sich gut vorstellen können, daß sie später einmal als Schwester ›Mörtelinda‹ zur Schutzpatronin aller Barock-Fassaden aufsteigen würde. Wogegen die Klassenfrechste, als der steinerne Edelmann Herzog Wilhelm V. über dem Portal der Michaelskirche vorgestellt wurde, völlig undiszipliniert rief: »Geh, der spinnt doch auf mi.« Das Schnappelinchen meinte aber diesmal tatsächlich nicht den jungen Ritter, sondern einen jungen Rennradler, der ihr eine Kußhand zugeworfen hatte.
Dann wurden heimlich die ersten Lungentorpedos entzündet und die Glut infolge mangelnder Streichhölzer durch ›Kippen-Kuß‹ weiterverbreitet. »Kumm, laß mi

aa mitfahr'n«, forderte barsch eine Mitschülerin auf, deren Stirn so voller Pubertätsnoppen war wie ein roter Gummi-Zahlteller. Doch da erwies sich die menschliche Größe der geschmähten Schwester Eustachia ganz besonders. Denn sie stellte einen absoluten Weltrekord im Wegschauen auf. Drum sah sie wohl auch nicht, wie sich ein paar ihrer Schutzbefohlenen nicht so sehr an dem Kirchenheiligen St. Michael und seinem Drachenkampf ergötzten, sondern viel lieber an Beate Uhses Sex Shop gerade gegenüber. Doch das spärliche Angebot löste bei ihnen dann doch nur ein verächtliches dreistimmiges Räuspern aus. Größeres Wohlgefallen fanden die Plattlinger Weisheitszähne dann an der bronzenen Wildsau vor dem Deutschen Jagdmuseum. Das heißt, nicht so sehr an dem grimmigen Eber selbst, sondern an dem singenden Barden, der dort stand. Und als die Hostesse des Münchner Fremdenverkehrsamts, die so schlank und schlüpfig, aber auch so schlagfertig war wie eine Banzei-Rakete, dazu erklärte, das Schwarzwild sei an der Nase deshalb so abgegriffen, weil sich viele Leute davon ein Wiederkommen versprechen, trat ein wuchtiges Trampelinchen aus der Donauniederung resolut hervor und nahm unter großem Gelächter den hübschen Gitarristen an seinem Riechkolben.
Indes war dem Spaziergänger plötzlich aufgefallen, daß das magermilchige Rautendelein fehlte. Doch plötzlich entdeckte er das Unschulds-Bambi vor einem verblaßten Plakat des letzten Mister Germany. Doch jetzt hängte das Seelchen nicht sein Seelchen an den barocken Rundungen auf, sondern eher seine Unterwäsche. Denn als sie den Spaziergänger dann gewahrte, wurde sie rasch rot bis unter ihre Haftschalen.

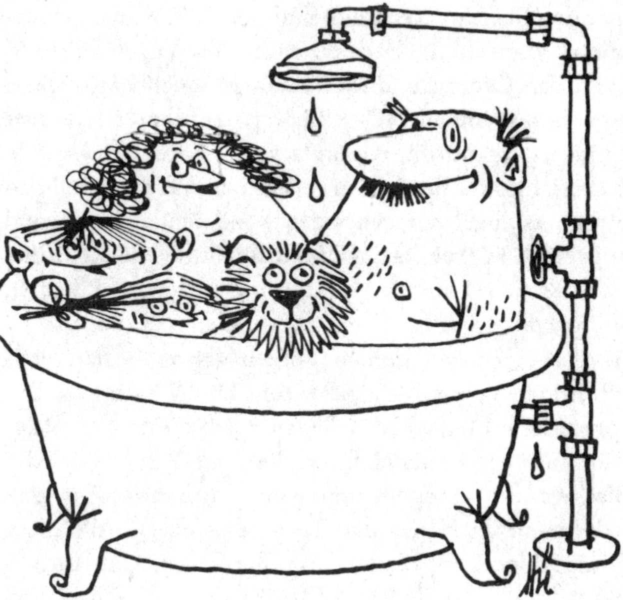

Mit allen Wassern gewaschen

Blasius hat wieder einmal sein Verhältnis zum zweiten Element überdacht, wie es auf politchinesisch so schön heißt. Und dabei mußte er schmunzelnd feststellen, daß er eigentlich schon mit allen Wassern dieser Welt gewaschen wurde.

Die seltsamste, wenn auch nicht gerade vornehmste Flüssigkeit dieser langen Versuchsreihe von Säuberungen und Erfrischungen erlebte er dabei wohl als kleiner Bub. Denn wenn seine alte Oma mit einem selbstgemachten Sud aus Kernseife und Soda am Samstagnachmittag zuerst das Geschirr, dann den Vogelkäfig und dann den Ofen gründlich durchgefummelt hatte, dann hieß es fast immer: »De schöne Laug'n kon i doch ned einfach wegschütt'n, wo lauta guads Sach' drin is. Wo is denn blos da Bua?« Daraufhin wurden die grindigen Streunerstengel des zeternden Randsteinläufers brutal abgebeizt. Wobei Blasius die entsetzlich beißende Brühe im Fußscheffel auch noch mit seinen eigenen wütenden Tränen anreicherte.

In dieser grimmig grauen Vorzeit gab es in den zinspflichtigen Vorstadt-Palazzos sehr häufig auch noch das sogenannte Etagenbad. Mit einer Schiefertafel vor der Tür, auf welcher die Hausmeisterin die Reihenfolge der Blechwannen-Delinquenten genau aufschrieb, so daß jedermann im Hause nachher wußte, ob sich die dicke Frau Schlegel ihr ungeheures Fundament bereits gebürstelt hatte und dem Hilfspostschaffner Zeisig von seiner völlig versklavten Frau der magere Beamtenrükken gründlich geputzt worden war. Dieser pensionsbewußte Eisenbahner hatte in Erwartung eines langen Ruhestandslebens übrigens auch noch eine idiotensichere Patentlösung erfunden, um das zufällige Ersaufen in der Badewanne auszuschließen. Indem er nämlich seine Ferse statt des Stöpsels ins Abflußloch stemmte, in der Vorstellung, wenn er in der warmen Bouillon vielleicht einschlief, müßte er ja dann erschlafft nachrutschen und so den kleinen Gulli wieder freigeben.

Später dann, als der Spaziergänger mit Hilfe von zugelöteten Maggibüchsen und getrockneten Schweinsblasen endlich in den grünen Isar-Gumpen gelernt hatte, sich über Wasser zu halten, und wie er dabei auch lang-

sam in die Kommißstiefel und den Maschinengewehrabzug hineinwuchs, den der Führer für ihn bereithielt, machte er mit vielen Sitten und Gebräuchen um das geliebte ›Aqua‹ Bekanntschaft.
So durfte er sogar einmal mit Stalins düsterem Sohn als vorübergehendem Bewacher in einem russischen Tümpel herumplanschen. Und er ließ sich auch willig von kichernden Mädchen mit frischem grünem Reisig durch die finnischen Saunas in ein Faß von geschmolzenem Schneewasser hineinpeitschen. Dabei waren diese herrlichen Geschöpfe doch so sauber, blaßhäutig und sexuell nahtlos wie die jungen Birken ihrer karelischen Heimat.
Zwischendurch im Urlaub erlebte der kriegerische Gehsportler dann auch einmal, wie ein armlanger ausgehungerter Reichsmark-Hecht seinen Kameraden, den Zirngiebl Schole, im Deininger Moorweiher in die große Zehe biß. Und in Positano tauchte dann Jahre später ein paar Meter neben Blasius zwar kein Polaris-U-Boot auf, dafür aber ein spielender Delphin, der ihn gemütlich anstupste.
Ach ja, und auch mit der schönen Lollobrigida und mit der charmanten Hildegard Brücher vergnügte sich der Spaziergänger schon einmal in einem gemeinsamen Becken, ohne dabei nachher das Badewasser zu schlürfen. Und auch mit Teddy Stauffer oder Hans Albers teilte er bereits die gleichen zahmen Wellen in den großen Swimming-Pools der Weltstadt-Hotels.
In diesen Nobel-Lagunen wird man allerdings nach Meinung einzelner Gäste dauernd von schlimmen Trichos umkreist. Jenen Viechern, die auch dann noch nicht totzukriegen sind, wenn man das Wasser mit schweren

Eisenhämmern breitschlägt oder es täglich dreimal durch die Wäschemangel drehen würde.
Nun, und weil Blasius auch ein häufiger Besucher der verruchten Modebäder, die auch Starlet-Aquarium oder Nutten-Grill genannt werden, ist, und er dort auch die heutigen Bademoden bewundern darf, fällt ihm bei dieser Gelegenheit noch einmal der sogenannte Zwickelerlaß seiner Jugend wieder ein. Damals mußten nämlich die Kaltwasser-Kleider der Freibadenden einen dreieckigen Stoffzwickel besitzen, der jegliche Fantasie genauso bremste wie ein rot-weißes Stoppschild. Und nun gibt es gar als späte Rache für diese Sittenapostel endlich den sogenannten Tanga. Von schelmischen Badebuben auch bereits ›Schnurrbart-Bikini‹ geheißen. Weil halt manchmal noch die Spitzen von Kaiser Wilhelms einstigem Markenzeichen ein bißchen herauslugen. Da kann Blasius zu dieser unheimlichen Wandlung dann nur noch das einst so berühmt gewordene Sprichwort zitieren: Nämlich: ›Es ist erreicht.‹

Auf der grünen Wiese

Die brennende Urlaubsfrage Neuseeland oder Neuhausen, Siebenbürgen oder Siebenbrunn, Sofia oder Sofa hat sich für Blasius schon seit vielen Jahren erübrigt. Denn bei ihm fällt die Wahl Florida oder Flaucher immer zugunsten des letzteren aus. Zu einer Zeit nämlich, wenn die Spanier ihre Salami-Blattl so dünn schneiden, daß sie überhaupt nur mehr eine Seite haben, und die Azzurri außer ihren tückischen See-Igeln den Schatten der rachitischen Marktplatzpalmen als Autoparkplätze und gedörrtes Linoleum als ›Filetto‹ anbieten, hat sich der Spaziergänger entschlossen, nie mehr weiter von München wegzugehen, als daß er am gleichen Tag abends zu Fuß wieder daheim sein kann. Und deshalb fährt er im Sommer auch nicht ins Land der Franken, wie der engerlingblonde Polypen-Bariton Heino so stürmisch fordert, sondern höchstens mit einem weiß-blauen Kurzstrecken-Brummi hinaus zum Flaucher. Der grünen Wiese seiner frühen glückhaften Jahre. Denn dort kann er auf einer jener Bänke sitzen, auf denen er früher nicht ganz allein lag, und ohne einen Schritt zu tun, einen herrlichen Ausflug in die Erinnerung machen.

Und da muß er auch wieder an die Leni Schieflich denken, die auf dem Rücken sich räkelnd mit ihren gegrätschten Beinen die Sonne einfing und zu allen Buben spöttisch sagte: »Ihr traut's euch ja nix.« Worauf sie sich dann schnell und erwartungsvoll schlafend stellte, bis ihr der todesmutige Fritzl Flink, der im Krieg sogar das Deutsche Kreuz in Gold bekam und gleich nachher

dasselbe in Birke, mit einem kleinen Grashalm kitzelnd weit hinauffuhr. Da sagte das seltsame Mädchen leise drohend und zischend: »Wenn du das nicht noch einmal tust, sage ich's deiner Mutter.« Seltsam deshalb, weil mit 24 die unheimliche Wandlung der Leni Schieflich begann. Denn dann wurde sie eine gefürchtete Suffragette und bekam einen Sitz im Landtag.
Ein anderes Schicksal nahm ebenfalls auf dieser Isar-Prärie seinen Lauf. Denn dort spielte öfter der Jackl, Sohn des Lumpenhändlers Ei, mit seinem Spitzbastard Baazi und irgendein paar Abfalltrümmern. Eines Tages hatte der Bub dabei auch eine Stielhandgranate erwischt, die er fleißig vom Baazi apportieren ließ. Und einmal schraubte er daran herum und zog das Knöpfchen mit der Schnur. Der alte Ei war in der Nähe, sah das und rief mit heiserer Verzweiflungsstimme. »Baazi, Baazi, such's Apportl!« Der Spitz sprang auf den Jakob zu und schnappte sich den drohend zischenden Prügel. Vom Baazi blieb dann allerdings nur mehr soviel übrig, daß ihn selbst der Grzimek am jüngsten Tage nicht mehr hätte zusammensetzen können. Dem Jackl aber riß es immerhin noch den rechten Arm ab.
Und die alte Flauchertanne war doch auch immer der linke Pfosten unseres Fußballtores. Da spielte ein blutjunger Libero mit, der Bayerer Buale hieß und den reichen Fabrikantensohn Kirschbaum, dem natürlich der wunderschöne Lederball gehörte, jedesmal beim Dribbeln einfach stehen ließ wie eine Parkuhr. Dann stellte der Arbeitgeber-Balg die gesamte Mannschaft fast immer vor die Alternative, den Buale auszuschließen oder auf seinen Ball zu verzichten. Charaktervoll wie Vorstadtbuben manchmal sind, wurde der Spieler Bayerer

in echtem Sportlergeist mit der schäbigen Begründung, er hätte zu große Füße, einstimmig disqualifiziert.
Wenn Blasius dann die alte Bornschleglin besucht, die Schwergewichtswirtin vom Flaucher, die so sympathisch große Hände zum Fleischpflanzlmachen hat und die Kirchweihnudeln angeblich noch immer über ihren kantigen Knien auszieht, daß sie fast die Ausmaße von Schleudersitzen annehmen, trifft er dort manchmal auch den Helmut Ziegelstein. Der hatte sein halbes Kinderleben einen brandroten Kopf gehabt. Weil seine Mutter in der Daiserstraße sechs Häuser hatte. Wo sie zum Putzen hinging, wie seine Spezl höhnisch sagten. Und wenn die Mutter krank war, sah man den Helmut selber auf den Knien die Treppen wischen. Doch als die Schande einmal gar zu groß wurde, schrieb der mittelmäßige Schüler Ziegelstein in der Pause auf die schwarze Schiefertafel: »Die Häuser, wo wir wischen, kauf ich später alle der Mam.« Viele Jahre nachher gründete dieses Bürschchen den Gebäude-Reinigungsdienst ›Die Wichtelmänner‹. Und heute fummeln sie ganz Deutschland sauber. Er selber geht allerdings nur mehr spazieren. In der Daiserstraße jedoch schaut aus einem Parterrefenster bei schönem Wetter aus ihrem eigenen Haus die Mammi heraus und lächelt alle Leute an. Mit den freundlichen Falten eines Lederapfels vom vergangenen Jahr. Die Häuser rechts und links von der stillen Frau gehören ihr alle auch noch.

Veteranentreffen

Das erstemal, als Blasius dem Herrn Oberleutnant begegnete, begrüßte ihn dieser mit der seltsamen Frage: »He Sie, wollen Sie vielleicht Komiker werden?« Und wie der Spaziergänger, der damals zu der Menschenklasse der ›Krummstiefel‹ gehörte – wie die Herren Offiziere so witzigerweise zu einem Rekruten sagten – erfuhr, kam diese Meinung daher, weil er vor jedem Regimentsmusiker wegen ihrer silbernen Achselstücke zum Gruße erstarrte wie die Frau Lot selbst.

Nun, und als jetzt Blasius beim Veteranentreffen den Herrn Biederstein wieder sah, wo er doch fast so etwas wie ein Komiker geworden war, sagte dieser auf einmal sehr leutselig ›Herr Kamerad‹ zu ihm. Eigentlich war der Spaziergänger nur deshalb zu diesem Nostalgie-Kränzchen gegangen, weil er den Jäger Alois Pflüger wiedersehen wollte. Aber der Aloisl war leider nicht da, nur ein paar Figuren aus dem späten Ersatz und der dicke Himsl, seinerzeit der Putzer vom Herrn Major. Er war noch genauso dick wie damals und war auch seinem Beruf ziemlich treu geblieben, denn er betrieb nunmehr eine Reinigungsfirma. Der Dreck war sein Schicksal. Doch wie sich der Spaziergänger dann einige Zeit mit dem Biederstein unterhielt, der übrigens später als Kommandeur gar nicht so übel war, als endlich seine ›Halsschmerzen‹ beseitigt waren und ihm das besagte Eisenstück am mageren Kragen baumelte, wurde die Figur des braven Jägers Loisl noch einmal ganz lebendig.

Schon in der kleinen Garnison-Stadt genoß dieser

schroffe Sohn der Berge einen sagenhaften Ruf. Denn es gab im ganzen Städtchen bald keine Furche mehr, die er nicht bepflügte. Und als Blasius zusammen mit dem Loisl und seinem Freund, dem Wastl, samstags wieder abkommandiert wurde zur Frau Oberleutnant, um die Teppiche zu klopfen, erzählten sich böse Lästermäuler, daß der Alois nicht bloß die kleinen Teppiche bürstelte, die vor dem Bett lagen. Nun hatte aber der Kompanieführer Biederstein auch noch ein Dienstmädchen namens Reserl. Und die war so mannschaftsdienend, daß man behauptete, sie hätte einen Sprachfehler und könnte einfach nicht ›nein‹ sagen. Und das wußte bald das ganze Bataillon und bediente sich. Aber wie groß ist denn schon so eine Einheit!

Auf dem Felde der Ehre aber heimste dann der Jager Lois von dieser Währung, für die man auf der ganzen Welt nicht einmal eine Erbswurst kriegt, soviel ein, daß er bald eine größere Sammlung von Spangen und Kreuzen auf der Brust hatte als der fette Hermann, aber nicht einen einzigen Zentimeter Litze. Das kam daher, weil in seinem Wehrpaß stand: »Zu keinerlei Beförderung geeignet infolge Ungehörigkeit.« Der Loisl duzte nämlich konstant jeden Vorgesetzten mit dem schlichten Hinweis: »I sog sogor zum Herrgott du.« Als dann sein Freund, der Wastl, an beiden ›Hinterläufen‹, wie der Jäger Pflüger diese menschlichen Gehwerkzeuge auch nannte, verwundet wurde, machte der Loisl aus einer Zeltplane eine Art Rucksack, steckte den Spezl wie eine gewilderte Gams so hinein, daß oben Arme und Füße gleichzeitig herausschauten, und trug ihn sieben Kilometer weit zum Verbandsplatz. Die Sani dort schüttelten nur den Kopf. Sie hätten sich auch nicht

gewundert, wenn der Loisl dem angelieferten Großwild auch noch einen frischen Tannenbruch zwischen die alpenländischen Kiefer gezwängt hätte.
Und nun mußte der Spaziergänger erfahren, daß es den Alois Pflüger schon seit vielen Jahren nimmer gab. Und daß sie ihm das ›G'weichtl‹ runtergerissen hatten und die ›Grandln‹ ausgebrochen, wie er zu so einer Situation immer sagte. Und daß er ganz simpel auf jenem Kriegsschauplatz gestorben war, wo er im Leben seine größten Siege errungen hatte. Im Bett. Und zwar am Husten.
Das Reserl aber, so erfuhr der Spaziergänger zum Schluß, gab's noch immer. »Eine dralle Fünfzigerin«, erzählte der Herr Kommandeur und fuhr sich resigniert, aber erinnerungstrunken mit der Zunge über die Wildleder-Lippen. Und Blasius mußte schmunzelnd denken, was der Loisl wohl heute über den Herrn Biederstein und seine geliebte Theresia für ein G'stanzl gesungen hätte. Vielleicht jenes Verserl, das vom bayerischen Dichter Queri stammt und auch von einem alten Knacker und einer immergrünen dienstbaren Weibsperson handelt. Und wo es dann zum Schluß heißt: »Jetzt packt er sein Reserl / mit einem ganz kleinen Protheserl.«

Bett-Geheimnisse

Als Blasius sich im Englischen Garten der seltsamen Gruppe nähert, scheinen die Männer mit ihren Stiefeln, die ihnen bis zu den Blinddarmnarben hinaufreichen, gerade ›Lateinstunde‹ zu haben. Denn sie erzählen sich soeben den letzten Fischerwitz: »Also vor acht Tog hab i an Hecht mit zwoa Meter Länge an der Angel g'habt«, sagt der eine. Worauf der andere kontert: »Des is noch gar nix, bei mir hod am Maximilianschpitz a naglneies Radl anbiss'n. Und bei dem hod sogar noch 's Licht brennt.« Darauf meint der Erste: »Also ois wos recht is, aber du lügst ja schneller ois d'Trambahn fahrt.« Da schlägt der Radl-Angler lächelnd vor: »Woaßt wos, du duast bei deim Hecht einen Meter weg, dann lösch' i bei mei'm Radl 's Licht aus.«

Es ist schlammiger Sonntag. Nämlich jener Tag, an welchem die achthundert Mann starke Truppe der Isarfischer, die wegen ihrer Geduld, ihrer eisernen Satzungen und ihrer Sprüche weit über die Grenzen der bayerischen Karpfenteiche hinaus bekannt sind, die Steinmatratzenbetten der sechzig Münchner Stadtbäche säubern. Viele von ihnen sind deshalb bis in die bereits vor Arbeitswut erzitternden Bartspitzen in Guttapercha eingewickelt wie frisch gefatschte Riesenbabies. Und ein paar Fischerkinder sind auch mit von der Partie. Jene bedauernswerten Geschöpfe, denen der ständige Zwangsgenuß der gefangenen Aiteln und Brachsen den Kehlkopf schon so vergrämt hat, daß sie nur mehr leise bellen können wie die Seehunde, während ihnen auf den unschuldigen Köpfchen statt der Haare längst bleiche

Gräten wachsen. Doch heute geht die große Pirsch ja nicht auf Forellen, sondern mehr auf Radlfelgen. Und statt der Weißfische ziehen sie ›Weiß-der-Teufel-was-noch‹ an Land.

Und als Blasius nach ein paar Stunden die Geheimnisse der weitverzweigten Bachbette sichtet, da kommt er bald zu dem leicht philosophischen Schluß: Es ist wohl eine alte Tatsache, daß der Mensch den größten Dreck gerne in fremden Betten zurückläßt. Wobei sich die erstaunlichsten Brocken des germanischen Wohlstandsmülls ausgerechnet auf der Böschung des romantischen Auer Mühlbachs anhäufen. Ganze Polstergarnituren, die in diesem einst so armseligen Kanapee-Viertel in die Fluten des Untergiesinger Canale Grande versenkt wurden, sind gar keine Seltenheit mehr. Und anscheinend haben die degenerierten Nachfahren vom legendären Kare und Lucke von den einfachen Schwarzweiß-Fernsehern alle eine Bindehautentzündung gekriegt, weil sie diese, sonst noch tadellosen Modelle einfach den Seemannstod sterben ließen. Daß auch Anlagebänke, Gaslaternen, Briefkästen und ganze Zigarettenautomaten angelandet wurden, zeugt immerhin noch von einer gewissen Naturkraft der Auer Strizzi-Dynastie.

In der Gegend um den Schwabinger Bach hingegen finden sich ein halbes Dutzend leere Damen-Handtaschen, die sicherlich die Besitzerinnen nicht selbst ins Wasser warfen, sondern böse Räuberbuben. Ferner wurde auch ein Schulranzen mit allen Büchern und Heften, die ausnahmslos eindrucksvolle rote Fünfer als Zensuren aufwiesen, hochgehievt. Der junge aufmüpfige Mann ging wohl lieber den zweiten Bildungsweg.

An der Prinzregenten-Brücke wurden die Schlick-Kriminaler mit mehreren Zahnprothesen fündig, die womöglich von älteren Kindsköpfen stammen, die noch einmal wie in ihrer Ringel-Reihen-Zeit große runde Speichel-Taler ins Wasser spucken wollten, wobei dann leider auch die ›Speisezimmer-Klaviere‹ über Bord gingen. Nächste Station St. Anna-Kirche. Neben einer Anzahl von Spreizfuß-Einlagen, einer halben Telefon-Häusl-Türe, zwei Glasaugen gab der freigelegte Bach auch einige Krücken zu bestaunen.

Zum Abschluß der gelungenen Inventur erbeutete ein ziemlich junger Saubermann auch noch eine längst verstummte Trompete im Glockenbach. Als er diesem Melodien-Mörser spaßeshalber und zu Ehren des großen Namenspatrons aller kleinen Rinnsale Johann Sebastian Bach ein kräftiges ›Halali‹ entlocken wollte, schlenzte aus dem Trichter doch tatsächlich ein daumenlanger Stichling heraus. Und im Nu war Blasius wieder sieben Jahre alt und wurde mit einer langen mürben Wäscheleine im Dreimühlenviertel bei der Bachauskehr unter die ehrwürdigen Häuserschluchten abgeseilt. Wo es nach ranziger Streichwurst, nach Feuersalamander, Polizeibericht und Bedürfnisanstalt roch. Und dort hatte er dann auch so einen kleinen Zappel-Philipp in einem schiffbrüchigen Bombardon fangen können. Eiskalt nahm er diesen Kaltblütler dann mit heim und setzte ihn im großen Gartenfaßl aus, um das zarte Flossentier mit Kastanienblüten und Minzenkugeln bis zum Oktoberfest zu einem stattlichen Steckerlfisch heranzufüttern. Doch leider hatte die Heimgartenamsel den zukünftigen Brotzeit-Walfisch am nächsten Tag bereits in den ewigen Weißfisch-Himmel abgeholt.

Im Hafen von Abano

Was, ihr Brüder im Schmerz? Alle ihr Zipperlein-Zeterer, ihr Verklemmten, Haltungsgeschädigten, Schräghälse und Harnsäure-Ablagerer. Ihr kennt Abano noch nicht? »Ihr solltet es kennenlernen!« Wie schon Gevatter Goethe so ähnlich dichtete. Denn von diesem kleinen Städtchen an der Po- oder Podagra-Ebene müßte es eigentlich bei jedem echten Gliederreißer heißen: »Es ist wie mit der Linken von Cassius Clay. An Abano kommt keiner vorbei.«

Und drum zog auch Blasius als hartnäckiger Rheumatismus-Recke wieder einmal gen Süden. Und dieses Mal war er nach der 500 Kilometer langen Fahrt zum ersten Mal nicht k. o., sondern o. k. Weil ihn nämlich ein dicker Freund mit einem ebenso dicken Mercedes vielleicht wegen der dadurch verbesserten Straßenlage als Unterhaltungs-Ballast mitgenommen hatte. Und bereits unterwegs summte der Spaziergänger fleißig den etwas abgewandelten alten Schlager vor sich hin: ›Im Hafen von Abano ...‹ Wobei er allerdings aus alter Erfahrung bereits wußte, daß in den Zementhäfen dieses Ischias-Meeres keine langhaarigen Karamellen oder plumeauschlüpfigen Luxusjachten herumschwimmen würden, sondern leider nur wurmige Gicht-Galeeren oder knarzende Knieschwamm-Kreuzer.

Nun, bei der Anfahrt war auch dieses Mal alles wie in Italien gehabt. An den Straßenrändern drohen noch immer die dunklen Zypressen wie die verkohlten Schwurfinger von Ganghofers Meineid-Bauern. Die ›Itaker‹ fahren auf ihren Wimmerschinken wie einst im

Mai auch heute wieder ums Goldene Band von Eglfing. In den Bäckereien der kleinen Ortschaften liegen jene Panini, die mit reichlichem Gipszusatz gebacken sind und von denen man leider sagen muß, einmal reinbeißen und dann ist immer Aschermittwoch im Mund. Und auf den Wochenmärkten gibt es auch heuer wieder fette Goldfische in mit Wasser gefüllten Frischhaltetüten als Mitbringsel für die beleidigte Hauskatze daheim. Während ein paar den italienischen Schrotkugeln entkommene Singvögel todtraurig zu den Rosterias hinübertirilieren, wo ihre unglücklichen Verwandten gerade erhitzt werden. ›Ecco.‹

Das Hotel ›Ariston‹ am Zielort dagegen: Alle Achtung. Drei Sterne mit Lorbeer und Wacholder. Die Kellner jung, der Rotwein alt, das Fleisch zart und der Fango-Schlamm zäh. Dieser heilsame Schlick, der ausschaut wie grau gefärbter Hüttenkäse, wird allerdings, nachdem er angeblich jahrelang ausruhen darf, immer wieder neu verwendet. Leider aber fand Blasius in diesem Baaz, der auf deutsch übersetzt etwa Mist heißt, weder ein altes Barthaar von Mafia-Boß Luci Luciano noch einen versteinerten Schweißtropfen der Lollo. Eine solche Fango-Kur aber sieht etwa so aus: Sie beginnt täglich um fünf Uhr, ›nachts, wenn der Pfuiteufel kommt.‹ Geweckt wird durch ein weiß lackiertes Telefon. Dann wird der Gast von einem fremdsprachigen Henkersknecht in eine Kutte gesteckt, die vom vielen Waschen allerdings leider so steif ist wie die Gedanken eines gesunden Bundeswehrsoldaten in der sechsten Manöver-Woche. Ein seltsamer Lift bringt ihn zur Hinrichtungsstätte. Dieser Aufzug hat nämlich zwei Türflügel, die den Beförderten sofort so energisch in die Zange nehmen wie

die Schenkel einer freudlosen Witwe einen 17jährigen Kellnerlehrling. Im Behandlungsraum angekommen, erfährt der Patient sehr rasch, wie einem zumute ist, der bis zum Hals im Dreck steckt und in einem Römertopf im eigenen Saft gar geschmort wird. Zum Glück kommt wenigstens alle paar Minuten eine einheimische Ragazza mit einem Hintern zart und appetitlich wie Artischocken-Herzen und wischt dem Dahingestreckten den Schweiß aus dem gedünsteten Antlitz. ›Va bene.‹ Denn das tropft und tropft und tropft. Die Kerzenkammer in Altötting ist sicher nichts dagegen. Und nach zehn Tagen hat die oberitalienische Erde etwa bereits ein Drittel des Kurgastes restlos aufgesaugt.
Genauso widerfuhr es dem Spaziergänger auch. Freudig und rückwärts auf den Hoteltreppen stehend, nahm er deshalb Abschied von dieser berühmten Stätte und rief dem versammelten Personal mit geschwächter Sieben-Geißlein-Stimme noch zu: »Arivederci Pepino! Tschau Baptiste! Tschinkque, Tschenkque, Tschunkque!«
Doch gerade als Blasius ganz sicher meinte, er hätte nun gewiß alles von Abano herausgeholt und auch das Letzte gesehen, mußte er erfahren, daß er leider die letzte Marmortreppe nicht gesehen hatte. Und so konnte sich der Spaziergänger nach diesem Heilbad zwar wieder mit der rechten Hand hinter dem linken Ohr kratzen, wie es sich für jeden noch so kleinen Dichter gehört. Aber er mußte immerhin noch weitere acht Tage liegen. Nein, nicht mehr in Abano. Sondern in Gips.

Nachts auf dem Rasen

Einfach so, weil den Spaziergänger wieder einmal das Fell juckte, beschloß er, eine ›Nacht auf dem Rasen‹ in einem Camping-Platz zu verbringen. Nun, das Fell juckt ihn auch jetzt noch immer. Und der Doktor sagt, das wäre eine bisher noch völlig unerforschte Gras-Krätze, die irgendein begeisterter Zeltfreund aus dem Hunza-Reich eingeschleppt haben mußte. Und es gebe auch keine Salbe und kein Mittel dagegen. Man könnte das Jucken wahrscheinlich überhaupt nur durch gezielte

Schüsse mit einem zweiunddreißiger Fasanenschrot bekämpfen. Aber dabei müßte man halt ganz genau zielen. Sonst könnte so eine Schrotkur böse enden.
Zuerst einmal legte sich also Blasius in einem Sportgeschäft leihweise so eine gummierte Rheumatismus-Tüte zu. Natürlich keine von den protzigen Segeltuch-Bungalows mit eigenem Briefkasten, Ameisen-Schleuse und Fußschweiß-Abwehrgerät. Sondern ein bescheidenes Waterproof-U-Boot mit Schuhbandl-Verschluß und betriebseigener Bronchial-Condition. Und das baute er etwas abseits von den noblen Karawansereien und Vordach-Villen auf. Ganz hinten in der armen Sünderecke, wo sich Gevatterin Brennessel und die schlanken kniehohen Disteldamen ›helf Gott‹ und ›gute Nacht‹ sagen. Genau bei Sonnenuntergang und einer schüchternen Empfehlung an das liebe Jesulein ging dann der Spaziergänger in die Rückenlage auf Luftmatratzen-Horchdienst. Und dann wartete Blasius auf den Schlaf. Doch die Leitung des Zeltplatzes mußte für Mr. Morpheus vor den Lagerpforten wohl kleine Umleitungsschilder aufgestellt haben. So mit durchgekreuzten weißen Betten auf grünem Grund. Denn der Schlaf kam ebenso wenig wie die Träume vom freien Wildbahnleben, beizenden Lagerfeuer-Geruch und den schönen Rosen der Prärie. Dafür kamen die Stanzen und die Gelsen durch die leichtsinnigerweise geöffnete Frischluft-Klappe. Sie kamen gestaffelt und in freier Jagd. Diese winzigen Piranhas der Lüfte. Zuerst, als sie mit ihren Tast-Sonden mühelos den reich verzierten Trainings-Anzug des Spaziergängers durchstachen und auch sofort fündig wurden, schlug Blasius noch wütend um sich, wie der Cassius Clay, wenn er schon hoffnungslos nach Punk-

ten hinten liegt. »Doch bald ermattet sinkt die Hand«, sagt schon der Dichter. Denn bereits nach dreißig Minuten war der Spaziergänger so hoffnungslos ausgesaugt wie die römische Wölfin von ihren sieben Jungen. Oder waren es siebenhundert? Jedenfalls ging das Zuzeln der entsetzlichen kleinen Hubschrauber mit ihren singenden Außenbord-Motoren bald in ein sattes Rülpsen über. Und dann konnte Blasius ganz deutlich auch noch hören, wie der Geschwader-Kommodore und seine Kettenhunde sich am Zelteingang die versabberten Saugrüssel abwischten. In diesem Zustand wäre der Spaziergänger beinahe vor Erschöpfung eingeschlafen. Doch gerade in dem Augenblick begann der Nachbar links von ihm zu schnarchen. Zuerst die Appassionata, dann die Unvollendete von Philipp Holzmann und schließlich Schuberts kleine Nachtmusik. Und gegen solche vielseitigen Mitternachts-Musikanten gibt es bekanntlich kein Mittel. Da hilft auch kein Dagegen-Schnarchen. Denn das regt lediglich die Fantasie so eines Schläfers noch mehr an und steigert seine Leistungsfähigkeit ins Unglaubliche. So daß er, von Konkurrenzneid bestärkt, Geräusche von sich gibt wie Siegfrieds erstochener Drache im dritten Akt der Nibelungen. Und wenn die Mediziner behaupten, das Schnarchen käme von dem entspannten Gaumensegel eines auf dem Rücken Liegenden, so mußten in dem Zelt neben Blasius mindestens fünf Großmast-Schoner vor Anker gegangen sein.

Deshalb konzentrierte sich der Spaziergänger mehr auf den Nachbarn zur Rechten. Doch der hatte der Akustik nach zum Abendbrot wohl handverlesene Saubohnen gegessen. Und sein Einmann-Zelt blähte sich bereits auf wie ein Fesselballon vor dem Start. Es konnte nur

noch eine Frage von Viertelstunden sein, bis es sich aus der Verankerung losgerissen hatte, um in Richtung Großlappen davonzufliegen.
Am Fußende von Blasius' Liegestatt hatte sich, nach dem Schmatzen zu urteilen, außerdem noch ein Pärchen eingenistet, das wahrscheinlich gerade den Grundschein fürs Rote Kreuz machte. Denn er probierte mit seiner Fellachen-Braut wohl gerade die Mund-zu-Mund-Atmung, ohne aber außer einem kleinen Stöhnen etwas Wesentliches aus seinem Modell herauszuholen. Zu diesem Zeitpunkt wagte Blasius schließlich seinen ersten Ausbruchs-Versuch, stolperte aber sofort über eine straff gespannte Leine, die einen mürrischen Ton in F-Dur von sich gab, fiel in einen Stapel Aluminium-Geschirr und landete in einer matschigen Endvierzigerin. Die hieß ihn rasch hintereinander einen ›dussligen Knurrhahn‹ und einen ›stinkigen Stint‹.
Der Spaziergänger jedenfalls schlüpfte rasch und ergeben wieder zurück in seine Wursthaut. Und meinte, wenn so ein ahnungsloser Poet einmal das Lied geschrieben hatte ›In Hamburg sind die Nächte lang‹, dann wird er gewiß noch nie auf einem Camping-Platz geschlafen haben. Zweifellos hat Blasius noch nie etwas begeisterter begrüßt als den aufkeimenden Morgen. Beim Verlassen der Gichtwiese beobachtete er dann auch noch eine dünne Blutspur, die sich von seinem Zelt aus bis zum Ausgang des Camping-Platzes hinzog. Ganz klar, das war wohl der Weg seiner nächtlichen Peiniger, die bei ihm derart aufgetankt hatten, daß sie nachher nicht mehr starten konnten und zu Fuß das Weite gesucht hatten.

Hejo, wir fahr'n nach Split!

Wie klein doch die Welt geworden ist, muß Blasius denken, als er auf der Straßeninsel vor dem Starnberger Bahnhof steht. Denn auf den Umsteigetafeln der Trambahn stand damals ›Zum Harras‹, ›nach Haidhausen‹ oder ›Zum Hirschgarten‹. Heute aber ist diese Bedarfs-Haltestelle der weiß-blauen Bimmel-Arche die ›Europabus-Haltestelle‹ geworden, ein ›Bosporus-Perron‹. Denn jetzt ist dort zu lesen: ›Abfahrt nach Split, Ljubljana, Sofia, Zagreb oder Stambul mit Anschluß nach Teheran.‹ Und am Randstein stehen neben blitzenden Asphalt-Dampfern auch viele ehrwürdige Veteranen, um des Kanzlers Kuli, die braven Müll-Muschkoten aus der Türkei und die ›Halbkreis-Ingenieure‹, wie das besenkehrende Bodenpersonal des deutschen Wohlstandes auch heißt, auf Urlaub oder auch für immer nach Hause zu fahren. Und da sind manche Omnibus-Modelle dabei, für die sich das Deutsche Museum schon längst interessiert und die bei uns gewiß nie mehr den TÜV bekommen würden, sondern höchstens noch den Segen bei der Leonhardi-Fahrt in Tölz. Als der Spaziergänger neugierig ins Innere so eines Rumpel-Expresses schaut, sieht er unter den Sitzen überall versteckte Bodenklappen. Vielleicht müssen da die Fahrgäste die Beine durchstecken und mitlaufen, wenn es über den Wurzen-Paß geht. Und bei manchen sind die Reifen unten schon so glatt wie die Filzpantoffeln vom Rübezahl. So daß Blasius mit so einem rollenden Mausoleum nicht einmal mehr nach Solln fahren möchte, geschweige denn nach Saloniki. Sie stammen gewiß weder von ›Conti‹ oder ›Dunlop‹, sondern wahrscheinlich von der Firma ›Angst und Bange‹ und tragen als Markenzeichen wohl die unsichtbare Aufschrift ›Inschallah‹ (so Gott will). Aber ausschweifende Namen haben sie alle, diese unheimlichen Kilometer-Fresser. So steht der ›Karpaten-Bär‹ neben dem ›slowenischen Silberpfeil‹ und der ›rasende Rumäne‹ neben dem ›Nebelspalter vom Bosporus‹, dem sein Steuermann zur Sicherheit vor der Abfahrt mit den Fingernägeln noch drei Kreuze auf den Kühler kritzelt.

Und dann kommen auch schon die Passagiere. Vorne Mirko, ein Slowene, dessen waagrechter Brunnenwasser-Schnurrbart im Arnulfstraßen-Wind vor Aufregung zittert. Er schleppt einen tadellos erhaltenen Fensterstock mit, den er versucht, auf dem Dach des Diesel-Sauriers zu verankern. Womöglich will er ihn zuhause als Grundstock für eine bescheidene Pension verwenden. Nach dem Grundsatz: Jeder hat einmal klein angefangen. Zwei dunkeläugige Muselmänner bringen gleich gar einen Dorfgockel in einem verschnürten Rucksack an. Weil aber der bayerische Eier-Stempler heftig strampelt, schütten sie ihm einfach einen Schluck Sliwowitz in die Rückentüte. Jetzt wird er schnell ruhiger. Und dann platzt einem Kollegen aus Ljubljana gleich gar der schwere schwangere Koffer und heraus fallen alle die sorgfältig angesammelten Mitbringsel. Eine bleiche Elfenbein-Hand am langen Stiel für die Omi, damit sie sich an den diskretesten Stellen kratzen kann, und eine Blechschere für den befreundeten Schafhirten, womit er seine Zehennägel schneiden soll, so daß er auch auf dem Kopfsteinpflaster seines Heimatstädtchens gehen kann. Auch ein halbes Dutzend Fahrrad-Glocken

kommen zum Vorschein. Vielleicht will die der Besitzer daheim seinen Geißböcken an die Hörner binden, um damit beim Überholen auf den schmalen Gebirgspfaden zu läuten. Der Verkehr hat ja dort auch schon sehr zugenommen.
Was aber will wohl ein anderer Kamerad mit dem blauen Münchner Straßenschild machen, auf dem in deutlichen Lettern ›Trautenwolfstraße‹ steht. Ist es ein lieb gewordenes Souvenir oder hängt er es vielleicht in einer dunklen Gebirgsschlucht auf, wo es noch die bekannten Rotkäppchen-Fresser gibt. Und wenn das so ein neugieriger Graupelz mit blinzelnden Augen liest, denkt er, es heißt: ›Traut dem Wolf!‹ Dann geht er womöglich unbesorgt weiter und wird mit dem Knüppel dieses Fallenstellers erschlagen.
Mit leiser Wehmut nimmt der Brotz Slowenkowicz Abschied von den ergiebigen Münchner Jagdgründen. Er füllt den Behälter seiner Erinnerung rasch noch einmal bis zum Rand, bei den ›Zweien von der Tankstelle‹, welche die lächelnde Kassiererin vom nahen Café mit Mühe unter ihrem strotzenden Pulli in Zaum hält. Denn die nächsten 26 Stunden sieht der Brotz leider nur den buckligen Hinterkopf seines Vordermannes. Und ganz zum Schluß naht auch noch der Tierfreund Kemal. Er hat ein Vogelhäusl dabei mit einem Rotkehlchen drin. Jetzt öffnet er das kleine Türchen, sagt noch einmal: ›Srce moje‹ (›Mein Herz‹) zu dem geliebten Gefährten seines Bauwagen-Daseins und läßt ihn dann fliegen. Und jener pickt ihn zum Abschied noch ein paarmal in den vernarbten braven Kopfsalat-Daumen. Dann ist das Vögelchen auch schon droben auf dem nächsten Baum und singt: ›O draga, o mila, o slatka

slobodo‹ (›Oh liebe, oh süße Freiheit‹), die schöne kroatische Nationalhymne. Den Käfig aber nimmt der gute Mensch von Saloniki mit in seine ferne glückliche Heimat, in der man womöglich das Wasser noch mit dem Vogelhäusl schöpft.

Waldeslust

Es gab einmal eine Zeit, als die Münchner das ganze Jahr hindurch hinauspilgerten in die Wälder der nahen Umgebung. In den Forstenrieder Park, unter den dunkelgrünen Himmel des Ebersberger Urwaldes, nach Oberdill oder in den gemäßigten Tannen-Dschungel hinter Harlaching. Sei es, um schon im frühesten Frühjahr das köstliche Maiblattl zu ernten, oder als Liebespärchen, die damals noch keine Appartements kannten und sich im Hotel ›Zum Unterholz‹ einquartierten, um einen Vorschuß auf die spätere Ehe zu nehmen, sowie als brave Kinder mit Botanisier-Büchse und Schmetterlings-Netz, um Ameisen-Eier für die Goldfische zu sammeln und das flinke Pfauenauge zu haschen.

In den schlimmen Jahren, in denen dann bei vielen Leuten die Mäuse mit verweinten Augen aus dem Brotkasten schauten, gab es freilich auch noch andere Bilder zu sehen. Denn damals wurde die benötigte Energie noch handverlesen. Und da zogen dann ganze Karawanen mit Urahne, Großmutter, Mutter und Kind, wenn der Tag noch aus dem verschlafenen Munde roch, mit alten hochbeinigen Kinderwagerln, Handkarren oder dem selbstgebauten Gig in die Schonungen und Geräumte. Vorne schräg um die Brust einen alten Fahrradreifen als Zuggeschirr. Und in den Taschen dieser Waldläufer befanden sich ein paar mit Ranzeline geschmierte ›Doppeldecker‹, die manchmal auch in den schwer zu ergatternden Erlaubnisschein zum Holzsuchen eingewickelt waren. Da säuberten diese Trecks dann den Moosboden von herabgefallenen Ästen, Daxsen

und den begehrten ›Butzkühen‹, im Lexikon-Deutsch auch Tannenzapfen genannt, so gründlich, daß er nachher genauso appellfähig war wie das Parkett eines großen Ballsaals.
Doch gab es natürlich auch böse Halunken und Diebsgeburten unter diesem Volk, die möglicherweise ein Klafterscheit unter der Fuhre versteckt hatten. Dann ließ der grimme Förster Brause solche Frevler ihre gesamte Ladung wieder in den Wald fahren und dort verstreuen, wo sie dieselbe aufgelesen hatten. Und dabei hatten sie auch noch Glück, weil der ›grüne Rock‹ sogar ihr armseliges Wagerl beschlagnahmen durfte. Wenn er gnädig gestimmt war, ließ er die Sünder jedoch zum Gespött der anderen Rikscha-Kulis das leere Gefährt in der großen Kolonne mit heimziehen.
Daran erinnerte sich Blasius lebhaft, als er wieder einmal in diese Gegend kam, um vielleicht ein paar kräftige Sauerstoff-Happen aus der guten Waldluft herauszubeißen. Aber am grünen Waldrand, wo sonst das Rehlein stand, standen jetzt der Renault, der Record und sogar der hochnäsige Rolls Royce. Da mußte der Spaziergänger an das schöne alte Volkslied denken: »Im grünen Wald, dort wo die Drossel singt.« Und er wandelte es rasch in den viel zeitgemäßeren Vers ab: »Im grünen Wald, dort wo der Diesel stinkt.«
Zuerst kam Blasius an ein idyllisches kleines Moosbächlein. Aber was sah ihn dort plötzlich so fragend an? Es waren Dutzende von tückischen Fettaugen, die auf den traurigen Wellen der Donau entgegenschwammen. Sie stammten von der Fußwaschung eines schmierigen Zweitakter-Schäserls, das weiter vorne von einem Familien-Team mit Schwamm und Sprühdose entgrin-

det wurde. Auch ein paar Lockenwickler, zwei Spreizfuß-Einlagen und eine weit über die Ufer hinaus ranzelnde Käseschachtel schaukelten lustig daher. Gleich nachher schrie jemand neben ihm mit Lautstärke sechs: »Tor, Tor, Tor.« Es war ein kleiner vernickelter Transistor, der sein rundes Maul so weit aufriß, statt damit wenigstens seinem Besitzer kräftig in die Hand zu beißen. Dann kam ein Mann mit einem Fahrrad-Anhänger, der harmlos und falsch die Loreley pfiff, was davon ablenken sollte, daß er hundert Meter weiter vorne eine Fuhre von mehreren löchrigen Plastikkübeln, zerrissenen Gummistiefeln, verrosteten Waschschüsseln und die vergilbten Zuschriften auf ein Heiratsinserat für das darbende Rotwild abgeladen hatte. Die Losung, die der Spaziergänger schließlich wenig später mitten auf dem schmalen Pfad antraf, konnte der Form und dem Volumen nach nur von einem mazedonischen Berufsringer herstammen, der auf der Hochzeit eines Landsmannes mindestens vierzehn Portionen Tschevapcici verzehrt hatte.

»Jjjjj aaauuuu«, heulte es da plötzlich in den Lüften, und der Waldwanderer ging blitzschnell auf Tauchstation. Denn das Heulen über ihm hörte sich etwa an, als wäre der Riese Atlas einem Jumbo-Jet versehentlich auf den dicken Schwanz getreten. Und in der Tat, es stammte auch von zwei Düsenjägern. Sie fegten so nah über die Baumwipfel, daß ein prasselnder Regen vor frisch gerösteten Tannenzapfen auf den entsetzten Spaziergänger herunterfiel. Doch vielleicht spielten die beiden Aeroplane auch nur ganz friedlich Frühlingserwachen. Und das vordere Flugzeug war halt ein Weibchen.

Zu diesem Zeitpunkt wandte sich dann der Gast mit Grausen. Und als er wieder bei den parkenden Steißschaukeln ankam, sah der Platz aus wie die Via Veneto nach dem Streik der römischen Müllabfuhr. Blasius aber fragte sich, wo blieb denn da der so gestrenge Rindenwart von anno dazumal, damit er diesen Dreckspatzen mindestens die Auflage machte, daß sie ihre Schweißfuß-Archen auch einmal selber nach Hause ziehen mußten, wie jenes armselige Fußlappen-Geschwader einst im Mai. Doch dafür haben die Behörden wahrscheinlich längst keine Beamten mehr. Denn der wackere Waldaufseher und der sakrische Jagersbua sitzen ja heute gewiß alle kugel- und wettersicher in ihren Stadtbüros, wo sie sich über die Computer beugen müssen, um lange Zahlenreihen und Berichte über die Verpestung der ›grünen Lungen‹ zu verfassen. Und ewig rauschen die Akten.

Keine Sehnsucht nach dem Süden

Mag schon sein, daß Blasius zur Zeit auf die wackeren Azzurri besonders sauer ist. Das kommt vielleicht auch daher, weil er seit Jahr und Tag hört, daß unsere südlichen Nachbarn in ihrer großen Geldmisere allzu tief in den gemeinsamen Topf langen, welchen die satzungstreuen Tedeschi mit am meisten füllen. Gleichzeitig aber stinkt er dem Spaziergänger auch, daß beispielsweise eine Sophia Loren die italienischen Finanzämter mit ihren kindischen Steuererklärungen immer wieder zu Tränen rührt. Denn Blasius mag einfach nicht verstehen, warum ausgerechnet die Putzfrau Meier auf dem Wege über ihre Lohnsteuerkarte das Wohlleben dieses Busenstars und die Steuerschlamperei unserer lieben Bundesgenossen mitfinanzieren soll. Aber vielleicht meinen die stolzen Römer, daß die Bezeichnung EWG möglicherweise von jenem Posten abgeleitet ist, den manche schlitzohrige Kellner mit WG auf die Rechnung ihrer Gäste setzen, worauf sie dann, von diesen befragt, mit lächelnder Chuzpe sagen, das heißt ganz einfach ›Wenn's geht‹.

Auch dafür, daß diese Leutchen vielleicht als Ausgleich gelegentlich die Straße nach Fortezza mit deutscher Vollmilch aufwaschen, fehlt dem Spaziergänger jedes Verständnis. Fest steht jedenfalls, daß Blasius schon geraume Zeit keine besondere Sehnsucht nach dem sonnigen Süden mehr empfindet. Denn was ist schon von einem Reiseland zu halten, das die Ansichtskarten seiner Touristen gleich tonnenweise einstampft, wobei wahrscheinlich vorher auch noch die Briefmarken her-

untergeschleckt werden, wenn sie der Portier überhaupt draufgepappt haben sollte. Da lohnt es sich sicherlich auch nicht, wenn der Feriengast womöglich seine Brieftauben zur Beförderung der Nachrichten selber mitbringt. Weil er dieselben dann mit großer Gewißheit bei der Schießwütigkeit der Azzurri wohl in der nächsten Osteria reichlich mit Ketchup garniert und zwischen zwei Semmelhälften geklemmt wieder antreffen könnte. Leider ist aber auch mit dem Baden auf dieser Halbinsel gar nicht mehr viel los, seit das Mittelmeer der Nachttopf Europas geworden ist. Ferner ist nach Feststellung des Spaziergängers gegen den Canale Grande, der in trüben Tagen so ähnlich riecht wie ein alter Zigeuner-Schnauzl unter seinem Schwanz, die Odel-Grube des Josef Filser selig immer noch die reinste Mineralwasser-Quelle. Und jene Gegend südlich von Rom, in der sich hauptsächlich die Münchner Kaffee-Society eingenistet hat, wird für den Touristen lediglich dadurch noch sehenswert, weil in der ganzen Saison dort von der sanften Dünung die gleichen drei Gegenstände an den Strand gespült werden. Nämlich: ein ertrunkener Damenschlüpfer, Modell Adele Sandrock, jener tote Hund, auf den dieses schöne Land gekommen ist, und ein armlanger aufgeschlitzter Fisch, der wohl in einem Anfall von unheilbarer Schwermut mit einem weggeworfenen Büchsenöffner selber Harakiri gemacht hat. Deshalb heißt dieser Küstenstrich bei dem Spaziergänger auch längst nur mehr ›die Schweinebucht‹.
Und wer noch immer den Schlagerdichtern glaubt, daß Santa Lucia eine grüne Welt ist, dem möchte der Spaziergänger sagen, daß das einzig Grüne, das er in dieser lausigen Ecke erblickte, nur die grünen Spinatnudeln

waren und etwas Grünspan an der Kirchentüre von Santa Maria Triccolo. Dazu kommt auch noch der neueste Trick einer organisierten Traveller-Mafia. Nämlich ein ausländisches Auto mit drei eigenen Wagen so einzuklemmen, daß es sich aus dem Verkehrsgewühl nicht mehr befreien kann, worauf ein grinsender Lazzarone die Tür des Autos aufreißt und höflich unter Verwendung einer sechsschüssigen Bettel-Maschine um ein kleines ›Benefiz‹ bittet. Nein, herzlichen Dank, möchte Blasius dazu sagen. Und wenn der schöne Spruch da lautet: ›Neapel sehen und sterben‹, dann möchte der Spaziergänger dem Erfinder dieses Slogans antworten: »Meinetwegen, aber dann bitteschön zuerst einmal der Mann, der ihm die Fahrkarte dorthin verkauft hat.« Nochmals nein und mitnichten.
Da deckt Blasius sein bißchen Bedarf an Italienisch doch lieber im Alten Botanischen Garten zu München. Denn der befindet sich schon seit langer Zeit fest in italienischer Hand. Und wenn der Zaungast dann wieder genug hat von ›Mama mia‹, ›Santa Madonna‹ oder ›Bella ragazza‹, dann fällt er einfach dreimal um und schon ist er nicht in dem noblen Albergo Jemini, sondern gleich direkt auf seinem geliebten Kanapee. Wo nach Meinung der letzten alten Münchner in dieser ruhelosen und wirren Zeit ›so oana hig'hört‹.

Die Weiberfeinde

Das viel diskutierte Jahr der Frau ist zwar längst vorbei, doch weil halt das Thema ›Weib‹ unerschöpflich ist, möchte es der Spaziergänger noch einmal aus seiner persönlichen Perspektive beleuchten. Nun, Blasius muß von sich selber ehrlich gestehen, daß er schon als Zuckerstangen-Bubi fleißig hinter den langhaarigen Mausefallen her war. Und von hundert Schritten, die er tat, segelte er neunundneunzig im freundlichen Fahrtwind der Unterröcke. Selbstverständlich suchte er dabei auch fleißig nach der Seele und dem Innenleben der Mädchen. Doch dort, wo der Spaziergänger diese Sachen suchte, waren sie meistens nicht. Sondern dort waren Gummizüge, Haken, Ösen und Drücker. Oder wie die stummen Hüter der Tugend noch heißen mögen, die vor dem Vergnügen gewöhnlich genauso beharrlich wachen wie der Alberich vor dem Nibelungenhort. Und so befolgte Blasius halt auch, so gut es ging, brav und bieder den Schlachtruf, der damals bei den Dreiviertelfertigen üblich war: »Immer rin in die Damen, solange sie noch doof sind.«

Nun gibt es aber leider auch eine ganz andere Sorte von Mannsbildern, die sogenannten Weiberfeinde. Diese Burschen hängen meistens kleine handgemalte Täfelchen in ihren winzigen Appartements auf, wo zu lesen steht: »Lieber im Wald bei einer wilden Sau — als daheim bei einer bösen Frau.« Denn sie behaupten hartnäckig und kollektiv, jedes noch so schöne Weib würde später einmal genauso tückisch werden wie ein Furunkel. Natürlich halten sie auch nicht viel von der

sogenannten Treue des Unterrockgeschwaders. Und sie können in der Tat aufgrund zahlreicher geschichtlicher Beispiele und Episoden darauf hinweisen, daß es keinen Ort der Welt gibt, wo die Fannis ihre Emsigkeit nicht schon unter Beweis gestellt hätten. Ob unter indischen Palmen oder auf bayerischen Almen. Unleugbar sind ja auch schon in Gefängnissen, Äroplanen und erkalteten Hochöfen Bambinos gebastelt und geliefert worden. Und den Fannis ist es dabei vollkommen gleichgültig gewesen, ob diese Bastelstunde vielleicht gerade auf einen fleischlosen Tag fiel oder auf den 31. Februar. Denn ihr rätselhaftes Motiv lautet eben: »Laß sie doch, die Ilsebillse — immer wenn sie will, dann willse.«
Im übrigen aber glauben die eingefleischten Ladykiller, daß die ondulierten Fallgruben ganz systematisch vorgingen, wenn auch etwa mit der Logik eines Karl Valentin, der einmal vorschlug, man sollte den Verkehr so regeln, daß am Montag nur die Straßenbahnen, am Dienstag die Fußgänger und am Mittwoch die Radfahrer verkehren dürften. Demnach würde der Liebesfahrplan einer Zwanzigjährigen etwa so ausschauen: Montag Fritz, Dienstag Hans, Mittwoch Franz, Donnerstag Pillentag, Freitag Friseur, Samstag Baden und Sonntag Verlobter. Die Vierzigjährige dagegen hätte ungefähr folgenden Terminkalender: Januar Emil, Februar Skilehrer, März Migräne, April Schönheitsfarm, Mai Liftmonat, Juni Trachtenkostüm, Juli Fensterln, August Emil, September Emil, Oktober Emil, November Rechtsanwalt, Dezember Notar.
Freilich, eine solche Einstellung zum zarten Bodenpersonal, so meint Blasius, ist schon arg ungerecht und hart. Wenn der Spaziergänger auch nicht leugnen kann,

daß gerade bei den unverbildeten Berufsständen und Völkern das Kittelgeschlecht noch nie besonders viel galt. So heißt es, in Palästina muß die Ehefrau heute noch fünfzig Meter vor ihrem Mann hergehen, weil doch noch so viele Tellerminen im Wüstensand sein könnten. Nach einer anderen Fabel aus Jugoslawien erzählt man sich, daß der Storch dort die kleinen Kinder durch den Kamin ins Haus wirft. Wenn deshalb einer seinen Nachbarn nicht leiden kann, stellt er eine Axt mit der Schneide nach oben in dessen Feuerstelle, damit der unliebsame Geselle ja keinen Buben, sondern ein Mädchen bekäme, das dort etwa genau soviel gilt, wie bei uns eine gebührenfreie Verwarnung. Eine alte bayerische Bauernregel wiederum besagt ganz eindeutig, wie es mit der Rangfolge auf einem solchen Hof gehalten wird. Denn da heißt es nämlich: »Weiberschterbn is koa Verderbn, aber Kuah varregga, kon an Bauern daschregga.«

Nun, Blasius hat diese Binsenweisheiten ja nicht selber erfunden, und er bittet deshalb auch etwa verärgerte Schönheiten, sich an den unbekannten Verfasser persönlich zu wenden. Was aber den Rummel anbetrifft, der manchmal um das Problem der ›reifen Frau‹ entfesselt wurde, so glaubt der Spaziergänger bestimmt, daß ein g'standenes Weiberleut in unseren Breitengraden auch mit Anstand alt werden kann. Und deshalb möchte er die bange Illustriertenfrage: »Was tut die Frau von vierzig?« ganz einfach dahingehend beantworten: »Sie wird halt einundvierzig.«

Schwammerl-Schnüffler

»Taritaratralalala – die Schwammerlzeit ist wieder da!« Und der dunkle Tann hallt wider von schrillen Uuuhu-Rufen, gräßlichen Holleradiridi-Orientierungs-Jodlern, dem Kontakt-Geheul hängebäuchiger Manager und dem krächzend nachempfundenen Dschungel-Ruf des Urwald-Königs Tarzan. Ferner gibt es dann auch eine gewisse Sorte von Damen, die ihrem Steinpilz-Partner die Sprechfunk-Aufforderung zujubeln: »Hans Karl bitte kommen.« Und das erinnert irgendwie immer an den Untertitel eines Porno-Films. Mit dieser grauenhaften Beschallung gelingt es den vereinigten Hallimasch-Hunnen mühelos, den köstlichen Ozon in kürzester Zeit zu ranziger Buttermilch gerinnen zu lassen. Die ehrwürdigen Tannenbäume aber erschrecken davon so sehr, daß sie ihre Nadeln verlieren wie die Christbäume auf Heilig Drei König.

Denn das Schwammerlsuchen ist längst eine Seuche geworden und scheinbar so ansteckend wie die asiatische Grippe. Wie sonst kämen Leute, die einen Fußpilz kaum von einem Steinpilz unterscheiden können und einen Erdstern für die verlorengegangene Rosette der Ehrenlegion halten, auf die verwerfliche Idee, die letzten Erholungs-Oasen, die noch nicht von den Abgasen der Autobahn-Saurier verbleit sind, mit ihrem Geheul, weggeworfenen Spreizfuß-Einlagen, den grün geringelten Kaufhof-Tüten, verlorenen Tampons und verrotzten Tempo-Taschentüchern vollends zu versauen. Und dem grünen Wald für den gierig herausgebissenen Sauerstoff statt einem Denkmal auch noch ihre üble Losung ins geschändete Dickicht zu setzen. Wenigstens sollten sie doch den rindigen Patriarchen zum Abschied den unteren Ast schütteln wie einem geduldigen Gönner die gütige Hand.

Blasius wäre deshalb dafür, daß man den Pilz-Partisanen, die unter dem Vorwand der dringenden Nahrungssuche bis tief unter jedes Wurzelwerk schnüffeln wie die Trüffel-Säue, eine Lizenz zur Pirsch auf den Porling, den Parasol oder den Pfifferling abverlangt, wie es in vielen Nachbarstaaten längst der Fall ist. Denn ihren wütenden Raubzügen ist es doch zu verdanken, daß beispielsweise das dottergelbe Reherl, das die Fichtenschonungen einst so gelb machte wie blühender Löwenzahn eine Bergwiese, in den größten Teilen des Bayernlandes ausgestorben ist. Kein Wunder, wenn sogar manche fette Suffragette plötzlich ihre Liebe zu den verlockenden eiweißhaltigen Nuggets entdeckt hat und mit falschen Fingernägeln auch das kleine Pilz-Baby gierig aus dem Boden kratzt. Und auch der Steinpilz, der nicht einmal als absoluter König der Schwammerl gelten kann, hat seine Ausrottung diesen Vandalen zu verdanken, weil er kaum zu verwechseln ist und deshalb auch schon im Stadium seines zarten Werdens wie ein bleicher Engerling bereits unter der Moosdecke herausgescharrt wird. Darum ist es wohl auch verständlich, wenn die echten Schwammerl-Fuchsen mit allen möglichen Haken und Ösen versuchen, wenigstens ein paar versteckte Fund-Platzerl ihres Paradieses noch zu erhalten. Niemals wird deshalb ein solcher Waldläufer seine Beute auch gleich da putzen, wo er sie gefunden hat, sondern weit nebenan, wo es außer ein paar weggeschmissenen Kodak-Kassetten kaum etwas zu finden gibt. Auch lockt er die miese Konkurrenz gerne dadurch in die falsche Richtung, indem er die kleinen Wegweiser in den ›Geräumten‹ einfach umdreht, wie es die russischen Partisanen machten. So daß der dumme Waldschrat dann statt bei Krailling erst wieder in der Nähe von Kufstein herausfindet. Ebenso werden gerne an die Bäume angeheftete Tollwut-Plakate, die man ja auch straflos selber machen kann, als Ablenkung verwendet. Oder die Druckschrift-Warnung: Gebiet ist von Kreuzottern verseucht.

Nur so können jene Gold-Röhrlings-Genossen, die noch einer echten Waldeslust frönen wollen, ihre Birkenpilz-Plätze wenigstens etwas schützen. Für die übrigen Brätlings-Banausen ist das wahrscheinlich auch kein allzugroßer Verlust. Denn sie haben doch noch nie in ihrem Leben jenes Gefühl ganz genossen, ein zartes Judas-Ohr zu entdecken, das sie ja sowieso nur für ein protestantisches Schimpfwort halten. Und sie wissen nicht, daß ein solches Erlebnis für einen lüsternen Tannhäuser etwa dasselbe bedeutet, wie wenn ein alter Wüstling in einem Puff plötzlich eine Jungfrau fände.

Freilich muß der Spaziergänger auch in Erinnerung an längst vergangene eigene Unterholz-Unternehmungen schon zugeben, daß es auch noch eine gewisse Sorte junger Menschen gibt, die mit der faulen Ausrede des Schwammerlsuchens tief ins Waldesdunkel eindringen und dabei dann allerhand schöne Sachen entdecken. Davon handelt ja auch schon ein etwas rauher Auer Vorstadt-Song, der mit der harmlosen Einleitung beginnt: »Da Kare geht in d'Schwammerl naus / in olla Herrgottsfruah / a wunderscheena Tog is heid / und Schwammerl gibt's grod gnua.« Und auch ein norddeutscher Schwammerl-Vers besingt so eine Schnecklings-Safari mit der warnenden Moritat:

»Ein Mädchen ging im Wald,
um Pilze zu pflücken.
Dabei mußt' sie sich bücken.
Jetzt stillt' se.
Scheiß Pilze!«

Frühmesse

In München gibt es rund 120 Kirchen. Und in 90 davon werden die Gläubigen zur Frühmesse eingeladen. Etwa viertausend Katholiken gehen auch täglich hin. Von den 3800 Wirtshäusern in unserer Stadt dürfen hundert Lokale schon am zwielichten Morgen eröffnen. Sie bitten die Gäste zum Frühschoppen. Doch nur annähernd eintausend Figuren folgen diesem Ruf. Also heißt es im Lokalderby Frühmesse gegen Frühschoppen vier zu eins. Morgenstund hat demnach in München nur wenig Bier im Mund. Und der viel gerühmte Gerstensaft unterliegt klar gegen das Weihwasser. Obwohl letzteres keinerlei Stammwürze besitzt.

Blasius aber hat sich nun auch einmal auf die dreiviertellangen Strümpfe gemacht und die frühe Kundschaft der heiligen Dreieinigkeit bei der Morgenandacht beobachtet. Die Kirche, die er besucht, gilt als eine der schönsten seiner Heimatstadt und sie ist es auch. Allerdings die Hinterglas-Apostel auf den Fensterscheiben tun ihm leid. Sie haben zwar alle gütige scheue Bambiaugen, aber einen schiefen, schmerzhaften Bandscheibenhals. Auch die sechzehn Heiligen an der Wand empfindet der Spaziergänger ein bißchen als Stilbrüchlinge. Denn sie sind alle durchwegs schwer bewaffnet mit Keulen, Hellebarden und Schwertern. Die Welt war wohl schon immer böse und schlecht. Oder wie Valentin meinte: »Die Leut halt.«

Der Marmorboden des Tempels ist so piksauber, daß man darauf essen könnte. Aber essen tut doch sowieso niemand in so einem hohen Hause.

Soeben naht ein seltsames Pärchen. Braun gebrannt beten die zwei innig. Die Gesichter über den neuen italienischen Strickwesten gesenkt. Sie kommen direkt vom Bahnhof. Er hat einen Strohhut auf die Bank neben sich gelegt, mit einer langen blauen Seidenschleife: ›Ricordo di Alassio‹, steht darauf. Dann lassen beide einen überschweren Dankesseufzer fallen. In ihrer jungen Liebe hatten sie nämlich den Rückreise-Omnibus versäumt. Und der fuhr dann bei Franzensfeste über die Böschung. Es soll Tote gegeben haben und sie sind nicht dabei. Mille grazie. Es wird wohl erst morgen in der Zeitung stehen, weil das Schicksal halt noch viel schneller ist als jede Druckerpresse. Ja, ja, der Mensch denkt und Gott lenkt. Dabei machte der Omnibusfahrer einen so prima Eindruck. Eine ganze Handvoll lumpiger Lire schluckt nachher der Opferstock. Aber was versteht denn der schon von Währungsverfall.

Der Herr Pfarrer vorn im reich bestickten Andachtslook geht so lautlos wie eine Quarzuhr hin und her. Später beginnt er dumpfe unregelmäßige Verben zu murmeln. Vom leisen Klipp-klapp-Plappern des Meßdieners immer wieder unterbrochen. Klingt wie das eifrige Getrippel eines Tausendfüßlers mit einem Holzbein. Als der geistliche Herr den Segen spendet, machen die meisten Andächtigen nicht mehr das kindliche Daumennagel-Kreuzzeichen, sondern das große Lateinische: ›In nomine Patris.‹ Dann lassen sie die Fingerspitzen noch ein paar Augenblicke in der Herzgegend verweilen, als wollten sie sagen: »Ja Herr, da tut's am meisten weh.«

Ein verschlafener Verkaufsfahrer schiebt sich in die Betbank. Sein Gesicht ist grau wie sein Arbeitsmantel und der Tag draußen. Er sagt nichts und verwickelt nur die unfolgsamen steifen Finger ineinander. Bittet er nun vielleicht um Verschonung vor Strafzetteln und gute Trinkgelder oder um möglichst wenig Umleitungen? Dann putzt er sich mit dem Zipfel seines Kittels die Nase, zieht einen verknitterten Lottozettel aus der Tasche und macht noch schnell ein Kreuz hinein. Wenn er sechs Richtige hat, gibt's einen Tausender für den Klingelbeutel. Na, sagen wir einen Hunderter.

Ein Fremder geht leise herein, klopft dem erzenen Erzengel an die Brust und sagt befriedigt: ›Bronze‹. Das kleine Kind steht mit dem Mütterlein lange am Reliquien-Sarg, sieht die Mumie an und fragt dann bang: »Gell Mami, so schaust du einmal nicht aus, bevor du in den Himmel kommst. Bitte, bitte Mami, gell, so nicht.« Und auf einmal ist ein Hund in der Kirche. Hat man denn vergessen, vor der Pforte ein Hundeabweisungsmittel zu streuen? Kein Höllenhund Hektor ist das. I wo. Ein kleiner sauerkrauthaariger Wadlbeißer. Und plötzlich hat er es gefunden: sein Frauli. Das Weiberl erschrickt bis in die gebeugten Rückenwirbel hinein und hält dem Tempel-Frevler sofort das winselnde Maul zu. Dann entfleucht sie hastig und vernichtet. Sie wird es am Sonnabend nachmittag beichten.

Hinten im Marienwinkel flackern die gelben Kerzenflammen im Zugwind. Als ob sie miteinander reden würden, die bleichen Zungen der Ewigkeit. Dann kommt ein Mutterl, nimmt den Rosenkranz heraus und betet im Sprintertempo. Scheu schaut sie um und schnell läßt sie gleich drei Perlen hintereinander durch die verarbeiteten Finger rutschen. Denn daheim stehen doch die Kartoffeln auf dem Gas. Oh je, aber ob's wohl die Mutter Gottes nicht doch gesehen hat? Da fällt der erste Sonnenstrahl durch das Grottenfenster und huscht über das Gesicht der Madonna. Zwei winzige Verschwörerfältchen zeichnet das Morgenlicht um die schönen Plüschaugen. Und dann sagt die Himmelsmutter ganz deutlich zur Beterin: »Ja, ja, jetzt gehen Sie nur gleich heim, Frau Schwindelmeier. Ich weiß ja, wie das ist. Ich habe ja schließlich selber einmal eine Familie gehabt.«

Das endet bös

Manchmal hört der Spaziergänger eine ganze Reihe ebenso entsetzlicher wie sanft idiotischer Meldungen aus dem plärrenden Kurzwellen-Maul seines Dampf-Radios. Denn was erzählt ihm da ein schwachköpfiger Schwachstrom-Schwadroneur in schwächlichem Deutsch? Er faselt von einem bedrohlichen ›Mediziner-Überhang‹, von einer gefährlichen ›Lehrer-Welle‹ und einer abscheulichen ›Juristen-Schwemme‹.

Nun hat der Spaziergänger zwar schon des öfteren von eiskalten Schnee-Überhängen gehört. Doch überhängende Blinddarm-Schnüffler kannte er bisher nicht. Es sei denn, es handelte sich um einen zerfahrenen Jod-Onkel, der weit vornübergebeugt nach einer vergessenen Schere in einer wildfremden Bauchhöhle suchte. Immerhin aber ist Blasius auch der Meinung des geistreichen Kommentators, daß die Massenproduktion von Bauchweh-Ingenieuren schleunigst gestoppt werden sollte. Denn sonst treffen ja auf einen Gürtelrosen-Besitzer bald zehn Doktoren. Und das endet bös. Denn es hat sich längst erwiesen, daß zwar ein einziger Kranker zehn Ärzte gesund machen kann, aber zehn Ärzte noch lange keinen Kranken. Und daß den Weißkitteln zuliebe das ganze Volk, das einst ein Volk von Fliegern werden sollte, jetzt aus reinem Mitleid ein Volk von Fiebrigen wird, das können wohl selbst die Thermometer-Picadores nicht verlangen.

Und dann die haushohe ›Lehrer-Welle‹. Auch da möchte Blasius bemerken, daß er öfter schon von Donauwellen und Dauerwellen vernommmen hat. Aber so eine Riesenspülerei, wo eine ganze Brandung voll purzelnder zeckerlfetter Fräuleins vermischt mit leicht verdutzten Einmaleins-Dompteuren auf die baufälligen Weisheitsburgen zurollt, findet er doch zu drollig. Freilich weiß auch der Spaziergänger längst, daß der Mensch rechnen und lesen lernen muß, um sich ausgiebig über die Oberschenkelmaße des Gerd Müller und den Arschumfang der Romy Schneider zu informieren. Aber hat man denn dem Unterrichts-Minister nicht erklären können, wenn dreißig Schüler einen Lehrer benötigen, wieviel er dann für dreißigtausend Schüler produzieren muß? Dann möchte Blasius allerdings tadelnd dazu sagen: »Völlig ungenügend, Maier. Setzen. Und sitzenbleiben.«

Am erschreckendsten aber traf den Chronisten die Kunde von der ›Juristen-Schwemme‹, wobei detailliert wurde, daß in Deutschland von den zwölftausend Jura-Eleven überhaupt nur viertausend gebraucht würden. Warum man dieses Mißverhältnis allerdings mit dem wässrigen Wort ›Schwemme‹ bezeichnet, weiß der geistige Normalverbraucher wohl kaum.

Der Spaziergänger würde es auch keinem raten, im Ernstfalle den Herrn mit dem schwarzen Kapperl einen ›Schwemmer‹ zu nennen. Das könnte wohl das Strafmaß schlimmer ausfallen lassen. Jedoch möchte Blasius folgende Überlegung geltend machen: Wenn es also bei uns so viele Häscher gibt, sind doch ganz einfach die Spitzbuben zu wenig. Das heißt also, die Bundesbürger sind einfach zu brav. Sollten deshalb die Untertanen nicht wollen, daß die hohen Gerichtsherren vom Fleische fallen und an ihren düsteren Roben nagen müssen, hilft nur eines: Nämlich daß alle tatkräftig dazu beitragen, die Kriminalität schleunigst anzuheben. Denn nur so kann eine Vollbeschäftigung der Dame Justitia und ihre stattliche Vollbusigkeit auch weiterhin garantiert werden. Blasius möchte deswegen jeden pflichtbewußten Bundesbürger dringend auffordern: »Deutsche, laßt eure Staatsanwälte nicht verhungern. Klaut schneller, Genossen!«

An den Wunderwassern von Füssing

Weil bei Blasius wieder einmal die Rückenwirbel verdächtig knarzen und die Reparaturen an seiner Anatomie immer mehr werden, begab er sich in jene Gegend, die man auch das ›weiß-blaue Abano‹ nennt oder das ›bayerische Warmwasser-Texas‹. Nämlich hinüber an die Wunderquellen von Bad Füssing. Dort wo zwar kein Rohöl aus dem Boden sprudelt, aber dafür das ebenso wertvolle Rheumatismus-Petroleum, von den gelehrten Weißkitteln auch Hydrogen-Carbonat-Chlorid getauft. Und als der Spaziergänger auf den prächtig angelegten Kieswegen und Wanderpfaden alle die Figuren sieht, die Schiefen und die Schrägen, die Verbogenen und Vergrämten, da ahnt Blasius, aus wieviel Bauteilen, Knöchelchen, Scharnieren, Bändern, Bolzen, Stiften, Pfannen und Kugeln der Mensch bestehen muß. Da ist ja ein VW dagegen so simpel und unkompliziert wie der Kilometerstein fünfzehn nach Mühldorf. Und weil einen doch jedes winzige Schräubchen ganz einzeln quälen kann, soll ein Wanderer durch die Welten eigentlich schon beim täglichen Aufstehen stets begreifen: »Höchstes Glück auf Erden ist, vom Wehdam verschont zu werden.«
Nun, der Kapitän des schnell berühmt gewordenen Füssinger ›Au-Weh-Ozeans‹ ist ein gewisser Dr. Zwick. Und der Spaziergänger meint, wie soll so ein Pascha über fünf Milliarden Zwick-Zwack-Wassertropfen denn sonst auch heißen. Immerhin hat dieser Hakim, der wie eine Mischung zwischen dem Gewichtheber Mang und dem sagenhaften Axel Munthe ausschaut, sein Ischi-

as-Imperium nicht für die hochgestochenen ›Geschmerzten‹ errichtet, sondern ausschließlich für ganz gewöhnliche Krankenhausstöhner. Und die ganze Landgemeinde, die früher einmal so rückständig war, daß die Bauern ihre Fenster noch mit altgewordenen Dampfnudeln putzten, ist heute längst so fortschrittlich geworden, daß auch der kleinste Häuslmann über den Ölwechsel beim Mercedes 600 Bescheid weiß. Jedenfalls gehören die Füssinger seit Jahren zu jenen Alchimisten, die aus trübem, heißem Wasser eitel Gold machen können. Dabei begann alles so simpel. Denn eines Tages, als der dicke Reichsmarschall in dieser Gegend nach Treibstoff für seine zweimotorigen Stechmücken bohren ließ, da nässelte den Ingenieuren plötzlich ein lauwarmer Wasserstrahl entgegen, mit dem sie zwar ein WC hätten betreiben können, aber niemals einen Bomber. Daraufhin wusch ein Bäuerlein lange Zeit seinen Bulldog in dem verlassenen Tümpel und einmal auch seine Füße. Worauf er plötzlich die 100 Meter in zwölfkommafünf laufen konnte. Dieses Mirakel zog dann schnell viele Bresthafte ins Dorf. Und mit ihnen kamen auch das Geld und der Neid.

Drüben am anderen Ufer versuchten indes auch die Österreicher fündig zu werden. Doch sie bohren halt heute noch immer verzagt in ihren Nasen. In Füssing aber entstanden schnell nach guter deutscher Sitte noch zwei Konkurrenz-Unternehmen, von denen das eine, ein staatliches, erst kurz dem anderen Geschäftsmann die Wasserrohre einfach absägen ließ. ›Hallo Partner‹. Deshalb sah der Spaziergänger wohl auch viele unförmige Tankwagen durch den Kurort rattern. Sie enthielten jedoch kein Erdöl, sondern das kostbare Rheuma-

tismus-Gasolin, das der ›angezapfte‹ Unternehmer natürlich nicht in die Tanks der Automobile füllt, sondern in die Hälse ihrer Besitzer. Weil manche alte Brummbär-Patienten halt meinen, davon bekämen sie wieder eine zärtliche Sieben-Geißlein-Stimme. Im übrigen sind fast alle Wasserpanscher, welche die zahlreichen Gicht-›Laggerl‹, die Bandscheiben-Weiher und die Hexenschuß-Lagunen bevölkern, der unumstößlichen Meinung, so ein Arthritis-Sud würde fast alles heilen, mit Ausnahme von Zahnlücken, Dummheit oder Heimweh. Blasius selbst kann nach seinem kurzen Besuch natürlich noch nicht feststellen, ob ihm die Bewässerung auch geholfen hat. Immerhin aber konnte er bereits beim letzten Fußballtoto vier Richtige verbuchen.
Von einem besonders begeisterten Kurgast, dem das Zipperlein in dem linken Fuß etwas verkürzt hat, erfuhr er sogar, daß das Schwefel-Süpplein eine derart heilsame Wirkung hätte, daß nun sein rechter Fuß etwas länger geworden wäre als der andere. Besonders gern bevorzugen reifere Damen die schmeichelwarmen Dankeschön-Bottiche. Denn Aqua hebt bekanntlich enorm. Auch den wuchtigen Schleuderbusen.
Allerdings lauern in den Füssinger Runderneuerungs-Fjorden auch immer ein paar uralte Krokodile. Sie schwimmen bewegungslos wie Baumstämme im Ischias-Amazonas und lauern mit schläfrigen gelben Augen genau in der Höhe des Wasserspiegels.
Als der Spaziergänger dann seine Stippvisite in diesem Kurdorf beendet hat, kommt ihm noch eine seltsame Überlegung. Wenn diese Schwefelquellen den hilfesuchenden Kranken nämlich alle ihre Wehwehchen und Leiden abnehmen, wo bleiben die denn dann?

Bis Blasius dann bei der Abfahrt schließlich noch ein kleines Abflußbächlein entdeckt, das sich fleißig durch die Gegend schlängelt. Und da weiß der Spaziergänger endlich, daß sich das kleine Rinnsal wohl wegen der Schmerzen, die es den Leidenden abgenommen hat, gar so krümmt. Und daß es nun diese schlimme Mitgift wohl auch in den Inn, dann in die Donau, ins Schwarze Meer und am Ende in jenes Land tragen wird, wo die bösen bösen Onkels hausen. »Oh Pfui.«

Bäumchen, Bäumchen, wechsle dich!

Hierzulande gibt es ein bekanntes Kinderspiel, das neben dem Bestseller ›Vater und Mutter‹ schon immer zu den beliebtesten Unterhaltungen der Gassenkinder gehörte. Es heißt: »Schneider, leih ma dei Schar.« Dabei lehnen die Kleinen an irgendwelchen Bäumen und auf ein bestimmtes Stichwort wechseln sie blitzschnell laufend Standplatz und Situation. Aber auch die Erwachsenen kennen diese Hatz. Bei denen heißt diese Ringel-Reihen-Gaudi »Bäumchen, Bäumchen wechsle dich.« Und das Stichwort heißt ›Liebe‹. Da flitzen dann die Herren allerdings nicht zu einer frei gewordenen Linde, sondern zu einer Theolinde. Und die Damen eilen statt auf einen Ahorn lieber auf einen Anton zu. Und weil bei dieser Parole alles wie irr durcheinander rennt, sagt man von den Teilnehmern auch: Jetzt sind sie wieder einmal läufig, bremsig, wepsig oder gamsig. Wenn dieser Zustand eintritt, schauen die ganz jungen Limonaden-Bubis den ganz jungen Mädchen mit einer Hand dringend nach. Die andere stecken sie schnell in die Hosentasche. Und die ausgelaufenen alten Flaschen wiederum murmeln beim Anblick einer vorüberschreitenden Todsünde ohne jede Überzeugung vor sich hin: »Fräulein, ich liebe sie, was kostet das.« Fast alle Menschen halten diesen Zustand für völlig natürlich und singen laut: »Die Liebe ist eine Himmelsmacht.« Oder »Küssen ist keine Sünd.« Dies ist die erste Illusion.

Weil doch schon ein paar Wissenschaftler fest und besonders steif behaupten, die Liebe sei nur die Berührung zweier Hautschichten. Während manche Kinder schamlos plärren, das Küssen sei das ›Aufeinanderdätschen zweier Menschenlätschen.‹ Ringelnatz aber machte einen Vers darauf, in dem es ganz schlicht und ergreifend heißt: »Die Liebe ist ein holder Wahn, der Walfisch liefert Lebertran.«

Aus den Radios hört man in dieser Zeit der Brunft wiederum verzweifelte Tenöre schluchzen: »Ich will betteln, ich will stehlen, damit du glücklich wirst.« Allerdings, daß sie auch in die Arbeit für die Angebetete gehen wollten, davon singen sie weniger. Und die bedienten Böcke vergießen sogar viel Wasser aus den Augen, wenn sie betört sind, und stöhnen allesamt den gleichen Text vor sich hin. Nämlich: »Die oder keine.« Aber fast keiner von ihnen nimmt dann keine. Ein paar nehmen in diesem Zustand allerdings vielleicht eine kalte Dusche, die Inseraten-Seite mit den Massage-Anzeigen oder sonst eine Kleinigkeit in die feuchtwarme Hand. Die Mehrzahl aber bricht einfach zusammen. Und auf zum Standesamt. Dabei wird die schamhaft Widerstrebende vor einen ebenso eiskalten wie wildfremden Beamten gezerrt. Als ob sie nicht bei diesem Anlaß auch von ganz allein in Jahresbestzeit laufen würde. Und jetzt beginnt die Illusion Nummer zwei.

Weil nun viele unverbesserliche Freier meinen, jetzt wäre jeden Tag ›Mirtwoch‹ für sie und die Liebe fände nun endlich zum absoluten Nulltarif statt. Doch die einzigen Nullen bei dieser Rechnung sind dabei höchstens die Rechner selber. Denn wann hat es schon einmal Amore auf Abonnement blau oder auf Krankenschein gegeben, wenn einer nicht seinen Beitrag pünktlich entrichtete. Nun, statt der Pizza, die man seinem

Mäusezähnchen früher ins ledige Goscherl schob, langt ihr halt jetzt der Zahnarzt wegen der vielen aufgeschobenen Reparaturen kräftig in den Hals hinab. Ferner sind später auch noch zu finanzieren das Veröden der schwiegermütterlichen Beinchen, ein Kuraufenthalt des mittellosen Schwagers in Bad Heilbronn und die Mittlere Reife des herzallerliebsten Neffen. Da ist auch die Zeit dann nimmer fern, wo die einst so köstlichen Liegestützen auf einmal eheliche Pflicht heißen und wo der Ernüchterte in klaren Momenten resigniert feststellen muß: Mit einem lyrischen Blick begann's und jetzt stehen plötzlich acht Figuren da und sagen: Papa, wir brauchen Fahrräder. In diesem Zustand stellt sich dann auch la grande Illusion Römisch drei ein.

Und viele Menschen wechseln dann ins Gebrauchtwagengeschäft hinüber, weil sie jetzt unbedingt einen Zweitwagen haben müssen, statt daß sie ihrer Alten einfach eine Zweitfrisur kaufen und eine mattere Glühbirne in die Nachttischlampe schrauben. Und viele von diesen Sexual-Pendlern meinen gleich gar, sie wären der Hans im Glück persönlich, weil es ihnen womöglich gelingt, ihre alte schnatternde Gans in einen porösen eiskalten Wetzstein umzutauschen.

Dazu möchte Blasius ganz ehrlich sagen: Nein! Freunde, Amigos und Leidensgenossen, tut solches nicht! Bleibt doch lieber daheim und nähret euch redlich. Und fahret euren geliebten alten Beiwagen, den ihr doch so gut kennt, mit seiner gewohnten Straßenlage, dem völlig unnötigen Quietschen und den schwammig werdenden Speichen bis ans bittere Ende. Oder wie es die Großmutter des Spaziergängers immer so schön sagte:

»Schaugt doch blos a anderer Kopf zum Fenster raus.« Noch besser drückte es vielleicht der löwenhaarige BRD-Flüchtling Gunter Sachs aus, als ihn Blasius einmal interviewte bezüglich seiner blonden Trikolore Brigitte: »Na ja, wenn du durch das bißchen Französisch hindurch bist, ist es halt wie bei jeder anderen auch.«

Gefreiter Johannes Denk

»War im März gen Judika / wiederum der Frühling nah / kam zu Ehren alter Sitten / der Herr Kurfürst angeritten«, liest der Spaziergänger gedankenlos auf der berühmten Salvator-Postkarte. Und dann zerreißt es ihm plötzlich das schmutzige Dunkel der Erinnerung. Er schaut schnell noch auf dem Kalender nach und sieht ein gespenstisches Bild vor sich auftauchen, das auf den Tag genau vor dreißig Jahren Wirklichkeit war. Denn damals kam auch einer angeritten. Zwar nicht zu Ehren alter Sitten und auch kein Kurfürst. Sondern der Gefreite Johannes Denk auf einem unglaublich schäbigen Gaul, den er bei der vierzehnten Kompanie gegen einen Amphibien-VW eingetauscht hatte, und den der verlorene Haufen von Blasius noch am gleichen Nachmittag aufaß. Zusammen mit einer Suppe, die aus ein paar Stahlhelmen angeschwemmter daumenlanger Fischlein bestand, die jedesmal an den Strand schwammen, wenn der Iwan seine Bomben über das Frische Haff geworfen hatte, und ein paar Kochgeschirren voll grüner Triebe, mühselig gezupft von den Sträuchern in den Dünen bei Heiligenbeil. Von dem Cavallo blieben nur ein paar Rippen übrig, bleich, gebogen und glattgescheuert wie die Spanten eines Wikinger-Bootes. Trotzdem holte sie die in den nässelnden Sandstollen hausende Genesungs-Kompanie, um sie ein zweites Mal zu sieden, weil doch an die zehntausend Landser eingeschlossen in einen Kessel waren, den Blick bange nach Sibirien gerichtet.

Und das war dieser 16. März 1945. Der Gefreite Denk

war von irgendeiner versprengten Nachrichteneinheit in die Alarmeinheit Letterbeck gekommen, welcher auch der Spaziergänger notgedrungen angehörte. Und bald hieß der hellwache Johannes bloß noch der ›Hans im Glück‹. Das begann schon, als er zusammen mit dem Stabsgefreiten Eiweiß vom Gefechtswagen sprang. Er links hinüber und der andere rechts. Eiweiß hopste dabei haargenau auf eine Mine und fuhr in einem Rauchpilz, wie der feurige Elias, direkt in den Himmel. Der Denk jedoch rutschte lediglich mit seinem Arsch über den mehlfeinen Sand. Stunden später riß derselbe Mann bei einem Alarmsignal seine MP aus einem Knäuel von Fernmelde-Kabeln, Radmänteln und Gasmasken und schoß sich damit direkt selbst durch seine Nahkampfhaut, unten beim Hoheitsvogel rein und oben wieder raus. Und nachher beim Mittagessen, als es noch eine Handvoll Käsepulver gab, hatte er sich einen dicken Doppeldecker damit beschmiert. Und gerade bevor er seinen Kopf beugte, um hineinzubeißen, schlug ihm ein fingerlanger Flaksplitter die Brotzeit wieder aus der Rechten. Denn die Flakscherben hatten halt die dumme Gewohnheit, nicht nur oben zu bleiben bei den Flugzeugen, wo sie hingehörten, sondern auch wieder herunterzufallen.

Nachmittags am 16. März nahm dann das wilde Rudel des Spaziergängers das Dörfchen Mehlsack wieder ein, weil es der Russe wahrscheinlich gar nicht mehr wollte. Und da wußte Blasius ein kleines schmuckes Häuschen, in dem ein wunderschönes Mädchen mit seiner noch schöneren Mutter tags zuvor noch gewohnt hatte. Der Herr Papa war irgendein Nazibonze gewesen. Aber die zwei Germanen-Maiden wollten einfach nicht fliehen,

als es noch gegangen wäre, und sagten immer: »Der Paps und unser Führer machen das schon.« Und die hatten es dann auch auf ihre Weise gemacht. Als der Spaziergänger nämlich durch das verlassene Haus tappte, fand er Mutter und Tochter innig umarmt, aber erschossen auf der Couch, und auf dem Boden lag ein Goldfasan. Sein Gesicht war an der Nase zuende. Er hatte sich in den Mund geschossen. Das große Führerbild an der Wand hatte auch zwei Einschußstellen, aber es blutete natürlich nicht.
Gegen die Dämmerung zu hatte der Soldat Denk zum letzten Male Glück an diesem Tage. Blasius und er fanden am Ortseingang ein winziges Siedlerhäuschen. Und als sie es zum Zwecke der Quartiersuche besichtigten, entdeckten sie in dem kleinen Puppenzimmer im ersten Stock ein weiß gedecktes Tischlein, worauf ein Glas Marmelade stand und daneben lag ein Zettel mit den Worten: »Lieber deutscher Soldat. Das ist alles, was wir noch hatten. Bitte verteidigt unser Häuschen, wir haben es selber gebaut. Familie Glas mit drei Kindern.« Nun, der Hans legte sich gleich einmal auf das Kanapee und wollte schlafen. Aber da setzte der ›Ratsch-Bum‹ ein. Und während Blasius noch schnell in den Keller auf Tauchstation ging, kam der Johannes selbst etwas später nach. Dann tat es noch einen schrecklichen ›Ratsch‹ und der Spaziergänger und sein Waffen-Gefährte flogen fast aus dem Souterrain. Sie wollten aber doch noch die Treppe zum Eingemachten hinaufsteigen, aber da war keine Treppe mehr und keine Marmelade nimmer. Nicht einmal der kleine Zettel von der Familie Glas und am allerwenigsten der ganze erste Stock. Nur mehr ein Stück Dunkelheit starrte sie an.

Deshalb robbte Blasius mit seinem Kettenhund ›zu Fuß‹ zum Hafen hinunter, von Trichter zu Trichter. Und in einem gefiel es dem Hans im Glück besonders gut und er sagte: »Laß uns dableiben, denn wo schon einmal eine eingeschlagen hat, trifft's kein zweites Mal.« So hatte man es doch bei den Rekruten gelernt. Aber er vertraute halt zu sehr darauf, daß der liebe Gott auch ein deutscher Unteroffizier war. Der Spaziergänger aber legte sich lieber wie ein nasses Hemd über das Geschützrohr einer gerade langsam vorbeirollenden Flakbatterie. Das letzte, was dann Blasius noch sah, war der Gefreite Denk, hoch in der Luft und ohne Beine. Es hatte also doch noch einmal ins gleiche Loch getroffen.

Und an diesem Tage meldete der Wehrmachtsbericht: »Im Frontbogen südlich des Frischen Haffs wurden 108 Panzer vernichtet.« Daß es deutsche Panzer gewesen waren, meldete der Wehrmachtsbericht nicht. Auch von den beiden abgerissenen Beinen des Gefreiten Johannes Denk war keine Rede.

In einem andern Land

Am ersten Tag gehen sie noch ein bißchen unsicher herum. Wie ein Beduinenstamm, der von der deutschen Entwicklungshilfe Schlittschuhe geschenkt bekam. Einfältig kichernd schlingern sie verlegen durch die Tischreihen im gemeinsamen Speisesaal. Und manche werfen beim Marschieren in ihrer Gehemmtheit gleich beide Arme auf einmal nach vorne. Wie der brave Soldat Schwejk beim Strafexerzieren. Doch nach einiger Zeit werden sie dann sicherer und bewegen sich bereits so frech und selbstherrlich auf dem glatten Parkett, als hätten sie ganz vergessen, daß sie doch nur simple Touropatramps sind, Pauschalhunnen und Gelati-Gammler.

Aller Anfang ist höflich. »Buona sera, schönen guten Tach«, sagen die Neuankömmlinge mit ihren freundlichsten Sonntagslippen. »Fräulein, könnten wir nicht den Molto-Bene-Tisch am Fenster dort kriegen? Ja, den da, questo. Und bittschön, wenn Sie so arg liebenswürdig wären und no a bisserl an Kasimir bringa datn. An Kaas prego, an Barmetschan. Grazia million, tankju, vergelts Gott Beierin und viel Glück im Stall.«

Aber dann, schon nach zwei Tagen, liest sich das leider anders. Da heißt es nachher im totalitären Kolchosendialekt: »Des is unsa Disch, unsa Bedienung, unsa Soiz, unsa Strand und unsa Hotel. Und unsa Goid. Und für des kenn ma Affn danzn lassn, oda net. Do schau da amoi de unpfaschemte Bagasch von nebenan o. De ham doch pfeigrod unsan Essig drübn steh. Geh, Oide, hoin rüwa und nimm den griebna Kaas aa glei

mit. Um dene eahnan Fromatschio is doch aa net schod. De oidn Henna, soin se doch an Meister Proppa über eahnare Spaghetti drübastraan. Der reinigt doch das Becken, oder wias hoaßt. Molto Gaudi, wos? Hähähä.«
Menschen im Hotel bringen meistens keine Namen mit. Diese werden ihnen nämlich von den lieben Mitgästen erst verliehen. Die freundliche Endvierzigerin mit dem melancholischen Gesicht, bei dessen verblüffender Änlichkeit mit ihrem braven Begleiter man sich unwillkürlich fragt, stammt der Spaniel von ihr ab oder sie von ihm, wird einfach ›Lady Schappi‹ genannt.
Zwei älteren Mädchen, denen der liebe Gott in seinem unerforschlichen Ratschluß statt zierlicher Stupsnäschen leider die Schnäbel und die Geschwätzigkeit von Amazonaspapageien verpaßte, sind ›Cora und Ara‹, die letzten Vogelmenschen. Eine Laune der Natur. Ein alter Hauptmann ist ›das Pferd‹, ein Mädchen mit gelbem Pulli ›der Kanari‹ und eine lustige Witwe mit einer explosionsgefährdeten Bluse heißt nach der ersten Atombombe, einfach ›das Ding‹. Auch die Portiers in anderen Ländern scheinen keine Namen in Pässen und Ausweisen zu lesen. Denn sonst müßte es ihnen auffallen, daß die strahlend junge Ehefrau laut Kennkarte Lore-Marie Liebling heißt. Während ihr gurrender Doppelzimmermann in seinen Personalpapieren Max Seligmacher stehen hat. Aber von diesen kleinen Unterschieden leben halt die Hotels in den südlichen Breitengraden.
Nur von einem weiß der ganze Laden, wer er ist. Nämlich der Bottroper Industrielle Karl Amadeus Nötig. Er kam mit einem steinkohlefarbigen Jaguar und einem

Gorillachauffeur an und hatte den frechsten Wonnepfropfen der ganzen Saison neben sich sitzen. Morgens nimmt der Herr Nötig bereits goldene Kügelchen zu sich und ein halbes Dutzend Bogomoletz-Kapseln. Und die Leute sagen zwinkernd zueinander: ›Nomen est omen.‹ Am späten Nachmittag beginnt er dann seine blonde Zwischenbilanz liebevoll zu tätscheln, doch nachts wird er sicherlich einen Offenbarungseid ablegen müssen. Denn der mürbe Steiger erinnert irgendwie an jene Maus, die sich für ihren Lebensabend einen ganzen Elefanten eindoste. Aber vielleicht läßt sich der Herr Industrielle im Ernstfall halt ganz einfach von seinem Chauffeur doubeln. Es soll ja immer schon reiche Leute gegeben haben, die ihre Dienstboten rücksichtslos bis zum letzten ausnutzten.

Kleine Liebe zu Baierbrunn

Es gab einmal eine Zeit, da Blasius jedes Wochenende auf einem alten Damenradl in jene Gegend hineinwetzte, wo Bayern viele Buckel hat, die man das Gebirge nennt. Und damals war ihm Baierbrunn im Isartal ein sehr wesentlicher Luftstützpunkt. Weil nämlich die Schläuche von seinem alten Vehikel mehr Flicken hatten als heute die Münchner Fußgängerzone, mußte regelmäßig immer nachgepumpt werden. Und am liebsten tat der Spazierfahrer das bei der alten Schmiede von Baierbrunn, die einem hünenhaften Mann gehörte, der bei ihm und seinen Spezln bald der ›Rübezahl vom Isartal‹ hieß, und der eine Riesen-Radelpumpe besaß, die er jedem Velozipedisten kostenlos und lächelnd zur Verfügung stellte. Man brauchte diese Ozon-Kanone höchstens zwei- dreimal bewegen und dann waren die porösen Radelschläuche sofort wieder so prall wie frisch gebrühte Weißwürste.

Schon aus dieser Zeit stammt also die kleine Liebe zu Baierbrunn, die sich Blasius bis in die heutigen Tage brav erhalten hat. Und weil diese ehrwürdige Siedlung am Isarufer ihr zwölfhundertjähriges Gründungsfest gefeiert hat, hat sich der Spaziergänger einmal ausgemalt, wie denn so eine Ortschaft überhaupt entsteht und dabei folgende Vorstellung gewonnen:

Es war an einem rauhen Märzabend vor mehr als tausend Jahren, da stieß der römische Heerführer ›Herzog Ravioli, der Gefüllte‹ seinen schartigen Speer vor sich in den leise aufseufzenden Lehmboden und sagte zu seiner wundgelaufenen Infanterie: »Hier ist es gut, hier laßt uns bleiben.« Dann schnupperte er lange Zeit mit seiner kalabrischen Nase zum nahen Wald hinüber und meinte: »Maledetto, hier riecht es doch ganz deutlich nach Baiern und nach sprudelnden Brunnen. Also bestimme ich, daß dieses Siedlung, die wir sogleich errichten wollen, von des Märzens Iden ab ›Paierprunnen‹ heißen soll. Ecco.«

Zur selben Zeit geschah es auch, daß der liebe Gott gerade einen riesigen Felsen in seiner Werkstatt hatte, aus dem er das Bild des lammfrommen und gottesfürchtigen Tassilo meißeln wollte. Doch da läutete es plötzlich draußen an der Himmelstür und der Schöpfer gab sein Werkzeug einem danebenstehenden Engel in die Hand und sagte zu ihm: »Da, mach du einstweilen weiter.« Da aber gerade ein Neuzugang an schönen windschlüpfigen Seraphimen eintraf, paßte der pflichtvergessene Cherubim namens Georg nicht auf, der Stein entglitt ihm und sauste mit großer Wucht zur Erde hinab. Darum heißt der Stein, der ebenso grundlos wie stramm in der Isar steht und das Wahrzeichen von Baierbrunn ist, auch der ›Georgenstein‹.

Die Jahre kamen, die Römer gingen. Doch kam noch etwas viel Schlimmeres in die verschlafenen Bauernhäuschen ›ob der Isar‹. Nämlich der Debreziner-beinige Hunnenkönig Etzel. Und während Jahrhunderte später schräg gegenüber am anderen Isarufer Zsa Zsa Gabor oder irgend eine andere ›Geißel von Gasteig‹ ihre Regisseure zur Schnecke machte, suchte diese ›Geißel Gottes‹ verzweifelt und wütend unter den Bodenbrettern der Häuser nach Dukaten, unter Heu und Stroh nach versteckten silbernen Kerzenleuchtern und unter den Röcken der Jungfrauen nach ihrer Unschuld.

Schließlich aber brach doch noch eine recht friedliche Zeit an für die Gemeinde mit den fünftausend weiß-blauen Seelen. Wenn auch manche von den Rollmops-Wikingern aus dem hohen Norden über Baierbrunn meinen, dies sei wohl eine lausige Taiga-Siedlung, in der man so rückständig ist, daß man die Fenster noch mit übriggebliebenen Dampfnudeln putzt. Besonders die zwanzig Isartaler Blasmusikanten sind heute weit über die Grenzen der Gemeinde hinaus fast bis nach Wanne-Eickel beliebt und bekannt. Das mag nicht nur daran liegen, daß von den prächtigen Bläsern jeder einen Brustkasten hat wie die Geschirrspülmaschine von einem Zweihundert-Betten-Hotel, sondern auch an der herrlichen Luft, welche dort immer noch vorhanden ist. Drum ist es denn auch nicht verwunderlich, daß sich manche Stadtfracken, wenn sie einmal in Baierbrunn auftanken müssen, auch gleich noch alle ihre Räder mit diesem köstlich weichen Ozon aufpumpen lassen. Weil der hier nachgewiesenermaßen noch viel geschmeidiger ist und auch viel besser federt als der abgestockte Mief in den Großstädten. Doch weil dadurch natürlich ein ungeheurer Raubbau an dem dritten Element in dieser Gegend getrieben würde, hat ein knorriger Einheimischer beim Gemeinderat zu bedenken gegeben, man sollte den flüchtigen Stoff wenigstens irgendwie ein bißchen rationieren. Vielleicht wäre es sogar möglich, eine Verordnung zu erlassen, daß jene Salzkartoffel-Alemannen, die in der weiß-blauen Kolonie immer so lautstark über die doofen Seppl lästern, bei der Durchfahrt durch Baierbrunn nur durch die Nase schnaufen dürften. Denn dann könnten sie ja ihr Maul nicht so weit zum Lästern aufreißen.

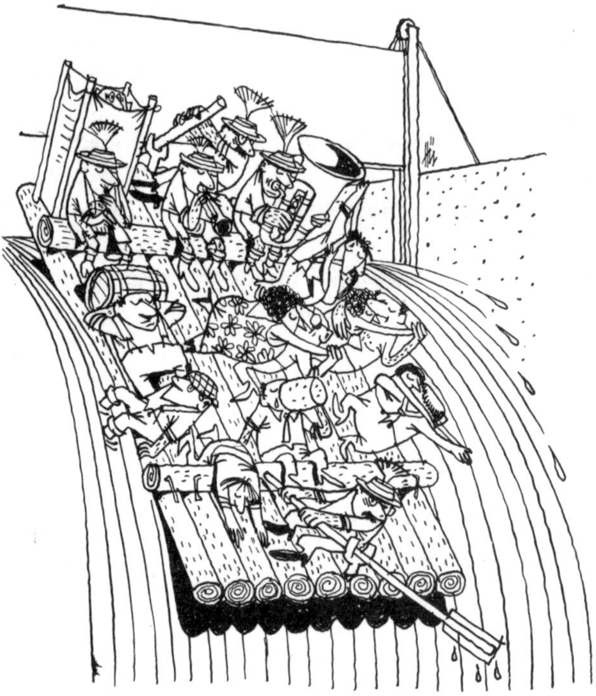

Fahrt mit der Wellendroschke

»Fahrn ma nach Minga mit'm Floß, da geht's vui schneller ois wia mit'm Roß, und draußd beim Schteyrer da kehr'n ma ei, da werd na g'rafft und da hau ma drei...«. So heißt ein altes Münchner Bierlied, das man hauptsächlich in jenen Tagen sang, als die Isar noch die Autobahn der freien Wildbret-Schützen, der Holzknechte und der Flößer war. Damals wurden auf diesem Wege ja auch die stolzesten Baumstämme zum Bau der Frauenkirche nach München geliefert und die prächtigsten

Söhne des Oberlandes zum Sterben nach der Festung Belgerad. Und das Ufer des wilden Flusses säumte gar manches Marterl, das in schaurigen Bildern bärtige Recken zeigte, die vergeblich versuchten, die strudelnden Untiefen auszutrinken. Denn nachgewiesenermaßen konnten siebenundneunzig Prozent der Flößer und ihrer Mitfahrer keinen Meter schwimmen. Dann, als der böse Fluß etwas gebändigt und kanalisiert worden war, kam eine schöne ruhige Zeit für die schwimmenden Zündholz-Inseln. Bis die Flößerei schließlich mit der Wiederentdeckung der Romantik als Freizeitvergnügen eine größere Rolle zu spielen begann.
Nun, Blasius hat sich also auch einmal so einem Ausflug mit einer bayerischen ›Brennholz-Bremen‹ angeschlossen. Und dabei rasch errechnet, daß ein solches Abenteuer auf der feuchten Einbahnstraße gar nicht so billig ist. Obwohl der brave River eigentlich doch alles umsonst auf seinem nassen Rücken trägt. Inklusive Suff und Fraß, Klavier und Geige nimmt nämlich der zuständige Mastbaum-Manager für einmal Wolfratshausen — München den schlichten Kurs von dreitausend Mark. Für dieses Geld, so meint der Spaziergänger, hätten in grauer Vorzeit die Lenggrieser Buam ihre stolzen Tannen bestimmt auch auf dem Buckel nach ›Minga‹ geschleppt und dazu noch den Tölzer Schützenmarsch auf einem Taschenkamm mit Seidenpapier geblasen. Wobei die jetzigen Unternehmer das angelandete Holz gar nicht einmal mehr hier lassen, sondern flugs wieder aufladen und mitnehmen. Trotzdem fuhr Blasius einmal mit einer solchen Freizeit-Fregatte mit. Etwa sechzig Figuren gingen mit ihm über eine friedliche Uferwiese und eine alte Aborttüre, die an dem

geschnitzten Herz mühelos als solche zu erkennen war, jedoch hier als Fallreep diente, an Bord. Darunter waren auch zwei hochrote Mädchen, deren toupiertes Haar wie die Werbung für Erdgas in den blauen Föhnhimmel loderte. Ferner mehrere Bundhosenträger mit reich besticktem Hosentürl, ein schweigsamer Steuermann mit dem Kopf des alten ›Watzmanns‹ zwischen den Schultern, zwei, drei Liebespaare und eine steinalte Jungfrau, die sich sofort als Gallions-Figur vorn zwischen den Balken aufpflanzte und gewiß sogar das Ungeheuer von Loch Neß verscheucht hätte. Nachdem die Kapelle das Lied ›Keine Angst, keine Angst, Rosmarie‹ intoniert hatte, legte sich der zweite Trompeter in Gefühl und Vormittagsrausch sofort soweit zurück, daß er geräuschlos in den murmelnden Fluten versank. Zwar wurde er rasch wieder geborgen, doch behielt der Fluß die Trompete, zweiundvierzig Mark in Silber und den rechten Haferlschuh als Tribut zurück.

Dort, wo die Isar und die Loisach sich vereinen, wurde dann unter großem Hallo die berühmte Insel der Textilverächter passiert. Ganz vorn am Strand drohten zwei Ladies mit einem gewagten Schleuderbusen, wie er sonst nur beim englischen Hochadel und bei den Windsors vorkommt, dem rauchlosen Brotzeit-Dampfer. Während ein alter Herr, der dem Geläute nach in der Nähe des Kölner Doms geboren sein mußte, verächtlich das Brunnenbuberl imitierte. Ein ausgesprochener Sittenstrolch war auch unter dem lustigen Nudisten-Völkchen. Der abartige Wüstling trug tatsächlich eine Badehose. Pfui Teufel!

Dreimal wurde dann zur allgemeinen Umweltverschmutzung angehalten. Unter dem bekannten Motto:

die Damen rechts, die Herren links. Doch ein Liebespärchen schlug sich lieber seitlich in Richtung Sündenpfuhl ins Gebüsch. Dafür mußte es nachher der bereits abgefahrenen Gaudi-Arche nachschwimmen. Erst nach langem Palaver ließ sich jedoch das Fräulein Braut mit Hilfe eines Badetuches an Bord hieven. Es hatte nämlich in der Eile des Nahkampfes den Bikini nicht mehr anziehen können. Schließlich gabs ein gutes Juchhe bei der berühmten Schleuse ›Otto bück dich‹. Weil dies aber die zwei Leuchtgasdamen zu spät begriffen, schabte ihnen der große steinerne Querblock den Skalp von den jungfräulichen Stirnen, wie es sonst nur die Apachen bei Little Big Horn gemacht haben sollen. Die Bundhosenträger aber donnerten mit solcher Wucht an den Zement-Pfeiler, als hätte der Schmied von Kochel abermals versucht, mit seiner Wagendeichsel das rote Tor von München einzurennen. Blasius bemerkte ganz deutlich, daß der Eisenbeton des Wehrs an den Kanten bereits überall abzublättern begann. Denn jedes Jahr ein paar hundert harte Bayernschädel hält auch der massivste Zementblock nicht aus.

Und nach sieben Stunden legte schließlich die Wellen-Droschke fahrplanmäßig am Kai von Thalkirchen an. Dort wartete auch schon die brave Wasserwacht mit einem Maßkrug voll Jod und sauber zugeschnittenen Notverbänden auf die leicht verstümmelten Schleusen-Rammer. Auf die bei jeder Floßfahrt unbedingt Verlaß ist.

Stammtisch-Gschichtln

Es gibt einen alten Stammtisch-Witz, wo sich drei bejahrte Krauterer treffen und von vergangenen Zeiten schwärmen. Sagt der erste: »Woaßt no, die pfundigen Brotzeit'n, die wia olle scho g'macht ham und wia uns de Schmankerl alle g'schmeckt ham.« Und der zweite brabbelt entzückt: »Mei und de Maßerl, wo wia owelaffa ham lassn, des müaßat a schön's Bierbacherl sei, wos do an oan vorbeirauscht.« Der dritte Grauschimmel aber sitzt lange überlegend da, bis er schließlich kichert: »Ja, aba do war doch no irgendwos?«

Nun, soweit fehlt es in der Tafelrunde des Spaziergängers noch lange nicht. Dort prangt immer noch der stolze Brotzeitspruch auf der großen Wappentafel aus Messing, auf der es so schön optimistisch heißt: »'s Essen und 's Dringa san de drei schönsten Dinga.« Wenn auch zugegebenermaßen das Thema Eins nicht mehr ganz so groß geschrieben wird wir einst im Mai (1930). Dafür aber kursieren immer wieder ein paar ganz besonders komische, interessante oder originelle G'schichtln in der Dreiquartel-Runde von Blasius. Beispielsweise eine Lieblingsstory von Max Colpet:

Da geht ein Mann zum Psychiater und klagt dem sein Leiden: »Herr Doktor, ich kann schon jahrelang nicht mehr schlafen, weil ich immer wieder meine, unter meinem Bett liegt einer, der mich umbringen will. Alle paar Stunden stehe ich auf, leuchte darunter oder stoße mit einem langen Besen ins Dunkle.« Darauf der Psycho: »Ja, guter Mann, da werden wir wohl viele Sitzungen haben müssen. Wahrscheinlich handelt es sich bei Ihrer Geschichte um ein Kindheits-Trauma.« Nach einem halben Jahr erfolgloser Bemühung kommt der Patient plötzlich nicht mehr. Aber lange Zeit nachher trifft ihn der Arzt auf einer Party und sagt erstaunt: »Sie sind doch der komische Mensch mit dem Bettstatt-Tick, daß einer drunterliegt. Na, wie geht's Ihnen denn?« Darauf der Befragte: »Blendend, Herr Doktor, ich bin völlig geheilt.« »Wer hat denn das fertiggebracht?« will der Weißkittel wissen. Und er kriegt zur Antwort: »Ich war beim Rabbi, beim jiddischen Pfarrer.« »Ja und?« »Der hat ein bißchen den Kopf geschüttelt, dann nachgedacht und schließlich gesagt: ›Nu guter Mann, gehen Sie heim und sägen Sie ab die Füß von de Bett. Kann keiner mehr drunterliegen.‹«

Eine andere Geschichte erzählt sein Spezl, ein bekannter Münchner Weiber-Doktor, der aus dem edelsten Niederbayern stammt. Eines Tages nämlich erlitt dessen alter Vater einen Schlaganfall, von dem er sich jedoch bald wieder glänzend erholte. Seine Frau aber sagte zu ihrem Buben nachher: »Max, Du muaßt dem Papa bald a Brille kauf'n, der ko nämlich de Zeitung nimma les'n.« Beim nächsten Besuch testete der brave Sohn seinen betagten Herrn und fragte ihn: »Papa, kannst jetzt du die zwei Kilometer entfernte Kirchturmuhr no seh'n?« Darauf der Papa: »Wos hoaßt no seh'n? Fünf Minut'n nach drei is drauf.« Nun, dieses komische Phänomen, daß einer wie ein Bussard sieht und trotzdem nicht mehr lesen kann, wollte dem Medicus nicht eingehen. Bis ihm der Vater beschämt gestand: »Woaßt Bua, i mog des ja gor niemand sog'n. I seh nämlich de Zeitungsbuchstab'n olle tadllos, bloß hob i seit dem Schlagerl vergess'n, wos' bedeit'n.«

Und ganz besonders gefällt immer wieder folgende wahre Begebenheit. Ein anderer Stammtisch-Bruder, auch ein Jod-Onkel, absolvierte vor vielen Jahren sein Praktikum in einer Frauenklinik. Und gleichzeitig mit ihm war auch sein bester Freund, eine wahrhafte Bettschönheit, dort beschäftigt. Und der wurde prompt eines Morgens von der gefürchteten Oberschwester ertappt, wie er aus einem Zimmer der Privatstation, in dem eine bildhübsche Patientin lag, herausschlich. Nun wußte jedermann, daß ihn die sittenstrenge, tugendsame Matrone beim Chef verratschen würde. So schnürte denn der zukünftige Hakim gleich freiwillig sein Bündel und wartete jeden Tag darauf, vom Professor gefeuert zu werden. Aber der schaute ihn nur manchmal eindringlich an, doch nichts geschah. Bis am ersten die Gehaltstüte kam. Und da dachte sich der akademische Luftikus, da wird also nun auch der blaue Brief mit drin sein. Doch es war lediglich die Gehaltsabrechnung im Kuvert. Und unter dem ausgerechneten Betrag stand noch ein kleiner Zusatz. Nämlich: Abzüglich DM 22.00 für eine Übernachtung erster Klasse.

Blasius bei den Gladiatoren

»Anschließen, anschließen, Anteil nehmen« — denn nun ringen sie wieder. Zwanzig Muskel-, Sulz- und Geleefleischinhaber klettern täglich wieder im Circus-Krone-Bau zwischen die Seile, um heftig röchelnd, transpirierend und zähneknirschend als Hersteller und Vertreter von Nierenscheren und Krawatten, Armhebeln oder Kopfzangen ihr karges Brot zu verdienen. Und immer noch ist das Publikum in zwei Lager geteilt: »Is a Grampf!« oder »Is koa Grampf!«

Aber alle, alle sind sie wieder da, die innerlich vereinsamten Freundinnen, die während der Kämpfe immer wieder enttäuscht an die Oberarmknochen ihrer dünnhaarigen Freier greifen, die freudlosen Witwen, denen unter den wogenden Busen krachend irgendwelche Verschnürungen platzen, die fanatischen Kinder des Olymps, die mit ihren Zurufen »Oida Gichtbruch«, »Bauernschtier langgschwoafta« oder »Schiedsrichta ins Grematorium« die Schwanthalerhöher Sprachbelange wahrnehmen, aber auch die älteren, besseren Herren, die eigentlich ins Schauspielhaus gehen wollten, aber längst wissen, daß sie bei den Berufsringern viel besser bedient werden.

Blasius, der ein fanatischer Freiplatzinhaber bei den starken Männern ist, kann mit Genugtuung eine ganze Reihe neuer Ringdramatiker und Charakterdarsteller registrieren. Da wäre der schweigsame, wohlgeformte Jugoslawe Adramanoff, dessen dunkle Haut wohl durch die aufdringlichen Blicke der Damenwelt schon ganz abgewetzt ist, dann Jean Brévost, ein muskulöses Reiterstandbild ohne Roß, ferner Skolmowski aus Stettin, am ganzen Körper tätowiert und rauh wie der Nordwind in seiner Heimat, Benedikt Trinkgeld aus München, der ›Gurkenbene‹ und ringende Rettichfarmer von Freimann, Nino Equatore mit rätselhaftem Silberblick und Spaghettiadern, und schließlich noch Stropek aus Prag mit der Figur eines wohlgefüllten Tivolisackes.

Allen aber turmhoch überlegen an darstellerischem Talent und Soloeinlagen ist Felix Kerschitz, der große Mime vom Donaustrand — ihm gebührt allein der ›Oskar‹. Schon wenn er in seinem schwarzen Bademantel mit dem aufgestickten pfauchenden Stier am Ring erscheint, kriegen die Galerieplatzinhaber einen dicken Hals und beißen krachend auf ihre Zementplomben. »Feiga Schrammel«, »Trauriger Hendlbroda«, »Schofwascha windiga«, »Magant«, »Fiolebruada«, und »Des is vielleicht a Truderinga, aba koa Berufsringa«, notiert der Spaziergänger als launige Begrüßungsworte des Publikums. Der Gigant nimmt diesen Empfang zur Kenntnis, macht Front zu den Tribünen und schleudert drohende Blicke unters Volk.

Und dann kommt der Auftritt des feschen Felix. Mit erhobenem Zeigefinger geht er auf seinen Gegner zu und hält dem Verdutzten zunächst einmal einen Vortrag, vermutlich über die Funktion des Zwölffingerdarms. Dann dreht er sich ab und redet salbungsvoll auf das Publikum ein, was aber in wütenden Luckipfiffen untergeht.

Mittlerweile hat sich sein Partner von der gutgespielten Überraschung erholt und springt dem Felix ins Kreuz, daß dieser donnernd auf seine gut halbpfundschwere Nase fällt. Und jetzt beginnt die Zerstörung am Boden. Blasius stellt fest, daß kein Tierstimmen- oder ähnlicher Imitator auch nur annähernd in der Lage ist, die nunmehr gebotenen Geräusche nachzuahmen. Da ist zu vernehmen: das Gurgeln eines Walfisches beim Zähneputzen, das stille Weinen eines verstoßenen Parteifunktionärs, das Aufstoßen eines Winterrettichs im Februar, Napoleons Flüche bei Leipzig und das Gebet einer Jungfrau am American Way. Ächzend, mit bitteren Selbstvorwürfen im Gesicht und verknüpft wie ein Plümo mit dreckiger Wäsche liegt der Felix lange im Ringerring, bis ihn plötzlich der bekannte ›Furor Austriacus‹ befällt, und dann verschlingt er kurzerhand seinen Gegner zu einem Wiesenhendl, schleudert ihm noch rasch das feuchte Abgestreifte von seiner Nase in die Nierengegend und siegt trotz der hocherhobenen Löwenbräumaßkrüge der Zuschauer unangefochten. Blasius muß neidlos und offen bekennen: »Wer Kerschitz sieht, hat mehr vom Leben!«

Die Sandbank-Trapper

Blasius war schon in seiner Glasschusser-Zeit ein begeisterter Zündler. Und wenn es irgendwie ging, schlich er und seinesgleichen noch am späten Abend hinüber zu den Kiesbänken der nahen Isar, um dort lodernde Flammen zu entzünden. Nein, leider nicht die vielgepriesene Flamme der nationalen Begeisterung, sondern nur eine rauchfreie Glut zum Kartoffelbraten. Zu diesen gemopsten Früchten aus der guten Sendlinger Erde gesellten sich dann auch noch ein paar handgefangene Fischerl, keines größer als die silbernen Tierkreiszeichen, welche die jungen Frauen meist am Halse tragen. Bei einer solchen Prärie-Schlemmerei saßen dann die Glockenbach-Mohikaner vorgebeugt am Lagerfeuer und lauschten nach den gefährlichen Zweitakterschritten des einbeinigen Fluraufsehers, der auch im Dunkel der Isarauen noch mit tückischem Klipp-klapp herumschlich, um solche grundverdorbenen Gassenbuben dem ewig prügelnden Schuloffizianten zur Bastonade zu melden. Damit deshalb nichts diese nächtlichen Exzesse verriet, trieb auch noch der große Häuptling ›Bissiger Hustensaft‹ seine roten Brüder notfalls mit Kopfnüssen dazu an, auch noch den schäbigsten Rest des Gelages mit blanken Fingern in den Rieselkies des Rio Grande zu verscharren.

Daran mußte der Spaziergänger heftig denken, als er neulich wieder die Gestade des Münchner Weißwurst-Amazonas besuchte. Denn seit das nächtliche Grillen auch beim halbhohen Volk wieder ›in‹ ist, leuchten in manchen Sommernächten im zahmen Dschungel von

Unterföhring bis zur Marienklause mehr Feuer auf als bei den Tiroler Freiheitskriegen. Freilich hat die Behörde einen eigenen Grill-Erlaubnisschein dafür vorgeschrieben. Aber wer will diese Lizenz wohl nächtlicherweise kontrollieren, wenn er nicht ein ausgesprochenes Verlangen nach geschwungenen Fahrradketten hat. Mittlerweile ist ja nun auch beim Spaziergänger die Sehnsucht nach halbrohen Bratkartoffeln, blutigen Rindfleischfetzen, russischen Regensburgern und angebratenen Zeigefingern nur mehr sehr gering. Auch die Begleitmusik zu solch einer Mitternachtsbrotzeit, die in seinen Tagen vielleicht aus dem zaghaften Mundharmonika-Lied bestand: ›Über die Prärie saust der Hund ohne Grund‹, hat sich leider sehr geändert. Denn jetzt geben die Sandbank-Trapper einfach Vollgas mit ihren viermotorigen Transistorgeräten, oder sie lassen ihre mitgenommenen Gasolin-Rösser kurz aufwiehern, sodaß die Kranken in der nahen Klinik schon meinen, das Signal zum Wecken am Jüngsten Tag zu hören. Manchmal schlenzen die übermütigen Prärie-Röschen wohl auch ihre hohen Stöckelschuhe in die Flammen unter dem Motto: Der Papa richt's schon wieder. Oder der Joe reißt ein völlig überflüssiges Trumm vom Geländer der Schinderbrücke zum Nachlegen herunter.
Doch das wäre wohl alles zu verschmerzen, wenn nicht anderntags wieder die schnüffelnde Sonne käme, die bekanntlich alles ans Licht bringt. Das schaut dann aus, als wären größere Teile des Isarufers mit schwarzen Briketts gepflastert. Und ein Geruch von Krematorium und Tierkörperverwertung weht durch die zerzausten Weiden. Er kommt nicht von ›Losungen‹, die überall von den jungen Leuten hinterlassen werden, allein, son-

dern auch die unübersehbaren Reste der Wildwestgaudi, die weggeworfenen Käsepapierl, angebissenen Hühnerhälse, Zellophan-Wursthäute, Einmachgläser, an die 15 000 Zigarettenkippen und Ähnliches stinken fleißig mit dazu. Und 2174 liebevoll verteilte Kronenkorken lassen das Herz zwar nicht gerade höher hüpfen, dafür aber die Beine der Barfußläufer, wenn sie darauf treten. Zerschundene und zersprungene Bierflaschen, viele viele leere Bierbüchsen und die gebratenen Steine umweht ein Ruch von Urologie, der wahrscheinlich vom größeren fröhlichen Abschiedslöschen stammt. Blasius jedenfalls hat noch nie ein schlimmeres Bett gesehen als das Flußbett der braven Isar nach so einem Fest. Ausgenommen vielleicht den Lusttrog eines vergammelten Starlets.
Und der Spaziergänger muß beim Anblick dieses Saustalls leider feststellen, die Pisser haben wieder einmal zugeschlagen. Das war wohl nicht Old Shatterhand. Sondern höchstens Old Schmuddelfinger gab seine Visitenkarte ab. Haben denn diese heißblütigen Abenteurer und Lederstrümpfe nicht ihren Winnetou zu Ende gelesen? Denn dann müßten sie doch den obersten Leitspruch des roten Prinzen kennen, der auch für alle Asphalt-Cowboys und Wildtöter gilt. Nämlich: Verwischt immer alle eure Spuren. Uff! Uff!

Griaß di, Gustl!

So wie viele Leute mit lässiger Zunge nur mehr ›Ritz‹ sagen, wenn sie von St. Moritz sprechen oder für Kitzbühel die saloppe Abkürzung ›Kitz‹ benützen, so sagen manche Bierdimpfl mit lässiger Angabe auch gerne ›Wurst‹ zu ihrem Stammlokal und meinen dabei das Münchner Bratwurstglöckl. Und auch der viel gerühmte Augustiner-Keller hat in der Geheimsprache der eingeweihten Dreiquartel-Snobs längst den Kosenamen ›Gustl‹ gekriegt. Daran muß Blasius schmunzelnd denken, als er in diesen Tagen zum ersten Mal wieder mit trockener Bündnerfleisch-Zunge hinauspilgert in seinen geliebten Leberkäs-Dschungel. Und weil man zu solchen Anlässen immer gern ein wenig zurückblickt, soweit es die tückische Bandscheibe halt zuläßt, muß der Spaziergänger auch diesmal mit einem eingeweichten und einem Holzauge sinnieren, was doch an dieser Stätte schon alles passiert ist, seit der Raubmörder Stopfer seinen verwirkten Dummkopf auf den Hackstock legen mußte, wobei den neugierigen Metzger Stumbeck, der das ganz genau sehen wollte, im selben Augenblick ein tödliches Schlagerl berührte.
Da war doch beispielsweise der vornehme Cafétier Hetz, der immer nur mit steifem Hut, steifer Hose, weißen Handschuhen und einer Hufeisen-Perle in der Krawatte erschien, sich an den allerletzten Tisch setzte, nach der vierten Maß in tadelloser Haltung darunter lag und sich von der Anna die fünfte ins Gras servieren ließ. Seine Freunde aber grüßte er immerhin noch mit angelegtem Zeigefinger an der Hutkrempe.

Oder der Pater Sixtus. Drei Zentner schwer, wovon gewiß zwei Drittel schon allein sein gutes Herz wog. Denn er hatte als Laien-Pfleger im nahen Krankenhaus wenigstens eine ganze Kompanie armer Teufel vom Heldentod gerettet. Wenn es aber dann manchmal blitzte und donnerte und ein paar Spaßvögel zu dem riesigen Kutten-Mann sagten: »Sixtus, da Chef schimpft, weilsd' net hoamgehst.« Dann entgegnete der fromme Mann: »Net wohr is. Weil so schlecht eing'schenkt wird, grollt unser Herr und Vadda.«
Oder die vier Stammtisch-Recken Hans Cossy, der Reiser Hans, der Tommy und der Bach Walter. Wie die einmal beschlossen hatten, einen schmierigen, heute längst entlarvten Volksvertreter in den großen Bier-Bottich zu werfen. Blasius möchte dazu mit dem Dichter sagen: »Sein Wanst war fett, feist sein Gesicht. Mein Lied nennt seinen Namen nicht.« Bevor es jedoch zur Wiedertaufe kam, gab der Hans noch zu bedenken: »Wenn ma so a Sau in des Schpülwasser schmeißt, werad des ja so verseucht, daß niemals wieda jemand sein Kruag drin ausschwoam könnt.«
Oder die Geschichte vom Schutzmann Alisi. Wie der zwei Verkehrssünder am Goetheplatz, wo er gerade Dienst tat, kurz vor fünf Uhr, als er schon im Geiste im Augustiner-Keller saß, zwei blöde Rindviecher hieß und ihnen empfahl, das nächste Mal doch am Kapuziner-Platz zusammenzustoßen. Worauf ihn die beiden prompt anzeigten. Da setzte sich der Alisi einfach neben den Polizeipräsidenten hin, erzählte ihm alles und meinte treuherzig: »Gell, wenn fei da wos kommt, da mecht i mi scho auf Sie va'lassn könna. Wir Schandarm müass'n do z'sammhoitn.«

Oder als der amtierende Bundespräsident, als er noch den schlichten Namen Scheel allein trug und Blasius' Nebenmann am Stammtisch war, am Tage bevor er die Mildred freite, seinen Polterabend unter der Lieblings-Kastanie feierte. Da warf er dann nach altem Brauch die Gläser an den Baum und ließ sich die Scherben von der Betti einwickeln. Von jener einmaligen Kellnerin, die einen Randalierer einfach mit zwei Fingern, wie eine schmutzige Serviette, am Sackl-Kragen nahm und widerstandslos hinauswarf. Die aber auch einen derart nahrhaften Guglhupf für die Tafelrunde backen konnte, daß sie schließlich das Gewicht des Metalls Uran bekamen. Und wenn dann so ein Ungeheuer in ihrer Henkeltasche baumelte, um am Tisch verteilt zu werden, drückte sich einer nach dem anderen der Betreuten davon und flüsterte noch rasch dem Nachbarn ins Ohr: »Hau bloß ab, a Kuchen droht.«

Unvergeßlich bleibt auch die Ballade vom Hendlbrater Pauli. In seiner großen Zuneigung zur kleinen Kreatur fütterte er nämlich in den stillen Wochen eine siebenköpfige Mäusefamilie so lange mit Käsebroten, bis ihm die Viecherl aus der Hand fraßen. Als aber dann die Saison begann, veranstaltete er für seine winzigen Kostgänger noch ein allerletztes Emmentaler Festmahl. Dabei erklärte er der versammelten Sippe, daß der Herr Bezirksinspektor leider kein Verständnis für seine Tierliebe habe, und beförderte die ganze Schar mit einem einzigen Schlag seiner riesigen Holzkohlen-Schaufel in jenen Mäuse-Himmel, wo es bestimmt keine böse Katze gibt.

Vergessen sei auch nicht jenes unscheinbare kleine Männchen, das verschüchtert im grauen Gummi-Man-

tel hinter einem Baum einen Rettich in gleich große Würfel schnitt, sie in süßen Senf tauchte, um die geschändeten Bier-Wurzen mit enttäuschtem Gesicht zu verschlingen. Als er ging, meinte der Hermann Wiggerl, das wäre bestimmt so ein mickriger Sau-Preiß. Aber da hatte er sich geirrt. Der seltsame Gast war nämlich der eisenharte Westernheld Richard Widmark.
Nun brach eines Tages auch ein gewaltiges Unwetter über den ›Gustl‹ herein. Die Blitze strichen und der ganze Stammtisch saß unter der großen Tischplatte. Aber als dann so ein heller Bann-Strahl zuerst in einen Leitungsmast hineinfuhr und ein zweiter die fünf Meter entfernte Kastanie spaltete, begann es bei den zusammengepferchten Figuren unter der hölzernen Zuflucht ganz bedenklich zu riechen. Doch gewiß nicht vom Schwefel. Da fragte dann der Volksschauspieler Karl Fröhlich seinen Kollegen Bartl Schultes recht scheinheilig: »Wos schtinkt denn da so?« Worauf der Bartl seine Nase, die aussah wie ein Stiefbruder vom Matterhorn, in den Wind drehte und getreu nach Ludwig Thoma meinte: »Des san d'Hund.« Darauf erhielt er die Erwiderung: »San ja gor koa do.« Da kam vom Bartl sofort die bekannte Pointe: »Wern scho no kemma.« Nach diesem würzigen Dialog verzog sich dann sogar das himmlische Donnerwetter.
Doch das ist nun auch schon wieder viele Jahre her, muß der Spaziergänger kopfschüttelnd feststellen. Und dann fällt ihm auch noch der liebste Spruch vom Nasenkönig Schultes ein, der so schön lautete: »Gestern noch auf stolzen Frauen. Heut schlaf ich in den Isar-Auen.« Doch da hat er sich leider geirrt. Denn er liegt schön brav im Nördlichen Friedhof.

Spuk im Speicher

»Kehret zurück, alles vergeben!« ruft die Stadt am Urlaubsende ihren fernwehsüchtigen Kindern zu und versammelt sie wieder unter ihren rußigen Fittichen. Zufrieden kehrt mit müder Sohle der gutgeölte Sohn aus Italien heim, und zerstochen, mager und bargeldlos strebt der Campingesier dem heimatlichen Wigwam zu. Die Zeit der großen Unruhe ist denn wieder einmal vorüber und die stummen Statisten des rasenden Reise-Rummels, die Wanderschuhe, der Schweinslederkoffer und sogar die krummen Kameraden der späten Tage, die Hacklstecken, haben jetzt ihre Ferien. Blasius, der sich aus irgendeinem Grunde in den dämmrigen Speicher seines großen Mietshauses verirrte, hört hinter den Lattenverschlägen der vielen Ramsch-Rastplätze ein seltsames Raunen. Hallo, muß er denken, wohl ein ›Spuk im Speicher‹, was? Und dann setzt sich der Spaziergänger auf einen der vorstehenden Dachstuhlbalken, wird ganz haselnußmäuschenstill, und auf einmal kann er das Wispern und Getuschel der Traveller-Komparserie, die sich da unterhält, tatsächlich auch verstehen.

Leise knarzt der alte Hacklstecken vor sich hin: »Eigentlich bin ich ja weiblichen Geschlechts, denn ich war einmal eine saftige Haselnußgerte, als man mich krümmte und einem leider schon etwas ausjährigen Herrn in die Hand gab. Im Volksmund heiß ich auch ›Spitaler-Dackel‹. Und ich muß vermelden, daß die Saison heuer wieder ganz besonders schön war. Mit meiner eisernen Nase habe ich in allen Mäuselöchern des Englischen

Gartens herumschnüffeln dürfen, im Baz der Isarauen gestochert und kleine Männchen in den sommerwarmen Sand gezeichnet. Dort vor der Bank bei dem dudelnden Kinderkarussell, wo mein Herr so gerne sitzt, wenn es Abend wird, und die Dämmerung und die Nostalgie über ihn hereinbricht.«
Und gelangweilt quietscht der feine, leere Koffer: »Maledetto! Wie mich der Gepäckträger in Taormina, zum erstenmal seit ich den noblen Laden in der Brienner Straße verließ, ›Bagage‹ nannte, wäre ich bald geplatzt vor Wut. Denn wenn ich schließlich auch von einer niederbayerischen Bauernsau abstamme, brauche ich mir als deutsches Qualitätserzeugnis sowas nicht bieten lassen. Drei neue feine Wapperl habe ich heuer auch gekriegt. Nur das von Positano klebt leider ein bißchen schlecht. Das Personal des Miramare-Hotels streikte nämlich wieder einmal, und deshalb hat der Hausknecht das Hotelbild seines schuftigen Arbeitgebers wahrscheinlich vorne angespuckt statt hinten. Dafür hab ich ihn allerdings mit meinem Schloß, so gut es ging, in seinen schlecht gereinigten Zeigefinger gezwickt. Weil mir später der Steward von Marabella dann einen kräftigen Spitz gab, kann es sein, daß mich meine Herrschaft nächstes Jahr nicht mehr mitnimmt. Sie reist nämlich nur mit einem Koffer-Set von Lui Vito. Weil sie doch sonst nicht mehr ›in‹ ist. Obwohl sie doch bloß aus Gars am Inn stammt.«
Am amüsiertesten aber wissen ein Paar verstaubte Wanderschuhe zu erzählen. Sie wispern und kichern: »Unser Herr, der trotz seiner satten 50 Jahre immer noch ein bißchen läufig ist, nennt uns Max und Moritz. Herrchen behauptet, wir seien aus Juchten. Stimmt aber

gar nicht, denn wir sind nur aus Mannheim. Wir sind noch von dem bewährten Baumuster: Hälfte Haken, Hälfte Ösen. Obwohl seit vielen Jahren das Wandern die große Lust unseres Besitzers ist, heißt er noch immer nicht Müller, sondern Schlagintweit. Immerhin aber weicht er fast nie einen Finger breit von Gottes Wegen ab, wie es im Volkslied so schön heißt. Nur einmal tappten wir im schönen Allgäu längere Zeit hinter ein paar halbhackigen Damenschuhen her, die einer Schönheit aus Senftleben gehörten. Der Tag war sehr hitzig und Herr Schlagintweit auch. Es gelang ihm schließlich, die beiden Stöckelschuhe in einen abgelegenen Heuschober zu dirigieren. Und da lernten wir sex uns dann rasch näher kennen und auch lieben. Denn plötzlich lag der eine Damenschuh rechts von mir und der andere links von Moritz. Das Mädchen aber steckte noch drin. Unser Herrchen traf das Fräulein auch noch ein paarmal in der Pension. Aber da mußten wir dann draußen vor der Türe stehen bleiben. Und da bekamen die beiden überspannten Boxcalf-Pumps plötzlich eine Meise, nannten uns Schweißfußfutterale und behaupteten, wir würden sehr stark nach Allgäu riechen. Nun ja, es war ja schließlich auch in Hindelang.

Nächstes Jahr will uns nun Herr Schlagintweit nach Sylt in Bewegung setzen. Da freuen wir uns schon sehr, weil doch da alles barfuß bis zum Hals hinauf herumläuft. Und dann haben wir endlich einmal richtigen Urlaub, können den ganzen Tag vor uns hingähnen und dem mürrischen Hausknecht ebenso die lederne Zunge zeigen wie den vielbesungenen Nordseewellen. Schiff ahoi!«

Nachts um die zwölfte Stunde

Zwölfmal klopft der Buntmetall-Knöchel von der Kirche St. Paul in die Münchner Septembernacht hinein, so als wollte er sagen: »Wir sind die Firma Zeit. Das ist die älteste Firma der Welt. Wir pochten schon immer auf Qualität und machten keine Sprüche.« Da wird aus einer der drei Scheunen, in denen die späten Säufer Überstunden machen, gerade ein Mann herausgefeuert. Er klatscht mit dem satten Bauch auf den kalten Asphalt wie ein hochschwangerer Drachenflieger. Und Blasius muß an den Vers denken: »Wia s'n naus-g'schmiss'n ham, schrie grod oana Prost, des war na wenigstens no a Trost.«

Es ist Geisterstunde auf der Wies'n. Und als der Spaziergänger an der Gespensterbahn vorbeikommt, machen die Hexen gerade Ölwechsel an ihren Besenstielen. »Hihihihi«, kichert die Oberhexe. Und dann treten sie auf die Kick-Starter und schwenken über dem Plastik-Storch von der ›Fischer Vroni‹ auf Kurs Bocksberg ein. Der abwaschbare Alimenten-Vogel sieht ihnen verdrossen nach, denn von diesen Damen hat noch nie eine bei ihm arbeiten lassen. Na ja, wäre ja auch ein Wunder. Denn diese Suffragetten haben ihren hölzernen Bräutigam doch zwischen die dürren Schenkel geklemmt. In einem Fernsprechhäusl in der Hauptstraße beobachtet der Spaziergänger einen höchst seltsamen ›Telefonanisten‹. Der lacht sich halb tot über ein wunderbares, von ihm selbst ersonnenes Spiel. Er hat nämlich daheim seinen Telefonhörer ausgehängt, ruft jetzt immer wieder bei sich zuhause an und frägt dann in die

Muschel: »Wer ist der Höchste? Wer braucht überhaupt net hoamgeh? Wer kauft sich noch a zünftige Verdruß-Maß?« Und jedesmal bekommt er dann aus dem Hörer ganz deutlich das Belegtzeichen zurück: »Du du du du.«
Im Wohnwagen 16 fummelt indes ›Anakonda‹, das Mädchen mit dem Schlangenleib, an ihren mäßigen Amüsier-Stelzen herum. Beine hat die Kleine, muß der späte Kiebitz denken, wie ein Reh. Nur nicht so schlank. So haarig natürlich. Widerwillig rasiert sie diese Marschier-Stecken. Jetzt hat sie sich auch noch geschnitten. »So weiß wie Schnee, so rot wie Blut und so schwarz wie Ebenholz«, würde die Märchenfrau bestimmt dazu sagen. Denn die Vorderhufe der ›Anakonda‹ sind leider so dunkel wie zwei Steinkohle-Briketts.
Der alte Wachmann vor dem großen Glückshafen hebt wenigstens 123 weggeworfene Wursteln auf, dreht die Papierl um und schmeißt sie böse brabbelnd wieder weg. Von der Ochsenbraterei herüber kommt ein streunender Hund. Er hat eine Riesenrippe in der Schnauze, groß, kahl und gebogen, wie die Spante eines Wikinger-Schiffes. Nun will er damit zwischen den Standeln verschwinden. Aber es geht ihm wie jenem Ulmer Spatzen, der mit seinem Strohhalm quer durch das Stadttor wollte. »A Herzerl für's Herzerl«, steht am bunt bemalten Schokolade-Kiosk. Ein verkommener Sex-Gangster hat daneben hingeschrieben: »A Stesserl für's Reserl.« Im Stall neben dem Hippodrom bewiehert zur gleichen Zeit der Wallach Willibald ohne jede Überzeugung die fesche Fuchsstute Veronika. Selbige aber schnaubt nur hochdeutsch und angewidert vor sich hin:

»Seltsam, daß es auch unter den edlen Rössern noch so dämliche Maulhuren gibt.«
Vergeblich sucht die Toiletten-Frau Simeneder beim fahlen Mitternachtslicht nach der Fortsetzung des Hefterl-Romans ›Graf Rasso und Lumpen-Müller's Lieschen‹. Sie hat die zwei Liebenden wohl mit dem alten Küchenmesser jäh getrennt, als eine plötzliche Papiernot eintrat und sie mit minderem Material aushelfen mußte.
Über einer Hühnerbraterei entdeckt Blasius ein ungemein geistreiches Poem. Das lautet: »Hier Ammer's Hendl, gehn S' net weiter. Ein g'scheites Hendl ist halt doch g'scheiter!« Einer der übergroßen geschnitzten Figuren vor dem ›Augustiner-Zelt‹ hat ein unbekannter Saufaus einen tadellos gereinigten Damenschlüpfer vom Baumuster ›Rauhe Alp‹ an die Trompete gehängt. Und wenn der glucksende Nachtwind gerade ein Spassettchen macht, bläst er das leinerne Keuschheits-Futteral zu Ballongröße auf. Das schaut dann aus, als würde sich der Posaunist an dem schneeweißen Hintern der Frau Holle zu schaffen machen. Ebenfalls zu schaffen macht sich indes eine rabiate Dame an einer Bierleiche, die schräg aufgebahrt am nahen Wiesenhang liegt. Sie verprügelt einen nur noch leise röchelnden Herrn mit einem Regenschirm so brutal, daß Blasius meint, zum Schluß würde sie das Parapluie wohl auch noch wo reinstecken und dann aufspannen. Doch plötzlich macht sie erschreckt halt, dreht den verdroschenen Typen auf den Rücken und blickt ihm ins Gesicht. Dann sagt sie mit kühler Stirn: »Jetzt sowas, des is ja gor net mei Oida. Entschuldigen Sie schon, der Herr.« Und sie verschwindet ohne jede Reue und Rauchentwicklung.

Kirchweih in Wörnbrunn

»Kommen Sie zum Kirchweihvolksfest nach Wörnbrunn«, liest der Spaziergänger an den Plakatsäulen, und er folgt gern diesem guten Ruf. Das Forsthaus Wörnbrunn nächst Grünwald ist ein getränkepolitisch sehr wertvoller Stützpunkt für wanderndes Fußvolk mit Traglasten. Als aber Blasius diesmal dort ankommt, sieht er einen Korso von Automobilen, wie sie von Rechts wegen nur vor Behörden und staatlichen Ämtern parken dürfen.

Am grünen Waldrand auf einer Wiese, die so uneben ist wie eine vollentwickelte Pfarrersköchin, wird gerade ein Pferderennen abgehalten. Ein kleiner Schnurrbartträger mit einem witzigen Lederapfelkopf gewinnt dieses ›Allah Hugh Derby‹ knapp, weil er seinem Rösserl zärtlich gedroht hat: »Wennst jetzt ned lafst, du gfärbda Großmarkthalle-Esel, nachad kimmst zum Fischer Girgl.« Der Georg Fischer, mit zwei Zentnern persönlich anwesend, ist nämlich der Oberinnungsmeister der Münchner Pferdemetzger. Ihm sind die Rösser am liebsten, wenn sie eine blecherne Haut anhaben und sauber in Zweikilodosen verpackt sind.

Nach dem Pferdl-Endsieg geht es mit den gewonnenen Fahnen und Pokalen unter den Klängen der Blechmusikanten, bei denen das wiederausgehauchte Starkbier schon in den Trompetenkrümmungen gurgelt, zum Wirtshaus hinüber. Dort sitzen mit Genickpartien wie angesägte Baumstämme und Händen, die so groß und manchmal auch so schwarz sind wie die Gummischwimmflossen von Hans Hass, die Ökonomen und Viehhändler des Wörnbrunner Gai's.

Auch ein ›hochwierner‹ Herr Kooperator weilt unter ihnen und zecht nicht unflott. Er handhabt den hohlen Spatenbräu-Stein mit einer Ausdauer, als müßte er für die Olympia-Kernmannschaft trainieren. Nach vollzogenem Trunk deckt er dann den Krug in heiliger Scham mit einem Bierfilzl zu.

Etwas abseits am Beamtennassauer- und Kommissartischerl hocken drei grüngewandige Landgendarmen breit und satt wie Riesenlaubfrösche und schieben sich große, aber genau abgepaßte Ladestreifen aus Emmentaler Käse in den Hals, wobei sie mehrere Tropfen

Schweiß verlieren. Auch eine Schießbude ist am Platz, die von einem Fräulein mit prächtiger Schießscheibe geleitet wird. Ein Schmied-von-Kochel-armiger Trachtler sagt zu seinem drittbesten Schpezl, der ausdauernd danebenschießt: »Woaßt wos, Waste, jetzt probierst as amoi und schmeißt mitm Gwahr nach de Papierbleame, des is vui sicherer wias Schiaßn.« Unentwegt stößt unterdes die Musik ins Horn. Besonders ein C-Trompeter, der Rechtsaußen spielt, bläst lange Tonkanäle in den Abendschatten, der sich langsam herniedersenkt. Vollmundig verkünden die Bauernburschen dazu: »Denn ich hab's noch nie getan — mit der Kugel auf der Kegelbahn —.«

Da plötzlich entwickelt sich ein Ding, das nicht auf den Plakaten stand, ein sogenannter Raufhandel, und das fängt so an: Ein Mädchen schreitet durch die Tischreihen. Sie sieht aus wie das Fräulein auf unseren Fuchzgerln, nur viel vornehmer. Sie geht so elegant, als würde sie auf fünfzehn Steinen laufen. Da legt ihr der Wastl von der Schießbude die Hand auf eine Stelle, die eigentlich nur der Stuhlsitz berühren dürfte. »Mogst vielleicht deine ungwaschna Vordafüaß do wegadoa?« fragt ihn ein mit der Grünwalder Naturbrosche ausgezeichneter Oberlandler freundlich. »Warum, paßt da wos ned?« — »Na, an Vaddan sei Hosn!« — »Nachad kannt ma ja a wengal scherzn«, meint der Sportabzeicheninhaber, trinkt langsam und haut dann die leere Bierhülse dem Tapperich mit Rundschlag auf den Haaransatz. Auf diesen Hieb hin hätte jeder Stadtfrack unweigerlich die Kartoffeln von unten wachsen sehen, weil die Hirnknochen der Stadtleute durch das viele Denken so stark abgewetzt werden, daß sie zum Schluß ganz dünn

sind und keinen Widerstand mehr leisten. Nicht so bei dem Getroffenen. Der fährt sich nur über die Borsten, schaut nach oben, ob ihm vielleicht ein Spatz was auf den Kopf hat fallen lassen, und schreit dann zu seinem Schpezl hinüber: »Naze, hoi as Gandascheidl, nacha ziag i dem Saubärn an Scheitl.«
Mittlerweile haben auch die anderen Burschen laut juchzend in dieses Zeitgeschehen eingegriffen, und dann werden sogar die gewonnenen Preisfahnen ins Gefecht geführt. Blasius schaut zum Gendarmentischerl hinüber, doch von den Laubfröschen fehlt jede Spur. Auch der Herr Hochwiern wurde scheinbar schnell noch vom Ministranten heimgeholt.
Wie der Spaziergänger schließlich vorsichtig unter seinem Tisch heraufluert, ist der Friede bereits wieder ausgebrochen, und nur eine zerfetzte Fahne und das angebissene Ohr des Schenkkellners erinnern noch an den ihm aufgezwungenen Krieg. In den zinnernen Preispokalen spiegelt sich wieder friedlich der zehnerlfarbige Mond von Wörnbrunn.

Das Wies'n-Zehnerl

In jener Zeit, als Blasius das Oktoberfest vorne noch mit ›Zecka‹ schrieb, bekam er von seiner alten guten Großmutter für die Wies'n die einmalige Zuwendung von einem Zehnerl. Auch die anderen Bälger der schraazenreichen Vorstadt-Kaserne bekamen so einen Grünspan-Dollar zum Verjuxen. Und dazu auch noch den kostenlosen, wenn auch nicht ganz einwandfreien Rat: »Kinder, schaugts nur immer fleißig auf 'n Bod'n! Ihr glaubts ja gor net, wos d'Leit heitzutag alles valiern.«
In der Tat brachte der Spaziergänger im Verlauf seiner Barfußtage viele gefundene Mantel- und Hosenknöpfe, Sicherheitsnadeln, Gummischnürl und vielleicht zwei Zentner Silberpapier ›für die armen Heidenkinder im schwarzen Afrika‹ mit heim. Und einmal fand er auch eine richtige goldene Uhr und träumte in seiner schwarzen jungen Seele bereits von einem Bolzengewehr, das er sich dafür kaufen wollte. Aber die Oma brachte diesen güldenen Chronometer entsetzt aufs Fundamtbüro und bekam dafür als Finderlohn gar nichts, weil dieser kostbare Minutenfresser in einem Trambahner-Häusl gefunden wurde, und das sei ein städtisches Gelände.
Nun, für das gestiftete Zehnerl jedenfalls konnte ein Gassenbub auf der Wies'n einen herrlichen Tag leben. Es gab dafür wahlweise zweimal Karussellfahren, drei Rippen Kokosnuß-Schokolade, zwei Waffelbruchtüten, zweimal einen Kasperltheater-Besuch, zweimal in den Höhlenkopf der Bavaria hinaufkraxeln oder beim alten geizigen Hendlbrater Förck sogar zwei Hühnerköpfe. Denn damals hatten die Brathühner noch Köpfe genau

so wie die Zimmermanns-Nägel. Die ganz artigen Buben allerdings mußten ihr Wies'n-Zehnerl ebenso wie die finanziellen Geburtstagszuwendungen oder den Firmungs-Taler in eine schwer verchromte Sparkasse stekken. Und nach Jahr und Tag nahm dann der Vater Staat das gesamte Hartgeld, aber auch das papierene und schoß es mit Langrohr-Geschützen in die Luft. ›Juhu‹.
Weil aber nun Blasius einmal feststellen wollte, was man wohl heute auf so einem Riesen-Rummelplatz alles finden könnte, wandelte er wieder einmal ein paar Stunden auf den Spuren seiner Kindheit und senkte seinen Kopf auf Halbmast, um draußen auf der Karussell-Prärie nach herrenlosen Schätzen zu suchen. Zuerst registrierte er lediglich zahlreiche hölzerne Krautgabeln, fünf Dutzend farbige Eislöffel, die weggeworfenen leeren Hälften von Fischsemmeln und eine Million Zigaretten-Kippen. Ein paarmal glaubte er aber auch tatsächlich eine Münze entdeckt zu haben, doch es waren immer nur Coca-Cola-Kapseln oder die Aluminium-Plomben der aufgebauten Neon-Hühner. Einmal allerdings tappte er auch in etwas Rundes, Feuchtes und schimpfte darüber, daß es doch wirklich Menschen gab, die genauso rund spucken konnten, daß es aussah wie ein Fünfmarkstück. Mit der Zeit füllte sich jedoch seine Plastiktüte auch mit zwei Kinder-Dietzeln, drei verschiedenen Ohrringen, matten Lukas-Abzeichen, einem Fingerhut, einer halben Kochsalami und dem Rest eines Rosenkranzes. Vielleicht war die Ausbeute doch nur deshalb so gering, so überlegte Blasius, weil die Leute heute doch kaum mehr Löcher in den Taschen haben. Denn wer läuft in unseren Tagen schon noch mit einer zerrissenen Hose herum. Dann fand der

Spaziergänger schließlich auf dem sogenannten Verlobungshang, dem kleinen Bergerl zur Theresienhöhe, auch noch ein manchmal sehr störendes weibliches Wäschestück. Die dazugehörende Tugend war allerdings nicht mehr drin. Statt dessen lag ganz in der Nähe ein nagelneuer Bergschuh. Sicherlich hatte den ein stürmischer Alpinist bei der Besteigung dieser Wiesen-Jungfrau verloren. Knapp daneben entdeckte er auch noch die Schnitzel eines zerrissenen Briefes, worauf er folgende Fragmente entziffern konnte: ». . . und hast mir doch so fest versprochen, Du würdest auf . . . . . . immer schwindlich und Erbrechen . . . Zimmerrechnung von Pension als Beweis aufgehoben . . .« »Deine Lu.« Das ›Deine‹ war allerdings viermal durchgestrichen.
Und wie es das Schicksal wollte, wurde Blasius unter dem Toboggan zu guter Letzt wirklich fündig und er konnte ein echtes Zehnerl aus dem verwelkten Gras herauskratzen. So hatte also seine kleine Suche ein richtiges Happy-End bekommen. Aber dann wollte der Spaziergänger doch auch einmal feststellen, was er nun für seinen Fund in unseren Tagen kriegen könnte. Doch auf der ganzen großen Wies'n, die sich so schön ein Volksfest nennt, gibt's heute für einen ›Groschen‹ gar nichts mehr. Weder eine amerikanische Zuckerwatte noch ein Eis, eine leere Semmel oder gar eine Fahrt auf dem ›Ringelspiel‹. Nicht einmal einen winzigsten Happen zum Essen. Ja selbst das Gegenteil kostet ein Mehrfaches. Da schenkte er den blaß-gelben Gulden einfach dem Bettler, der neben dem Glückshafen saß. Aber kaum hatte er das getan, da pfefferte ihm der erzürnte Schnorrer das lumpige Geldstück zusammen mit ein paar harten Verwünschungen direkt ins Kreuz.

Und dazu rief er ihm auch noch das französische Wörtchen ›Merde‹ nach.
Nun ja, das mag vielleicht von beiden Seiten ein schlechter Stil gewesen sein, denn man gibt einem Almosen-Empfänger, der noch dazu französisch spricht, nicht ein lausiges Zehnerl. Andererseits aber hätte sich der Gentleman dann doch auch einfach seine Bankverbindung vorne quer über die Brust malen können.

Ball-Bonbons

»Es leuchten die Sterne«, summt der Spaziergänger leise vor sich hin, als er beim Filmball im Mathäser die Polonaise der Hoffart beobachtet. Und irgendwie, als er auch an jene denkt, die nicht mehr kommen können oder kommen dürfen, weil sie weg sind von jenem winzigen Fenster, das man Linse nennt, fällt ihm dabei auch der traurige Reim des Dichters ein, der da sagt: »Steigen auf sie wie Gestirne / gehen sie wie Gestirne unter.« Und da, muß Blasius denken, wird es immer solche geben, die, wenn sie auch vom Nebel der Vergeßlichkeit manchmal schon halb verdunkelt sind, immer noch heller strahlen als jene, die gerade im Zenit ihrer kurzen Laufbahn auftauchen. So wie eben die Venus, wenn sie auch viel weiter weg ist, den flackernden Hundsstern auch immer überglänzen wird.

In einem der neu entstandenen Drei-Sterne-Hotels ist großer Auftrieb. Und mitten im dampfenden Fleischmarkt entdeckt Blasius auch eine Secondhand-Schönheit, die in Rabenkreisen schlicht die ›Nähschatulle‹ genannt wird, vielleicht weil sie halt alles beinhaltet, was man so zum Flicken und zum Strümpfestopfen braucht. Und bald hat ein betagter Liebesingenieur auch schon Witterung aufgenommen, womöglich weil er glaubt, daß bei ihm bald irgendeine Naht aufgehen wird. Und er will mit der Nähschatulle deshalb auch gleich eine kleine Putz- und Flickstunde in einem Hotelzimmer veranstalten. Aber es geht ihm bei dem hartnäckigen Portier wie weiland dem biblischen Zimmermann. Er wird barsch abgewiesen, obwohl er gar nicht Josef heißt, sondern James. Doch auf einmal sind die zwei dann doch verschwunden. Und rein zufällig bleibt gleichzeitig auch einer von den fünf Liften stekken. Nun ja, da kann man wohl auch ein bißchen nachhelfen. Durch das Umlegen. Eines kleinen Hebelschalters, denkt der Spaziergänger. Und so wird es denn wohl auch geschehen sein, denn als der Paternoster plötzlich wieder geht, und ihm das Pärchen entsteigt, scheint es ziemlich verschwitzt und abgeschlafft zu sein. Was aber liegt da in der Kabinenecke? Ein Hauch von Nylon. Ein nebelzartes Futteral, aus dem ein Mädchen,

ohne etwas dazu zu tun, genau so wenig herausschlüpfen kann wie eine Weißwurst aus der Haut. Der grinsende Liftboy nimmt es mit spitzen Fingern und trägt es in den Winkel zu den grüngeschürzten Hausln, die noch lange und genießerisch darüber diskutieren. So als wäre der Inhalt noch immer drinnen.
Einen ganz anderen Striptease erlebt hingegen Blasius im ersten Nobellokal am Platze. Die ebenso gefüllte wie geizige Herrin über ein Dutzend Aufschnitt-Filialen wogt in das stille Kämmerlein für gebrauchten Sekt. Und dann hat sie bei der ›Wiederaufrüstung‹ einen Zipfel ihres ausschweifenden Abendkleides in den hinteren Teil ihrer Strumpfhose hineingewurschtelt. Doch niemand macht sie darauf aufmerksam. Auch nicht die Toilettenfrau, weil sie bei der wahrscheinlich außer einem bleibenden Eindruck doch nie was hinterläßt. Als sie dann wieder im Ballsaal erscheint, und ein allgemeines schadenfrohes Gekicher ausbricht, lacht sie in säuerlicher Verlegenheit auch noch mit. Bis sie ein mitleidiger Ordnungsmann schließlich informiert. Doch auch dem wirft das alte geizige Krokodil als Dank statt eines Fünfmarkstückes nur einen schäbigen Blick zu, bevor sie für den Rest der Ballsaison in ihren Pressackzweigstellen verschwindet.
Auf einem der größten Hausbälle sieht der Spaziergänger auch die immer noch sehr stattliche Witwe eines ehemaligen Maßkrugmillionärs vom Hofbräuhaus, die Thea, wieder. Und da fällt ihm ein, wie sich dieser Banzenboß einmal einen großzügigen Ruck gab und seiner fleißigen Hauserin ein Schmuckstück kaufte. Aber es wurde leider nur die Ballade vom ›Geiz und Geld‹ daraus. Weil ihm so ein Ring, fachmännisch gefaßt, von

einem Juwelier doch zu teuer war, erwarb er einen Gelegenheitssolitär von einem dunklen Ehrenmann und blätterte dafür dreißigtausend bare Mark auf das Tranchierbrett in seiner Wirtskuchl. Stolz ging's tags darauf mit dem blitzenden Juwel zum Autler-Kirta ins Deutsche Theater. Und die Thea streckte überglücklich den kleinen Finger mit der geschliffenen Kohlenstoffwarze wie einen Richtungsanzeiger ins Ballgetrubel. Doch auf einmal war er weg. Nein, leider nicht der Herr Gemahl, sondern der Karfunkelstein. Er war einfach aus der lumpigen Fassung gefallen. Dann geschah etwas Ähnliches wie in dem bekannten Volksstück ›Der siebte Bua‹. Bei dem der bayerische Prinzregent jedem Untertanen mit sieben Buben ein fürstliches Geldgeschenk zugesagt hatte. Nun gab's da zwar einen emsigen Bastler, der schon sechs ›Zipfelmännchen‹ fabriziert hatte, aber beim siebten Male wurde doch ein Mädchen daraus. Da seihten die unglücklichen Eheleute, weil sie es einfach nicht glauben konnten, sogar das Badewasser des Babys durch, um das winzige Etwas womöglich doch noch zu finden. Das ließ auch anderntags der Maßkrug-Millionär mit dem ganzen Glitzerglimmer, den die Putzfrauen zusammengekehrt hatten, machen. Aber da half kein Wallfahrtsverspruch und keine Anrufung des Heiligen Antonius mehr. Der kostbare Kiesel blieb für alle Zeiten verschwunden. Und dabei hatte das Ehepaar doch zwei Freikarten für dieses Fest geschenkt bekommen. Die teuersten Freikarten der Welt.

Im Reiche der Geister

Blasius unternimmt einen Ausflug ins Reich der Geister und Gespenster. Seit längerer Zeit schon wird der Spaziergänger von einer ›mit Erfolg‹ geimpften Witwe mit heftigen Jiu-Jitsu-Argumenten zu einer spiritistischen Sitzung eingeladen. Als Medium für diese Geistervisite wird Blasius ein spindiges Alleinmädchen vorgestellt, das im Hause der Witwe im zweiten Stock wohnt und ausschaut wie die fleischlosen Tage von Kaisheim.

Der Spaziergänger begibt sich also eines mittelschönen Abends zu der Gespensterdame, die den sonderbaren Namen Theres Wieselbang trägt und in der Nähe des Oberangers haust. Blasius wird zuerst in die Küche geführt, wo ihn ein struppignasiger Hund, der allem Anschein nach tagsüber in einer Limonadenhandlung zum Flaschenwaschen hergenommen wird, bläschenspeiend angurgelt. Dann schreit die Witwe Wieselbang mit grellgelber Kopfstimme über das Stiegengeländer hinab: »Iiida!«, und gleich darauf kommt das Medium über die Treppe. Die Jungfrau sieht wirklich aus ›wie der Bruder Anton, der die Enten tritt‹, und ist etwa fünf Schäfflertänze alt. Ihre Augen sind verschwommen wie zwei schlampig eingeschlagene Spiegeleier, und der lange, dünne Schnorchelhals mag auch schon reinere Tage gesehen haben. Sie gibt Blasius die Hand, und der Spaziergänger meint, einen feuchten Bund katarrhkranken Spargel zwischen den Fingern zu halten.

Dann geht die Witwe Wieselbang voraus ins eigentliche Sprechzimmer der Gespenster. Es ist dies ihre gute Stube, mit einer rachitischen Zimmerlinde, unzähligen Spitzendeckerln und einem Biedermeiersofa, bei dessen Anblick man sich unwillkürlich kratzen muß. Von der Wand herunter schaut aus einem versilberten Gipsrahmen der verschiedene Hauptmieter Johann Wieselbang, gewesener Bierführer beim Wagnerbräu. Er hat einen gutmütigen Lampionkopf, und seine rechte Hand lastet schwer auf einem dicken Buch, wie der angekündigte Wehrbeitrag auf den westdeutschen Gemütern.

Nun holt die wissensdurstige Theres ein wackliges Katzentischerl, dazu drei rohrgeflochtene Sessel, und schraubt eine 15-Watt-Lampe in den verstaubten Hirschgeweihlüster. Dann erklärt sie Blasius das große Geister-Abc. Für den Buchstaben A würde der Tisch einmal klopfen, beim B zweimal, und so das ganze Abc hindurch. Der Spaziergänger muß nun seine Hand mit gespreizten Fingern auf das Tischerl legen, so daß sich die eigenen Daumenspitzen berühren und die Spitzen der kleinen Finger bei der Ida und der Theres Anschluß finden.

Dann dreht das Medium den Kopf zu Blasius, wobei es leise quietscht, als wären ihre Rückenwirbel schlecht geschmiert, und der Spaziergänger entdeckt am rechten Auge ein großes Gerstenkorn, über das ihn die Ida idiotisch anvisiert. Nach einiger Zeit fragt die Resl in die altbachelnde Stille hinein: »Johann, bist du da?« Das Medium wird bei dieser Frage blaß wie ein rindenloser Emmentaler und beginnt auch so ähnlich zu riechen. Der Johann schaut unheilbar trottolös aus dem silbernen Fenster von der schlecht geweißten Wand. Auf einmal beginnt es vom Sofa her zu knistern, und

Frau Wieselbang legt ihre Witwenstirn in scharfe Plisseefalten. Blasius sieht aber nirgends den Astralhintern des verblichenen Bierausfahrers auftauchen und hält das Knistern für eine taktische Umgruppierung der häuslichen Mastwanzen.
Auch das verstockte Tischerl gibt keine Klopfantwort. Das kommt wahrscheinlich daher, daß der Spaziergänger die Zwischenleiste mit seinen Pedalen belastet hat, und die sind einem zarten Gespenst wohl zu schwer. »Nix geht mit dem Knie.« Zum zweitenmal fragt die neugierige Theres: »Johann, wenn du da bist, so gib uns ein Zeichen!« Wieder aber hört Blasius außer dem Schmatzen der Roßhaarflundern im Sofadschungel keinen Laut. Das Medium Ida indessen transpiriert in die Stille hinein lautlos ihr Hindelanger Hausparfüm, und es scheint, als ob sogar der Johann auf dem Bild den Schnaufer anhielte.
Warum Johannes Geist bei Blasius nicht vorstellig wurde, konnte der Spaziergänger leider nicht erfahren. Auf der Stiege jedoch trifft er die Hausmeisterin, die ihn aus der Wieselbangschen Wohnung kommen sieht und sofort loslegt: »Warn S' bei der besn Res? De ghörad scho längst in d' Reparatur zum Dokta Mikorey. Zerscht hods ihran Laddierl z' tot kuriert und jetzt soid er bei ihr Tischerlrugga. Schee bläd miaßt a sei.«

Die Zeit der Marschier-Hülsen

Eine böse Kritik über die Deutschen heißt: »Sie sind lediglich das menschliche Verbindungsstück zwischen einem Helm und zwei Knobelbechern.«
In der Tat haben beispielsweise die Südländer bei der Arbeit meistens nur ein bißchen Öl auf dem Kopf, wo die Germanen ihre Gedächtnis-Konserven bereits emsig mit Plastikschonern und Raumfahrer-Tulpen bedecken. Und was ihre Vorliebe für Schaftstiefel anbetrifft, so verdient sich ein Spötter schon immer damit sein Pfisterbrötchen mit etwas Butter drauf.
Ihren leider etwas zu groß geratenen Pedalen, so schrieb Blasius einmal in einer selbstkritischen Betrachtung, verdanken die Deutschen, mindestens seit dem Gotenkönig Alarich, aber auch ihre militärischen Erfolge. Denn wenn ein Soldat drei Zentimeter längere Schuhe anhat als sein Gegner, so macht das bei einer ganzen Armee vielleicht dreißig Kilometer aus.
Daran muß der Spaziergänger gerade jetzt mit leiser Ironie denken, wenn er schmunzelnd beobachtet, daß auch die gesamte westliche Damenwelt in solche Marschier-Hülsen umgestiegen ist. Doch während so berühmte Männer wie der blaue Kurfürst, der Baron Münchhausen, der fliegende Holländer oder der alte Fritz ihre feingegerbten Langschäfter wahrscheinlich nur deshalb trugen, damit sie der zu Boden geworfene Feind nicht noch schnell in die Wadl beißen konnte, wollen die modernen Amazonen mit ihren Renommier-Röhren genau das Gegenteil erreichen. Nämlich möglichst rasch einen Biß kriegen.

Doch was offenbart sich da dem beschaulichen Betrachter nicht alles an unfreiwilliger Komik, Tragik und stillem Heldentum. Denn das stiefelt, hämmert, schlürft oder pariert durch die Straßen der großen Stadt wie am Tage der Mobilmachung. Da gibt es eine Sorte ›Kater-Lieschen‹, die rühren mit ihren dünnen Verdruß-Klöppeln so verzweifelt in den Boxcalf-Mörsern herum wie ein Apotheker, der ein neues Kopfweh-Pulver erfinden will.

Andere Asphalt-Kavalleristinnen wiederum haben einen so ausgesprochenen Säbelgang, als hätte man ihnen gerade ihren braven Hengst unter den Beinen weggeschossen. Und nun knarzen ihre Lederstrümpfe vor sich hin: »Ein Pferd, ein Pferd, ein Königreich für ein Pferd!« Die Klügeren unter diesen Stukas zu Fuß allerdings bedecken ihre mißratenen Wonne-Stangerl dann wenigstens mit so einem modernen Zigeunerrock, wie ihn einst auch die schöne Carmen trug, von der man allerdings sagt, ihre Knie wären auch sonntags nicht ganz rein gewesen. Jedenfalls aber haben diese vornehmen Hühneraugen-Silos auch ihre praktischen Seiten. So kann eine Trägerin, obwohl auf ihrem hochhackigen Wasserblasen-Quetschwerk auch kleine Krönchen oder Wappen angebracht sind, ungeniert die alten porösen Socken ihres geliebten Gatten oder ihre laufmaschendurchlöcherten Strumpfhosen auftragen. Und damit wenigstens einen Teil jener Marie wieder einsparen, welche der Herr Gemahl oder Beschäler auf den Zahlteller hinröcheln muß, denn unter einem halben ›Dreinuller‹ gibt's fast nirgends eine solche Spreißfuß-Kanalisation, die wirklich notiert wird, zu kaufen.

Sollte jedoch ein buttermilchblonder Freier beim Zusammenfalzen der gebrandschatzten Brieftasche vielleicht noch den bescheidenen Hinweis durch seine dämliche Nase schnauben: »Für das viele Sündengeld, das so ein Paar leere Kilometer-Hülsen kosten, hätte man ja auch eine Reise nach Tilsit machen können.« So könnte er leicht zur Antwort bekommen: »Na schön. Aber wer will denn schon nach Tilsit.«

Schmittchen Schleicher

Das Café ›Zum sicheren Aufriß‹ heißt der alte Wechselschritt-Pavillon links vom Neptunbrunnen schon von jeher bei allen Sohlenschleifern. Und gerade jetzt, wo sich die Tage und besonders romantische Mädchen gerne nach hinten neigen, ist auf dem glattpolierten Marmorparkett unter den alten Ulmen und Linden interessanteste Nachsaison.

Waggonweise werden dort die grünen Witwen aus Castrop-Rauxel und Bottrop noch immer angeliefert. Denn man hat ihnen wohl erzählt, die bösen bayerischen Buben hätten einen besonders langen Samstag in ihren ledernen Bundhosen. Und die Seppl könnten ausnahmslos um die Uhr. Nämlich Walzer tanzen. Deshalb legen sich die notwendigen Kumpelinchen beim Ringelpiez am Nachmittag auch immer so leidenschaftlich in die Kurven, als wäre es jedes Mal das letztemal. Und Blasius läßt seine Augen und seine Phantasie hier ganz besonders gerne schweifen.

Mühelos unterscheidet er dabei zwei Grundtypen bei den Damen. Nämlich diejenigen, die den Fußweg zu ihrer Unschuld mit letzter Verbissenheit verteidigen, denn sie öffnen die Knie auch nicht einen Millimeter, wenn der Gigolo ein bißchen Einlaß begehrt. Es ist so, als wären sie zugerostet wie die Schenkel einer Schere. Hingegen die anderen: Bei ihnen braucht der Herr die Holme kaum zu berühren, schon gehen sie auseinander wie eine Malerstaffelei, wenn ein rüstiger Gehilfe sie besteigen will.

Alle Damen tragen weiße Hosen. Die meisten auch

solche Slips. Die Beinröhren sind aber am ›Gleisdreieck‹ derart scharf kalkuliert, daß es fast bei jedem Schritt quietscht. Die Trägerinnen könnten sicher genausogut auf einem Tafelmesser nach Rom reiten. Wohl ein völlig neues Marschiergefühl! »Oh, la Paloma bianca!«

Natürlich befinden sich auch ein paar bemooste Lustmolche unter den raren Kavalieren. Sie riechen alle ein bißchen nach Chlorkalk und wurmigen Schwammerln. Die dienstfreien Gastgalane haben die Hemden bis zum Nabel geöffnet, in dem sich noch ein bißchen Kernseife vom österlichen Brausebad befindet. Um den Hals tragen sie güldene Kettchen, an denen jedoch nicht ein Schutzpatron baumelt, sondern eine kleine silberne Hand, bei welcher der Daumen durch zwei Finger gesteckt ist. Nun ja, diese Amigos sind halt der deutschen Sprache nicht ganz mächtig und arbeiten noch mit Symbolen. Rührend sind sie besonders um jene blutjungen Flaschenkinder bemüht, die beim Tanzen direkt noch eine kleine Milchspur hinter sich herziehen.

Und immer wieder Typen und Tatendurstige. Dort das kleine graue Männchen zum Beispiel. Ist es wirklich »Schmittchen Schleicher mit den eelaschtiiischen Beinen«, wie er beim Mitsingen des Refrains in schönstem Polypentenor immer wieder verkündet? Nein, gewiß handelt es sich nur um einen Handelsvertreter. Denn er redet auf seine Tänzerin so beschwörend ein wie ein Kleingewerbetreibender, der in der Sahara heiße Maroni verkaufen will.

Oder handelt es sich vielleicht nur um einen rührigen Staubsaugeragenten? Weil er doch sein Prachtstück, das beim Wechselschritt immer die Handtasche in der

Ellenbeuge mitführt, gar so gekonnt vor sich herschiebt. Bis in die äußersten Ecken und ganz am Rand entlang dirigiert er die Schöne. Und Blasius befürchtet manchmal direkt, er würde sein verzücktes Schnaufmaschinchen in aller Öffentlichkeit in Betrieb nehmen. Und nicht erst nachher auf dem Hintersitz seines Firmenwagens.
Oder dort drüben, der Boris aus Bosnien, als Effendi verkleidet. Er hat sich einen lebensfrohen Rollschinken aus Mönchengladbach gegriffen. Zwar trägt er brav einen Ehering, der ihm wohl daheim auf Befehl seiner Suleika vom Dorfschmied warm über den Finger gezogen wurde, doch das stört die tatendurstige Scharnow-Schnucke keineswegs.
Für den Boris allerdings wird es noch einige Probleme zu lösen geben. Denn seine Auserwählte ist verpackt und verschnürt wie ein Entfesselungskünstler auf dem Oktoberfest. Doch als zweiter Ausgeher in einer Versandabteilung weiß er ja mit Haken und Ösen Bescheid. Er wird später seine Roulade ganz sacht und zart hinüberführen in die verschwiegenen Büsche. Und dort zeigt er ihr dann schon, wo Allah wohnt. Nämlich direkt unter der dunklen Akazie. Und seinem neuen Ausverkaufsgürtel aus Schlangenleder.

Der gräßliche Ohrenbohrwurm

Kaum klettert der Normalverbraucher morgens aus seinem Daunentümpel und macht zuerst die Augen, dann den Mund und schließlich das Radio auf, so setzt man ihm auch schon den Wurm ins Ohr. Nein. nicht den sprichwörtlichen Floh. Das ginge ja noch an, weil so ein ambulanter Blutsauger seine Tankstelle wenigstens wieder wechselt. Gemeint ist vielmehr der Ohrenbohrwurm der Reklame. Jenen gräßlichen Tausendfüßler, der sich durch jeden Gehörgang hindurchfrißt und den man dann, wenn er einmal ins Kleingehirn eingedrungen ist, sowenig wieder losbringt wie einen miserablen Ruf.

Meistens wird diese Werbung dem wehrlosen Verbraucher noch dazu in einer Versform eingehämmert, wie sie wohl der wackere Balthasar Maier in seinem heiligen Zorn vor der Sendlinger Bauernschlacht geschmiedet haben mag: »Steigst aus dem Bett du mit dem linken Bein, nimm Doktor Pimperls Pimpernellchen ein.« Das empfiehlt beispielsweise eine sonore Stimme auf völlig nüchternen Magen. Gleich läßt sich auch die Konkurrenz mit einem Schmunzelslogan hören und wispert verschmitzt und schalkhaft: »Nach dem Hupferl mit der Lola eisgekühltes Cola.«

Wenn man sich dann gerade knarzend bückt, um seine Asphaltmokassins zu schnüren, so klärt der unsichtbare Sechs-Röhren-Mann mit besorgtem Zeigefinger auf: »Kennst du das Land, wo die Zitronen blühn — auch dort putzt man die Schuhe mit Pilgrin.«

Verfolgt vom weißen Riesen, vom Meister Proper, der

geschmolzenen Resi und der Nordzucker-Susi flüchtet der so bedrängte Konsument schließlich aus dem trauten Heim, aber nicht ohne eine letzte bange Gehirnwäsche. Denn was hat ihm der gute Onkel mit seinem Wechselstrommund noch schnell nachgeschrien? »Papi, poch nicht auf dein Glück — vertrau der Versicherung dein Geschick — ein Waislein läßt du sonst zurück.« Und damit keinerlei Irrtum entsteht, wem die fällige Prämie anzuweisen ist, vergißt der Freistil-Schiller auch nicht den sachlichen Nachsatz: »Gemeint ist mit der Versicherung natürlich der Vielfraß-Konzern, gegründet 1407.«

Ist die häusliche Morgenbeschallung überstanden, kommen die optischen Hinweise. Denn in dem Neuigkeitstresor neben dem Hauseingang warten sechs verschiedenartige Prospekte mit äußerst wichtigen Mahnungen und Vorschlägen. Mit unwahrscheinlich regelmäßigen Zähnen strahlt einen da das Konterfei des bekannten Fußballers an. Und was erzählt der ebenso sympathische wie taubstumme Lederkicker? »Mit den Stiefeln Marke Mohr — schießt du nie ein Eigentor.«

Eine zweite Postwurfsendung wirbt für eine Charterreise mit der bekannten Fluggesellschaft »Müh und Not« und versichert: »Beachten Sie unsere konkurrenzlosen Nordlandreisen. Start in München. Verspätung in Frankfurt und Gepäck in Berlin.« Ein blonder Schlingel schließlich, der das nach dem Jugendschutzgesetz noch gar nicht wissen dürfte, behauptet auf abwaschbarem Glanzpapier: »Die Liebe ist ein holder Wahn — trink lieber Jonas' Lebertran.«

Weiter geht's auch in den Straßen der Stadt. Beim Feinkosthändler an der Ecke steht quer über der Eingangstür ein Poem, das vermutlich der tüchtige Mortadella-Schinder selbst gestrickt hat. Es lautet: »Sei nicht fad – iß Runkels Fleischsalat.« Die biedere Suppengrün-Lisa am Durchlaß aber hat sich den Werbespruch auf ihre Auslage pinseln lassen: »Plagt dich ein Kummer und sinkt dir der Mut – mein Meerrettich ist immer mild und gut.« So geht das sanft idiotisch fort. In allen Zeitschriften und Illustrierten findet der Betrachter ähnliche Hinweise, Ermunterungen und Warnungen. Dazu lassen sich viele berühmte Prominente, Abenteurer, Preisboxer, Filmsternchen oder Langstreckenläufer willig vor den Reklamekarren geschäftstüchtiger Unternehmer spannen. Zum Beispiel wäre jener Tramp, der mit dem Veloziped nach Venezuela strampelte, niemals dort angekommen, hätte er nicht »M.M.M.« genommen. Die todsicher wirkende Energietablette »Macht Matte Munter«.

Aber auch abends vor der Röhre kriegt der Sloganverfolgte von ungemein fotogenen Tanten und Onkelchen noch einige Ratschläge übergebraten. Sie mahnen und schmollen und tadeln und fordern im Milchglasformat von 63 auf 63, bis der völlig zerstörte Konsument schließlich mit beiden Zeigefingern in den Ohren unter seinen Nabelwärmer flüchtet.

Doch wenn er glaubt, daß er damit dem Reklameteufel endgültig entflohen ist, so täuscht er sich gewaltig. Denn was entdeckt er da auf dem Saum der soeben erworbenen preiswerten Steppdecke? Den dezent eingewebten Hinweis nämlich: »Nimmer findest du Rast noch Ruh – deckst du dich nicht mit Schnarchwohl zu.«

Langsamer Nachmittag

Wie die Statistik behauptet, soll das Bedürfnis nach Wärmstuben stark nachgelassen haben. Blasius aber glaubt halt, daß man Einsamkeit nicht so messen kann wie ein Fieber oder einen Bundeswehrsoldaten. »Denn jeder Mensch vergeht für sich allein«, möchte er dazu frei nach dem Dichter sagen. Dennoch muß der Spaziergänger, der diese Wirtschafts-Nebenzimmer, in welchen die Münchner Stadt im Winter kostenlos eine Handvoll Wärme und ein Haferl voll heißen Kaffee abgibt, gerne besucht, immer wieder feststellen, daß dort nicht nur Tristesse und Transusen zu finden sind, sondern auch ein paar Käuze, Sonderlinge und komische Figuren. Sie haben den Mut oder auch die Gelassenheit, an der Schwelle zum ›Servus du‹ ihrem Leben noch eine ganze Portion Spaß und halben Flachs abzugewinnen.

Dort an der Fensternische zum Beispiel sitzt ein Männchen, das die anderen alle nur den ›Häuptling Langsamer Nachmittag‹ nennen. Denn er liest seit fünf Jahren immer noch den Winnetou Band II. Und weil er jede Zeile mit dem Zeigefinger nachfährt, hat er sich einen vernickelten Fingerhut gekauft, sonst hätte er sich seinen verschrumpelten Buchstabenspion bestimmt schon bis zum Mittelhandknochen abgelesen. Er kennt das Buch natürlich längst auswendig, bis auf den Daumenabdruck von einem Gänse-Schmalzbrot, den er am Stephanie-Tag anno 69 auf Seite 404 selber hinterließ. Wenn die Rothäute am Lagerfeuer die Friedenspfeife schmauchen, zieht auch der ›Langsame Nachmittag‹ einen zerschnullten Krüllschnitt-Kocher heraus und bläst einen kalten Rauch, den keiner sieht, in alle vier Wärmestuben-Ecken. ›Howgh‹. Und wird ein Bleichgesicht skalpiert, fährt er sich selber kichernd über seinen Kopf, der aus einem einzigen großen Scheitel besteht. ›Uff, uff‹. Das kann ihm nimmermehr passieren. Er hat einfach einen unerschütterlichen Willen zur totalen Zufriedenheit. ›Well Sir‹.

Ein anderer Schrullen-Schalk ist der ›Ewige Hochzeiter‹, der die Heiratsanzeigen aus den aufliegenden Zeitungen studiert und mit einem Bleistift-Stumpen, den er mit der Zunge pausenlos befeuchtet, kleine Notizen auf zwei Hemden-Manschetten schreibt, wie sie die Komiker in uralten Schwänken manchmal noch tragen. Und fast jedes interessante Inserat kommentiert er halblaut: »›Rüstiger Bergkamerad‹. Na, des bin i nimma. I bin froh, daß i dahoam no de Kanapee-Nordwand macha ko. Holla, aba do: ›Lustige Witwe, mollig und anpassungsfähig‹. Ja, so eppas kunt i vielleicht scho no niedaschmus'n.«

Auch den zwei Grenadieren, die auf dem Schulatlas sämtliche Schlachten noch einmal schlagen, wird es nie langweilig. Ihre Begrüßung ist dabei immer die gleiche. Der eine sagt: »Wos sogst jetzt du zu Rußland?« Worauf der andere todernst erwidert: »Koid is.«

Doch auch an Bildern von der lausigsten Handelsklasse fehlt es natürlich nie im Raum. Nah am Heizkörper kauern ein paar ganz Alte. Ratlos halten sie die gefalteten Hände vor sich hin, durch die ihnen die völlig sinnlose Zeit verrinnt. Oder sie kauen manchmal ein bißchen, als wollten sie die Stille aufessen. Zwei Hunde liegen bei ihnen. Die haben feuchte graue Augen, wie die nassen Mantelknöpfe ihrer Herren.

Eine Frau daneben strickt schon seit vielen Wochen an einem Pullover. Immer wieder mißt sie an dem willig hingehaltenen Unterarm ihres Nachbarn, ob er ihrem Alfons auch sicher paßt. Aber alle im Zimmer wissen, daß der doch bereits seit sieben Jahren tot ist. Nachher sagt einer der Kartenspieler vom runden Tisch ein Solo an: »Grün ist die Farbe des Spinats.« Und er verliert es klaglos. Natürlich würden die zerfurchten Hasardeure gern um Geld tarocken, aber sie spielen nur um etwas, weswegen sich schon Tausende von Menschen ohrfeigten, im Zweikampf tranchierten oder ihre Armeen zerstückeln ließen. Um die Ehre nämlich.

Und die Gespräche bröseln dahin wie altes Klosterbrot. Doch seltsam, muß Blasius noch einmal denken, vom Thema Eins der älteren Leute redet hier kaum jemand. Und diese Beobachtung hat der Spaziergänger schon in jenen Tagen gemacht, als er noch als Ministrant in einem gottverlassenen Bauernhof aus der Weihwasser-Perspektive das ganze Werden und Vergehen der einfachen Leute miterleben durfte. Und er meint deshalb, daß diese Haltung vielleicht gerade für sein weißblaues Hoamatl so besonders typisch ist. Oder wie jener berühmte Heimatdichter so grad heraus und gelassen sagte: »s' Schterb'n is bei uns a oida Brauch.«

Märchenstunden

Eine Umfrage an den Münchner Volksschulen, so erfährt Blasius, hat ergeben, daß etwa nur noch vierzehn Prozent aller Kinder bis zu zwölf Jahren wissen, was ein Märchen ist. Joringel und Jorindel kannten überhaupt von 36 kleinen Fräulein nur zwei. Dagegen steht Tipp und Tapp sogar bei den Mädchen hoch im Kurs. Von den berühmten Gestalten der Gebrüder Grimm oder Andersen fanden der ›Rübezahl‹, das ›Schneewittchen‹, das ›tapfere Schneiderlein‹, der ›Hans im Glück‹ und das ›Mädchen mit den Schwefelhölzern‹ noch kleinen Anklang. ›Rapunzel‹ aber hielten ein paar der Befragten für ein Fleckenreinigungsmittel. ›Fallada‹ für eine kleine Stadt in der Lüneburger Heide und die ›Bremer Stadt-Musikanten‹ für eine Beat-Band. Lediglich zwei Drittklassler der Gotzinger Schule und ein Zwillingspaar aus der Kirchenstraße hatten schon ein paarmal eine richtige Märchenstunde erlebt. Die ersteren kommen regelmäßig zu einer 70jährigen Witwe, die in ihrem Mansarden-Stübchen zweimal in der Woche für interessierte Kundschaft in den Grimmschen Fabel-Büchern blättert. Und letztere in's Amerika-Haus, wo zeitweilig ebenfalls eine nebenberufliche Tante ein paar kleine Daumenlutscher und ABC-Schützen um sich versammelt.
Dieser Report hat dem Spaziergänger leider ein kleines verwischtes Lächeln entlockt. Denn er selber ging in seinem Kindergarten fleißig mit dem Riesen Gulliver auf die Reisen, erlebte die Entzauberung des Froschkönigs, wanderte mit den Siebenmeilen-Stiefeln durch

die Welt hinter die sieben Berge und zupfte gleich gar frech und blitzschnell dem Teufel seine drei goldenen Haare aus. Denn damals hatte er sogar drei Zugehplätze, um seinen Bedarf an Fantasie-Zaubersprüchen und Gänsehaut zu stillen. Nämlich die grundgute Frau Zeigerl, die im Rollstuhl gefahren werden mußte, aber bei mildem Wetter in dem winzigen Efeu-Salettl im Hinterhof mit magerem Zeigefinger, unterdrückten Seufzern, Wispern und Stimmverstellungen ein wohliges Gruseln verbreitete. Dann die alte Zither-Spielerin Seidlein, deren Stegreif-Dichtungen leider nie zu Papier gebracht wurden. Und schließlich die eigene Großmutter, welche ein halbes Dutzend Barfußläufer immer mit sanfter Gewalt in den wackligen Ohrenbacken-Sessel zwängten, ihr liebedienerisch den ›Zwikker‹ putzten und dann das zerlesene graue Buch, das sie in Wirklichkeit gar nicht gebraucht hätte, in die blassen und zerbrechlichen Hände drückten.

Die eigentliche Märchenzeit war damals die blaue Stunde der Gnomen-Society. Und wenn die Oma besonders gut gelaunt war, weil sie die Gicht gerade ein bißchen verschonte, sang sie mit dünner Mundharmonika-Stimme vor dem Lesen sogar ein uraltes Lied, von dem Blasius noch die ersten zwei Zeilen weiß. Es lautete: »Es gibt im Volksmund oft Märchen ohne Zahl. Ein jedes in der Rund, beginnt, es war einmal ...«

Und dann begann die Reise ins Reich der Kobolde, Riesen und Hexen. Gespenstisch tropfte vorn am Ausguß der Wasserhahn. Der Perpendikel des alten Nußbaum-Regulators schwang gleichmäßig ins Jenseits und wieder zurück. Und der winzige Magen von irgendeinem Gasthörer knurrte mit der Stimme eines ganz jungen Hundes dazwischen. Dann huschten sie auch schon durch das Zimmer. Saß da nicht unter dem verschlissenen Kanapee Zwerg Nase und kicherte zu uns herüber? Und aus dem Unterteil des grau gestrichenen Küchenkastens schaute doch tatsächlich der kleine Muck heraus. Was aber in der Kohlenkiste unter dem Ofen rumorte, das war gewiß das arme kleine Aschenbrödel, das nicht auf den Ball gehen durfte, ehe alle Erbsen ausgelesen waren. Und ein sanftes Gewisper ließ den wohlbekannten Trostspruch vernehmen: »Die Guten ins Töpfchen, die Schlechten ins Kröpfchen.«

Aber auch ein banges Flüstern war neben der monotonen Stimme der alten Frau im Lehnstuhl zu hören: »Ach du Fallada, der du hangest«, oder »Was macht mein Kind, was macht mein Reh, jetzt komm ich noch einmal, dann nimmermeeh.«

Mit knöchelweißen Fingerchen umklammerten die Niederleitner Mädchen die Nickelstange des nahen Küchenherdes und ihre mageren Beinchen in den schwarzen Wollstrümpfen waren voll Angst und Spannung so spiral umeinander gewunden wie die Lakritzenstangen von der dicken Standlfrau Mali Hild.

Die Großmutter des Spaziergängers beendete ihre Geschichten aber meistens mit einem hochmoralischen Hinweis, indem sie an jedes Märchen hinzufügte: »Und so geht's allen Kindern, die der Mama die Milch nicht holen.« Oder: »Verzaubert kann ein Kind nur werden, wenn es seinen Spinat nicht ißt.«

Ja, und dann mußte Blasius schließlich doch ins dunkle Schlafzimmer unter die schwere, riesige Zudecke des alten Birnbaumbettes. Und durch eine winzige Öffnung im Plumeau starrte der Spaziergänger nach der Türklinke, ob sich die nicht vielleicht langsam senkte, und der König Drosselbart ins Zimmer kam. Und wahrscheinlich kamen sie auch wirklich sehr oft an seine Traumschublade und standen lange davor. Nur sah Blasius das niemals in Wirklichkeit. Denn bis dahin war der Spaziergänger schon längst eingeschlafen.

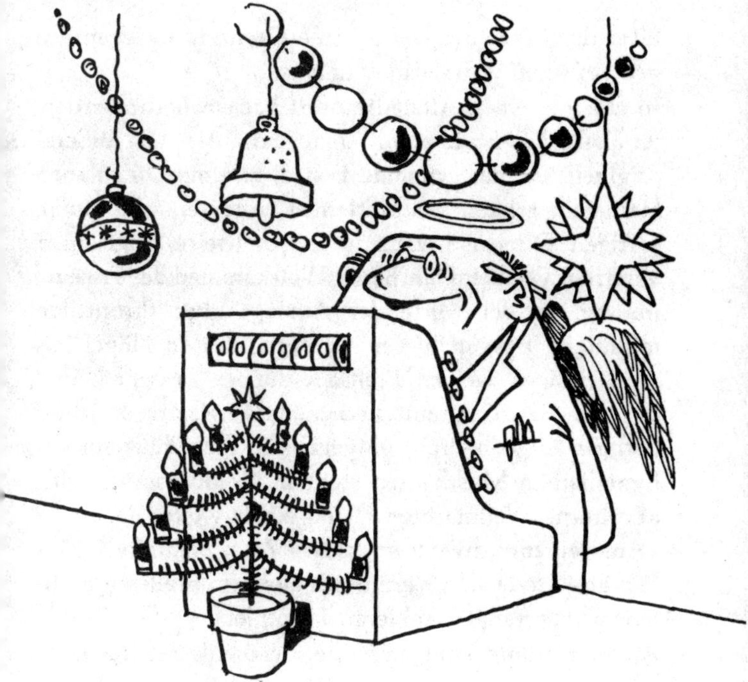

Und Friede auf Erden

In der Adventszeit weihnachtet es programmgemäß allerorts. Vor allem in den Schaufenstern. Mit sinnigen Sprüchen, glitzernden Kometen, silbernem Lametta-Krüll-Schnitt und wattiertem Bruchharsch reich garniert, wird dem unschlüssigen Käufer die ganze Liebesgaben-Kollektion unterbreitet. Festlich geschmückte Trompetenmundstücke, Levkojenzwiebeln, Spargelschälmaschinen, Trappistenkäserl, Rotkehlchen, Enzyklopädien, Blutdruckmesser und Knöcherlsulzen. Der

Eifer der Werbung kennt keine Grenzen. Gelegentlich gerät er sogar weit darüber hinaus.
In einem kleinen Altstadtgasserl hat ein hochtalentierter Leberkäs-Stukkateur seine Schaufenster äußerst originell auf das nahende Fest abgestimmt. Zwischen Hammelkoteletts, geschnittenem Voressen und einem saftigen Ochsenschwanz ist büschelweise Engelshaar verstreut wie beim jährlichen Wettkämmen der Friseurinnung. In der Mitte der Auslage aber thront ein mächtiger, posauneblasender Engel, dessen Flügel aus zwei riesigen weißen Preßsackscheiben bestehen, und der dem Beschauer mit stechenden schwarzen Wacholderbeer-Äuglein streng entgegenblickt. Zu Füßen dieses himmlischen Musikanten steht in Goldbröserl-Schrift: »Fröhliche Weihnachten.« Und etwas weiter darunter: »Aus reinem Schweineschmalz!« Zwei niedliche Schäflein aus Rindertalg, vermutlich aus dem Stalle zu Bethlehem versprengt, flankieren das Stilleben.
Äußerst sinnig sind auch die Geschenkvorschläge eines modernen Kosmetiksalons. Geschmackvoll von Tannengrün umrahmte Porzellantöpfe mit Warzenvertilgungsmittel, reich verzierte Dosen mit der bewährten Pickelsalbe ›Rabiat‹ und lamettaumwundene Hühneraugenschaber ›garantiert rostfrei‹. Im Fenster daneben inseriert ein schelmischer Tuchhändler mit witzigem Spruch »Zum frohen Fest — den Lodenrest.« Und ein Tandler hat sogar synthetischen Rauhreif auf eine ehrwürdige Schale gestreut, in welcher die Orden des letzten Krieges sehr preiswert angeboten werden.
Als einzig passende Gabe für den festlichen Gabentisch bietet ein Präparator nachdrücklich ausgestopfte Käuzchen an. Außerdem tropische Riesenkäfer und

Schmetterlinge. ›Longimanis‹ steht auf einem Prachtburschen, der so groß ist wie ein Pausebrot und aussieht wie eine Riesenwanze mit Geweih. Etwas weiter stadtauswärts hat ein Händler von Korb- und Seilerwaren seine Produkte mit viel Hingabe und Glimmerglitzer versehen. Alle Gegenstände tragen außerdem ein Schild für ihren Verwendungszweck. Auf einem zusammengerollten blütenweißen Lasso steht: »Ia Hanfseil zum Aufhängen.«

Hinter den Glasscheiben eines Spielwarengeschäftes werden ganze Stämme schuftiger Rothäute umzingelt, zusammengedroschen und zerwirkt. Auch den burnustragenden Gipsarabern geht es nicht besser. Die ›Legion‹ stürmt auf die ungläubigen Erdölflöhe ein und massakriert sie gnadenlos. Den lieben Kleinen werden außerdem wärmstens empfohlen: Leopard-Panzer, feuernd, wendend und infanteriezermalmend, ferner Düsenjäger, Fallschirmspringer, kleine Tretminen und Plastik-Bomben.

Unter dem Motto ›Friede auf Erden‹ wirbt ein Geschäft für Jagd- und Fischereiartikel. Auf grünem Tann liegen wuchtige Hirschfänger, glatt und steril, Giftköder für Ratten und Mäuse, blitzende Nickelfischlein aus Schwedenstahl mit fünfzackigen Innereien sowie künstliche Käfer mit zarter Widerhakenseele. Weihnachtlich verziert sind auch wuchtige Tellereisen, Legbüchsen, Viehschußapparate und bläulich funkelnde Gaspistolen. In der Ecke aber, zärtlich mit Lametta umwunden, liegt kalt und sachlich ein Schlagring. Und auf seinen antiseptischen Spitzen — sieht man goldene Lichtlein blitzen. Recht fröhliche Feiertage, kann da Blasius nur mehr wünschen.

Einmal Endstation

Wenn Blasius manchmal so nachdenkt, so meint er, es würde doch sicher hochinteressant sein, über ›eines Menschen Zeit‹ einmal haargenau Buch zu führen. Und deshalb macht er einen kleinen Testversuch bei sich selber und muß lächeln, was dabei etwa herauskommen könnte. Zum Beispiel: eineinhalb Tage Kirschkerne ausgespuckt, zwei Wochen Kommas gemacht, 13 Jahre und 142 Tage geschlafen, 2436 mal gezweifelt, 74 mal in den rechten Zeigefinger geschnitten, 30 Stunden auf die Hupe gedrückt, zwei Tage geflüstert, einen halben Monat in den Zähnen gebohrt, 10 075 mal was vergessen, 2003 mal häßliche Flüche ausgestoßen und zwei Jahre 60 Sekunden lang Trambahn gefahren.
Manche Leute denken nun gewiß bei so einer Bilanz, das meiste davon wäre Blödsinn gewesen und verlorene Zeit. Doch der Spaziergänger meint, man kann aus den angeblich vergeudeten Stunden doch auch viel Vergnügliches, Amüsantes und Lehrreiches herausholen. Darum ist er beispielsweise wieder einmal am Sendlinger-Tor-Platz in einen Wagen der berühmten Linie acht eingestiegen und hat Endstation gebucht.
Es ist Stoßzeit. Deshalb wohl schleudert man Blasius zuerst einmal in den Schoß einer molligen Witwe, in dem er sofort versinkt wie in einem warmen Moorbad. Diese Kurzstrecken-Walküre befördert ihn jedoch sofort wieder beleidigt zurück und direkt in die mageren Hummerarme eines braven Fremdarbeiters, der aber leider aus dem Mund riecht wie eine undichte Erdgasleitung. Bis zur Ruppertstraße kann sich der Spa-

ziergänger dann an dem halb abgerissenen Mantelaufhänger seines Vordermannes, an den grauen Nackenhaaren eines stillvergnügten Säufers und dem seltsamen Parfüm einer ambulanten Schnallendame ergötzen, das aus dem geriebenen Ohrenschmalz eines älteren Geißbockes und einer starken Lysol-Lösung bestehen muß. Kurz danach wird der Wagenführer abgelöst von einem Kollegen, dessen Hinterkopf Blasius längere Zeit fesselt. Denn er erinnert ihn lebhaft an einen spanischen Torero, dem das erzürnte Publikum seine Matadoren-Zöpferl mit einem schartigen Melonen-Messer abgesäbelt hat.

Nach dem Harras wird es etwas lichter, und ein Mann erzählt einen alten Straßenbahn-Witz: »Da unterhält sich der Wagenlenker an einer Haltestelle mit einem Bekannten, sagt dann ›Servus‹ und läßt die automatischen Türen schließen. Nach einiger Zeit bemerkt er, daß sein Freund draußen neben der Trambahn keuchend mitläuft. Er hält an und fragt den seltsamen Sportler: ›Was ist los, warum verfolgst du mich?‹ Da sagt der andere: ›Was heißt hier verfolgen, wenn du mir bei der Abfahrt meinen Mantel in deine blöde Tür eingezwickt hast.‹«

In Obersendling entern die Türken das ›blaue Flaggschiff auf Rädern‹. Eine Fabrik ist aus. Und 77 Konjunktur-Kulis hängen apathisch in 77 Stehplatzschlaufen. Sie baumeln so ergeben an den Plastikschlingen wie die 77 Gelynchten in dem neuen Western: ›Mister Hanf hat wieder zugeschlagen‹. Später steigt dann ein Rotkäppchen zu. Direkt wie aus Grimms Märchen heraus. Ein schüchterner Wimmerl-Jüngling wanzt sich zentimeterweise an. Dabei verzehrt er das Bilderbuch-

Kind mit den Augen wie mit einem ganz kleinen silbernen Löffel. Er schluckt auch viele Male. Nachher interessiert sich der Spaziergänger mehr für eine Frau, die einen ganz kleinen Hund in der Einkaufstasche hat. Alle schauen hin. Das Hunderl aber ist sichtlich undicht geworden. Ein Mann fragt barsch: »Wia hoaßt er denn?« Die Frau erwidert: »Er hod no koan Nama.« Da sagt der rohe Mensch: »Tauf'n 'S ihn hoid Schpüli, wenn er scho ois so schee ausg'wasch'n hod. Ha, ha, ha.«

Dann ist Forstenried-West erreicht. Alles raus. Und der Wimmerl-Kapitän nimmt jetzt sein Herz in beide Hände. Er hätte aber vielleicht lieber eine Wurst nehmen sollen, denn das Rotkäppchen wird an der Endstation von einem gewaltigen Wolfshund erwartet, der dem annähernden Freier nur stumm sein entsetzliches Gebiß zeigt, in dem noch die Schürzenbandl der verspeisten Großmutter hängen. Blasius lächelt nun ein kleines bißchen schadenfroh. Dann erbleicht er und fügt rasch in seiner Aufstellung eine Eins in der Rubrik ›Vergessen‹ und eine weitere Eins bei den ›Läßlichen Flüchen‹ hinzu. Als er nämlich feststellt, daß er kein Geld für die Rückfahrt mehr einstecken hat.

Aber es sind ja nur 14,3 Kilometer oder 21 000 völlig unnötige Schritte bis heim zum Sendlinger-Tor-Platz.

Des Boandlkramers reitende Boten

Blasius hat wieder einmal in seinem alten Volksschullesebuch geblättert und da kam ihm auch die Geschichte zwischen die Finger, wo ein reicher Mann in den Himmel kommt und sich dort beim Boandlkramer beschwert, daß man ihn einfach ohne Vorwarnung abberufen hätte. Worauf ihm der Sensenmann erwiderte: »Aber guter Freund, ich habe Dir doch schon lange vorher den Gevatter Fieber geschickt, den Abgesandten Schmerz und auch meinen Generalvertreter Schüttelfrost, sowie den Ausgeher Kopfweh. Aber du hast sie ja alle nicht ernst genommen und nur über sie gelacht. Weshalb beschwerst du dich also jetzt darüber?«
Und der Spaziergänger hat sich deshalb einmal vorgestellt, wenn er mit dem ›Leiter des himmlischen Einzugsamtes‹ ein kleines Fernsehinterview machen könnte, wie das dann wohl aussehen würde.
»Jetzt schau dir bloß mal den alten Kacker da drunten an!« würde es vielleicht heißen. »Den habe ich schon vor Jahren vom Kameraden Paradentose heimsuchen lassen. Und der hat ihm auch schon langsam alle Zähne gezogen, damit dieser läppische Bettnässer endlich merkt, daß es schön langsam Zeit wird zum Einpacken. Aber nein, was tut der Knilch? Er läßt sich einfach einen neuen Porzellanrechen montieren, weil er es nicht fassen will, daß er in keine Kalbshaxen mehr beißen soll, sondern ins Gras. Dann habe ich ihm mit dem Zeigefinger der Zeit auch noch das Greisengesicht zerkratzt, daß es aussah wie ein Schnittmusterbogen, setzte eine Hand voll Bakterien ein, die ihm die Haare

büschelweise auszupften und sie in den Ohren wieder anpflanzten, so daß er einem andalusischen Melonenesel ziemlich ähnlich sah. Wir glaubten nämlich, ein Mannsbild, das so häßlich würde, müßte auch einsam werden, weil es nicht einmal ein Schwammerlweib wieder anschaute, so daß er dann in seiner Schwermut vielleicht freiwillig zu uns kommt. Aber denkste! Er inserierte so lange in allen Tageszeitungen, bis er sich endlich aus der tiefsten Steinpfalz noch einmal ein stilles Glück in Gestalt eines einfältigen, scheinbar von einer chronischen Bindehautentzündung befallenen Reservetrampels angelte und voller Entzücken frohlockte: »Auf ein Neues!«

Dieser Mann, der dreimal leben möchte, gilt doch so richtig für das Sprichwort: »Alt werden möchte ein jeder, aber alt sein nicht einer.« Aber natürlich gibt es auch ein paar frohe alte Knaben, die mit Anstand von den schönsten Dingen Abschied nehmen können und in sympathischer Selbsterkenntnis gestehen: »Gestern noch auf stolzen Frauen und heute schon wieder beim Prostata-Doktor.«

Und der Bruder Hein fährt fort: »Leider wissen auch die Schönen des Landes nie, wann sie loslassen sollen. Da schlafft man ihnen das Fell, daß es überall herunterhängt wie ein Strudelteig und tönt ihnen das dünne Haar mit unserem unübertrefflichen Modergrau. Doch sie stülpen sich neckische Trotzköpfchen-Perücken darüber und lassen sich die Pelle vom Doktor so lange wieder hochziehen, bis auch das allerpikanteste Fleckchen am Kinn angelangt ist. Und sie dann plötzlich einen Spitzbart haben wie der selige Walter Ulbricht. Da nützt es auch gar nichts, wenn man einer solchen

Maid das schöne kleine Liedchen vorsingt: Gemma, gemma, gemma Marie, siehst du nicht den boanern Herrn vis-à-vis?
Oder was tun diejenigen Schlaumeier, denen man den Schlaf raubt, damit sie womöglich in sich gehen? Nein, das tun sie eben nicht. Denn sie wollen das kleine ABC vom Werden und Vergehen um keinen Preis begreifen und gehen dann lieber nachts auf die Straße und schreiben für die Polizei völlig unentgeltlich die falsch geparkten Autos auf. Als ob ihnen diese Grünröcke helfen könnten, wenn sie über die ›Wupper‹ müssen. Doch unser Katalog ist ja noch viel reichhaltiger. Aber verwehren wir jemandem das Marschieren als Warnsignal, kauft der sich zuerst einen Spazierstock, dann ein Paar Krücken und schließlich einen Selbstfahrer. Und erst wenn's mit dem auch nicht mehr geht, begibt er sich widerwillig in die Rückenlage und hofft weiter auf gute Besserung. Statt daß er einsieht, daß dies doch ganz natürlich ist und nur eine leichte Generalprobe für die große Rollkur im Fegefeuer.
Und dann jener Kettenraucher, der täglich 70 Lungentorpedos in seine Lungen hinunterjagt. Glaubt der denn wirklich selber auch daran, daß er nur eine Mücke verschluckt hat, was er jenen erzählt, die ihn wegen seines Nikotingebells tadeln. Wo so ein Husten doch selbst im Volksmund ›Friedhofs-Jodler‹ heißt.
Wird aber am Ende der große Glaubauf ungeduldig und stößt dann einen, der sterben soll, einfach unter einen Zehntonner, weil er doch auch seine Ablieferungsnorm erfüllen muß, so schreiben die Zeitungen alle von einem ›Schicksalsschlag‹ nach dem unermeßlichen Ratschluß des Herrn. Dabei wird doch der Tod auf jeden

Fall für Sterben angerechnet. Oder wie manche Bayern so schön und trocken sagen: ›Des Sterb'n ko doch überhaupt ned schwer sei, wenn's scho die allerkloansten Kinda kenna.‹«

Danke schön!

Blasius hat eine komische Angewohnheit. Jedesmal nämlich, wenn er unter Tannen und Fichten wandelte, gibt er nachher dem Wald die Hand und schüttelt ihm zum Dank für die gute Luft und die Erholung den untersten Ast des letzten Baumes. Und so möchte er auch einmal dem vergangenen Jahr den letzten Tag schütteln und ›Danke schön‹ sagen der Tante Vorsehung, dem Onkel Schicksal, dem Gevatter Zufall und auch ein paar anderen namentlich angeführten Leuten und Persönlichkeiten. Denn es ist gewiß nicht alles selbstverständlich auf dieser Welt und es hätte auch deshalb anders kommen können, wie schon Karl Valentin in seinem berühmten Taucher-Lied sagt, in dem es so schön heißt: »Oft schon ist es vorgekommen, daß der brave Tauchersmann, weil es regnet, gar nicht tauchte, und dem sicheren Tod entrann.«

Und so möchte also der Spaziergänger bei Durchsicht seiner Tage beispielsweise ›Vergelt's Gott‹ sagen, daß sie den Nachlaß vom dicken Göring versteigert haben und nicht seinen eigenen. Ferner dafür, daß er beim Spazierengehen sich nicht nach jener blonden Schönheit umgedreht hat, die seinem Freund, dem Rudi, so gefiel, daß er sich dabei einen Knöchel brach, so daß für seine Lüsternheit der Fuß genagelt werden mußte wie ein morsches Stuhlbein.

›Danke schön‹ auch dem Räucher-Onkel vom Platzl, wo Blasius aus reinem Zufall, aber mindestens vierunddreißigmal hintereinander das Scherzl vom warmen Leberkäs bekam. Mit drei Sternen sei ausgezeichnet

jener gute Geist, der ihn seinen einzigen jemals ausgefüllten Lotto-Zettel verschlampen ließ. Denn ganz bestimmt hätte der Spaziergänger einen Sechser gehabt, einen Haufen Geld gekriegt und sich dann einen überspannten Porsche gekauft, mit dem er an einen Baum in der Landshuter Allee gefahren wäre, der aber Gott sei Dank schon im Frühjahr abgesägt wurde.
Einen sportlichen Händedruck im nachhinein dem Stadtpfarrer Fritz Betzwieser für das zum Geburtstag ihm geschenkte kleine Metallkreuz. Als nämlich Blasius neulich mit vollem Tachometer von einem blauen Husaren gestoppt wurde und gleich bezahlen wollte, fiel ihm dieses Souvenir aus dem Geldbeutel, worauf der fromme Ordnungshüter den gezückten Kugelschreiber wieder senkte wie den Degen bei einer Kapitulation und dazu die bayerische Absolution sprach: ›Hauns ab‹.
Dank außerdem der unbekannten Frau, die ihm sagte, daß man einen guten Gurkensalat unbedingt mit Ingwer würzen müßte. Ein aufrichtiges Merci einem Fußballspieler der Stuttgarter Kickers dafür, daß er sich im Namen von Blasius hundertvierunddreißigmal in einer Saison das rechte Schienbein polieren ließ. Er heißt nämlich genauso wie der Spaziergänger. Sigi Sommer.
›Danke schön‹ weiterhin für ein gefundenes Weißgold-Amulett, weil es gar nicht aus Weißgold war, sondern aus Platin. Dank dafür, daß er die ›bese Res‹ nicht kennenlernte, daß er sie nicht im späten Josefi-Trieb gleich gar noch heiratete. Und tausend Dank extra, daß es sie gar nicht gibt.
Drei Hallelujas für den herrlichen Steinpilzplatz, zu dem ihn irgendein unsichtbarer Schwammerlengel im

Hofoldinger Forst führte, den er aber leider nie wieder fand. Danke für jeden Zahn, der ihm im letzten Jahr nicht ausfiel, für das Eigentor des FC-Magdeburg, für den kleinen Buben mit der dicken Brille, der Blasius für den Franz Beckenbauer hielt, für das Gedicht von Bertolt Brecht: »Laßt euch nicht erzählen / daß Leben wenig ist / es wird euch nicht genügen / wenn ihr es lassen müßt.«
Und ›Danke schön‹ nicht zuletzt auch dem kleinen Mädchen mit der roten Schleife, das den Spaziergänger schüchtern darauf aufmerksam machte, in seinem Cola-Glas würde eine Wespe schwimmen, die ihn bestimmt in die Zunge gestochen hätte. Denn wie leicht hätte doch da möglicherweise manch wackerer Sportsfreund nach so einem unrühmlichen Insektenende von ihm gesagt: »Ma soid hoid sei Mei ned bei jeda Gelegnheit so weit aufreiß'n. Jetz hod as.«

Das Medizin-Kastl

Wer ein echter Münchner werden will, kränkelt beizeiten. Jeder g'schtandne Bürger, der etwas auf sich hält, legt sich deshalb frühzeitig genug ein gangbares Leiden zu. Mit diesem spielt und protzt er dann wie mit den Grandl'n an seiner Uhrkette, er hegt und pflegt es, verteidigt es gegen herabmindernde Nachrede und hat im stillen nur den einen Wunsch, wenn er tatsächlich daran sterben sollte, daß er all denen, die an seinem Märtyrertum zweifelten, in letzter Minute noch zurufen kann:

»So, jetz' habt's es! Recht g'schiecht's eich – warum habt's es nia glaabt!« Die beliebtesten Krankheiten des Münchners sind die, von denen er am weitesten entfernt ist. Auch bevorzugt er Leiden mit romantischen Namen und solche, die auf ein gutbürgerliches Leben schließen lassen. Mit unästhetischen oder ansteckenden Krankheiten ist am Stammtisch nur wenig Staat zu machen. Dagegen sind Herz und Leber, Magen, Blutdruck und Atemnot populäre und ergiebige Gesprächsthemen. Sehr taktlos ist es, wenn man einem wunschkranken Münchner seine Leiden auszureden versucht oder gar von seinem blühenden Aussehen spricht. Mit beleidigter Stimme wird er stets darauf antworten: »Dees is's ja grad, was mi a so unglücklich macht, weil des a so deischt! Alle Leit' sag'n, i schaug aus wia da Schoinkini, dawei is da Wurm drin in mia! De foisch'n Verdächtigunga bringa mi no ins Grab!«
Es gibt wohl keine Gegend in ganz Deutschland, wo es mehr Apothekerkastl gibt als in München. Den Maßkrug, den Dreifuß zum Schuhdoppeln, seinen Kanari und das Medizinschrankerl wird der Münchner immer, vor seiner Alten und dem Muskatnußhaferl mit dem Gas- und Lichtgeld, aus seinem brennenden Hause retten. In einem vorschriftsmäßigen Apothekerkastl findet man zahlreiche Stranitzen mit ausgerauchtem Tee, essigsaure Tonerde in einem Bierflaschl, ein Schachterl mit übermangansaurem Kali, dessen Inhalt ausreichen würde, das Rote Meer blau zu färben, sowie unzählige Glasröhrl und Büchserl mit Aufschriften, die kein Mensch lesen kann. Der Hang des Münchners, seine angewohnten Krankheiten selbst zu kurieren, war schon immer bares Geld. Davon hatten die alten Münchner

Originale, der Balsambeni, der Naturingenieur Werner von der Kreuzstraße, der Wurzelsepp und viele Kräuterweiberl gesunde Tage. Die neuzeitlichen Tablettenindustriellen können auf die eingebildeten Kranken sogar wuchtige Hypotheken aufnehmen und ihre Villen und Rentenhäuser damit abdichten.

Die augenblicklichen Treffpunkte aller Leidenden sind jene Apothekerauslagen, in denen als neuester Reklameschlager und heimlicher Krankheitserreger ein Sperrholzmensch ausgestellt ist, an dem man den ganzen Blutkreislauf verfolgen kann. Erschauernd steht der Sterbliche vor diesem Menetekel, auf dem zu lesen ist, wieviel Blut das Herz an einem Tag pumpen muß — und daneben die bange Frage: »Und was tust du für dein Herz?« Schwer lasten da die inhalierten Salvator- und Wiesenmaßen, die Virginias und das übermäßig geschlürfte Kaffeesüpperl auf dem Gewissen der Umstehenden, die sich gegenseitig in die Iris schauen und in Kollektivschuld zunicken. Die Augen und Ohren einwärts gerichtet, überprüfen sie in angstvoller Selbstkontrolle ihre Innereien. Unheilbar seufzend löst sich schließlich der Kreis der Schaufensterkranken auf. Nach ein paar Schritten schnauft jeder kräftig durch, wirft noch einen scheuen Blick auf die Verbliebenen und zitiert endlich dankbar den berühmten Ausspruch Weiß Ferdls: »D'Leit ham a rechte Freid, weil's bei mia so weit feit! Aba d'Leit wiss'n an Dreeg, — so weit feit's bei mia net!«

Kleiner Nachtarock

Nach Weihnachten ziehen viele Menschen nicht nur mit sauersüßem Lächeln die neuen Christkindlschuhe an, sondern auch Bilanz. Sie tun ein bisserl ›nachtarocken‹, wie man so etwas in unseren Breitengraden auch nennt. Und nicht die wenigsten, so meint der Spaziergänger, kommen leider auch zu der Feststellung: »Es ist vollbracht, aber es war nicht alles prachtvoll.«

Und Blasius denkt, das sieht dann etwa so aus: Da wäre zum Beispiel der kleine Häuselmann und Schlepp-liftbesitzer Ignaz Irrgang aus dem Schlierseer Tal. Schon im dritten Jahr spielt ihm die Frau Holle Anfang 1973 ihren schäbigen Streich vom Bummelstreik vor. Längst ist das Anwesen vom Ignaz, zu dem er den Mörtel noch mit seinem eigenen Schweiß angerührt hat, verschuldet wie die Bundesbahn. Und nur ein einziger Interessent kam heuer. Der fuhr aber nicht Lift mit ihm, sondern Schlitten. Es war nämlich der Mann von der Kreditabteilung seiner Bank. Seitdem schaut der Herr Irrgang nur noch nach oben. Als würde er jenen Haken suchen, an dem er seine Fehlspekulation und womöglich auch sich selber endlich aufhängen kann. Und seine brave Frau hat auch bereits schon die Wäscheleine versteckt.

Nicht viel anders ging es seinen größeren Kollegen in Tirol. Lediglich ein einzelner verirrter Berg-Fex kam die berühmte Kitzbüheler ›Streif‹ herab. Allerdings auf Rollschuhen. Und es hat mächtig gestaubt. Der Dorfbader aber, Korbinian Kummglei, der in guten Zeiten den Gips fast im Swimmingpool anrühren mußte, zählte zwei ganze Kunden. Der eine war der Wirt vom ›Wunden Knöcherl‹, der sich den Unterarm zersplittert hatte, als er das stur sinkende Barometer mit wütenden Faustschlägen bearbeitete. Und der zweite war ein lausiger Krankenscheinpatient, der Pensionsbesitzer Rochus Ruach. Dieser wollte zum erstenmal in seinem sparsamen Leben der Pulverschnee-Madonna eine Kerze stiften, die er selbst aus verschimmeltem Gleit- und Steigwachs und ein bißchen Pferdefett gedreht hatte. Und ausgerechnet auf der Kirchentreppe rutschte er aus, und flugs war das Wadenbein ab. So vergilt's der Herr den Seinen.

An der Juso-Gewerkschaftshütte auf dem Stümpfling wiederum starrten die zornigen jungen Männer mit bitteren Augen hinab auf die staupeverdächtige Piste. Ja, wenn ihre Schwartlinge wenigstens aus Holz gewesen wären, dann hätten sie sich jetzt noch zur Not einen sozialdemokratischen Kaiserschmarrn damit kochen können. Aber auch ein Sportsmann aus dem Arbeiterstand läuft halt längst schon auf Stahlschienen. Drum könnte man die sündteuren Schmalspur-Apparate im heiligen Zorn höchstens noch einschmelzen lassen. Doch dafür verlangt die befreundete IG Metall unter Berücksichtigung der neuen Ecklöhne auch bestimmt schon 12,20 Mark für den laufenden Meter. Ski Heil!

Daß bei den meisten feiernden Germanen auch diesmal wieder die Rülpser das ›Ehre sei Gott in der Höh‹ übertönten und daß zur Deckung allein des Zahnstocherbedarfs mindestens der halbe Schwarzwald abgeholzt werden mußte, gehört fast schon zum Brauchtum. Ebenso wie die Hochzeit unter der Edeltanne. Dabei allerdings ging die Babette Bissig auch diesmal wie-

der leer aus. Denn ihr Egon hört einfach mit dem vierten Finger der rechten Hand ganz schlecht. Obwohl doch die Betty alle seine diesbezüglichen Wünsche laufend erfüllt hatte. Wozu ihre beste Freundin sagte: »Laufend? Des geht ja gor net. Na stolpert ma doch über den Rock.« Die Betty aber erwiderte nur noch rätselhaft darauf: »Des hat ma jetzt davon, daß ma einem Mannsbild jeden Tag zum Mirtwoch macht.«
Da hat es die Metzgermeisters-Witwe Walburga Wammerl schon viel besser gekartelt. Die köderte ihren Auserwählten zwar auch mit Fleisch. Aber nur pfundweis. So verwirrte sie einen braven, noch rüstigen Rentner so lange mit Zuwaagen und Eingewickeltem, bis dieser die Übersicht verlor und ihr direkt ins offene Messer und die ebensolche Schlafzimmertür taumelte. Nun hat er die mollige Plunsen für immer in seinem viereckigen Schlaraffia-Hafen. Und wahrscheinlich wird das sogar eine grundgemütliche Josefsehe werden. Denn wenn bei den beiden wirklich einmal die Matratzen quietschen, dann kommt das ganz sicher nur noch vom Umdrehen.